JAMES W. VON BRUNN

„TÖTET DIE BESTEN NICHTJUDEN"

„Tob Shebbe Goyim Harog!"

(DER TALMUD: Sanhedrin 59)

„TÖTET DIE BESTEN NICHTJUDEN!"

oder

„Tob Shebbe Goyim Harog!"

(DER TALMUD: Sanhedrin 59)

DER RASSISTISCHE LEITFADEN FÜR DIE ERHALTUNG
UND PFLEGE DES WEISSEN ERBGUTS

von

JAMES W. VON BRUNN

Copyright © 2024 - Omnia Veritas Ltd.

"Kill the Best Gentiles!"

ÜBERSETZT UND HERAUSGEGEBEN VON
OMNIA VERITAS LTD

OMNIA VERITAS®
www.omnia-veritas.com

Alle Rechte vorbehalten. Kein Teil dieser Publikation darf ohne vorherige Genehmigung des Herausgebers in irgendeiner Form vervielfältigt werden. Das Gesetz über geistiges Eigentum verbietet Kopien oder Vervielfältigungen, die für eine kollektive Nutzung bestimmt sind. Jede vollständige oder teilweise Darstellung oder Vervielfältigung, die durch ein beliebiges Verfahren ohne die Zustimmung des Herausgebers, des Autors oder ihrer Rechtsnachfolger erfolgt, ist rechtswidrig und stellt eine Fälschung dar, die nach den Artikeln des Gesetzes über geistiges Eigentum bestraft wird.

Widmung

In Gedenken an:

KONTERADMIRAL JOHN G. CROMMELIN, USN.

„Da ist ein Mann!"

+ + +

John Geraerd Crommelin Jr., Konteradmiral der USN, diente während des Zweiten Weltkriegs im Pazifikraum als stellvertretender Kommandant und Luftwaffenoffizier an Bord der USS *Enterprise*, CV-6 (das am höchsten dekorierte Schiff in der Geschichte der Marine). Crommelin wurde von der Besatzung als „das Herz und die Seele von Big-E" anerkannt. Später, als Inhaber der Legion of Merit mit einem goldenen Stern, einem „V" für Kampf, einer präsidialen Einheitenzitat, einem Empfehlungsschreiben und einem Purple Heart, wurde ihm das Kommando über den fortschrittlichsten Flugzeugträger der Welt, die USS *Saipan* (CVL-48), übertragen.

1949 veranlasste Admiral Crommelin eine Untersuchung des Kongresses, die verhinderte, dass ein mächtiger kommunistischer Einfluss innerhalb der US-Regierung die US-Marine lahmlegte und das Gleichgewicht der militärischen Macht zugunsten der Sowjetunion verschob. 1987 wurde Konteradmiral Crommelin in die Carrier Hall of Fame gewählt, die sich an Bord des erhaltenen Schiffes USS *Yorktown* (CV-10), Patriot's Point, Charleston, S.C. befindet. Seine Plakette trägt neben der des Marineministers James Forrestal die folgende Inschrift: „Konteradmiral Crommelin wurde in die Carrier Hall of Fame gewählt:

Im Jahr 1949 opferte er seine Marinekarriere, indem er den „Admiralsaufstand" beschleunigte, der die Bordfliegerei rettete.

Eine Nation kann ihre Dummköpfe und sogar ihre Ehrgeizlinge überleben. Aber sie kann nicht überleben, wenn sie von innen heraus verraten wird. Ein Feind vor den Toren ist weniger furchterregend, da er bekannt ist und seine Banner offen trägt. Aber der Verräter bewegt sich frei unter denen, die sich innerhalb der Tore befinden, seine hinterhältigen Einflüsterungen rauschen durch alle Gassen, werden in den Regierungssälen selbst gehört ... denn der Verräter sieht nicht wie ein Verräter aus: Er spricht mit vertrauten Akzenten zu seinen Opfern, er trägt ihr Gesicht und ihre Kleidung, er appelliert an die Niedrigkeit, die tief in der Seele aller Menschen liegt. Er verrottet die Seele einer Nation; er arbeitet heimlich daran, die Säulen der Stadt zu untergraben; er infiziert den politischen Körper, sodass er nicht mehr widerstehen kann. Der Mörder ist weniger zu fürchten.

- Cicero

VORWORT

Das Ziel dieses Buches ist es, der WEISSEN JUGEND sachliche Informationen zu präsentieren, die von den Medien konventionell unterdrückt oder verzerrt werden und die ihnen von Schulen und Universitäten - die gezwungen sind, die marxistische Linie zu verkünden, weil sie sonst ihre staatlichen Zuschüsse verlieren würden - vorenthalten werden.

Der Text ist gespickt mit Zitaten von weltweiten Autoritäten, deren Referenzen im Literaturverzeichnis aufgeführt sind. Wenn Sie TOB SHEBBE GOYIM HAROG! (TÖTET DIE BESTEN GENTILS!) lesen, werden Sie verstehen, dass - trotz der lautstarken Beteuerungen des Leugnens - eine uralte VERSCHWÖRUNG tatsächlich existiert, um die westliche Zivilisation zu zerstören. Im Moment befinden wir uns in einem tödlichen Krieg mit dem HISTORISCHEN FEIND, in dem es darum geht, ob unsere Nation fortbestehen wird oder nicht. Wir sind dabei, diesen Krieg zu verlieren, weil ein eiserner Vorhang der Zensur gefallen ist, der den ersten Zusatzartikel zur Verfassung der Vereinigten Staaten außer Kraft gesetzt hat. Ohne Meinungsfreiheit kann unser Regierungssystem nicht funktionieren.

Die Lage ist ernst. Sie und Ihre Familie sind in großer Gefahr. Wir werden Ihnen die FAKTEN darlegen und dann besprechen, welche Maßnahmen zu ergreifen sind.

Beste Wünsche,

James W. von Brunn
Easton, Maryland 21601

8. Juni 1999 (*Erinnern Sie sich an die U.S.S. Liberty.*)

INHALTSVERZEICHNIS

VORWORT	**9**
EINLEITUNG	14
VORWORT	**15**
I	*16*
II	*22*
III	*28*
KAPITEL 1	**31**
DIE VERSCHWÖRUNG	31
LA TORAH	*31*
LE TALMUD	*35*
DIE PROTOKOLLE DER WEISEN VON ZION	*43*
KAPITEL 2	**51**
DIE KHASAREN ERFINDEN DAS JUDENTUM	51
KAPITEL 3	**57**
LES ILLUMINATI	57
DER BÜRGERKRIEG	*66*
DIREKTE ZITATE AUS DEM JAHRESBERICHT 1980 DER GFK:	*81*
HEFT MIT FRAGEN UND ANTWORTEN	*84*
DIE VEREINIGTEN STAATEN UNTERSTÜTZEN DEN KOMMUNISMUS:	*87*
KAPITEL 4	**94**
SILBER	94
DIE FED: ILLEGALE AKTIVITÄTEN UND VERRAT - AMERIKAS GELD GELIEHEN, UM ZU EXISTIEREN.	*104*
BETRUG DES FEDERAL RESERVE SYSTEMS	*104*
Fraktionales Mindestreservesystem - Der Zug der Banker	*106*
KONGRESSIONSREKORD (Auszug)	*109*
KONGRESSDOSSIER UNTERSUCHUNGSAUSSCHUSS DER KAMMER	*111*
DOSSIER KONGRESS Abgeordnetenkammer	*112*
VERSAMMLUNG DES STAATES NEW YORK	*114*
KAPITEL 5	**118**
SPIROCHÄTEN DER JUVENILEN SYPHILIS	118
MARXISMUS	*120*
FREUD	*124*

Hollywood findet Stoff für Situationskomödien	*127*
BOASISMUS	*128*

KAPITEL 6 — **134**

DER HOLOCAUST-SCHWINDEL — 134

KAPITEL 7 — **160**

MENDELISMUS — 160
MUTATIONEN — *162*
GEBURTEN — *163*
MENTALE GESUNDHEIT — *163*
GENETIK UND RASSE — *168*

KAPITEL 8 — **181**

LE NEGRO — 181

KAPITEL 9 — **195**

DIE ARISCHE KRAFT — 195

KAPITEL 10 — **208**

PARASITISMUS U.S.A. — 208
VERRAT UND AUFRUHR — *209*
STRATEGEME DER NIEDERLAGE UND NICHT GEWINNBARE KRIEGE — *220*
DIE MASSENMEDIEN — *227*
SILBER — *233*
JÜDISCHER EINFLUSS? — *234*
KULTURINVASIONEN — *236*
ESPACE — *238*

KAPITEL 11 — **243**

PATHOLOGIE UND SYNTHESE — 243
PATHOLOGIE — *243*
SYNTHESE — *259*
DIE SYNTHESE DES WESTENS WIRD FORTGESETZT: — *274*

KAPITEL 12 — **276**

ZUSAMMENFASSUNG — 276
DIE ENDLÖSUNG — *281*
DER KATEGORISCHE IMPERATIV — *293*

GLOSSAR — **296**

BIBLIOGRAPHIE — **301**

Amerika	*301*
Historischer Revisionismus	*302*
Entstehung des Krieges	*302*
Revisionismus des Holocaust	*302*
Rasse und Kultur	*303*
JUDEN	*305*
Das Dritte Reich	*306*
EINIGE WEBSEITEN MIT LINKS ZU ANDEREN INTERESSANTEN SEITEN.	*306*
AUSSTELLUNGEN	**310**
DER BRAND	*310*
BRIEF AN JAMES HENRY WEBB	*311*
Brief von Crommelin an Erik von Brunn	*320*
ANDERSON BOYKOTT	*324*
BRIEF AN ROBERT HIGGINS	*326*
LEITARTIKEL AUS DEM STAR-DEMOKRATEN.	*328*
NIEMALS DIE SOUVERÄNITÄT AUFGEBEN	*330*
CICERON	*330*

EINLEITUNG

Dieses Buch ist in erster Linie eine Zusammenstellung von Forschungsdaten, Ideen und Schriften von Männern und Frauen, die ich bewundere, deren Worte mich inspiriert haben und deren Schriften ich mir großzügigerweise ausgeliehen habe. Ich habe versucht, im Laufe dieses Buches meine Quellen zu erkennen und zuzuordnen. Besondere Anerkennung gebührt Oswald Spengler, Francis Parker Yockey, Wilmot Robertson, Revilo Oliver und William Gayley Simpson.

Sie sollten jedoch nicht für die Schlussfolgerungen verantwortlich gemacht werden, zu denen ich in diesem Buch gelangt bin; in diesem Sinne liegt die Verantwortung allein bei mir.

- JvB

VORWORT

Denn du bist ein heiliges Volk für den Herrn, deinen Gott. Und der Herr hat dich erwählt als ein Volk, das sich selbst besonders ist, über alle Völker, die auf der Erde sind.
DIE HEILIGE BIBEL (Tora): 5. Mose 14,2.

Alle Güter anderer Nationen gehören der jüdischen Nation, die folglich das Recht hat, sie sich skrupellos anzueignen... Ein Jude darf gegen die Moral handeln, wenn es ihm selbst oder den Juden im Allgemeinen nützt.
TALMUD: Schulchan Bruch, Choszen Hamiszpat 348.

Wir haben die nichtjüdische Jugend getäuscht, verwirrt und korrumpiert, indem wir sie in Prinzipien und Theorien erzogen haben, von denen wir wissen, dass sie falsch sind, obwohl wir es waren, die sie ihnen eingetrichtert haben.
PROTOKOLLE DER WEISEN VON ZION: Protokoll 9:10.

Sie haben noch nicht begonnen, die wahre Tiefe unserer Schuld zu würdigen. Wir SIND Eindringlinge. WIR SIND Störenfriede. Wir SIND Subversive. WIR haben uns Ihrer natürlichen Welt, Ihrer Ideale und Ihres Schicksals bemächtigt und sie verwüstet. Wir waren nicht nur für Ihren letzten großen Krieg verantwortlich, sondern für fast alle Ihre Kriege; nicht nur für die russische Revolution, sondern für alle anderen Revolutionen in Ihrer Geschichte. Wir haben Zwietracht, Verwirrung und Frustration in Ihrem öffentlichen Leben gesät. Wir tun dies auch weiterhin. Wer weiß, welch großes und glorreiches Schicksal Ihr hätte sein können, wenn wir Sie in Ruhe gelassen hätten?
MARCUS ELI RAVAGE, JUDISCHES *Century Magazine*, Januar 1928.

Lassen Sie mich das Geld einer Nation ausgeben und kontrollieren, und es ist mir egal, wer ihre Gesetze macht.
AMSCHEL MEYER ROTHSCHILD, JÜDISCH[1] (1743-1812).

---

[1] Im gesamten Buch habe ich in meinen eigenen Text und in Texte, die von anderen zitiert werden, Wörter eingefügt, die es ermöglichen, Einzelpersonen als Juden zu identifizieren, damit der Leser nicht auf den Kontext oder sein Gedächtnis angewiesen ist, um die richtige Identifizierung vorzunehmen. - JvB

I

Auf der Weltbühne erleben wir heute eine Tragödie von gigantischen Ausmaßen: die kalkulierte Zerstörung der weißen Rasse und der unvergleichlichen Kultur, für die sie steht. Europa, die ehemalige Festung des Westens, wird heute von Horden von Nichtweißen und Mischlingen überrannt. Dasselbe gilt für Australien und Kanada. Die einst produktiven weißen Zivilisationen Rhodesiens und Südafrikas, die von den ILLUMINATI und ihrem Vollstreckungsinstrument, den Vereinigten Staaten, erpresst wurden, wurden gezwungen, DEMOKRATISCHE Regierungen anzunehmen, wodurch ihre weißen Familien der Gnade von zahlenmäßig überlegenen und geistig unterlegenen Negern ausgeliefert wurden, deren Vorfahren nicht einmal in der Lage waren, das Rad zu erfinden. Die konzentriertesten Angriffe auf die weiße Rasse finden jedoch in den Vereinigten Staaten von Amerika statt.

Das TIME Magazine (4-9-90) berichtet, dass in der ersten Hälfte des 21. Jahrhunderts (Statistiken des US Census Bureau) die weiße Bevölkerung der Vereinigten Staaten zu einer Minderheit im eigenen Land werden wird! Die „Braunfärbung Amerikas" wird jeden Aspekt der Gesellschaft verändern, von der Politik über die Industrie, die Werte und die Kultur bis hin zur Bildung - die neue Welt ist da. Und das ist *unwiderruflich* das kommende Amerika". TIME fährt fort: „Die ehemalige Mehrheit wird als normaler Bestandteil des täglichen Lebens die Bedeutung des lateinischen Slogans lernen, der auf unseren Münzen eingeprägt ist - *E pluribus unum*, eins aus vielen gebildet".

Ben Wattenberg, Jude, Sprecher des American Enterprise Institute, Washington, D.C., kommentiert die stagnierende Geburtenrate unter Weißen, die Rassenmischung und die Flut nichtweißer Einwanderer begeistert: „Es ist sehr wahrscheinlich, dass der amerikanische Mythos in den 1990er Jahren und darüber hinaus einen weiteren Schritt in Richtung der Vorstellung machen wird, dass wir die UNIVERSELLE NATION sind. Das läutet das Ende des manifesten Schicksals ein! Wir sind ein Volk mit einer Mission und einem Ziel, und wir glauben, dass wir der Welt etwas zu bieten haben"!

Der (von den Juden geschaffene) „amerikanische Mythos", dass unsere Gründerväter wollten, dass alle Rassen, von den Pygmäen bis zu den Ainu, an unsere Küsten eingeladen werden, basiert auf den Worten von Thomas Jefferson in der Unabhängigkeitserklärung: „... alle Menschen sind gleich geschaffen". Die Bedeutung dieser oft zitierten Erklärung wurde von den ILLUMINATIs verzerrt, die subjektiv die Geschichte umschreiben und die sogenannte „HOLOCAUSTE" wie eine Streitaxt auf den Kopf derer schwingen, die genetische Gewissheiten verkünden: Menschen und Rassen sind NICHT gleich erschaffen.

Jeffersons Aussage kann nur im Kontext seiner Zeit verstanden werden. Unsere Gründerväter waren Arier, wohlerzogene Menschen, die empirisch die großen Unterschiede verstanden, die zwischen Pferdestämmen, Rinderstämmen, Menschenrassen und zwischen Individuen bestehen: Erkenntnisse, die heute durch die Naturwissenschaften der Genetik, Eugenik und Anthropologie bestätigt werden. Hitler hatte, wie die amerikanischen Dummköpfe allmählich zu lernen beginnen, nicht alles falsch gemacht.

Die Verfasser unserer Verfassung, die dreizehn sklavenhaltende Kolonien vertraten, hofften, in Amerika eine Bastion der westlichen Kultur *für ihre weißen Nachkommen* zu errichten. Jefferson, der viele Sklaven besaß, unterstützte die Rassengleichheit NICHT. Diese Idee wäre ihm nie in den Sinn gekommen (er sagte auch: „... die beiden gleichermaßen freien Rassen können nicht unter derselben Regierung zusammenleben"). Jefferson bezog sich auf die *Gleichheit vor dem Gesetz* - in Bezug auf die damals brennende Frage: „Keine Besteuerung ohne Repräsentation".

Die Gründer wollten auch eine Regierung, in der die oberste Macht beim Volk liegt. Sie wussten jedoch, dass in dieser sehr unvollkommenen Welt die *intelligenten und fähigen Menschen immer weniger zahlreich sind als die unintelligenten und unfähigen Menschen*. Daher hebt das Votum der Mehrheit das Votum der Intelligenz auf. Die Gründer wussten auch, dass die Massen leicht von ehrgeizigen und skrupellosen Menschen kontrolliert werden können. Daher schufen sie in ihrer Weisheit eine Republik mit einem starken System der Kontrolle und des Kräftegleichgewichts - und keine Demokratie -, da sie wussten, dass die Demokratie dazu bestimmt ist, die Freiheiten zu zerstören, die sie eigentlich schützen sollte. *Dementsprechend war das Wahlrecht so wertvoll, dass es* auf weiße Männer *beschränkt* wurde, von denen man annahm, dass *sie* ihr Wahlrecht verantwortungsvoll ausüben konnten. Die Verfasser der Verfassung wurden von Platons Reden über die

„Mehrheitsregel" und von der Geschichte des bemerkenswerten Stadtstaates Athen während des goldenen Zeitalters des Perikles (ca. 430 v. Chr.) beeinflusst. Die Gesamtbevölkerung Athens von 130.000 Menschen setzte sich aus 50.000 Bürgern (Griechen, eng verwandt), 25.000 Mestizen (ansässige Ausländer) und 55.000 Sklaven zusammen. In dieser hochgelobten „Demokratie", die unverhältnismäßig viele der größten Menschen der Geschichte hervorgebracht hat, hatten Frauen, Mischlinge und Sklaven kein Wahlrecht und Bürger durften keine Sklaven heiraten.

Alexis de Tocqueville beobachtete: Um in einer DEMOKRATIE eine Machtbasis zu schaffen, genügt es, den Glauben an den Egalitarismus zu bekennen. Genau diese Masche wurde von den ILLUMINATIs in der letzten Hälfte des 19. Jahrhunderts in Amerika angewandt. Die Juden waren durch die Gewinne aus dem Bürgerkrieg fett geworden und waren wie Würmer, die ein reifes Maisfeld befallen. Ihre Strategie war gemäß den PROTOKOLLEN wie folgt: 1) Umwandlung der Amerikanischen Republik in eine DEMOKRATIE; 2) Gründung einer Rothschild-Zentralbank; 3) Übernahme der Medien; 4) Einführung einer persönlichen Einkommenssteuer; 5) Zerstörung der weißen Nation; und 6) Nutzung der unglaublichen Ressourcen, der Kraft und der kreativen Energie Amerikas für die Bestrebungen der JÜDEN, darunter die Zerstörung Deutschlands, des erklärten Feindes des LIBERALISMUS/MARXISMUS/JUDAISMUS und Heimat der weißen Rasse. Die Jüdin Emma Lazarus (1849-1887) signalisierte die Absichten ihres Stammes gegenüber unserer Republik in einem Gedicht („Der neue Koloss"), das auf dem Sockel der Freiheitsstatue angebracht war und den „elenden Abfall" der Welt an die goldenen Gestade Amerikas - Jahwes Müllhalde - einlud. Juden neigen dazu, das zu zerstören, worum sie am meisten beneidet werden.

LIBERALISMUS/JEUNISMUS/MARXISMUS: So lautet die Formel, mit der die beiden Demokraten Woodrow Wilson und Franklin D. Roosevelt ihre Nation verrieten. Ersterer war ein naiver, niederherziger Sophist, der von den amerikanischen Zionisten wegen einer außerehelichen Affäre erpresst wurde; letzterer war ein rücksichtsloser Egoist, der von einer tiefen Bösartigkeit gegenüber seiner eigenen Rasse getrieben wurde („Einige meiner besten Freunde sind Kommunisten"). Unter Wilson ersetzte die DEMOKRATIE unsere Republik, das amerikanische Währungssystem wurde in die Hände der ILLUMINATI gelegt und die JUDEN erhielten die Balfour-Erklärung (mit der ein jüdisches „Heimatland" garantiert wurde) als *Gegenleistung* für Amerikas Eintritt in den Ersten Weltkrieg. Unter Roosevelt triumphierte der LIBERALISMUS/MARXISMUS/JUDAISMUS über die westliche Zivilisation. Den Juden wurde der Staat ISRAEL garantiert, *als Gegenleistung* für den Kriegseintritt Amerikas gegen Deutschland (Zweiter Weltkrieg). „Der tapferste Hirsch kann in die Knie gezwungen werden, wenn man ihm genügend Hunde an die Kehle setzt." (William G. Simpson)

Das „Volk mit einer Mission", auf das sich Ben Wattenberg, JÜDISCH, oben bezieht, ist das VON GOTT GEWÄHLTE VOLK, dessen messianische Mission, wie das Alte Testament, der Talmud und die Protokolle ganz klar zeigen, die Zerstörung aller heidnischen Nationen durch Rassenmischung und Kriege ist. Die daraus resultierende entmutigte „Herde brauner Proletarier" wird unter dem euphemistischen Namen UNIVERSALE NATION bekannt sein.

Seit dem Zweiten Weltkrieg hat die ZIONISTISCHE BESETZTE REGIERUNG DER VEREINIGTEN STAATEN (ZOG) eine große Zahl fruchtbarer nichtweißer Einwanderer aufgenommen und sich dabei auf die Ideologie gestützt, dass Vielfalt besser ist. Paradoxerweise engagiert sich das liberale Establishment in einer gegenkulturellen Kampagne, die darauf abzielt, die Vielfalt durch Rassenmischung zu beseitigen. Diese inkohärenten Konzepte teilen ein singuläres ILLUMINATI-Ziel: die Vernichtung der weißen arischen Rasse.

Die Billigung von Ehen zwischen den Rassen beruht auf dem idiotischen christlichen Dogma, dass Kinder Gottes ihre Feinde lieben müssen (ein Konzept, das die JUDEN völlig ablehnen), und auf der liberalen, marxistischen und jüdischen Propaganda, dass alle Menschen und Rassen gleich geschaffen wurden. Diese genozidalen Ideologien, die von amerikanischen Kanzeln gepredigt, in amerikanischen Schulen gelehrt und in den Fluren des Kongresses gesetzlich verankert werden (und die TALMUDISCHE Überzeugung bestätigen, dass die Gojim dumme Schafe sind), sollen eine einzigartige, superintelligente, schöne und nicht weiße „amerikanische" Bevölkerung hervorbringen. Rassismus, Ungleichheit, Sektierertum und Krieg werden für immer verschwinden. Wie alle liberalen Ideologien ist auch die Rassenmischung völlig unvereinbar mit dem Naturgesetz: Die Arten werden durch Fortpflanzung, natürliche Auslese und Mutation verbessert. Nur die Stärksten überleben. Die Kreuzung von Weißen mit Arten, die auf der Evolutionsleiter weiter unten stehen, verringert das Erbgut der Weißen und erhöht gleichzeitig die Zahl der physiologisch, psychologisch und verhaltensmäßig unterlegenen Mischlinge. Im Laufe der Geschichte haben sich die unberechenbaren Weißen immer wieder vermischt. Das Konzept der „Brüderlichkeit" ist nicht neu (wie die LIBERALEN behaupten), und die Ergebnisse - die für die weiße Rasse unweigerlich katastrophal sind - sind heute z. B. in den gemischten Bevölkerungen Kubas, Mexikos, Ägyptens, Indiens und der Innenstädte des heutigen Amerikas offenkundig.

Wie unterschiedlich schützen die TALMUDISTEN *ihr* Erbgut! Die Juden haben nicht die Absicht, Teil der UNIVERSALEN NATION zu werden, die sie gerade für die dummen *Gojim* erschaffen. Der Vertreter der Vereinten Nationen, Graf Folke Bernadotte, schlug, bevor er von der Irgun ermordet wurde, vor, dass Palästinenser und Juden unter einer DEMOKRATISCHEN Regierung zusammenleben sollten. Die Palästinenser stimmten zu. Die Juden lehnten dies vehement ab und forderten einen Staat, der ausschließlich den Juden vorbehalten ist. DEMOKRATISCHE VIELFALT ist nur gut für die *Nichtjuden!* Die JUDEN - die aus dem Antisemitismus ein profitables Geschäft gemacht haben, die ihre eigenen Synagogen bombardieren, Graffiti auf ihre eigenen Gräber kritzeln und Lügen über den Holocaust verbreiten - erweisen sich heute als die schärfsten ANTI-SEMITEN der Welt: Sie ermorden bei jeder Gelegenheit Araber und rufen die USA um Hilfe an, wenn die enteigneten „Terroristen" zurückschlagen.

Das Überleben der jüdischen Nation hängt davon ab, dass sie ihren Status als von Gott auserwähltes Volk beibehält. Aus diesem Grund betrachtet es der TALMUD als Verbrechen, wenn ein Jude einen Nichtjuden heiratet. Aber nicht immer. Jüdische Männer, die versuchen, kranke Stammesgene zu beleben, können eine rabbinische Ausnahmegenehmigung erhalten, um sich mit heidnischen Trophäenfrauen zu paaren. Die Bastardnachkommen dieser Mischehen werden als nichtjüdisch angesehen; die Söhne aus diesen Ehen können jedoch die jüdische Linie erlösen, indem sie JÜDISCHE heiraten, deren Nachkommen immer noch als jüdisch angesehen werden. Auf diese Weise eignet sich die TRIBU gesunde heidnische Gene an! In einer patriarchalischen Gesellschaft wie der der JUDEN ist die oben beschriebene Dispensation eine biologische Notwendigkeit. Nach den Kriegen pflegten reiche Juden die Ruinen Europas nach hungrigen arischen Witwen und Waisen zu durchsuchen, die sie in die Vereinigten Staaten brachten.

Der jüdische Steven Spielberg, ein kleinmütiger Hollywood-Regisseur, zahlte der geschäftstüchtigen weißen Prostituierten Kate Capshaw 22 Millionen Dollar, bevor sie sich ins Ehebett begab (*Vanity Fair*, Okt. 1997). Anschließend gebar sie ihm gewissenhaft zwei zukünftige Kandidaten für die florierende Nasenprotheseninindustrie in Amerika. So ist das Leben eines Vogels in einem goldenen Käfig. Es ist nicht bekannt, wie viel Geld Vizepräsident Al Gore, *quid pro quo*, dafür bekam, dass er die Hochzeit seiner blonden Tochter mit dem Spross des reichen Schiff-Stammes (Kuhn Loeb & Co., JUIFS) arrangierte, einer Bankenkabale, die dafür bekannt ist, die bolschewistische Revolution finanziert zu haben, in deren Verlauf Millionen von unbewaffneten Muslimen und Christen auf die gleiche Weise ermordet wurden, wie texanische Viehzüchter amerikanische Hasen zusammentreiben und schlachten.

1933 entschieden sich die Deutschen in demokratischen Wahlen für einen deutschen Staat ausschließlich für Deutsche (Arier), während sie gleichzeitig anboten, den Zionisten bei der Besiedlung Palästinas mit Juden zu helfen. Das Weltjudentum wurde wütend, als es Deutschland einseitig den Krieg erklärte (1933). Für die JUDEN ist es unvorstellbar, dass eine andere Rasse als die von GOTT erwählte einen eigenen Staat haben sollte. Die ILLUMINATI befahlen den alliierten Streitkräften, die Deutschen in ihren Städten, Bauernhöfen und Weilern zu verbrennen, und informierten so die Welt, dass Nationalstaaten außer in Israel nicht geduldet werden und dass die jüdische Weltgemeinschaft in jeder fremden Nation ihrer Wahl leben kann.

Der Ausdruck *E pluribus unum* auf amerikanischen Münzen bezog sich auf weiße Einwanderer, die nach ihrer Ankunft in den USA ihre ethnische Zugehörigkeit aufgaben und sich in einen weißen Genpool (Nation) assimilierten: dieselbe arische Nation, die die großen Staaten Europas bevölkerte. Hier nannten sie sich nicht mehr Engländer, Franzosen, Schotten, Deutsche, Polen *und andere, sondern* Amerikaner. Folglich betrachtete die ganze Welt bis zum Zweiten Weltkrieg die Amerikaner als Weiße. Heute ist das nicht mehr der Fall. Heute werden wir als die „hässlichen Amerikaner" bezeichnet. Das ist nicht mehr unser Land. Schändlicherweise hat das weiße Amerika vor den Juden kapituliert, ohne einen einzigen Schuss abzugeben, während die amerikanischen Indianer fast bis zum letzten Mann für ihr Land kämpften und ein unübertroffenes Erbe an Tapferkeit hinterließen. Die Weltbevölkerung der *Homosapiens* beträgt heute 6 Milliarden, davon sind 800 Millionen (13%) weiß. Die Welt zu demokratisieren wird zu demselben Ergebnis führen, wie einen Behälter mit Milch in die Kanalisation von New York City zu schütten. Die weiße Bevölkerung wird sich einfach im Rassenschlamm vermischen und - für *immer* - verschwinden, wie es sich für eine Spezies gehört, die nicht den Willen zum Überleben hat.

II

Seit den frühesten Tagen ihrer Geschichte lebten die Juden unter fremden Völkern. Der große Geograph Strabon (um 100 v. Chr.) schrieb, dass die Hebräer heimlich fast alle wohlhabenden Völker der Erde kontrollierten. Diese Behauptung scheint richtig zu sein. Josephus, ein hebräischer Historiker aus der gleichen Zeit, rühmte sich, dass es kein Volk gebe, in das die Hebräer nicht eingedrungen seien. 400 Jahre nach der ersten Cheops-Pyramide überquerte ein Strom hebräischer Einwanderer den Isthmus von Suez, um in das wohlhabende Ägypten unter der Herrschaft von Pepi II. (2738-2644 v. Chr.) zu gelangen. Aus dem Rinnsal wurde ein Bach. Bestechung, politische und moralische Korruption blühen auf. Die ägyptische Dynastie steht kurz vor dem Zusammenbruch. Nefer-rohu schreibt: „Alle Münder sind voll von „Liebe mich!" und alles Gute ist verschwunden". „Der Dieb ist jetzt der Besitzer des Reichtums... Ich zeige dir den bedürftigen Besitzer und den zufriedenen Fremden...". Die Hebräer wurden nicht vom Pharao als Sklaven gehalten. Es war genau umgekehrt. Schließlich wurde das Kamel aus dem Zelt vertrieben und Ägypten leitete eine kulturelle und wirtschaftliche Wiedergeburt ein.

Die zwölf hebräischen Stämme, denen Jahwe die Welt verheißen hatte, waren weniger als 100 Jahre lang („Goldene Jahre") unter den Königen Saul, David und dem Bastard Salomon vereint. Von internen Kämpfen zerrissen und hoch besteuert, um die Exzesse des „weisen" Königs zu unterstützen, spalteten sich die Stämme unklugerweise in zwei Teile (922 v. Chr.): Israel mit 10 Stämmen im Norden und Juda (mit Jerusalem) mit 2 Stämmen im Süden. Die Assyrer (Syrien, Semiten) töteten oder assimilierten die Stämme im Norden, die für immer aus der Geschichte verschwanden. Danach wurde Juda von den Babyloniern (Iraker, Semiten) besiegt. Die überlebenden Judäer wurden in Babylon in Gefangenschaft gehalten. Später besetzten diejenigen, die Vertrauenspositionen innehatten (530 v. Chr.).Jahrhundert) Babylon an die Perser (Iran, Arier) verraten, so wie die Judäer später die griechisch-römischen Städte in Kleinasien an die Patrizier und die Juden des 20. Jahrhunderts die amerikanischen Militärgeheimnisse an die Sowjetunion, Israel und China verraten haben (das Buch Esther des A.T. enthüllt das Heroenkonzept der JUDEN). Persien ermöglicht es den JUDENS, nach Jerusalem zurückzukehren und ihren Tempel wieder aufzubauen. Im Jahr 330 v. Chr. erobert Alexander der Große (Makedonier, Griechen, Arier) Persien. Der Hellenismus wird schließlich (27 v. Chr.) durch die große römische (arische) Hegemonie ersetzt.

Unter dem Hellenismus und später unter Rom bestand das Ziel darin, die heterogenen Bevölkerungen Asiens und des Nahen Ostens zu einer funktionierenden Einheit zusammenzuführen. Die Regierung und die bürgerlichen Angelegenheiten wurden verbessert; Straßen und Aquädukte wurden gebaut, Handelswege und Unternehmen wurden gegründet (in Alexandria lebten mehr Hebräer als in Jerusalem).

Das Konzept der westlichen Vernunft wird in die Bildung eingeführt, d. h. die objektive Erforschung von TATSACHEN im Gegensatz zum subjektiven (hebräischen) Denken. Alle eroberten Regionen profitieren davon. Allerdings hatten die von Gott Auserwählten ihre eigene Agenda. Die Hebräer spalteten sich in zwei Hauptlager: die Hohepriester und die Geschäftswelt, die mit den Satrapenregierungen zusammenarbeiteten, um politische Gunst und monetäre Gewinne zu erzielen; und die traditionellen religiösen Fanatiker, die das Martyrium und den Tod der Heiden anstrebten. Für Griechenland und Rom schienen die Judäer von geringer Bedeutung zu sein - bis sich eine verräterische fünfte Kolonne in der Region ausbreitete. Die Luft füllte sich mit Gerüchten, Verleumdungen, Aberglauben und bösen Vorzeichen. Wucher, Korruption und Erpressung schießen in die Höhe. Die Moral und die Geschäfte leiden darunter. Beamte und Offiziere der Armee wurden ermordet. Da sie wie viele andere Nationen an ihre Grenzen stießen, schlugen zuerst Griechenland und dann Rom mit aller Härte zurück. Seitdem werden sie für ihre Aktionen dämonisiert. Antiochus IV. von Epiphanes, der regierende Ptolemäer, versuchte, die Hebräer durch Erlasse, die die Tora, den Hohepriester und die Geschäftswelt unterstützten, zur Kooperation zu bewegen. Seine Geduld war jedoch erschöpft, als er von einer neuen bewaffneten israelischen Rebellion erfuhr (169 v. Chr.). „Rasend wie ein wildes Tier marschierte Antiochus nach Jerusalem, wo die Griechen, nachdem seine hebräischen Anhänger verräterischerweise die Stadttore geöffnet hatten, in drei Tagen 80.000 ISRAELIS töteten und mindestens ebenso viele in die Sklaverei verkauften."

Rom befahl nach 100 Jahren Lügen und Verrat an den Hebräern (7 Millionen Hebräer lebten im Römischen Reich) und unter dem Eindruck einer neuen Rebellion in Palästina die Zerstörung des Tempels in Jerusalem (70 n. Chr.). Außerdem wurden laut Tacitus 600.000 der 2,5 Millionen ISRAELIS, die in Palästina lebten, im Kampf getötet (Josephus, der Elie Wiesel seiner Zeit, behauptet, dass 1.197.000 Männer, Frauen und Kinder ermordet wurden).

Im Jahr 115 n. Chr. brachten sich Hebräer und Heiden in Ägypten, Mesopotamien, Zypern und Kyrene gegenseitig um. Während der Diaspora (d. h. die aus Kanaan verbannten Hebräer) verteilten sich die „Auserwählten Gottes" über die gesamte Mittelmeerküste. Tragisch für den Westen war, dass viele von ihnen in die hebräische Enklave Rom gelangten, wo die Hebräer bereits 63 v. Chr. Berichten zufolge wirtschaftliche Probleme verursachten, indem sie Gold aus Italien exportierten. Ihr korrupter Einfluss war stark genug, um römische Richter zu bestechen und die Außenpolitik zu beeinflussen. Die bemitleidenswerte Geschichte der ISRAELISCHEN, die gezwungen waren, in der Diaspora zu leben, ist ein weiterer Hoax. Nur eine kleine hebräische Bevölkerung hat jemals in Palästina gelebt; genetisch sind sie gezwungen, unter den Gastnationen zu leben. Die administrative Hauptstadt der ISRAELISCHEN war nicht Jerusalem, sondern Babylon. Dort verwaltete ein NASI (Anführer) die verstreute hebräische Nation. Joseph Ben Tobiah, JÜDISCH (um 240 v. Chr.) wird beschrieben als „der Prototyp des INTERNATIONALEN FINANZIERERS, für den es weder Grenzen noch einschränkende ethische Erwägungen gibt ... der erste große jüdische Bankier". (Peter Green, *Alexander to Actium*).

Von den Pharaonen über Hammurabi bis in die Neuzeit waren die Juden Gegenstand von Furcht und Abscheu:

(CICERON) Die Juden gehören zu einer dunklen und abstoßenden Kraft. (TACITUS) Sie sind stets bereit, einander Mitgefühl zu zeigen, während sie sich gegen alle anderen bittere Feindschaft aufheben. (KONSTANTIN) Die JUDEN sind eine schädliche und verderbliche Sekte. (KORAN) Satan hat sich ihrer bemächtigt. Die JUDEN sind die Partei Satans. (GOETHE) Diese listige Rasse hat einen großen Grundsatz: Solange die Ordnung herrscht, gibt es nichts zu gewinnen. (VOLTAIRE) Alle JUDEN werden mit einem wilden Fanatismus im Herzen geboren, so wie die Bretonen und die Deutschen mit blonden Haaren geboren werden. Ich wäre nicht überrascht, wenn diese JUDEN nicht eines Tages für das Menschengeschlecht tödlich werden würden. (WASHINGTON) Die Juden arbeiten effektiver gegen uns als die feindlichen Armeen. (JEFFERSON) Verstreut wie die JUDEN, bilden sie dennoch eine Nation, die dem Land, in dem sie leben, fremd ist. (FRANKLIN) Ich stimme General Washington vollkommen zu, dass wir diese junge Nation vor einem heimtückischen Einfluss und Eindringen schützen müssen. Diese Bedrohung, meine Herren, sind die Juden. (NAPOLEON) Die Juden sind die großen Diebe der modernen Ära; sie sind die Aasfresser-Vögel der Menschheit. (LISZT) Die Anwesenheit der JUDEN in den europäischen Nationen ist eine Ursache vieler Übel und eine ernste Gefahr. (HEGEL) Der Staat ist mit dem jüdischen Prinzip unvereinbar. (LORD HARRINGTON) Die JUDEN waren schon immer die größten Feinde der Freiheit. (HUME) Die JUDEN haben einen besonderen Charakter und sind für ihren Betrug bekannt. (U. S. GRANT) Die JUDEN als Klasse, die gegen alle vom Finanzministerium aufgestellten Regeln verstoßen, werden hiermit aus diesem Ressort ausgewiesen. (SOMBART) Kriege sind die Ernte der JUDEN (DOSTOYEVSKY) Die Juden entwässern den Boden Russlands (JUNG) Der Jude hat nie eine eigene Kulturform geschaffen und wird nach unserem Wissen auch nie eine schaffen (R. L. STEVENSON) Die Juden treiben den Landwirt in eine unheilbare Verschuldung und halten ihn für immer als ihren Sklaven (R. WAGNER) In einem Punkt bin ich ganz klar: dass die Umleitung und Verfälschung unserer kulturellen Trends dem jüdischen Einfluss zugeschrieben werden kann. (LINDBERGH) Wir sind besorgt über die Wirkung des jüdischen Einflusses in unserer Presse, unserem Radio und unseren Filmen. (NESTA WEBSTER) England wird nicht mehr von den Briten kontrolliert. Wir sind einer unsichtbaren jüdischen Diktatur unterworfen. (KEROUAC) Der wahre Feind ist der Kommunist, der JÜDISCHE. (J. R. LOWELL) Wo wäre der JUDE in einer Gesellschaft primitiver Menschen ohne Geld? (MALCOM X) Sie können nicht einmal JUDE sagen, ohne dass er Sie des Antisemitismus beschuldigt. (MENCKEN) Mir scheint, dass der TALMUD, abgesehen von einigen Lichtpunkten, völlig ununterscheidbar vom Müll ist. (G.B. SHAW) Das ist der wahre Feind... der orientalische Parasit, mit einem Wort der JUDE. (SOMBART) Lesen Sie die Seiten des TALMUD ... Den Juden wurde schon früh beigebracht, ihr Hauptglück im Geld zu suchen. (MARK TWAIN) Ich las in der *Encyclopaedia Britannica,* dass die jüdische Bevölkerung in den Vereinigten Staaten 250.000 Menschen betrage; ich schrieb dem Chefredakteur, dass ich persönlich mehr Juden als diese Zahl kenne. Ich bin der Meinung, dass wir eine riesige jüdische Bevölkerung in den Vereinigten Staaten haben. (THOMAS WOLFE) Die JUDEN verführen reine christliche Jungen (und Mädchen), weil sie sie vernichten wollen.[2] Hinter allen westlichen Kriegen und Revolutionen steht der internationale JUDE, der ständig Antisemitismus schreit, während er das Blut der Nichtjuden saugt.

> Wir sind keine Bindestrich-Juden: Wir sind Juden ohne Qualifikationen oder Vorbehalte ... Ihr Geist ist uns fremd ... Ihre nationalen Ambitionen und Bestrebungen sind uns fremd. Wir sind ein fremdes Volk unter euch, und wir bestehen darauf, dass wir es bleiben wollen ... Wir erkennen die nationale Einheit der Juden in der Diaspora an, unabhängig davon, in welchem Land wir leben. Folglich kann uns keine Grenze daran hindern, unsere eigene jüdische Politik zu verfolgen...
> DR. JAKOB KLATZKIN, JÜDISCH, „Krisis und Entsheidung".

In der Neuzeit wurden Juden von vielen arischen Staaten vertrieben, bestraft oder denunziert, darunter die folgenden:

1215 KATHOLISCH 4 KONZIL VON LATRAN - schränkt die Judenfeindschaft wegen Sklavenhandel, Prostitution und Zuhälterei ein.

1253 FRANKREICH - Einschränkungen wegen Verletzung des Zivilrechts.

1255 ENGLAND -18 wegen Ritualmordes gehängt.

1275 ENGLAND - Parlamentarisches Verbot des Wuchers von Juden.

---

[2] Die Zitate stammen aus dem Buch *ANTIZION*, zusammengestellt von William Grimstad, Noontide Press.

1290 ENGLAND - wegen Verrats usw. aus England ausgewiesen

1300 RUSSLAND - ständiger Krieg zwischen dem arischen Russland und den Chasaren, der zur bolschewistischen Revolution und zur Übernahme Russlands, Osteuropas und Amerikas durch die ILLUMINATI führt.

1348 SACHSEN - vertreibt Juden nach Polen und in die Türkei; Verrat.

1360 UNGARN - vertreibt Juden wegen Verstoßes gegen das Zivilrecht.

1370 BELGIEN - vertreibt Juden wegen Wucher und Verrat.

1380 SLOWAKEI - vertreibt Juden wegen Wucher, Verrat und Zuhälterei.

1420 ÖSTERREICH - weist Juden wegen Verletzung des Zivilrechts aus.

1444 NIEDERLANDE - vertreibt Juden wegen Wucher, Verrat und Zuhälterei.

1492 SPANIEN - vertreibt die Juden wegen Gotteslästerung und Verrat.

1495 LITAUEN - vertreibt Juden wegen Verstoßes gegen das Zivilrecht.

1498 PORTUGAL - vertreibt Juden wegen Blasphemie und Verrat.

1540 ITALIEN - vertreibt Juden wegen Blasphemie, Mord und Zuhälterei.

1551 BAYERN - vertreibt die Juden wegen Verrats.

1776 FRANKREICH/BAVIERE - wo ILLUMINATIs verboten sind.

1913 RUSSLAND - weist die Bolschewiki wegen Verrats und Mordes aus.

1935 DEUTSCHLAND, RUMÄNIEN, UNGARN, ÖSTERREICH, KROATIEN und FRANKREICH vertreiben die Juden wegen Verrats, Wucher und Mord.

1953 USA - Der Kongress identifiziert und verurteilt jüdische Spione.

1966 U.S.A. - Senator McCarthy hat in Bezug auf jüdische Spione Recht.

1990 KANADA - Der Zundel-Prozess beweist, dass die „HOLOCAUSTE" eine Ente ist.

1999 U.S.A. - Jüdische Spionage.

> Der Jude hat sich bereits auf jüdische Weise emanzipiert: Der JUDE, der z. B. in Wien lediglich geduldet wird, bestimmt durch seine Geldmacht das Schicksal des gesamten Deutschen Reiches. Der JUDE, der im kleinsten deutschen Staat rechtlos ist, entscheidet über das Schicksal Europas.
>
> KARL MARX, „Eine Welt ohne Juden", 1840

III

In der Natur ernähren sich alle Organismen von anderen Organismen. In diesem Sinne ist die Menschheit parasitär, da sie sich von anderen Lebewesen ernährt. Der einzige menschliche Parasit, der sich in den Nerven anderer Menschen inkarniert, ist jedoch der JUDE. Ihre Genialität liegt in ihrer List, in ihrer Fähigkeit, wie ein Chamäleon zu täuschen, und, wie Cicero betont, in ihrer Bösartigkeit, die an die Niedertracht appelliert, die tief in der Seele aller Menschen liegt. In der Öffentlichkeit täuschen die JUDEN ARMUT vor. Sie stellen sich als JUDENS dar, die für immer in der Diaspora umherirren: tragische, hilflose Opfer, die von ALLEN in einer bigotten und antisemitischen Welt verfolgt werden! Unter dieser Chimäre ist die internationale JUDIVERIE eine virulente, organisierte, mächtige, extrem reiche TETRADE, die NATION/BERUF/RELIGION/KULTUR kombiniert: die allein die Treue gebietet, alle nationalen Grenzen überschreitet und die heidnischen Nationen, die zu vernichten ihnen ihr völkermordender GOTT befohlen hat, völlig verachtet.

> Der Zorn des Herrn ist über alle Nationen, und sein Grimm über alle

Heere. Er wird sie verbannen... Ihre Toten werden hinausgeworfen werden, und Gestank wird von ihren Leichnamen ausgehen... Denn dies ist das Jahr der Rache des Herrn, das Jahr der Vergeltung für den Streit Zions.

DIE HEILIGE BIBEL: Jesaja 34,2.

Edward Gibbon beschreibt in seinem Buch *The Decline and Fall of the Roman Empire* die Juden als „eine Rasse von Fanatikern ... beseelt von einem unversöhnlichen Hass auf die Menschheit". Arnold Toynbee bezeichnet den JUDAISMUS als „fossile Religion". Winston Churchill denunziert die JUDEN als „eine Bande von Persönlichkeiten aus der Unterwelt, die VERSPRECHEN, die westliche Zivilisation zu stürzen". Rabbi Stephen Wise, Anführer der „amerikanischen" Judenheit während des Zweiten Weltkriegs, der zur Schaffung des Holocaust beitrug (CANULAR), erklärte: „Ich bin kein amerikanischer Staatsbürger jüdischer Abstammung. Ich bin jüdisch. Ich bin seit tausend Jahren Jude. Hitler hatte Recht - wir sind ein Volk". Ja, Hitler hatte Recht.

In diesem Vorwort haben wir kurz die Absichten unserer Gründerväter Revue passieren lassen, für ihre weißen Nachkommen eine Bastion der westlichen Kultur in Amerika zu schaffen. Die aktuellen Statistiken des US Census Bureau zeigen, dass die weißen Amerikaner auf dem Weg zur Ausrottung sind. Wir haben auch eine kurze Geschichte der Hebräer/Juden/Israelis erforscht, denn wie Spengler so überzeugend nachgewiesen hat - und wie Amerika jetzt bezeugen kann - wiederholt sich die Geschichte unfehlbar. Das alte jüdische Krebsgeschwür ist nun in den Nerven Amerikas verankert.

Die Navigationsregeln sagen uns, dass wir, um einen neuen Kurs festzulegen, zunächst wissen müssen, wo wir uns befinden; um zu wissen, wo wir sind, müssen wir wissen, wohin wir gegangen sind. Deshalb beabsichtigen wir, kurz die Geschichte der KONSPIRATION zu untersuchen, dann die KONSPIRATION in Aktion zu beschreiben: LIBERALISMUS/MARXISMUS/JUDAISMUS; schließlich werden wir einen Plan vorschlagen, wie wir das Krebsgeschwür aus unserem kulturellen Organismus entfernen können. *Wenn wir ihn nicht entfernen, werden wir sterben.*

NICHT VERGESSEN: Weiße Gene können nicht geschaffen werden, sie können nur weitergegeben werden. Wir Arier können immer einen anderen Staat auf den Ruinen des alten aufbauen; aber sobald das Reservoir an weißen Genen verschmutzt ist, können Sie sich für immer von blonden, rothaarigen und hellhäutigen Braunen verabschieden!

KAPITEL 1

DIE VERSCHWÖRUNG

Denn du bist ein heiliges Volk für den Herrn, deinen Gott, und der Herr hat dich erwählt, um ein besonderes Volk für sich selbst zu sein, über allen Völkern, die auf der Erde sind.

HEILIGE BIBEL: 5. Mose 14,2.

Der Zorn des Herrn ist über alle Nationen, und sein Grimm über alle Heere. Er wird sie verbannen... Ihre Toten werden hinausgeworfen, und Gestank wird von ihren Leichnamen ausgehen... Denn dies ist das Jahr der Rache des Herrn, das Jahr der Vergeltung für den Streit Zions.

HEILIGE BIBEL: Jesaja 34:2.

Ausrottung der Christen notwendig.

TALMUD: Zohar II 43a.

Es ist gemeiner, die Worte von Rabbinern in Frage zu stellen als die Tora.

TALMUD: Michna Sanhedrin 11:3.

Die Verwalter, die wir aus den Bürgern unter Berücksichtigung ihres sklavischen Gehorsams auswählen, werden keine in der Kunst des Regierens ausgebildeten Personen sein und daher leicht zu Bauern in unserem Spiel werden, in den Händen von Männern der Wissenschaft und des Genies, die ihre Berater sein werden: Spezialisten, die von Kindheit an dazu erzogen werden, die Geschicke der ganzen Welt zu lenken.

PROTOKOLLE DER WEISEN VON ZION, protokoll 2:2.

Alle Gelübde, Schwüre, Versprechen, Verpflichtungen und Eide, die ich in Zukunft ablegen werde, sind von diesem Tag der Sühne bis zum nächsten Tag ungültig.

TALMUD: Kol Nidre Schwur.

LA TORAH

Wenn Historiker sich öffentlich zu einer Verschwörungstheorie bekennen, laufen die Medien Amok und beschimpfen sie als Nazis, bigott, paranoid und dumm. Warum diese wütenden Dementis? Seit Beginn der Geschichte haben sich die Menschen verschworen, um die Welt oder das, was sie für die Welt hielten, zu beherrschen. Warum sollte das heute anders sein? Das ist nicht der Fall. In diesem Moment ist eine Verschwörung am Werk, um die westliche Zivilisation und die arische Nation, die sie geschaffen hat, zu zerstören. Diese Verschwörung ist nicht neu. Sie begann vor über 3000 Jahren in Form von gesprochenen Stammeslegenden, die schließlich in der Tora (ca. 900 v. Chr.) zusammengefasst wurden, einem Teppich aus Mythen und Geschichten, die größtenteils aus Ägypten, Mesopotamien, Babylonien und Griechenland plagiiert wurden. Das mosaische Gesetz, der Garten Eden, die Sintflut, die Geschichte Davids - all das stammt aus nichthebräischen Quellen. Die Idee des Monotheismus wurde (um 1400 v. Chr.) von Pharao Echnaton entlehnt. In diesen reichen Wandteppich webten die Hebräer Fäden aus ihrer eigenen Geschichte, wie sie sie glaubten oder wünschten - der *Modus* Operandi heutiger Hollywood-Drehbuchautoren. Der fiktive Protagonist dieser egozentrischen Erzählungen ist Jahwe (Adonai, Jehova, Gott): ein anthropomorpher, eifersüchtiger, rachsüchtiger, zorniger, völkermordender Stammesgott, der nach dem Bild und der Ähnlichkeit der Hebräer, die ihn geschaffen haben, erschaffen wurde. Natürlich liebt dieser GROSSE HEBRIER im Himmel die HEBRIER. Alle anderen Nationen werden als Vieh betrachtet, das benutzt, gemolken und ausgerottet werden soll.

> Denn du bist ein heiliges Volk für den Herrn, deinen Gott, und der Herr hat dich erwählt, um ein besonderes Volk für sich selbst zu sein, über allen Völkern, die auf der Erde sind.
>
> DIE HEILIGE BIBEL, 5. Mose 14:2.
>
> Ihr werdet mir ein Schatz sein vor allen Völkern, denn die Erde ist mein.
>
> DIE HEILIGE BIBEL, Exodus 19,5.

Vergessen Sie nicht, dass diese Größenwahnvorstellungen von den Hebräern über sich selbst geschrieben wurden. Größenwahnsinnige von solchem Ausmaß sind in der Regel manisch-depressive Menschen, die in Irrenanstalten eingesperrt sind.

Der Schatz der Schätze ist Abraham, den Jahwe „über alles liebt". Es wird uns erzählt, dass Abram (Abraham) und seine Frau Sari (Sarah), die auch seine Halbschwester ist, auf der Suche nach Beute in das wohlhabende Ägypten reisten. Dort arrangiert Abraham ein Treffen zwischen seiner Schwester und dem Pharao. Der allgegenwärtige Jahwe ertappt die beiden in *flagranti*. Der Pharao, der nicht weiß, dass er Ehebruch begangen hat, schenkt Abe und Sari Vieh, Diener, Silber und Gold „und Abraham wurde sehr reich". Aber, JEHOVAH ist ein eifersüchtiger und rachsüchtiger Gott (Gen. 12); NICHT gegen den Zuhälter Abraham, den er über alles liebt; NICHT gegen die Betrügerin Sari. Er ist wütend auf den freundlichen Pharao, der betrogen wurde, und schlägt Ägypten mit einer Seuche (Spielbergismus). Viele Jahre später (Gen. 20), in einem identischen Szenario, legt die 92-jährige Sarah den Pharao Ambimilech rein. Gott sagte zu Ambimilech: „Siehe, du bist nur ein toter Mann ... denn sie ist die Frau eines Mannes!". Die wahre Geschichte zeigt, dass die Juden wegen Verrats und wegen der Übertragung der Pest aus Ägypten vertrieben wurden - so wie die Juden während des Zweiten Weltkriegs Typhusüberträger waren (siehe Kapitel 6, „HOLOCAUSTE").

Ein weiteres Beispiel für GOTTES Hass auf die Heiden zeigt uns, dass Abraham, der Patriarch Israels, seine Augen auf Kanaan gerichtet hatte, ein „Land, in dem Milch und Honig fließen", das einem semitischen Hirtenstamm gehörte - den Philistern (Palästinensern). Glücklicherweise schloss Jahwe mit seinem Kumpel Abraham einen Deal ab:

> Und ich will dir und deinem Samen nach dir das Land geben, darin du ein Fremdling bist, nämlich das ganze Land Kanaan, dass sie es besitzen sollen ewiglich; und ich will ihr Gott sein.
>
> GENESIS 17:8.

JEHOVAH sagt alles, was die Drehbuchautoren in den Zwischentiteln drucken. Diejenigen, die es überzeugend finden zu glauben, dass Jahwe um 5000 v. Chr. eine flache Erde schuf, aus einem brennenden Dornbusch sprach, seinen Hintern entblößte, das Rote Meer teilte und die JUDEN mehr als alle anderen Nationen liebt, teilen eine kindliche Leichtgläubigkeit mit denen, die glauben, dass Millionen von JUDEN in den deutschen Gaskammern starben. Dies bestätigt auch die Überzeugung der JUDEN, dass Nichtjuden dumme Schafe sind. Das bringt einen zum Kotzen.

Die Tora befiehlt den Heiden, Jehova anzubeten oder die Qualen der Hölle zu erleiden. Andererseits versichert JEHOVAH den JUDEN, dass sie ungestraft Nichtjuden bestehlen, betrügen, vergewaltigen und töten dürfen. Er verspricht, dass nur die JUDEN die Erde erben werden.

DER TALMUD

DIE HEILIGE BIBEL berichtet uns, dass Moses, ein Hebräer (oder war er Ägypter?), auf den Berg Sinai stieg (ca. 1300 v. Chr.), um mit Jahwe zu sprechen, der ihm DAS GESETZ (die Zehn Gebote) gab, das Moses auf zwei Steintafeln schrieb (es gab damals kein hebräisches Alphabet, und die Schrift könnte Keilschrift, Hieroglyphenschrift, chinesische Schrift oder eine andere Schrift gewesen sein). Traditionell schrieb Moses auch die TORAH (Pentateuch). Jahrhunderte später behaupteten die Pharisäer, dass Gott das Moses gegebene GESETZ mündlich interpretiert habe. Die Pharisäer behaupteten, dass die mündliche Auslegung Jahwes mit ihrer mündlichen Auslegung identisch sei. So werden das MÜNDLICHE GESETZ der Pharisäer und die TORAH als DAS HEILIGE WORT anerkannt. Das MÜNDLICHE GESETZ der Pharisäer, Pharisäismus genannt, das Jesus als „Synagoge des Satans" verachtete, wurde schließlich niedergeschrieben und wurde zum TALMUD (500 n. Chr.).

> Der TALMUD besteht aus 63 Büchern mit rechtlichen, ethischen und historischen Schriften der alten Rabbiner (22 v. Chr. - 500 n. Chr.). Er wurde fünf Jahrhunderte nach der Geburt Jesu herausgegeben. Es ist eine Sammlung von Gesetzen und Wissen: der Rechtskodex, der die Grundlage des jüdischen Religionsgesetzes bildet, und das Buch, das für die Ausbildung von Rabbinern verwendet wurde; es ist die Grundlage des jüdischen Lebens. Es wird jüdischen Kindern gelehrt, sobald sie lesen können.
>
> Rabbiner Morris N. Kertzer, Vorsitzender der Vereinigung der jüdischen Seelsorger, Streitkräfte, USA; Sprecher des American Jewish Committee (der „Vatikan des Judentums").

Es gibt zwei TALMUDs: den palästinensischen und den babylonischen. Es ist das babylonische TALMUD (Socino Ed. 1935), das von den meisten JUDEN verwendet wird, auf das wir uns hier beziehen. Es handelt sich um einen riesigen Wälzer, dessen Großteil langweilig ist, dessen Syntax schwerfällig ist; die genetische Schizophrenie der JÜDISCHEN ist darin offensichtlich: Sie ist prahlerisch, deprimiert, rachsüchtig, vulgär, unehrlich und hasserfüllt. Der TALMUD behandelt fast jeden denkbaren Aspekt der jüdischen Existenz, wenig wird dem Zufall überlassen, von der Art und Weise, wie man Samen und Kräuter verwendet, über die Ernährung und den Geschlechtsverkehr, wann man lügen soll, wen man töten soll, welche Ziege man opfern soll, Kabbalismus, Numerologie, Nekromantie,

Wunderheilung und die Obsession für Perversionen im Hollywood-Stil, Körperfunktionen und so weiter. Nichtsdestotrotz haben die Rabbiner den Faden der jüdischen Philosophie, des jüdischen Gesetzes und der jüdischen „Geschichte" gesponnen. Dort befindet sich das Sandkorn, das dem Ziel der JUDEN zugrunde liegt, die Welt zu beherrschen, ihre Reichtümer zu sammeln und die Nichtjuden zu versklaven. Es ist dieses luziferische Credo, das die Vereinigten Staaten in eine von den ILLUMINATI kontrollierte nichtweiße Nation verwandelt, die bald Teil einer einzigen gemischten Welt sein wird.

Heiden, die sich für die jüdischen Gesetze interessieren, werden zum Tode verurteilt.

TALMUD: Sanhedrin 59a.

Keine Rettung von Christen, die sich in Lebensgefahr befinden.

TALMUD: Hilkoth Akum X, 1.

Töte die besten Nichtjuden!

TALMUD: Sanhedrin 59.

Eine Frau, die mit einem Tier verkehrt, darf einen Priester heiraten.

TALMUD: Yebamoth 59b.

Ein Mädchen, das drei Jahre und einen Tag alt ist, kann durch Koitus zur Ehe erworben werden.

TALMUD: Sanhedrin 55b.

Päderastie mit einem Kind unter neun Jahren wird nicht als Päderastie betrachtet.

TALMUD: Sanhedrin 54b-55a.

Jesus wurde während der Menstruation unrechtmäßig gezeugt.

TALMUD: Kallah 1b (18b).

Wenn ein erwachsener Mann Sex mit einem kleinen Mädchen unter drei Jahren hat, ist das nichts Besonderes.

TALMUD: Kethuboth 11a-11b.

Sexuelle Beziehungen sind mit einem verstorbenen Verwandten erlaubt.

TALMUD: Ya Bhamoth.

Wir dürfen nicht vergessen, dass wir eine eigenständige Nationalität sind, der jeder Jude - unabhängig von seinem Land, seinem Rang oder seinem Glauben - notwendigerweise angehört.

LOUIS DEMBITZ BRANDEIS,
JUDE, Oberster Gerichtshof der Vereinigten Staaten.

Michael Redkinson, JUDE, und Rabbi Isaac Wise, „zwei der weltweit führenden Autoritäten über den TALMUD", die an dem berühmten Buch *„History of the Talmud"* (Geschichte des Talmuds) mitgearbeitet haben, erklärten Folgendes:

> Die Quelle, aus der Jesus von Nazareth die Lehren schöpfte ... die es ihm ermöglichten, die Welt zu revolutionieren ... ist der TALMUD. Es ist die schriftliche Form dessen, was man zur Zeit Jesu als die Überlieferungen der Weisen von Zion bezeichnete, auf die er sich oft bezieht.

Redkinson und Wise sind natürlich Lügner. Das TALMUD hallt von Jesu Hass wider:

> Jesus wurde gezeugt, während Maria ihre Periode hatte.
>
> TALMUD: Kallah 1b.
>
> Jesus ist der Bastardsohn des römischen Soldaten Pandira.
>
> TALMUD: Sanhedrin 67a.
>
> Jesus ist in der Hölle und wird bestraft, indem er in heißem Sperma gekocht wird... alle Christen werden in Scheiße gekocht!
>
> TALMUD: Frei David 37.

Und das Neue Testament zeigt deutlich Jesu Verachtung für die Pharisäer und ihre mündlichen (TALMUDISCHEN) Lehren:

> Ich kenne die Lästerung derer, die sagen, sie seien Gottes Kinder, aber sie sind aus der Synagoge des Satans! Denn ihr seid von eurem Vater, dem Teufel, und werdet tun, was euer Vater wünscht. Er war ein Mörder von Anfang an und blieb nicht in der Wahrheit, denn es war keine Wahrheit in ihm... Wenn er die Lüge redet, so redet er von sich selbst, denn er ist ein Lügner und der Vater der Lüge.
>
> JESUS, JOHANNES 8:1

Unter der Führung der Pharisäer war der Tempel zum damaligen Federal Reserve System geworden. Christus vertrieb die Wucherer mit einer Schlangenpeitsche aus dem Tempel und griff damit indirekt die

Börse der Pharisäer an. Damit war sein Schicksal besiegelt! Die damalige Anti-Defamations-Liga reagierte schnell. Mit den üblichen Verfahren diffamierte sie Jesus („Die Infamie"), um die Menge auf ihre Seite zu ziehen - so wie sie Jahrhunderte später Marie Antoinette, die Romanows, Hitler, General MacArthur, McCarthy *und andere* diffamieren würde). Danach wurde Jesus vom Sanhedrin in eine Falle gelockt, der ihn verhaften, richten, verurteilen und kreuzigen ließ. (Papst Johannes Paul *verleugnete* 1995 das HEILIGE WORT, als er erklärte, *die JUDEN hätten nichts mit dem Tod Jesu Christi zu tun gehabt!*)

> Sein Blut sei auf uns (JUDEN) und auf unseren Kindern!
>
> MATTHÄUS: 27:24-25.
>
> Ich bin unschuldig am Blut dieses Gerechten!
>
> DIE SYNOPTIKER: Pontius Pilatus.
>
> Jesus treibt Unzucht mit seinem Dummkopf.
>
> TALMUD: Sanhedrin.

Rodkinson und Wise sagen mit frechen Sprüchen:

> Der TALMUD hat in seiner Gesamtheit überlebt, nicht ein einziger Buchstabe des TALMUD fehlt ... und er blüht heute in einem Ausmaß, das in seiner vergangenen Geschichte nicht zu finden ist. Er beherrscht den Geist eines ganzen Volkes, das seinen Inhalt als göttliche Wahrheit verehrt.

Eine dieser „göttlichen Wahrheiten" des TALMUD ist der heilige Eid des KOL NIDRE (Gebet aller Gelübde). Er wird dreimal von der Synagogengemeinde als Prolog zu den Riten von JOM KIPPUR (dem Versöhnungstag oder Großen Versöhnungstag), dem „höchsten der heiligen Tage", rezitiert. Es wurde auch von Felix Mendelssohn, JUDE (Marrane), vertont. Die meisten Christen, einschließlich des Klerus, glauben, dass der Eid von KOL NIDRE ein tiefes Gelübde des Gehorsams gegenüber Gott ist. Tatsächlich verlangt das TALMUD, dass jeder JUDE im Voraus alle Eide und eidesstattlichen Erklärungen bricht, die er im folgenden Jahr gegenüber einem Nichtjuden abgeben könnte:

> „... meine Versprechen sollen nicht binden ... meine Gelübde sollen nicht als Gelübde gelten ... noch sollen meine Eide als Eide gelten ...

alle Gelübde, die ich in Zukunft ablegen werde, sollen von diesem Tag der Sühne an bis zum nächsten NICHT gelten."

TALMUD: Kol Nidre Schwur.

Joseph G. Burg, Jude, Autor von „Zionist Nazi Censorship"; „Guilt and Fate" und mehreren anderen wichtigen Büchern über den Zweiten Weltkrieg, sagte im *Kanada vs. Ernst Zundel* Prozess, „Holocaust"-Prozess, in Toronto, Ontario, Kanada (in den USA zensiert) für die Verteidigung aus. Burg sagte aus, dass die jüdischen Überlebenden des „Holocaust" die Geschichten über die Gaskammern erfunden hätten. Da ihre Aussagen jedoch vor einem heidnischen Gericht vereidigt wurden, konnten sie ungestraft lügen.

Wenn diese Juden vor einem Rabbi mit Kippa einen Eid geleistet hätten, wären diese falschen, ungesunden Aussagen um 99,5% zurückgegangen, da der oberflächliche Eid für die JUDEN moralisch nicht bindend war.

JOSEPH G. BURG, JÜDISCH,
Zundel Hassverbrechen-Prozess, 1988.

Juden können lügen und Meineide leisten, um die Christen zu verurteilen.

TALMUD: Babha Kama 113b.

Das TALMUD ist die Grundlage des jüdischen Lebens. Es wird jüdischen Kindern gelehrt, sobald sie im Lesealter sind.

RABBINER MORRIS KERTZER,
American Jewish Committee.

Die TORAH wurde also geschaffen, um ein „halsstarriges" und besiegtes Volk zu inspirieren und zu kontrollieren, während das TALMUD eine pragmatische Interpretation dieses MYTHOS war. Die Pharisäer und hochrangigen Priester, die sich des KANULARS Jehovas zutiefst bewusst waren, verstanden auch, dass die TORAH/TALMUD nicht nur ihren Lebensstil unterstützte, sondern der Kitt war, der die hebräische Nation zusammenhielt.

Wunderschöne Kontinente, die reich an natürlichen Ressourcen waren, warteten darauf, entdeckt und zivilisiert zu werden. Doch die Juden brachten keine Entdecker oder Eroberer hervor. Sie hätten sich in die semitischen Nationen assimilieren können. Stattdessen setzten sich die JUDEN, gezwungen durch den Genotyp ihrer Spezies und überzeugt von ihrem Status als „Auserwählte", wie Blutegel in den heidnischen Nationen fest, die sie insgeheim geschworen hatten, zu enteignen und zu zerstören.

Wo immer der TALMUDISMUS auftauchte, folgte der „Antisemitismus" wie die Nacht auf den Tag folgt. Die jüdischen Gemeinden - die Ghettos, deren operativer Kern die Synagogen und Rabbiner sind -, die entworfen wurden, um die Nichtjuden am Betreten zu hindern, wurden ausnahmslos zu Gehegen, um die Juden am Verlassen zu hindern. Die Nichtjuden konnten diese fremde, korrupte und manisch-depressive Nation nicht unter sich dulden.

Psychologen berichten, dass Kinder, die darauf konditioniert wurden, ein übertriebenes oder unbegründetes Maß an Selbstwertgefühl - und unnatürliche Gefühle der Selbstliebe - zu entwickeln, und denen beigebracht wurde, sich unrealistischerweise für besser als andere zu halten, ausnahmslos unter tiefen Depressionen leiden, wenn ihre Leistungen nicht ihren Erwartungen entsprechen. Wenn sie von anderen kritisiert werden oder nicht bekommen, was sie wollen, greifen sie zu Wutausbrüchen und Gewalt. Sie beschuldigen systematisch andere, für ihre Unzulänglichkeiten verantwortlich zu sein. Sie hassen ihre Vorgesetzten, an denen sie sich rächen wollen.

Juden beneiden und hassen insbesondere die arische Nation, deren bemerkenswerte Errungenschaften und körperliche Schönheit von den Juden als erniedrigend empfunden werden - ein bitterer Likör, der Tag für Tag, Jahr für Jahr, Generation für Generation geschluckt werden muss - insbesondere von denen, die sich so leidenschaftlich für Gottes auserwähltes Volk halten. Die TORAH/TALMUD-KONSPIRATION erforderte einen neuen Ansatz, ohne die Tradition zu opfern, um den zeitgenössischen politischen Problemen zu begegnen. Es ist daher nicht überraschend zu entdecken, dass einige der Ältesten Zions - nach Jahrhunderten der Frustration und Demütigung - die Dinge selbst in die Hand nahmen und einen Plan formulierten, um Jehovas unerfüllte Versprechen umzusetzen und zu beschleunigen. DIE PROTOKOLLE DER WEISEN VON ZION

> Wir werden eine Weltregierung haben, ob Ihnen das nun gefällt oder nicht. Die Frage ist nur, ob die Weltregierung durch Zustimmung oder durch Eroberung zustande kommen wird.
> JAMES WARBURG, JUDE, Banker, 1953,

U. Congressional Hearing.

Die Wahrheit ist, dass seit 147 Jahren das Feuer der Revolution ständig unter der alten Struktur der Zivilisation schwelt ... es ist nicht lokal, sondern universell ... seine Ursachen müssen in einer tiefgreifenden Verschwörung gesucht werden ... die die größte Bedrohung darstellt, der die menschliche Rasse jemals ausgesetzt war ... die Auffassung der Juden als auserwähltes Volk ... stellt einen konzertierten Versuch dar, die Weltherrschaft zu erlangen.

NESTA H. WEBSTER, *World Revolution*, Briton Press 1971.

Diese Bewegung unter den Juden ist nicht neu. Seit der Zeit von Spartacus-Weishaupt über Trotzki (Russland), Bela Kuhn (Ungarn), Rosa Luxemburg (Deutschland) und Emma Goldman (USA) bis hin zu Karl Marx ist diese weltweite Verschwörung zum Umsturz der Zivilisation und zum Wiederaufbau der Gesellschaft auf der Grundlage von Entwicklungsstillstand, neidischer Bosheit und unmöglicher Gleichheit immer weiter gewachsen. Sie spielte, wie die Historikerin Nesta Webster so treffend dargestellt hat, eine durchaus erkennbare Rolle in der Tragödie der Französischen Revolution und war die treibende Kraft hinter allen subversiven Bewegungen im 19. Jahrhundert ... die Mehrheit der Leitfiguren waren Juden. Darüber hinaus stammen die Hauptinspiration und die treibende Kraft von jüdischen Führern.

WINSTON CHURCHILL, *Illustrated Sunday Herald* (1920).

Amshel Mayer Rothschild, JUDE, (1743-1810) Patriarch der Bankiersfamilie aus Frankfurt, Deutschland, war fasziniert von alten Pergamenten mit hebräischen Protokollen, die er für seine Bibliothek erworben hatte. Er beauftragte Adam Weishaupt, einen abtrünnigen Jesuitenpriester, damit, diese zu aktualisieren. Im schicksalhaften Jahr 1776 legte Weishaupt Rothschild die *Einigen Original Scripten* (Protokolle) zusammen mit einem organisatorischen Paradigma vor, das zur Umsetzung der überarbeiteten Protokolle entworfen worden war und das er nach Luzifer (Satan), dem „Lichtbringer", „ILLUMINATI" nannte. Sein Ziel: EINE ILLUMINATI-WELTREGIERUNG.

Die Weishaupt/Rothschild-Dokumente wurden der Welt (1784) „durch einen Akt Gottes" offenbart, als ein Kurier Rothschilds und sein Pferd auf dem Weg nach Paris in Regensburg vom Blitz getroffen wurden. Die bayerischen Behörden entdeckten in den Satteltaschen eine Kopie der *Einigen Original-Scripten*. Die ILLUMINATI wurden schnell geächtet und die Logen des Großen Orients, in denen sich die

Verschwörer trafen, wurden endgültig geschlossen. Die ILLUMINATI infiltrierten daraufhin rasch die Freimaurerlogen in ganz Europa, von denen aus die (jüdische) Französische Revolution angezettelt und gesteuert wurde.

Viele Jahre später tauchten die Protokolle, erneut überarbeitet, in St. Petersburg, Russland, zur Zeit der dortigen bolschewistischen, jüdischen Revolution wieder auf. Victor E. Marsden, ein Korrespondent der *London Morning Post* (in einer Zeit, in der die Integrität der Presse als sakrosankt galt), erwarb im Rahmen einer Sonderaktion eine russische Ausgabe (*Cionski Protocoli*) von Weishaupts Werk von Professor Sergyei Nilus, einem katholisch-orthodoxen Priester. Marsden übersetzte es ins Englische und veröffentlichte es unter dem Titel: *Die Protokolle der Weisen von Zion*. Wegen seines Wagemuts wurde Marsden ermordet. Das Originalexemplar der Protokolle des Nilus mit dem Datum 10. August 1906 befindet sich heute im British Museum in London.

In den USA ließ Henry Ford Sr., der Gründer der Ford Motor Company, Millionen von Exemplaren der Protokolle in mehreren Sprachen drucken und weltweit verteilen. Die weltweite jüdische Gemeinschaft protestierte vehement dagegen, dass die Protokolle „Fälschungen" (sic) seien. Ford antwortete (*New York World*, 2-1721):

> „Die einzige Erklärung, die ich zu den Protokollen abgeben möchte, ist, dass [...] sie bis zum heutigen Tag der Weltlage entsprochen haben. Sie passen sich der heutigen Situation an. Der jüdische Senator Jacob Javits war Vorsitzender eines Untersuchungsausschusses des US-Senats, der einen Bericht über die Protokolle erstellen sollte. Der US-Senat, der tut, was man ihm sagt, bestätigte, dass die Protokolle „verfälscht" (sic) seien. Fälschungen von was? Es wurde keine Debatte über den Zusammenhang zwischen den Protokollen und den Geschehnissen auf der Weltbühne geführt!".

> 300 Männer, die sich alle kennen, kontrollieren das wirtschaftliche Schicksal des Kontinents.
>
> WALTER RATHENAU, JUDE, mächtiger deutscher Finanzier.

> Die Welt wird von ganz anderen Charakteren regiert, als sich diejenigen vorstellen können, die nicht hinter den Kulissen stehen.
>
> BENJAMIN DISRAELI, JUDE, Premierminister, Großbritannien.

> Sie haben noch nicht begonnen, die wahre Tiefe unserer Schuld zu

schätzen. Wir *sind* Eindringlinge. Wir sind Störer. Wir *sind* Subversive. Wir haben uns Ihrer natürlichen Welt, Ihrer Ideale und Ihres Schicksals bemächtigt und sie verwüstet.

MARCUS ELI RAVAGE, JÜDISCH, *Century Magazine* (Januar 1928).

Der Sinn der Geschichte unseres letzten Jahrhunderts besteht darin, dass heute 300 jüdische Finanziers, die alle Logenmeister sind, die Welt regieren.

JEAN IZOULET, Alliance israélite universelle (1931).

Die PROTOKOLLE DER WEISEN VON SION, die 24 Protokolle enthalten, sind in Artikel unterteilt. Mehrere PROTOKOLLE könnten von Professor Nilus gestrichen worden sein, weil er sie als schädlich für die Kirche ansah. Hier werden die PROTOKOLLE aus Platzgründen gekürzt. (Edward Gibbon erinnert uns - *The* Decline *and* Fall *of the* Roman Empire, Chapters XV, XXVIII, XLVII, XLIX - daran, dass die jüdische Verschwörung die Ursache für den Untergang des GESAMTEN zivilisierten Altertums war.)

DIE PROTOKOLLE DER WEISEN VON ZION

Protokoll 1: Politische Freiheit ist eine Idee, keine Tatsache. Man muss diese Idee wie einen Köder anwenden können, wann immer es notwendig erscheint, die Volksmassen in die eigene Partei zu ziehen, um die herrschende Macht zu zerschlagen. Diese Aufgabe wird erleichtert, wenn der Gegner selbst von der Idee der Freiheit, dem sogenannten Liberalismus, infiziert wurde und bereit ist, im Namen einer Idee einen Teil seiner Macht abzutreten. Genau hier zeigt sich der Triumph unserer Theorie; die losen Zügel der Regierung werden durch das Gesetz des Lebens sofort von einer neuen Hand aufgenommen und zusammengeführt; denn die blinde Macht der Nation kann nicht einen einzigen Tag ohne Führung existieren, und die neue Autorität nimmt nur den Platz der alten, durch den Liberalismus geschwächten Autorität ein.

Unser Recht liegt in der Macht. Das Wort „Recht" ist ein abstrakter Gedanke, der durch nichts bewiesen werden kann. Dieses Wort bedeutet nichts anderes als: „Gebt mir, was ich will, damit ich beweisen kann, dass ich stärker bin als ihr".

Unsere Macht wird im gegenwärtigen Zustand des Schwankens aller Formen von Macht unbesiegbarer sein als jede andere, weil sie so lange unsichtbar bleibt, bis sie eine solche Stärke erlangt hat, dass keine List sie erschüttern kann.

Sehen Sie sich die alkoholisierten Tiere an, die sich mit dem Trinken vergnügen, deren Recht auf maßlosen Gebrauch mit der Freiheit einhergeht. Es steht uns und den Unseren nicht zu, diesen Weg zu gehen. Die *Gojim amüsieren sich über* den Alkohol und die frühe Unmoral, in die sie von unseren Sonderbeauftragten verführt wurden.

Protokoll 2: Die Verwalter, die wir aus den Bürgern unter Berücksichtigung ihrer Unterwürfigkeit auswählen, sind keine in der Kunst des Regierens ausgebildeten Personen und werden daher zu Schachfiguren in unserem Spiel: in den Händen gebildeter und begabter Männer, Spezialisten, die von Kindheit an dazu erzogen werden, die Geschicke der ganzen Welt zu lenken.

In den Händen der Staaten gibt es eine große Kraft, die die Bewegung der Gedanken im Volk schafft. Es ist die Presse! In der Presse verkörpert sich der Triumph der Meinungsfreiheit. Doch die *Nichtjuden* konnten diese Kraft nicht nutzen, und so fiel sie in unsere Hände.

Wir entfachen wirtschaftliche und militärische Kriege zwischen den nichtjüdischen Staaten. Wenn die Kriege beendet sind, sind beide Seiten verwüstet und unseren internationalen Finanzen ausgeliefert. Das ist die „jüdische Ernte". Erstens stellen wir die riesigen Kriegsmaschinen her. Zweitens zerstören wir die Blüte des weißen Mannes und schwächen damit den rassischen Widerstand der *Gojim*. Drittens sind die weißen Nationen unter enormen Schulden niedergedrückt und wir profitieren von den Zinsen auf die Zinsen.

Protokoll 3: Auf diese Weise verurteilt das Volk ehrliche Menschen und spricht Schuldige frei, in der Überzeugung, dass es alles tun kann, was es will. Dank dessen zerstört das Volk jede Form von Stabilität und schafft auf Schritt und Tritt Unordnung. Indem die Presse den Machtmissbrauch der Regierenden fördert und die Menge aufwiegelt und aufstachelt, „wird sie alle Institutionen auf ihren Umsturz vorbereiten, und alles wird unter den Schlägen der tobenden Menge in die Luft fliegen".

Wir treten auf der Bühne als angebliche Retter des Arbeiters vor der Unterdrückung auf und bieten ihm dann an, sich unseren kämpfenden Kräften - Sozialisten, Kommunisten, Anarchisten - anzuschließen, die wir nach einer angeblichen brüderlichen Regel stets unterstützen.

Protokoll 4: Damit die *Gojim* keine Zeit zum Nachdenken haben, muss ihr Geist auf Industrie und Handel gelenkt werden. Auf diese Weise werden alle Nationen im Wettlauf um den Gewinn verschlungen. Die heidnische Freimaurerei dient uns und unseren Zielen blindlings als Schirm, aber der Aktionsplan unserer Macht und sogar sein Versteck bleiben für das ganze Volk ein Geheimnis, und sie werden nicht auf ihren gemeinsamen Feind achten.

Protokoll 5: Um die öffentliche Meinung in unsere Hände zu bekommen, muss man sie verwirren, indem man viele widersprüchliche Meinungen von allen Seiten äußern lässt, und zwar so lange, dass die Nichtjuden sich in dem Labyrinth verirren und zu der Einsicht gelangen, dass es am besten ist, keine Meinung zu politischen Fragen zu haben, die zu verstehen der Öffentlichkeit nicht gegeben ist, weil sie nur von demjenigen verstanden werden, der die Öffentlichkeit führt. Das ist das erste Geheimnis.

Mit all diesen Mitteln werden wir die Gojim so sehr erschöpfen, dass sie gezwungen sein werden, uns eine internationale Macht anzubieten, die es uns aufgrund ihrer Position ohne Gewalt ermöglichen wird, nach und nach alle staatlichen Kräfte der Welt zu absorbieren und eine globale Superregierung zu bilden.

Protokoll 6: Schaffung riesiger Finanzmonopole: Finanzen, Verlagswesen, Öl, Zucker, Stahl, Medikamente, Eisenbahnen, Alkohol, Nahrungsmittel, Kleidung - sie enthalten kolossale Reichtumsreservoirs, von denen die *Gojim* abhängig sein müssen, um zu existieren.

Den *Gojim* müssen ihre Farmen und ihr Eigentum weggenommen werden, was dadurch erreicht werden soll, dass sie mit Schulden belastet werden, die gnadenlos ausgebeutet werden müssen.

Protokoll 7: Unsere Agenten sind in den Regierungen aller Länder der Welt und beraten deren Führer. Dadurch verfügen wir über ein internationales Netzwerk, während die *Gojim* überhaupt keins haben.

Durch Wirtschaftsverträge und Kreditverpflichtungen sowie durch die Feindseligkeiten und Intrigen, die dadurch entstehen, verstricken wir die Fäden der Weltregierungen so sehr, dass sie nicht mehr in der Lage sind, ohne unsere Zustimmung zu handeln. Sollte es eine Nation wagen, sich uns zu widersetzen, werden wir ihre Nachbarn kollektiv organisieren und dieses Land durch einen universellen Krieg vernichten.

Protokoll 8: Wir haben die Gerichte der *Gojim* infiltriert und sie in einen juristischen Dschungel verwandelt. Wir können Ihnen nun mit gutem Gewissen sagen, dass wir, die Gesetzgeber, zum richtigen Zeitpunkt das Urteil und den Satz vollstrecken werden; wir werden töten und verschonen; als Anführer unserer Truppen sind wir auf das Ross des Anführers gestiegen. Und die Waffen, die wir in unseren Händen halten, sind grenzenloser Ehrgeiz, brennende Gier, gnadenlose Rache, Hass und unendliche Bosheit!

Protokoll 9: Von uns geht der allgemeine Terror aus. Wir haben Menschen aller Meinungen und Doktrinen in unseren Diensten: Monarchisten, Demagogen, Sozialisten, Kommunisten, Christen, Utopisten aller Art. Alle sind an unserer Aufgabe dran: Jeder von ihnen nagt an den letzten Resten der Autorität, bemüht sich, alle etablierten Formen der Ordnung zu stürzen. Durch diese Taten werden alle Staaten gequält; sie mahnen zur Ruhe und sind bereit, alles für den Frieden zu opfern. Aber wir werden ihnen keinen Frieden geben, solange sie nicht offen und unterwürfig unsere internationale Superregierung anerkennen.

Protokoll 10: Wir haben einen Masterplan ausgearbeitet, um alle Nationen der Erde unter die Herrschaft eines despotischen jüdischen Diktators zu bringen, indem wir alle Völker der Erde so schrecklichen Leiden, Verwirrung und Qualen aussetzen, dass sie in ihrer Verzweiflung alles akzeptieren werden, was wir ihnen vorsetzen.

Um dies zu erreichen, müssen wir alle Menschen unabhängig von Klasse und Qualifikation wählen lassen, um eine absolute Mehrheit zu erreichen, die nicht von den gebildeten besitzenden Klassen erreicht werden kann. Demokratien und Republiken, in denen jeder bis zum letzten Gesindel wahlberechtigt ist, bieten uns eine große Chance.

Protokoll 11: Die *Gojim* sind eine Herde Schafe und wir sind ihre

Wölfe. Und wissen Sie, was passiert, wenn die Wölfe sich der Herde bemächtigen? Gott hat uns, seinem auserwählten Volk, die Gabe der Zerstreuung gewährt, und in dem, was in den Augen aller als unsere Schwäche erscheint, ist unsere ganze Stärke zum Vorschein gekommen, die uns nun an die Schwelle der Herrschaft über die ganze Welt gebracht hat.

Protokoll 12: Nicht eine einzige Anzeige wird ohne unsere Kontrolle an die Öffentlichkeit gelangen. Dies ist möglich durch die vollständige Kontrolle der Presse und die Kontrolle der Freimaurerei auf höchster Ebene.

Protokoll 13: Damit die dummen *Gojim* nicht erraten, was wir vorhaben, lenken wir sie noch mit Spielen, Zeitvertreib, Sex und Volkssport ab... Wer wird jemals vermuten, dass all diese Völker von uns inszeniert wurden, um einem politischen Plan zu entsprechen, den im Laufe der Jahrhunderte nicht einmal jemand erahnt hat? Die Liberalen und Utopisten, die wir loswerden werden, sobald wir die Macht übernommen haben, werden einen großen Anteil an der Zerschlagung der nichtjüdischen Institutionen haben.

Protokoll 14: In Ländern, die als fortschrittlich und aufgeklärt gelten, haben wir eine sinnlose, abscheuliche und abscheuliche Literatur geschaffen, die wir nutzen werden, um unserer Regierung ein beredtes Relief zu verleihen, wenn wir an die Macht kommen...

Protokoll 15: Wir werden gnadenlos jeden töten, der zu den Waffen greift, um sich dem Anbruch unseres Königreichs zu widersetzen.

Wir werden alle Legislaturperioden wiederholen, alle unsere Gesetze werden kurz, klar, einfach und ohne jegliche Interpretation sein, sodass jeder in der Lage sein wird, sie perfekt zu kennen. Das Hauptmerkmal wird die Unterwerfung unter Befehle sein und dieses Prinzip wird zu großartigen Höhen gebracht werden.

Protokoll 16: Um alle kollektiven Kräfte außer unserer eigenen zu zerstören, werden wir die erste Stufe des Kollektivismus, die Universitäten, entmannen, indem wir sie in eine neue Richtung umerziehen. Ihre Leiter und Professoren werden mit besonderer Vorsicht ernannt und unserer Regierung unterstellt; ihnen werden detaillierte geheime Aktionsprogramme eingetrichtert, damit sie ihren Beruf ausüben können.

Wir werden alle Fakten aus den vergangenen Jahrhunderten, die uns nicht passen, aus dem Gedächtnis der Menschen löschen und nur die Fakten stehen lassen, die alle Fehler beschreiben, die von nichtjüdischen Regierungen begangen wurden. Die Freiheit der Bildung wird es nicht geben. Alle Völker werden in einen einzigen Glauben eingeführt: das Judentum.

Protokoll 17: Wir haben uns schon lange darum bemüht, die Geistlichkeit der *Gojim* zu diskreditieren und so ihre Mission auf Erden zu ruinieren. Von Tag zu Tag schwindet ihr Einfluss auf die Völker der Welt.

Überall wurde die Gewissensfreiheit erklärt. Nur noch wenige Jahre trennen uns von der vollständigen Vernichtung des Christentums.

Protokoll 18: Wenn unser jüdischer Weltkönig an die Macht kommt, wird er von einer mystischen Aura der Göttlichkeit geschützt, die wir erschaffen, damit die dummen *Gojim* ihn als Gott betrachten.

Protokoll 19: Den Nichtjuden ist es verboten, sich in die Politik einzumischen. Jeder Anführer einer Oppositionsbewegung wird auf die gleiche Weise verurteilt wie ein Dieb, ein Mörder oder ein anderes abscheuliches und widerwärtiges Verbrechen. Die Bürger werden nicht mehr Einfluss oder Kontrolle über die politischen Angelegenheiten haben als eine Herde Rinder.

Protokoll 20: Die Gesamtsumme unserer Handlungen wird durch die Frage der Zahlen geregelt. Der Ruin der heidnischen Staaten wurde dadurch vollzogen, dass das Geld aus dem Verkehr gezogen wurde. Wir sind die einzigen, die ihre Banken besitzen und ihre Steuerpolitik kontrollieren. Sie sind unwiderruflich durch langfristige Schulden und durch die Zinsen, die wir für diese Schulden einnehmen, an uns gebunden.

Solange die Kredite intern waren, transferierten die *Gojim* lediglich ihr Geld aus den Taschen der Armen in die Taschen der Reichen. Als wir die Menschen kauften, die wir brauchten, um die Kredite in die äußere Sphäre zu transferieren, floss der gesamte Reichtum der Staaten in unsere Kassen und die *Gojim* begannen, uns den Tribut der Untertanen zu zahlen.

Protokoll 21: Wir werden die Geldmärkte durch staatliche Kreditinstitute ersetzen, deren Aufgabe es sein wird, den Preis von Industriepapieren in Übereinstimmung mit unseren Ansichten festzulegen. Diese Institutionen werden in der Lage sein, an einem Tag 500 Millionen Industriepapiere auszugeben oder von diesem Betrag zu kaufen. Folglich werden alle Industrieunternehmen von uns abhängig sein. Sie können sich vorstellen, welch immense Macht wir uns auf diese Weise sichern werden.

Protokoll 22: In unseren Händen befindet sich die große Macht unserer Zeit - das Gold: In unseren Lagerhäusern können wir uns jede beliebige Menge davon beschaffen. Wahre Macht lässt sich mit keinem „Recht" vereinbaren, nicht einmal mit dem Recht Gottes: Niemand wagt es, sich ihr so weit zu nähern, dass er auch nur eine Spanne davon abziehen könnte.

Protokoll 23: Wenn unsere Agitatoren in der ganzen Welt Zwietracht, Revolution und das Feuer der Anarchie gesät haben und der Auserwählte auf dem Thron sitzt, dann haben diese Agitatoren ihren Zweck erfüllt. Nachdem sie ihre Zeit abgesessen haben, wird es notwendig sein, sie aus seinem Weg zu entfernen, auf dem kein Knoten, kein Splitter bleiben darf.

Protokoll 24: Der zukünftige König der Welt wird aus der Ahnenreihe von König David stammen. Er wird von den Weisen von Zion aufgrund seiner außergewöhnlichen Fähigkeiten ausgewählt. Nur der König und die drei Weisen von Zion werden in die Geheimnisse und geheimen Pläne der Regierung eingeweiht. Niemand wird wissen, was der König mit seinen Anordnungen erreichen will, und daher wird es niemand wagen, einen unbekannten Weg zu beschreiten.

Jeder, der wie der Autor mit beunruhigender Furcht die Ziele des jüdischen wirtschaftlichen, politischen und intellektuellen Lebens gesehen und gehört hat, kann behaupten, dass sie (die PROTOKOLLE) der reinste Ausdruck des jüdischen Geistes sind ... dass ein arischer Geist ... unter keinen Umständen diese Handlungsmethoden, hinterlistigen Hilfsmittel und Betrügereien in ihrer Gesamtheit hätte entwerfen können.

ARTHUR TRIBITSCH, JÜDISCH,
„Deutscher Geist oder Judentum".

Es ist für jeden intelligenten Menschen unmöglich, die Protokolle zu lesen, ohne von ihrer prophetischen Einsicht verblüfft zu sein. Die Wahrheit ist jedoch, dass wir die Protokolle nicht brauchen ... um uns über diese Dinge zu informieren ... Was mich interessiert, ist, was ich über den organisierten Einsatz des Bösen zur Untergrabung der westlichen Zivilisation und zum Zusammenbruch unserer traditionellen Werte erkannt habe, damit ein völlig anderer, Blut und Hass vergießender Einfluss die Welt beherrschen kann ... Staatsmänner wie Churchill und Lloyd George, Schriftsteller wie Belloc und Wickham Steed, Verleger wie H. A. Gwynne. A. Gwynne, Juden selbst vom Schlage eines Disraeli und Oscar Levy, sie alle haben ihr Zeugnis abgelegt ... zu einer gewaltigen Anhäufung von Beweisen ... Die jüdische Macht ist real.

A. K. CHESTERTON, „The Learned Elders and the BBC" (Die Weisen von Zion und die BBC).

Alle Nichtjuden sollten die PROTOKOLLE DER WEISEN VON ZION in ihrer Gesamtheit lesen, um zu verstehen, warum die JUDEN so vehement gegen ihre Authentizität protestieren. Hier wird der jüdische Stammeswahn wie in einem Spiegel düster widergespiegelt: in der Ewigkeit eingefroren, damit die gesamte Menschheit ihn sehen, verstehen und ihm widerstehen kann.

KAPITEL 2

DIE KHASAREN ERFINDEN DAS JUDENTUM

Die Ratten sind unter den Stapeln; der JUDE ist unter dem Los.

T. S. ELIOT, „Burbank with a Baedeker...".

Die Schuld, lieber Brutus, liegt nicht in unseren Sternen, sondern in uns selbst, in der Tatsache, dass wir Untergebene sind.

WILLIAM SHAKESPEARE, „Julius Cäsar".

Die khasarische genetische Ableitung der meisten Juden - nur die Sepharden können als Hebräer durch das Blut betrachtet werden - ist seit langem bekannt, wenn nicht sogar in großem Umfang. Dunlap an der Columbia University, Bury in England und Poliak an der Universität Tel Aviv haben in den letzten fünfzig Jahren über diesen „grausamsten Witz" geforscht und die Zustimmung der Forscher erhalten.

ALFRED M. LILIENTHAL, JÜDISCH, *The Zionist Connection*.

Die Bekehrung der Chasaren (zum Talmudismus) hatte einen großen und nachhaltigen Einfluss auf die westliche Welt.

ENZYKLOPÄDIE BRITANNICA (1956)

Mir scheint, dass die Juden auf eine parasitäre Existenz auf anderen Nationen spezialisiert sind, und es ist notwendig zu beweisen, dass sie in der Lage sind, die verschiedenen Pflichten einer zivilisierten Natur aus eigener Kraft zu erfüllen.

SIR FRANCIS GALTON (1812-1911), Begründer der Eugenik.

Um 600 n. Chr. eroberte ein kriegerischer Stamm von Halbmongolen, die den modernen Türken ähnelten, das Gebiet des heutigen Südrusslands. Schon bald erstreckte sich das Königreich (Khanat) der Chasaren, wie der Stamm genannt wurde, vom Kaspischen Meer bis zum Schwarzen Meer. Seine Hauptstadt Ityl lag an der Mündung der Wolga.

SOLOMON GRAYZEL, JUDE, „Eine Geschichte der Juden".

Wie wir gelernt haben, ist die Weltgeschichte durchzogen von Berichten über Täuschung, Verrat, Betrug und Täuschung seitens der Hebräer. Eine der wichtigsten, ja geradezu wundersamen Täuschungen war die von sephardischen Rabbinern in Konstantinopel durchgeführte KONVERSION von etwa drei Millionen heidnischen Chazaren - einem ASIATISCHEN Stamm mit mongolischen und türkischen Affinitäten - zur hebräischen Religion (TORAH/TALMUDISMUS), um dann die Christenheit davon zu überzeugen, dass die Chazaren biblische Diaspora-Judäer seien! Die alte Heimat der Chasaren befand sich im Herzen Asiens. Sie waren eine kriegerische und räuberische Nation, deren Religion eine Mischung aus Phalluskult, Götzendienst und Ausschweifungen war. Die wegen ihres psychopathischen Verhaltens verhassten und gefürchteten Chasaren wurden von den benachbarten Stämmen aus Asien vertrieben. Dieser schändliche Rückzug entwickelte sich zu einer Invasion Osteuropas, wo die Chasaren, „getrieben von ihrem eigenen Verlangen nach Plünderung und Rache" (so die *Jüdische Enzyklopädie*), 25 Hirtenvölker eroberten und unterwarfen, die sie unter ihre „schützende Obhut" stellten und von denen sie Tributzahlungen verlangten. Die Chasaren ließen sich in der Region zwischen dem Schwarzen und dem Kaspischen Meer nieder und dehnten ihre Eroberungen allmählich nach Norden entlang der Flüsse Don und Wolga aus, bis sich das Chasaren-Khanat über eine Fläche von mehr als einer Million Quadratkilometern erstreckte. Im Jahr 1000 war Chasarien das größte Königreich in Osteuropa und eines der reichsten (in Bezug auf die Beute, nicht auf die Kultur). Dennoch wurden die Chasaren heute praktisch aus der Weltgeschichte gestrichen, *weil die JUDEN wollen, dass die Welt vergisst, dass sie die direkten Nachfahren der asiatischen Chasaren sind*. Die JUDEN wollen uns glauben machen, dass sie die Nachkommen der biblischen Hebräer sind. Dies ist jedoch NICHT der Fall! Darin liegt die ganze Geschichte.

Die hollywoodreifen sexuellen Exzesse der Chasaren korrumpierten die Moral der Stämme und untergruben die militärische Disziplin. Khagan Bulan wollte und brauchte eine offizielle Religion, um Disziplin einzuführen und Stammeseinheit zu schaffen. Im Jahr 730 lud Bulan Vertreter des Islam, des Christentums und des Talmudismus ein, um mit ihm über Religion zu diskutieren. Nach langen Beratungen entschied sich der schlaue Khagan für die hebräische Religion, d. h. den TALMUDISMUS (heute JUDAISMUS genannt), und machte sie zur Religion, die von allen Khasaren angenommen wurde. (Wie der heilige Augustinus, HEBREU, strebte Bulan nach Keuschheit und Enthaltsamkeit „aber, lieber Herr, noch nicht"). *Khagan Bulan und 4000 feudale khasarische Adlige wurden schnell zur Tora/Talmudismus bekehrt* (4001 Vorhäute!). Nach und nach schlossen sich Millionen von Chasaren den Reihen der von GOTT Auserwählten an. Bulan wusste natürlich, dass der TALMUDISMUS ein Schwindel war. Das spielte keine Rolle, solange seine Untertanen daran glaubten. Auch die Tatsache, dass die Chasaren keine Hebräer (Semiten) waren, spielte keine Rolle. Es war einfach zu handhaben. Man musste nur lügen! Vorgeben, JUDENSCHEN zu sein! Das aufstrebende christliche Europa würde die „Asiaten/Judäer" genauso akzeptieren, wie es naiverweise die hebräische Stammesgottheit Jahwe als seinen Gott akzeptiert hat. Das Bündnis Jehovas mit seinem auserwählten Volk - und die Protokolle, die diese Halluzinationen konkretisieren sollten - waren für Bulan zweifellos am verlockendsten. Die Chasaren waren in erster Linie Erpresser, Sklavenhändler, Zuhälter, Mörder und Wucherer, die von ihren heidnischen Nachbarn verachtet wurden. Nach Generationen von Kriegen gegen die Rus, Waräger, Slawen und Araber wurden die Chasaren (JUDEN) auf den Schlachtfeldern vollständig besiegt (1300 n. Chr.). Da sie ihres Landes beraubt wurden, zerstreuten sie sich über Europa und andere Länder, was erklärt, warum 700 Jahre später *so viele unerwünschte Juden in Ungarn, Polen, Russland, der Ukraine, Litauen, Rumänien, Galizien, Österreich und Israel leben!* In kultureller Hinsicht haben die Chasaren der Nachwelt nur sehr wenig hinterlassen. Von ihrer Sprache gibt es nicht die geringste Spur. Aber von dem Gift, das sie hinterließen, ist viel übrig geblieben (siehe ILLUMINATI). Nie zuvor haben zwei so abartige Rassen, die ASIATISCHEN KHAZARS und die SEMITISCHEN HEBRAISCHEN, so viele abstoßende Eigenschaften geteilt.

Um die verheerende Wirkung der Khasaren auf die Menschheit besser erklären zu können, müssen wir kurz nach England reisen.

Im Jahr 1775, als der Satansanbeter Adam Weishaupt die Rothschild-PROTOKOLLE, JUDEN/KHAZAR, überarbeitete, erfand der britische Dramatiker William Sheridan in seinem Stück „*The Rivals*" das Wort „JUDE": eine Ableitung des Wortes „JUDEN". Das Wort „JUDE" war im Laufe der Geschichte immer wieder in einem Slangkontext verwendet worden (wie „Hebe" für Hebräisch oder „Yid" für Jiddisch). Es war *jedoch Sheridan, der das Wort „JUDE" zum ersten Mal legitimierte, indem er es in der Presse als Eigenname für einen JUDENEN hebräischen Glaubens verwendete, es aber auf eine Figur aus KHAZAR anwandte.* ES IST WICHTIG ZU WISSEN, dass das Wort „JUDE" nicht im hebräischen Original des Alten Testaments vorkommt; es kommt auch nicht in den Targum - der Übersetzung des Alten Testaments ins Aramäische - vor; es kommt auch nicht in der

Septuaginta (TORAH) - der Übersetzung aus dem Aramäischen ins Griechische (3 v. Chr.) - vor. Das Wort „JUDE" kommt in keiner der frühen Übersetzungen der HEILIGEN BIBEL vor (lateinische Vulgata, Rheims/Douai, King James usw.). Da das Wort „JUDE" vor 1775 nicht verwendet wurde, ist es folglich falsch, die biblischen Patriarchen als JUDEN zu bezeichnen. Sie waren es nicht. Sie waren Hebräer. Jesus Christus war NICHT JÜDISCH. Er war ein Rabbi (Lehrer), der das mosaische Gesetz verehrte und das mündliche Gesetz der Pharisäer (Talmud) verachtete. Jesus (falls es ihn gab) wurde in Galiläa („unreines Land der Heiden") geboren. Es ist möglich, dass er ein Semit war, aber er hätte genauso gut ein Arier sein können. Das Neue Testament ist widersprüchlich, was seine Abstammung betrifft. Eines ist sicher: Er war KEIN JUDE (Khasar). *Es ist auch falsch und absichtlich irreführend, das Wort „JUDE" auf Hebräer/Israelis (Semiten) anzuwenden. Schließlich ist der Diffamierungsbegriff „antisemitisch", wie er auf KHAZAR-Hasser angewandt wird, oxymorisch. Das richtige Wort ist „judeophob".*

> Das Studium des Judentums ist das Studium des Talmuds, so wie das Studium des Talmuds das Studium des Judentums ist ... sie sind zwei untrennbare Dinge, oder besser gesagt, sie sind ein und dasselbe.
>
> ARSENE DARMESTETER, JÜDISCH, „Der Talmud".

Nach 1776 begann der PR-Trick der Chasaren Früchte zu tragen: Sie wurden vom Christentum (den kastrierten Löwen) als Überbleibsel des Stammes Judäa (Hebräer) in der Diaspora akzeptiert und offiziell als „JUDEN" bezeichnet. Schließlich wurde aus dem Pharisäismus der Talmudismus, und schließlich wurde aus dem Talmudismus der JUDAISMUS: die Religion der heutigen KHAZARS. Die Worte „JUDEN" und „JUDAISMUS" tauchten zum ersten Mal in den revidierten Ausgaben der Talmuds auf und begannen, in ALLEN revidierten Ausgaben der Heiligen Bibel zu erscheinen. Heute werden die Aschkenasim (Asiaten/Khasaren) und die Sepharden (biblische Hebräer/Israeliten) - die sich zu Recht hassen - unter dem Begriff „JUDEN" zusammengefasst. So gaben die Chasaren (im Handumdrehen) ihre asiatischen Affinitäten auf und wurden zu „Hebräern"; sie wurden zu Jahwes auserwähltem Volk, zu Nutznießern des Bundes und zu Erben Palästinas und aller Mineralien und anderer Güter, die sich dort befinden. Darüber hinaus verstärkten die Chasaren ihren Rassenhass gegenüber den arischen Stämmen durch den talmudischen Hass auf alle GENTILS. Anthropologen bezeichnen die

Chasaren als mongolisch-armenoide Juden. Historiker bezeichnen sie als Aschkenasim (asiatische/europäische Juden). Psychiater bezeichnen sie als manisch-depressiv. Die JUDEN verdienen ihren Spitznamen: „Meister der Täuschung". So glauben heute alle sogenannten „JUDEN" fanatisch (oder behaupten es), dass sie Gottes auserwähltes Volk sind, das die Welt beherrschen soll. Jedes Mittel ist ihnen recht, um diese Illusion zu erreichen. Eine solche Geisteshaltung ist symptomatisch für psychopathische Persönlichkeiten und wird mit Demenz, Größenwahn, Infantilismus, manischer Depression, Größenwahn, Sadismus usw. in Verbindung gebracht. Eine weitere Schlussfolgerung, die man logischerweise aus dieser verrückten Maskerade ziehen kann, ist, dass jedes Volk - sagen wir 10 Millionen Watusi oder 50 Millionen Chinesen - nur zum Judentum konvertieren muss, um das khasarische „Recht" zu erhalten, Palästina zu besitzen, Araber zu töten und Nichtjuden überall auf der Welt zu vernichten!

> Die Juden hätten Uganda, Madagaskar und andere Orte haben können, um ein jüdisches Heimatland zu errichten, aber sie wollen absolut nichts anderes als Palästina: Nicht weil das Wasser des Toten Meeres durch Verdunstung Metalloide im Wert von 5 Billionen Dollar produzieren kann; nicht weil der Untergrund Palästinas zwanzigmal mehr Öl enthält als die kombinierten Reserven der beiden Amerikas; sondern weil Palästina die Kreuzung von Europa, Asien und Afrika ist; weil Palästina das wahre Zentrum der politischen Weltmacht darstellt, das strategische Zentrum für die Kontrolle der Welt.
>
> NAHUM GOLDMAN, Vorsitzender des Jüdischen Weltkongresses.
>
> Chaim Weizmann, JUDE, das britische Kriegskabinett und das französische Außenministerium waren 1916 davon überzeugt, ... dass die beste und vielleicht einzige (wie sich herausstellte) Möglichkeit, den amerikanischen Präsidenten zum Kriegseintritt (Erster Weltkrieg) zu bewegen, darin bestand, sich die Kooperation der zionistischen Juden zu sichern, indem man ihnen Palästina versprach, und so die bis dahin ungeahnten und mächtigen Kräfte der zionistischen Juden in Amerika und anderswo auf der Grundlage eines gegenseitigen Vertrags für die Alliierten zu gewinnen und zu mobilisieren...
>
> SAMUEL LANDMAN, JÜDISCH, „Großbritannien, die Juden und Palästina".

Anschließend werden wir kurz auf die ILLUMINATI eingehen, die heute den Höhepunkt der KONSPIRATION markieren. Alte Mythen, Lügen und Comicfiguren werden zum Leben erweckt. Der CANULAR wird Wirklichkeit.

KAPITEL 3

DIE ILLUMINATI

Die Welt wird von ganz anderen Charakteren regiert, als sich diejenigen vorstellen können, die nicht hinter den Kulissen stehen.

BENJAMIN DISRAELI, JUDE, britischer Premierminister, 1868

300 Männer, alle Mitglieder von Logen, die sich alle kennen, kontrollieren den Kontinent.

WALTER RATHENAU, JUDE, deutscher Außenminister (Vorsitzender von 84 großen deutschen Unternehmen, 1920 ermordet).

Seit ich in die Politik gegangen bin, sind mir die Meinungen von Männern vor allem im privaten Bereich anvertraut worden. Einige der größten Männer der Vereinigten Staaten im Bereich Handel und Industrie haben Angst vor jemandem, haben Angst vor etwas. Sie wissen, dass es irgendwo eine Macht gibt, die so organisiert, so subtil, so wachsam, so verwoben, so umfassend, so übergriffig ist, dass sie besser nicht zu laut sprechen sollten, wenn sie sie verurteilen.

WOODROW WILSON, Präsident der Vereinigten Staaten, *Die neue Freiheit*.

Nach und nach übernehmen die Juden die Kontrolle über die großen Zeitungen... Die jüdischen Banken sind die Obersten. Sie übernehmen das amerikanische Finanzministerium. Sie haben Woodrow Wilson dazu gezwungen, den Juden Paul Warburg in den Rat der Federal Reserve zu berufen, den er dominiert... dessen Bruder Max Warburg (Chef des deutschen Geheimdienstes) eine herausragende Figur der deutschen Finanzwelt ist.

SIR CECIL SPRING-RICE, britischer Botschafter in den USA, in Deutschland und in Russland (1916)

Die Höhe unserer Staatsverschuldung ist der Maßstab für unsere Unterwerfung unter die weltweite jüdische Finanzwelt. Wir leben in einer Demokratie und trotzdem werden Kredite aufgenommen, die immer mehr kosten als die Kreditsumme und niemand hat ein Mitspracherecht. Wir Amerikaner wissen nicht, wie viele Zinsen wir jedes Jahr zahlen, und wir wissen auch nicht, an wen wir sie zahlen.

HENRY FORD, Vater, *Der internationale Jude*.

Was wichtig zu betonen ist, ist die zunehmende Evidenz einer geheimen weltweiten Verschwörung zur Zerstörung der organisierten Regierung und zur Befreiung vom Bösen ... prominente Politiker, Philosophen und Soldaten werden in kritischen Momenten dabei erwischt, wie sie Meinungen einer absolut unmoralischen Beschreibung abgeben, die nicht mit ihrem Verhalten im normalen Leben übereinstimmen ... hier wird die Verschwörung des Bösen gegen die Menschheit erkennbar.

CHRISTIAN SCIENCE MONITOR,
„The Jewish Peril" (Die jüdische Gefahr), 619-20.

Das Ziel ist nichts Geringeres als die Schaffung eines globalen Kontrollsystems in privaten Händen, das in der Lage ist, das politische System jedes Landes und die Weltwirtschaft zu beherrschen.

CARROLL QUIGLEY, Professor an der Georgetown University,
Tragödie und Hoffnung.

Die Bedeutung der Geschichte des letzten Jahrhunderts ist, dass 300 jüdische Finanziers, allesamt Logenmeister, die Welt regieren. (1931)

JEAN IZOULET, JÜDISCH,
Alliance israélite universelle.

Herr Präsident, es ist eine Ungeheuerlichkeit für diese große Nation, dass ihr Schicksal von einem verräterischen Federal Reserve System gelenkt wird, das im Geheimen mit internationalen Wucherern agiert.

LOUIS T. McFADDEN, Vorsitzender des Bankenausschusses des Repräsentantenhauses, 610-32.

Die Trilateralisten regieren die Welt nicht heimlich, das macht der Rat für Auswärtige Beziehungen (CFR).

WINSTON LORD, ehemaliger Vorsitzender des CFR.

CFR-Mitglieder sind Personen, deren Einfluss in ihrer Gemeinde weit über dem Durchschnitt liegt. Sie haben das Prestige ihres Reichtums, ihrer sozialen Stellung und ihrer Bildung genutzt, um ihr Land in den Bankrott und in ein militärisches Debakel zu führen. Sie sollten auf ihre Hände schauen. Sie sind blutverschmiert.

CHICAGO HERALD TRIBUNE.

Was die Trilaterale Kommission wirklich will, ist die Schaffung einer globalen Wirtschaftsmacht, die den politischen Regierungen der jeweiligen Nationalstaaten überlegen ist... Als Verwalter und Schöpfer des Systems werden sie die Zukunft regieren... Die Bevölkerungen werden nur als produzierende Wirtschaftsgruppen behandelt. Freiheit (politisch, geistig, wirtschaftlich) spielt keine Rolle.

U.S. SEN. BARRY GOLDWATER, JÜDISCH, *ohne Entschuldigung.*

Bei geheimen Treffen in der Schweiz gestalten 13 Personen die Weltwirtschaft. Die Bank für Internationalen Zahlungsausgleich wurde 1930 gegründet, um bei der Zahlung der Reparationen zu helfen, die Deutschland und andere Verlierer des Ersten Weltkriegs den Siegermächten schuldeten. Heute schützt sie das globale Finanzsystem. Die mächtigsten Stimmen sind die des US-Vertreters Alan Greenspan, Vorsitzender der Federal Reserve Bank, und seiner Stellvertreterin Alice M. Rivlin (beide Juden).

WASHINGTON POST, (Auszug) 6-28-98).

DAS MYTHOS: Am Anfang hielt sich LUZIFER, „der Engel des Lichts", für größer als Jahwe. Als Schlange verkleidet im Garten Eden, verführte Luzifer Eva (der TALMUD sagt, er habe mit ihr Unzucht getrieben), brach Gottes Gesetze und brachte die Sünde in die Welt. Dafür und für andere Gräuel wurden Luzifer und seine Mitverschwörer unter den himmlischen Milizen aus dem Himmel vertrieben. Weil er ein Erzengel ist, bleibt Luzifer ein unzerstörbarer böser Geist, der, wie uns gesagt wird, von Jahwe, dem „Allmächtigen", erschaffen wurde!

Wie bist du vom Himmel gefallen, Luzifer, du Sohn des Morgensterns! Wie bist du auf den Boden gefallen, der die Nationen geschwächt hat!

HEILIGE BIBEL: Jesaja 14.

Luzifer (Satan, der Teufel) errichtete ein irdisches Königreich, in dem er und seine Anhänger (ILLUMINATI) von den Tränen, der Arbeit, dem Schweiß und dem Blut der Menschheit profitierten: Sie bemächtigten sich der Körper und Seelen der Menschen. Luzifers Unternehmen war so erfolgreich, dass Jahwe zornig wurde und in einem Anfall von Eifersucht (HOLOCAUSTE Nummer eins) die gesamte menschliche Rasse - Männer, Frauen und Kinder - ertränkte! - mit Ausnahme von Noah, auf Hebräisch „ein liebenswerter Trunkenbold", und seiner Familie. Nach diesem massenhaften Ertrinken ging jedoch alles in einem Korb zur Hölle, wieder einmal. Und noch einmal. Und noch einmal! *Der Kern dieses hebräischen Mythos ist folgender: Gott kann Satan nicht besiegen!*

DIE WIRKLICHKEIT: Der Mythos erklärt, warum Rothschild die ILLUMINATI nach Luzifer benannt hat und warum er die symbolische hebräische Schlange, die für Luzifers List und Täuschung steht, in seine Patrone übernommen hat. Luzifers Abfall vom Glauben und seine Vorgehensweise gefallen den Wucherern sehr: menschliche Schlangen, die wenig oder keine moralischen Qualitäten haben, nämlich solche ohne Ehre, Mut, Kreativität und Geschicklichkeit, die die Hässlichkeit des Körpers und der Seele personifizieren. Was sie im Überfluss besitzen, sind Täuschung, Gier, maßloser Stolz und Bösartigkeit. Warum arbeiten, fragen sie, wenn man den Reichtum der Welt durch Lüge, Diebstahl, falsches Zeugnis und durch die „Niedrigkeit, die in den Seelen aller Menschen wohnt", erlangen kann?

Wir haben bereits Amschel Mayer Bauer erwähnt, einen jüdischen Pfandleiher, der entdeckte, dass er enorme Gewinne erzielen konnte, indem er kurzfristige Schuldscheine in Höhe von Beträgen ausgab, die seine Vermögenswerte bei weitem überstiegen. Dieses verzinsliche Papier, das von Bauer garantiert wurde, wurde häufig als Tauschmittel auf dem Markt verwendet. Solange die Inhaber kein Goldkonzert als Gegenleistung für ihr Papier verlangten, entging Shylock dem Strick. Kurz gesagt: Bauer gab gegen eine Gebühr Banknoten an Kreditnehmer aus, die Vermögenswerte repräsentierten, die er nicht besaß (siehe: Das Federal Reserve System). Er beschloss, seine Tätigkeit als Pfandleiher einzustellen, änderte seinen Spitznamen in Rothschild („Roter Schild") und konzentrierte sich auf seinen lukrativen Bankbetrug. Bis zum Ende des 18. Jahrhunderts war Rothschild & Sons zum größten Bankhaus Europas geworden, und sein Betrug wurde zum Eckpfeiler des Rothschild-Zentralbanksystems, das heute das Federal Reserve System kontrolliert). Rothschild ging es nicht nur um Geld. Er kombinierte den TALMUDISCHEN Hass auf die Nichtjuden mit dem Rachedurst der Chasaren gegen die arische Rasse. Der Name „Rotschild" wurde zum Symbol der Weltrevolution. Wie Sie sich vielleicht erinnern, beauftragte Rothschild Adam Weishaupt (einen abtrünnigen Jesuitenpriester, der wegen seiner Satansanbetung aus seinem Amt an der Universität Ingolstadt vertrieben worden war) mit der Aktualisierung der alten Protokolle. Die von Weishaupt gegründete Organisation, die diese Pläne umsetzen soll, sind die ILLUMINATI.

Die ILLUMINATI werden von einem KHAGAN geleitet. Der Khagan steht der KEHILLA (Vorstand) vor, die aus 13 Juden besteht, von denen die meisten internationale Bankiers sind. Jeder dieser Direktoren steht an der Spitze einer Schlüsselorganisation innerhalb der weltweiten revolutionären Bewegung. Die Direktoren übernehmen abwechselnd den Vorsitz der ILLUMINATI, in der 300 einflussreiche, nicht nur jüdische Persönlichkeiten sitzen, die die wichtigsten Bereiche der menschlichen Aktivität repräsentieren: Finanzen, Medien, Regierung, Militär, Außenpolitik, Wissenschaft, Industrie, Handel, Bildung, Religion und so weiter. Weil es sich um eine GEHEIME ORGANISATION handelt, ist sie jedoch praktisch unsichtbar. Wie der Wind offenbart sie sich durch ihren Einfluss und ihren Schaden:

DIE FRANZÖSISCHE REVOLUTION von 1778, der erste Staatsstreich der ILLUMINATI gegen die Christenheit, enthüllte die PROTOKOLLE in Aktion.

> Wenn der Griff der Schulden fest etabliert ist, folgt bald die Kontrolle über jede Form von Öffentlichkeit und politischer Aktivität sowie die vollständige Kontrolle über die Industriellen (Arbeitgeber und Gewerkschaften) ... der Griff der rechten Hand etabliert die Lähmung, während die revolutionäre linke Hand den Dolch hält und den tödlichen Schlag ausführt.
>
> SIR WALTER SCOTT, *The Life of Napoleon* (Scotts neun Bände wurden aufgrund ihrer judenfeindlichen Haltung gestrichen und nie zusammen mit seinen anderen Werken katalogisiert).

Während die jüdischen Zeitungen von Herrn Balsamo Kirche und Staat verleumden, organisieren die ILLUMINATI die Herrschaft des Terrors. In ganz Frankreich werden Jakobinerklubs gegründet, die als Versammlungsorte für den Abschaum dienen.

> Auch bei Restif gibt es Anspielungen auf Klassenrassismus, auf die Angst der Bürger und Handwerker vor blassen Männern mit dunklen, schlecht frisierten Haaren, stechenden Augen und zotteligen Schnurrbärten ... diese Kanaille ist immer dunkel und düster ... Die Respektablen: die Männer des Eigentums, die tugendhaften Handwerker sind hell und haben einen guten Teint.
>
> BRITISH LITERARY REVIEW, Restif de la Bretonne - Erzählungen aus der Zeit des Terrors.

Die kontinentale Freimaurerei wird und wurde 200 Jahre lang notorisch von den Juden kontrolliert.

> A. K. CHESTERTON, Die neuen unglücklichen Herren (1974).

INFAMIE (Lügen, Verleumdungen und Falschaussagen) ist eine der gefürchtetsten Waffen, die von den Juden eingesetzt wird. Das Opfer ist sich der heimtückischen Einflüsterungen hinter seinem Rücken nicht bewusst, bis es anfängt, verurteilende Blicke, Ablehnung und plötzliche Rückschläge zu spüren. Es *gibt praktisch keine Möglichkeit, diese anonyme Zerstörung ihres Rufs zu widerlegen.* Für größere Ziele setzen die ILLUMINATI ihren gesamten Mordapparat ein, von Medienkampagnen über Untersuchungsausschüsse des Kongresses bis hin zu Einschüchterungen durch die Steuerbehörde und Sondereinsatzkommandos.

Der allmähliche Richtungswechsel der westlichen Bestrebungen (um 1750) von Kultur zu Zivilisation führte zu Spannungen und Brüchen innerhalb der europäischen Monarchien und erforderte Zeit, um diese zu diagnostizieren, zu behandeln und zu heilen. Die Juden witterten in dieser Unpässlichkeit eine Gelegenheit zum Angriff. Was in Frankreich höchstwahrscheinlich eine friedliche Revolution gewesen wäre, entwickelte sich zu einer Tragödie. Zum ersten Mal wurde der Westen Zeuge der JÜDISCHEN MACHT: Die ILLUMINATI zettelten die FRANZÖSISCHE REVOLUTION an. Die INFAMIE hat sie ausgelöst.

Ludwigs Königin Marie Antoinette war die Tochter von Franz I. von Österreich. Maries Schwester wusste, dass die bayerische Regierung die ILLUMINATI-Pläne entdeckt hatte, und warnte sie vor den PROTOKOLLEN und der drohenden Gefahr. Die Königin schreibt:

> Ich glaube, dass Sie sich in Bezug auf Frankreich zu sehr mit der Freimaurerei beschäftigen. Hier hat sie bei weitem nicht die Bedeutung, die sie anderswo in Europa haben kann.

Der jüdische ILLUMINATI-Agent Moses Mendelssohn bestellt bei einem Londoner Juwelier eine Diamantkette im Wert von 250 000 Pfund, die Marie-Antoinette überreicht wird. Durchgesickerte Informationen über die „Nachsicht" der Königin erschienen in den Pariser Zeitungen und brachten die Beamten, die Kirche und die Bevölkerung zur Verzweiflung. Die Königin konnte zwar beweisen, dass sie die Kette nicht bestellt hatte, doch der Ruf der Monarchie wurde schwer geschädigt. Der Jude Joseph Balsamo ließ daraufhin 500.000 Pamphlete verteilen, in denen er die Königin, „diese österreichische Hure" (eine Bezeichnung, die später von den Bolschewiki auf die Zarin angewandt wurde), beschuldigte, einem geheimen Liebhaber sexuelle Gefälligkeiten im Austausch für die Halskette gewährt zu haben. Um das Netz enger zu ziehen, fälschte der Jude Balsamo die Unterschrift der Königin auf einem Brief, in dem er den Kardinalprinzen von Rohan einlud, sich mit ihr im Königspalast zu treffen, um die Halsbandaffäre zu besprechen. Eine Schauspielerin wurde engagiert, um sich als Königin auszugeben. Das daraus resultierende Szenario mit versteckten Augenzeugen verwickelt den Kardinal in eine Liebesaffäre mit der Königin. Der Skandal belastet die höchsten Personen in Kirche und Staat. Der CANULAR, denn darum handelt es sich, vertieft die Kluft zwischen der Monarchie und dem Volk und verringert dessen Widerstand gegen die ILLUMINATI.

Als der *Schurke* (jüdische Agitatoren in der Presse und auf den Straßen) Frankreich in einen Rausch der Verzweiflung versetzte, wurden plötzlich die Türen der Gefängnisse und Irrenhäuser geöffnet. Der TERROR entfesselte sich. Während Kriminelle und Verrückte Amok liefen, brannten, vergewaltigten, mordeten, „Freiheit, Gleichheit, Brüderlichkeit" riefen und Rothschilds rote Fahne schwenkten, verhafteten und inhaftierten die Jakobinerklubs ohne Gerichtsverfahren Bürger und Aristokraten: Männer, Frauen und Kinder, deren Vernichtung von den ILLUMINATIs geplant war.

Der Marquis de Mirabeau und Robespierre, die goyschen Anführer der Revolution gegen ihre eigene Rasse, erkannten zu spät, dass Männer, die mächtiger waren als sie, DEN TERROR geschaffen hatten. Mirabeau versuchte in einem letzten Akt der Erlösung, die dem Untergang geweihte königliche Familie zu retten. Er wurde vereitelt und enthauptet. Robespierre erklärte vor dem Konvent, bevor man ihm in den Kiefer schoss, um ihn zum Schweigen zu bringen:

> Ich kann mich nicht dazu durchringen, den Schleier zu zerreißen, der dieses tiefe Geheimnis der Ungerechtigkeit verhüllt. Aber ich kann sehr positiv behaupten, dass sich unter den Urhebern dieser Verschwörung die Agenten dieses Systems der Korruption und Extravaganz befinden - das mächtigste aller von Ausländern erfundenen Mittel -, um die Republik zu besiegen: Ich meine die unreinen Apostel des Atheismus und der Unmoral, die dessen Grundlage bildet.
>
> ROBESPIERRE, aus: *Vie de Robespierre*, von George Renier.

Robespierres Diskretion, die CONSPIRATEURS nicht zu enthüllen, hat ihm nichts genützt. Er wusste zu viel und wurde wie fast alle nichtjüdischen Revolutionsführer enthauptet. Heute wissen wir, dass er die Identität von: Daniel Itg (Berlin), Herz Gergsbeer (Elsass), die Rothschilds und Sir Moses Montifiore (England), allesamt jüdische Finanziers, die in Frankreich eine konstitutionelle Monarchie errichten wollten, wie sie es in England getan hatten. Die absolute Monarchie lehnt in Verbindung mit dem Nationalismus den Wucher absolut ab. Die Juden begannen daher einen kontinentalen Krieg gegen Frankreich. Dieser Krieg erforderte enorme Auslandskredite von ALLEN Beteiligten: Frankreich, England, Spanien usw., doch die ILLUMNATIs brachten Frankreich zum Scheitern, indem sie sich weigerten, Zahlungen in Assignaten zu akzeptieren. Das führte zum TERROR.

Die „populäre" Geschichte stellt Marie Antoinette als hirnlose, zügellose und mitleidlose Frau dar, die, als sie erfuhr, dass die Bevölkerung kein Brot hatte, sagte: „Sollen sie doch Brioche essen". Seriöse Historiker haben bewiesen, dass die Kritiker der Königin jüdische Lügner waren. Die Königin ertrug die Leiden, die ihr und ihrer Familie zugefügt wurden, mit Würde und begegnete ihrem Tod auf der Guillotine mit großem Mut.

Auch Napoleon I (1769-1821) kämpfte gegen die Fallen und Lügen der ILLUMINATI. Bonapartes ramponierter Ruf beruht auf der Tatsache, dass er, ein Held des Volkes, sich gegen den Zinskredit stellte. Die Hauptsorge der Bankiers war es, die Kriege fortzusetzen und zu finanzieren.

> Es kann nicht genug betont werden, dass das Finanzwesen und nicht die Vergrößerung des Staatsgebiets der Schlüssel zu Napoleons Herrschaft war. Hätte der französische Kaiser eingewilligt, sein Finanzsystem zugunsten des Londoner Systems (Zentralbank) - d. h. zugunsten von Krediten über den Geldmarkt - aufzugeben, hätte er jederzeit Frieden haben können.
>
> R. MICHAEL *WILSON*, *Die Liebe Napoleons*.

Während des Halbinselkriegs (1809) kämpft Wellington in Spanien gegen die französischen Truppen. Die iberische Küste ist von der französischen Flotte umzingelt, die den Nachschub für die britischen Streitkräfte blockiert. Das Problem wird vom britischen Haus Rothschild gelöst, das das französische Haus Rothschild informiert, das Gold mit einem Maultierzug über die Pyrenäen zu Wellington schmuggelt. Mit dem Gold in der Hand kaufte Wellington von den Spaniern Vorräte und Futtermittel. Und was ist mit den Truppen, die für ihre Ideale, ihren Gott und ihr Land sterben? Den Juden ist das egal.

Während sich die Schlacht von WATERLOO entwickelt, von der das Schicksal Englands und Frankreichs abhängt, entwickeln die ILLUMINATI eine Verschwörung, die es ihnen ermöglicht, die Ergebnisse der Schlacht vor den beiden Regierungen zu erfahren. Es wurde ein System von Brieftauben eingerichtet, um den Ärmelkanal zu überqueren (daher die Redewendung: „Ein kleiner Vogel hat es mir gesagt"). Unmittelbar nach der Bestätigung von Wellingtons Sieg (1815) verkündeten Rothschilds Agenten in London, dass die Schlacht verloren sei! Der britische Geldmarkt geriet in Panik: Die Anleger trennten sich von ihren wertvollen Aktien und Staatsanleihen zu unschlagbar günstigen Preisen. Hinter den Kulissen kaufte Rothschild alles auf, was ihm in die Hände fiel. In Frankreich wurde ein ähnlicher Betrug durchgeführt. Die Toten wurden beerdigt. Die Helden erhielten Orden und die BANKEN kicherten.

> Der Name Rothschild wurde so allgegenwärtig und man bemerkte, dass sich das Haus wie ein Netz über die Nationen ausbreitete; kein Wunder also, dass seine Operationen auf dem Geldmarkt schließlich von allen Kabinetten in Europa gespürt wurden.
>
> RABBI MOSE MARGOLUTH (1851).

Das ZEITALTER DER VERNUNFT war der Nährboden, auf dem die Idee des Kapitalismus entstand: freies Unternehmertum, Wettbewerb, Individualismus („jeder für sich"); das Geldsystem war Teil des Kapitalismus. Die gesamte Ausrichtung dieser organischen Entwicklungsstufe der westlichen Kultur wurde durch das Geldmonopol der ILLUMINATI in ihr Gegenteil verkehrt. Kapitalismus wurde zum *Synonym* für Wucher, und *Wucher ist bekanntlich gleichbedeutend mit Schulden, d. h. mit Sklaverei.*

Der satanische Charakter der INDUSTRIELLEN REVOLUTION, die in England (um 1760) begann, trägt den Stempel der Rothschilds. Sie waren es, die die Bauvorschriften, Verordnungen, Normen und Werte festlegten. Juden haben KEINEN Patriotismus für ihr Gastland: KEINE Liebe zur Landschaft, zum Staat, zu seiner Geschichte und zu seinem Volk. Sie betrachten IHRE TALMUDISCHE WELT als grenzenlos und die Gojim als IHRE Schafe, die es zu rupfen gilt. Hätte der arische Mensch sein eigenes Geld kontrolliert, hätte er NICHT höllische Fabrikstädte errichtet, in denen er seine eigenen Kinder als Sklavenarbeiter einsetzte. Er hätte die industrielle Revolution mit derselben Kunst und Liebe gestaltet, mit der er seine großartige Musik, Literatur, Kunst, Wissenschaft und Kathedralen geschaffen hat. WENDIGKEIT entwürdigt. WENDER versklavt.

Im KOLONIALAMERIKA stellte Benjamin Franklin, nachdem die (von den JUDEN beherrschte) Bank von England sich geweigert hatte, den schuldenfreien Text der amerikanischen Kolonien zu akzeptieren, verbittert fest, dass „der Wohlstand ein Ende hatte und Depression und Arbeitslosigkeit eingetreten waren". Um zu überleben, mussten die Siedler ihr Eigentum und ihre Wertpapiere bei der Bank von England mit Hypotheken belasten. Der Unabhängigkeitskrieg (1776) richtete sich nicht gegen George III, wie die Geschichtsbücher glauben machen wollen, sondern gegen die JÜDISCHEN BETRÜGER.

> Die Bank von England weigerte sich, mehr als 50% des Nennwerts unseres Skripts zu geben, als sie es wie gesetzlich vorgeschrieben übergab. Das im Umlauf befindliche Tauschmittel wurde also halbiert... Die Kolonien hätten unter anderem die kleine Steuer auf Tee gerne getragen, wenn England ihnen nicht ihr Geld weggenommen hätte, was zu Arbeitslosigkeit führte...
> BENJAMIN FRANKLIN, Dokument des US-Senats Nr. 23.

In den folgenden Jahren, bevor sie die FED gründeten, erzeugten die ILLUMINATI Finanzpaniken, Geldknappheit und verbreiteten L'Infamie, um die Unzufriedenheit der Öffentlichkeit mit dem amerikanischen Währungssystem zu wecken und es durch ihr eigenes System zu ersetzen.

> Ihr seid ein Hort von Dieben, von Otterngezücht! Ich habe vor, euch in die Flucht zu schlagen, und beim ewigen Gott, ich werde euch in die Flucht schlagen!
> ANDREW JACKSON, Präsident der Vereinigten Staaten, um 1835

DER BÜRGERKRIEG

Eine strategische Chance ergab sich, als tiefe soziale Gegensätze begannen, die Stabilität Amerikas zu bedrohen. Die ILLUMINATIs schürten die Funken, weil sie wussten, dass sie eine goldene Ernte einfahren würden, wenn es ihnen gelänge, den Norden und den Süden ideologisch zu spalten und dann beide Seiten in einen langen und blutigen Bürgerkrieg zu treiben.

> Es besteht kein Zweifel, das weiß ich mit absoluter Sicherheit, dass die Teilung der Vereinigten Staaten in zwei Föderationen gleicher Macht lange vor dem Bürgerkrieg von der größten Finanzmacht Europas beschlossen worden war.
> OTTO VON BISMARCK, Bundeskanzler, Deutschland.

Der amerikanische Bürgerkrieg war in einem sehr realen Sinne die Fortsetzung des revolutionären Krieges, den unsere Gründer gegen die Bank von England führten. Der Bürgerkrieg wurde in London von Rothschild geplant, der zwei amerikanische Demokratien wollte, von denen jede mit Schulden geplagt war. Vier Jahre vor dem Krieg (1857) beschloss Rothschild, dass seine Pariser Bank den Süden, vertreten durch Senator John Slidell, JÜD, aus Louisiana, unterstützen würde, während der britische Zweig den Norden, vertreten durch August Belmont (Schoenberg), JÜD, aus New York, unterstützen würde. Der Plan bestand darin, die geplanten enormen Kriegsschulden zu Wucherzinsen zu finanzieren und diese Schulden zu nutzen, um von beiden Seiten die Zustimmung zu einem Rothschild-Zentralbanksystem zu erpressen, das dem ähnelt, das die Nationen Europas ausgeblutet hat (und immer noch ausblutet) und sie in einem Zustand des ewigen Krieges, der Zahlungsunfähigkeit und der Gnade jüdischer Spekulanten hält.

Wie im vorrevolutionären Frankreich machten sich die ILLUMINATI-Agitatoren wie Maden, die eine rohe Wunde befallen, im Norden und im Süden, auf allen Regierungsebenen und in der gesamten Gesellschaft ans Werk, um die Spaltprobleme, die die Nation bedrohten, auszunutzen. Die internationalen Bankiers hatten Erfolg. Alle Friedensbemühungen zwischen Nord und Süd sind gescheitert.

> Die Propaganda stellte die Frage der Sklaverei in den Vordergrund, doch das eigentliche Ziel des Krieges bestand darin, beide Seiten dazu zu bringen, dasselbe Geldsystem zu akzeptieren, das Rothschild in England und auf dem Kontinent eingeführt hatte, um die enorme Produktivität des gesamten amerikanischen Volkes auszubeuten.

WILLIAM G. SIMPSON, Welcher Weg für den westlichen Menschen.

Die Regierung muss alles Geld und alle Kredite schaffen, ausgeben und in Umlauf bringen, die notwendig sind, um die Ausgaben der Regierung und die Kaufkraft der Verbraucher zu befriedigen.

PRÄSIDENT ABRAHAM LINCOLN

Lincoln erklärte, dass er die internationalen Bankiers mehr fürchtete als die Konföderation. Er sah deutlich, wie sich die Verschwörung um ihn herum bis in sein Kabinett hinein ausbreitete. Um zu versuchen, Rothschild zu destabilisieren, erreichte er, dass der Kongress 150 Millionen Dollar in Form von „Greenbacks" ausgab, einer zinslosen Währung, die von der US-Regierung garantiert wurde (diese Banknoten zirkulieren seitdem schuldenfrei in den USA). Die internationale jüdische Gemeinschaft weigerte sich jedoch, diese anzunehmen. Beide Konfliktparteien benötigten verzweifelt große Mengen an Geld, um den Krieg fortsetzen zu können. Nur Rothschild konnte dieses Geld bereitstellen - zu Wucherzinsen. BLUTGELD.

Die Vereinigten Staaten wurden 1863 an die Rothschilds verkauft.

EZRA POUND, „Impact".

Infolge des Krieges [...] wird die Finanzmacht dieses Landes danach streben, ihre Herrschaft zu verlängern, indem sie mit den Vorurteilen der Menschen arbeitet, bis der Reichtum in den Händen einiger weniger aggregiert und die Republik zerstört ist. Ich mache mir mehr Sorgen um die Sicherheit meines Landes als je zuvor, selbst inmitten eines Krieges.

PRÄSIDENT ABRAHAM LINCOLN

624.511 Soldaten starben während des Bürgerkriegs (1861-1865) 475.881 Soldaten wurden verwundet. Diese Zahlen bleiben unvollständig, da einige Register nicht geführt wurden und andere verloren gingen, vor allem zu Beginn des Krieges. Nach dem Krieg, als er erkannte, dass der wahre Feind der Union Rothschild war, ließ der Präsident, indem er die Verfassung betonte, den Kongress klar wissen, dass:

Das Privileg, Geld zu schaffen und auszugeben, ist ... das höchste Vorrecht der Regierung!

ABRAHAM LINCOLN.

Die US-Verfassung verleiht dem Kongress allein die Befugnis, Geld zu prägen und seinen Wert zu regulieren; der Oberste Gerichtshof hat entschieden, dass der Kongress diese Funktion nicht abtreten kann.

Präsident Lincoln hatte den Fehdehandschuh hingeworfen. Unter seiner Regierung würde ein Rothschild-Zentralbanksystem nicht geduldet werden.

Lincoln brachte die JUDEN noch mehr zur Verzweiflung, als er seine Absicht ankündigte, die kürzlich wieder in die USA aufgenommenen Schwarzen zu kolonisieren. Die JUDEN wollten, dass die Schwarzen als billige Arbeitskräfte in den USA blieben (jetzt, da sie nicht mehr gepflegt und unterstützt werden mussten), aber auch als spaltendes rassisches Element, das in Zukunft von der Revolution ausgenutzt werden konnte.

Lincolns Unnachgiebigkeit besiegelte sein Schicksal. Das Hindernis musste beseitigt werden. *Überzeugende Beweise legen nahe, dass Lincolns Mörder John Wilkes Booth (Botha), JÜDISCH, von Judah Benjamin, JÜDISCH, Schatzmeister der Konföderation, angeheuert wurde.* Benjamin war ein enger Vertrauter von Benjamin Disraeli, JUDE (1804-1881), britischer Premierminister. Disraeli, Benjamin und Booth hatten gemeinsam Gespräche mit den Rothschilds geführt. Als Booth aus dem Ford Theater entkam, floh er „ganz zufällig" über die einzige Straße, die aus Washington, D.C. herausführte und nicht von Truppen blockiert war. Unter seinen Besitztümern befand sich ein Codebuch, das mit dem in Benjamins Besitz gefundenen identisch war; und ein weiteres, dessen Seiten herausgerissen waren, befand sich unter den Besitztümern des US-Kriegsministers Stanton. Nach dem Mord floh Benjamin nach London, wo er von seinem Stamm aufgenommen wurde. Vor kurzem haben Booths Angehörige die Exhumierung seines Grabes in Maryland beantragt. Sie glauben nicht, dass Booth sich dort befindet. Die Erlaubnis wurde jedoch von anonymen Behörden verweigert.

Wenn Sie zufällig die langen Reihen der Yankee- und Rebellentoten in Pea Ridge, Gettysburg, Shiloh, Chickamaugua, Cold Harbor, Chancellorsville, Antietam *und anderen Orten* besuchen, denken Sie daran, dass jedes Kreuz für das von den TALMUDISCHEN KHAZAR-JUDEN geforderte BLUTGELD, die Tränen und den Schmerz steht.

Fünfunddreißig Jahre nach Appomatox, an der Schwelle zum blutigsten Jahrhundert der Weltgeschichte, bereiten die ILLUMINATI den Boden für den Ersten Weltkrieg. Egal in welchem Land sie leben, die Juden verbreiten DIE HASSLOSIGKEIT, wie sie es in all ihren Kriegen und Revolutionen getan haben, indem sie ihren Feind dämonisieren. Die Trommeln begannen zu schlagen. In Amerika setzten die Juden Schmeichelei und Nötigung ein, um ins Weiße Haus einzudringen. Sie manipulierten Präsident Wilson - wie später auch FDR - „wie ein Affe auf einem Seil". Zum Leidwesen der Patrioten verabschiedete der US-Kongress das verfassungswidrige Gesetz FEDERAL RESERVE ACT (1913), das Rothschild die vollständige Kontrolle über das amerikanische Währungssystem übertrug. Von da an kontrollierten die ILLUMINATI das Räderwerk der US-Regierung (heute gehen die Juden im Oval Office und im Finanzministerium ein und aus, so wie sie im Hillcrest Club in Los Angeles ein und aus gehen). Die JUDEN bereiteten die USA sofort auf den Ersten Weltkrieg vor, von dessen bevorstehendem Ausbruch das amerikanische Volk damals noch nichts ahnte. Um den BANKERN die Rückzahlung von Kapital und Zinsen zu garantieren, verkündete der Kongress den 16. Zusatzartikel zur Verfassung und führte damit die erste Einkommenssteuer für Privatpersonen in der Geschichte der Vereinigten Staaten ein. Von den Amerikanern wurde nicht nur erwartet, dass sie in einem Krieg gegen ihre deutschen Verwandten starben, sondern sie mussten die JUDEN für dieses Privileg auch noch bezahlen.

Im selben schicksalhaften Jahr 1913 gründeten die Juden die B'nai B'rith Anti-Defamation League, deren Hauptziel *die* Diffamierung ist. Ihr erklärtes Ziel ist es, den „Antisemitismus" (sic), der mit jeglicher Kritik an den JUDEN gleichgesetzt wird, zu identifizieren, aufzudecken und auszurotten. Der Kongress erschrickt vor seinen bösartigen Augen. Die ADL hat ihren Hauptsitz in New York und beschäftigt ständig 225 Juristen, Lobbyisten, Sozialingenieure, Erzieher und PR-Spezialisten. Sie unterhält Regionalbüros in der gesamten zivilisierten Welt.

B'NAI B'RITH (Söhne des Bundes), eine Geheimkabale, beansprucht den Status einer steuerlich absetzbaren religiösen und wohltätigen Organisation. Ihr Netzwerk durchdringt alle Ebenen der jüdischen Gemeinschaft im In- und Ausland. Sein Ziel ist es, alle Juden hinter der Umsetzung der Protokolle zu vereinen.

Bereits 1913 war der Ausgang des bevorstehenden Krieges den internen Akteuren wohlbekannt. Nachdem die europäischen Kämpfer erschöpft und schuldengeplagt waren, bestand die vorgeschobene Strategie darin, die unvergleichlichen Ressourcen und die Macht Amerikas in den Konflikt einzubringen. Gehirngewaschene Amerikaner, die von einem mörderischen Rausch erfasst wurden, eilten „dorthin", um „die Welt für die Demokratie zu retten" - ein Wort, das nirgendwo in der Verfassung der Vereinigten Staaten vorkommt. *Die wahren Ziele waren folgende:*

1. Vernichtung des christlichen Russlands, des arischen Feindes des MARXISMUS/LIBERALISMUS/JÜDISCH.
2. Die absoluten Monarchien in Europa durch demokratische Regierungen ersetzen. Auf diese Weise das arisch-christliche Europa dem Virus des LIBERALISMUS/MARXISMUS/JÜDISCH aussetzen.
3. Europa mit riesigen Schulden überschwemmen, die zu Wucherzinsen an die ILLUMINATIs zurückgezahlt werden müssen.
4. Ein zionistisches Heimatland in Palästina errichten (Tribut Großbritanniens an die „amerikanischen" Juden dafür, dass sie Amerika in den Krieg gezogen haben).
5. Vernichtung von Deutschland. Die JUGEND hat massiv in das Britische Empire investiert, das sich im Besitz der Bank of England befindet. Die Handelsmarine, die interkontinentale Eisenbahn, der Außenhandel und die Kolonien Deutschlands stellen eine ernsthafte wirtschaftliche Bedrohung dar.
6. Töte die Creme des arischen Mannes, indem du das weiße Erbgut der Vermischung und der Versklavung der Weißen aussetzt.

In Europa und Amerika platzierten die ILLUMINATI ihre nichtjüdischen Schachfiguren in hohen Positionen. Juden in Vertrauenspositionen in den verschiedenen europäischen Regierungen nutzten die auf höchster Ebene erlangten Vertraulichkeiten, um ihre Gaststaaten zu verraten und dieses Wissen zu nutzen, um die Ziele der ILLUMINATIs voranzutreiben. Ein Beispiel: Der Jude Max Warburg, Chef des deutschen Geheimdienstes, finanzierte Lenins Bolschewiki. Max' Bruder Paul Warburg, Architekt des Federal Reserve Systems, kaufte die Präsidentschaft von Woodrow Wilson und finanzierte zusammen mit Jacob Schiff, Kuhn-Loeb & Co. die bolschewistischen Halsabschneider von Leo Trotski.

Kurz darauf brechen im gesamten Westen Finanzkrisen aus, die

Verwirrung und Verzweiflung stiften. Die ethnischen Unterschiede zwischen den europäischen Staaten werden durch DIE INFAMIE noch verschärft. Der Balkan wird zu einem Pulverfass politischer und rassischer Animositäten. Erzherzog Ferdinand von Österreich reist nach Serbien, um zu versuchen, die Streitigkeiten zu schlichten. Er und seine charmante Frau werden in Sarajevo (628-1914) von Gavrilo Princip, einem Freimaurer, ermordet. Die Dominosteine beginnen zu fallen, einer nach dem anderen.

> Der Erzherzog wusste sehr wohl, dass die Gefahr eines Anschlags auf sein Leben unmittelbar bevorstand. Ein Jahr vor dem Krieg hatte er mich darüber informiert, dass die Freimaurer seinen Tod beschlossen hatten.
>
> COUNT CZERNIN, *Im Weltkrieg.*
>
> Er ist ein bemerkenswerter Mann. Es ist schade, dass er verurteilt wurde, er wird auf den Stufen seines Throns sterben.
>
> LÉON PONCINS, *Die geheime Macht hinter der Revolution.*
>
> Die Ermordung des Erzherzogs entzündete Elemente, die sonst nicht so in Brand geraten wären, wie sie es taten, oder sogar überhaupt nicht in Brand geraten wären. Daher ist es wichtig, die Ursprünge des Komplotts nachzuvollziehen, dem er zum Opfer fiel...
>
> B. FAY, *Die Ursprünge des Weltkriegs.*
>
> Die Linie der Partei bestand darin, alle revolutionären Organisationen mit dem Ziel zu vereinen, alle großen kapitalistischen Länder dazu zu bringen, gegeneinander Krieg zu führen, damit all die schrecklichen Verluste, die erlitten wurden, die hohen Steuern, die erhoben wurden, und die Schwierigkeiten, die die Massen der Bevölkerung ertrugen, die Mehrheit der Arbeiterklasse positiv reagieren ließen auf ... eine Revolution, um alle Kriege zu beenden. Wenn alle Länder sowjetisiert worden wären, würden die ILLUMINATI eine totalitäre Diktatur bilden... Es ist möglich, dass nur Lenin die geheimen Ziele und Ambitionen der ILLUMINATI kannte, die die revolutionäre Aktion nach ihren Zielen gestalteten. Die Revolutionsführer sollten ihre Maquis in allen Ländern organisieren, um das politische System und die Wirtschaft der Nation übernehmen zu können; die internationalen Bankiers sollten die Verzweigungen ihrer Agenturen über die ganze Welt ausdehnen...
>
> WILLIAM GUY CARR, R. D., *Pawns in the Game.*

Eine Reihe von Attentaten wurde verübt (1881-1914), um die Kriegsziele der ILLUMINATI voranzutreiben; die kritischsten waren:

Zar Alexander II. („Väterchen") von Russland, 1881; die Kaiserin von Österreich, 1893; König Humbert von Italien, 1900; US-Präsident McKinley, 1901; Großfürst Serge von Russland, 1905; Premierminister V. von Plehve, Russland, 1905; Premierminister Pjotr A. Stolypin, Russland, 1911; König Carlos und der Kronprinz von Portugal, 1908; Erzherzog Ferdinand und die Herzogin von Österreich, 1914. All diese Morde und noch viele weitere können dem Bolschewismus, der Freimaurerei (Freimaurer des Großen Ostens) und anderen von den ILLUMINATI gesponserten Terrorgruppen zugeschrieben werden. Während des österreichischen Militärprozesses (10-12-14), bei dem es um den Mord am Erzherzog ging, befragte der Staatsanwalt Cabrinovic - den Attentäter, der die erste Bombe geworfen hatte -, der antwortete:

> Die Freimaurerei hat ihren Teil dazu beigetragen, denn sie hat meine Absichten verstärkt. In der Freimaurerei ist es erlaubt zu töten... Die Freimaurerei hatte den Erzherzog mehr als ein Jahr zuvor zum Tode verurteilt.
>
> I. CABRINOVIC, Freimaurer, Serbe.
>
> Lassen Sie mich Sie ins Jahr 1913 zurückversetzen. Wenn ich 1913 hier gestanden und zu Ihnen gesagt hätte: „Kommen Sie zu einer Konferenz, um über den Wiederaufbau einer nationalen Heimstätte in Palästina zu diskutieren", hätten Sie mich als Träumer angesehen; obwohl ich aus allem, was danach kam, eine Chance, eine Gelegenheit, die Gelegenheit gefunden habe, eine nationale Heimstätte für Juden in Palästina zu errichten. Ist Ihnen jemals in den Sinn gekommen, dass es im Blut der ganzen Welt lag, dass sich diese Gelegenheit bot? Glauben Sie wirklich, dass es sich dabei um einen Zufall handelte? Glauben Sie wirklich tief in Ihrem Inneren, dass wir durch den größten Zufall nach Israel zurückgebracht wurden? Glauben Sie, dass es keine wichtigere Bedeutung in der Gelegenheit gibt, die uns gegeben wurde? Nach zweitausend Jahren Wüstenwanderung wird uns eine Chance und eine Gelegenheit geboten, und viele sagen einfach, dass uns das nicht interessiert. Ich frage mich, ob sie an die Verkettung der Umstände gedacht haben.
>
> LORD MELCHETT, JUDE, Vorsitzender der englischen zionistischen Föderation.

Der ERSTE WELTKRIEG (1914) brach wie geplant aus. Deutschland, einer der kultiviertesten und zivilisiertesten Staaten Europas - der einer bewundernden Welt seine großartige Musik und sein wissenschaftliches Genie darbot - wurde aus den oben genannten Gründen und auch deshalb, weil Deutschland das HERZ DES

CHRISTENTUMS repräsentierte, gezielt ins Visier genommen. Die von Juden kontrollierten Medien dämonisieren unweigerlich ihre Feinde, indem sie sie als verdorbene Monster darstellen: Deutsche Soldaten werden beschuldigt, belgischen Kindern die Hände zu amputieren, schwangere Frauen mit Bajonetten zu töten und Föten zu häuten, wahllos Passagierschiffe zu versenken und Überlebende in Rettungsbooten auf „obszöne" Weise mit Maschinengewehren zu erschießen. Die „Hunnen" werden beschuldigt, aus den Leichen ihrer Feinde Lampenschirme und Seifenstücke herzustellen. Deutschstämmige Amerikaner werden auf den Index gesetzt. Durch die Fenster ihrer Wohnzimmer werden Ziegelsteine geworfen. Die gesamte Verantwortung für den Krieg wird Deutschland zugeschoben.

Obwohl Russland mit Großbritannien und Frankreich verbündet ist, finanzieren die Juden die bolschewistische Revolution gegen den russischen Staat. Die INFAMIE verschlang den Zaren und die Zarin deutscher Abstammung, schürte Misstrauen gegen die Monarchie und schürte Meutereien in der Armee. Dadurch konnten die deutschen Truppen von der Ostfront an die Westfront wechseln, wo sich die blutigen Einsätze im Niemandsland schnell zum Vorteil Deutschlands entwickelten.

In diesem kritischen Moment organisierte Baron ILLUMINATI Edmond de Rothschild, JUDE (Bank of England), eine Audienz zwischen Lord Arthur Balfour, dem britischen Außenminister, und Chaïm Weizmann, JUDE und Mitbegründer des ZIONISMUS. Weizmann bot den Juden an, Amerika in den Krieg gegen Deutschland zu führen, wenn Großbritannien im Gegenzug die Schaffung einer jüdischen Heimstätte in Palästina garantieren würde. Großbritannien stimmte zu und verriet damit die Araber (Sykes-Picot-Vertrag), die für Großbritannien gegen die Türken gekämpft hatten. Die erste geheime Version der Balfour-Erklärung wurde per Kabel an Präsident Wilson geschickt, dessen Berater Rabbi Wise, der Jude Louis Denmitz Brandeis, der Jude Bernard Baruch, der Jude Felix Frankfurter und der Jude Edward Mandel House Ergänzungen und Korrekturen anbrachten. Schließlich war es Baron Edmond de Rothschild, der die endgültige Fassung verfasste und die Zeile „ein Vaterland für die jüdische Rasse" durch „ein Vaterland für das jüdische Volk" ersetzte. Der Text wurde anschließend auf Briefkopfpapier des britischen Außenministeriums getippt und von Lord Balfour unterzeichnet. Der letzte Absatz lautet wie folgt: „Ich wäre Ihnen dankbar, wenn Sie diese Erklärung der

Zionistischen Föderation zur Kenntnis bringen würden. Sie war an Baron Edmond de Rothschild gerichtet, der den endgültigen Text verfasst hatte und Mitglied der KEHILLA ILLUMINATI war, die den Kriegseintritt Amerikas geplant hatte! (Großbritannien erhielt den Beinamen „Perfide Albion", nachdem Cromwell 1653 die Bank von England an die Juden verschenkt hatte).

Ein „kleiner Vogel" sagte Winston Churchill, dass der Erste Weltkrieg im September 1914 stattfinden würde; daraufhin ließ er im Februar 1913 das britische Passagierschiff *Lusitania* zu einem Hilfskreuzer umbauen, der mit zwölf 6-Zoll-Marinekanonen bewaffnet war: eine Tatsache, die in *Jane's Fighting Ships* (1914), dem internationalen Standardwerk über die Marine, veröffentlicht wurde. In Amerika wurde die *Lusitania* jedoch als Passagierschiff vorgestellt. Die deutsche Admiralität warnte in Anzeigen in der *New York Times*, dass die *Lusitania* Kriegsmaterial transportiere und daher als *Kriegspreis* betrachtet werde. Das US-Außenministerium wies die deutschen Behauptungen zurück. Die *Lusitania*, die Churchill zuvor als „45.000 Tonnen lebende Köder" bezeichnet hatte, sticht in See und wird in tiefen Gewässern vor der irischen Küste von einem deutschen U-Boot torpediert (1915). Die *Lusitania* sinkt wie geplant mit hohen menschlichen Verlusten (siehe: WTC, 9-11-01). Die INFAMIE gegen Deutschland füllt die Radiosender, die Presse und die Universitäten auf der ganzen Welt. Innerhalb von drei Jahren, bombardiert mit unaufhörlichen Lügen, schluckte der von einer animalischen Raserei befallene *Stupidus Americanus* den „Köder" und eilte nach Europa, um „die Welt für die Demokratie zu retten"! (ein Wort, das in der amerikanischen Verfassung nicht vorkommt) und um ihre eigenen Blutsbrüder - die „verächtlichen Hunnen" - zu töten!

> Chaim Weizmann, das britische Kriegskabinett und das französische Außenministerium waren 1916 davon überzeugt, dass der beste und vielleicht einzige Weg (wie sich herausstellte), den amerikanischen Präsidenten zum Kriegseintritt (Erster Weltkrieg) zu bewegen, darin bestand, die zionistischen Juden durch das Versprechen Palästinas zur Mitarbeit zu bewegen und so die bis dahin ungeahnten Kräfte der zionistischen Juden in Amerika und anderswo für die Alliierten auf der Grundlage eines von Gegenleistungen begleiteten Abkommens zu rekrutieren und zu mobilisieren...
>
> SAMUEL LANDMAN, JÜDISCH,
> *Großbritannien, die Juden und Palästina.*

In Russland konvergierten die Anarchisten von Lenin und Trotzki. Drei Millionen unbewaffnete Angehörige der (bürgerlichen) Mittelschicht, Christen und Muslime, wurden im anfänglichen Schub der BOLCHESCHISCHEN REVOLUTION massakriert, und 31 Millionen Europäer starben in der Folge. Millionen von Menschen verschwanden schlicht und einfach für immer im Gulag. Fast die gesamte weiße (petrinische) Kulturschicht wurde ausgelöscht (die „Endlösung"). Russland war danach für den Westen verloren, da seine nachrevolutionäre Bevölkerung überwiegend asiatisch war.

> Der Nationalismus ist eine Gefahr für das jüdische Volk. Heute, wie zu allen Zeiten der Geschichte, ist es erwiesen, dass Juden nicht in mächtigen Staaten leben können, in denen sich eine hohe nationale Kultur entwickelt hat.
>
> THE JEWISH SENTINEL, Chicago 9-24-36.
>
> Ich denke, dass Nationalstolz (Patriotismus) Unsinn ist.
>
> BERNARD BARUCH, JÜDISCH, *Chicago Tribune* 9-25-35.
> (Berater von Wilson, Roosevelt, Eisenhower).

Colin Simpson, ein britischer Journalist, der im Rahmen des Freedom of Information Act handelte, entdeckte das Vorwissen über die *Lusitania* unter den persönlichen Gegenständen von Franklin Roosevelt im Hyde Park im US-Bundesstaat New York (1973). Roosevelt, ein Harvard-Versager und Unterstaatssekretär für die US-Marine im Ersten Weltkrieg, hatte sein Vorwissen verräterisch vor dem US-Kongress verheimlicht (später verheimlichte er den „Köder" Pearl Harbor, „ein Datum, das in der langen Reihe der von diesen Verrätern begangenen Schandtaten stehen wird"). Die *Lusitania* war nämlich mit Kriegsmaterial für England (Kriegspartei) beladen und lief von den USA (Neutrale) aus, womit sie gegen das internationale Seerecht verstieß. Eine private Bergungsfirma (November 1982), die das unglückliche Schiff, das vor der irischen Küste lag, erkundete, setzte eine Unterwasserkameraausrüstung ein, die zeigte, dass ein Torpedo in ein Fach mit Munition eingeschlagen hatte. Durch die Explosion wurde der verstümmelte Rumpf der Lusitania *nach außen* geschleudert.

Nach dem Waffenstillstand von 1918 blockierte Großbritannien die deutschen Häfen und verursachte so den Hungertod von über einer Million Deutschen, die darauf angewiesen waren, Müll und Ratten zu essen. Die berühmten deutschen Schulen und Universitäten waren mit Juden gefüllt, während junge Deutsche, die sich nicht einmal

Lebensmittel leisten konnten, von den Schützengräben an die Bäckereiketten gelangten. Der weiße Menschenhandel blühte, als Juden jungen, mittellosen Frauen demonstrativ legitime Jobangebote machten, die dann in Prostitutionsnetzwerke im Ausland geschickt wurden. Heute führen die Juden mithilfe desselben Betrugs hungrige weiße russische Mädchen in ein Leben als Prostituierte in Israel und anderswo. Sie werden auch als Zuchttiere eingesetzt. („60- Minutes" CBS, 1998).

Der Vertrag von Versailles („Koscherkonferenz") wurde von den ILLUMINATI entworfen, um Deutschland zu zerschlagen, seinen Widerstand gegen den Marxismus zu schwächen und die Grundlage für den Zweiten Weltkrieg - zwanzig Jahre später - zu legen.

Präsident Wilson ließ 117 Juden und 39 Nichtjuden (hauptsächlich Buben) nach Paris kommen.
COUNT CHEREP-SPIRIDOVICH, *Russland unter den Juden.*

Die Juden bildeten einen starken Ring um Woodrow Wilson. Es gab eine Zeit, in der er nur über einen Juden mit dem Land kommunizierte.
HENRY FORD, Vater, Band II, *Der internationale Jude.*

Die bevölkerungsreiche deutsche Nation wird eines großen Teils ihres Territoriums beraubt, einschließlich lebenswichtiger Bergbaugebiete und des „polnischen Korridors", der das Herzogtum Preußen vom Rest des Landes trennt. Deutschland wurde seiner Handelsflotte beraubt ... und ihm wurde eine Reparationslast auferlegt, die es unmöglich zu tragen vermochte. Infolgedessen befand sich das besiegte Land in einer prekären Lage, die schnell zu einem wirtschaftlichen Zusammenbruch führte. Das österreichisch-ungarische Reich, der ehemalige Vorposten der teutonischen Völker und der westlichen Zivilisation, wird zerstört... Dem neuen Staat Tschechoslowakei werden 3,5 Millionen Menschen mit deutschem Blut und deutscher Sprache zugesprochen...

Im Jahr 1923 war Berlin eine verzweifelte Stadt. Die Menschen warteten in der Gasse hinter dem Hotel Adlon, bereit, sich auf die Mülltonnen zu stürzen ... eine Tasse Kaffee kostete an einem Tag eine Million Mark, am nächsten Tag anderthalb Millionen, am übernächsten Tag zwei Millionen ... die deutsche Haltung (Misstrauen und Angst) wurde durch die neue Macht intensiviert, die die deutschen Juden erlangt hatten ... durch die Verwendung von Geldern, die von reichen, rassenbewussten Juden in anderen Ländern stammten, und durch einen Zustrom von Juden aus dem zerstörten österreichisch-ungarischen Kaiserreich.
DR. JOHN O. BEATY (OSS), *Der Eiserne Vorhang über Amerika.*

Die Abwertung der D-Mark ermöglichte es Juden, die Bücher, Franken und Dollar besaßen, deutsche Unternehmen, Immobilien und Kunstschätze zu einem Bruchteil ihres eigentlichen Wertes „aufzukaufen" (wie sie es im Süden nach dem Bürgerkrieg getan hatten). Fünfzehn Jahre später holten sich die Nazis diese gestohlenen Schätze von den JUDEN zurück. Heute, im Jahr 1998, verklagen die Juden (mit Unterstützung der USA) erfolgreich Nationen und Einzelpersonen, um die „von den Juden gestohlene Nazi-Beute" zurückzuerlangen. Dieselbe Beute, die die JUDEN ursprünglich von einer niedergedrückten und ruinierten deutschen Nation erpresst hatten.

Nach dem Ersten Weltkrieg *entschuldigten sich* die Alliierten *offiziell bei Deutschland* für die falschen Berichte über Gräueltaten. Die Infamie! Die Deutschen, so räumte man ein, hatten sich genauso gut oder sogar besser verhalten als ihre Gegenüber! In den *Akten des US-Kongresses* (Senat, 6-15-33) wird die Verantwortung für den Ersten Weltkrieg direkt den Verursachern zugeschrieben: Die internationalen Bankiers hätten den Krieg verursacht und seien die ultimativen Sieger gewesen.

Der Zweite Weltkrieg (siehe Kapitel 6: „Der Holocaust") wurde im Versailler Vertrag geplant und war die Fortsetzung des ILLUMINATI-Programms, das darauf abzielte, die Nationen der Welt zu versklaven, indem sie unter Berge von Wucherschulden gesetzt wurden.

> Eine direkte Intervention mit dem gesamten militärischen Potenzial Amerikas war unerlässlich, wenn der Krieg (der Zweite Weltkrieg) nicht mit einem Sieg des Westens (Deutschlands) über das marxistische asiatische Russland enden sollte ... und zur Schaffung einer Kultur-Nation-Staat-Volk-Rasse-Einheit des Westens führen sollte.
> FRANCIS PARKER YOCKEY, *Imperium*.

Wer sich ein wenig mit den Tatsachen der Welt und den wichtigsten Details der amerikanischen Aufgabe ihrer Sicherheit und ihrer Prinzipien in Teheran, Jalta und Potsdam auskennt, für den werden drei entsetzliche Ziele deutlich:

> 1) Bereits 1937 beschloss (Roosevelts Kabale) den Krieg gegen Deutschland mit keinem anderen Ziel, als dem dominierenden osteuropäischen Element ... in der Nationaldemokratischen Partei zu gefallen und „diese Stimmen zu behalten", wie Elliot Roosevelt es ausdrückte ... um die Eitelkeit des Präsidenten zu befriedigen, eine dritte Amtszeit anzustreben.

2) Das mächtige osteuropäische Element, das in den inneren Kreisen der Demokratischen Partei vorherrschte, betrachtete die Ermordung möglichst vieler Arier der verhassten Rasse der Chasaren mit völligem Gleichmut ... ja sogar mit Begeisterung.

3) Unsere fremdbestimmte Regierung führte den Krieg zur Vernichtung Deutschlands, des historischen Bollwerks des christlichen Europas... 1937/38 unternahm die deutsche Regierung „aufrichtige Anstrengungen, um die Beziehungen zu den Vereinigten Staaten zu verbessern, wurde aber zurückgewiesen". Deutschlands Aufrufe zu Verhandlungen ... wurden vor der Öffentlichkeit verborgen, bis sie vom Ausschuss des Repräsentantenhauses für antiamerikanische Aktivitäten aufgedeckt wurden ... mehr als zehn Jahre, nachdem die Fakten so sträflich vertuscht worden waren.

DR. JOHN O. BEATY, *Der Eiserne Vorhang über Amerika.*

Unsere kurze Betrachtung dieser historischen Niederlagen offenbart, dass sie von einer Macht angeführt wurden, die weitaus mächtiger war als die tatsächlich in den Kampf verwickelten arischen Staaten. Präsident Wilson erklärte: „Irgendwo gibt es eine Macht, die so organisiert, so subtil, so wachsam, so verflochten, so umfassend, so eindringend ist ...", dass man diese satanische Macht nur durch die Ähnlichkeit ihrer Methoden, die Geschlossenheit ihrer Handlungen und ihre schrecklichen ERGEBNISSE erkennen kann. Die Judenfeindschaft hat die sensibelsten Bereiche der Macht und des Vertrauens in ALLEN westlichen Nationen infiltriert, während sie heimlich der Judenfeindschaft die Treue schwört. Die Arier nennen dies Verrat. Doch die JUDEN betrachten solche Anschuldigungen als „antisemitisch" und betrachten die Arier als Vieh, das in ihre Welt eindringt. Präsident Wilson, die Vereinigten Staaten von Amerika und die Menschheit erfuhren von diesen Tatsachen zu spät. Nach dem Ersten Weltkrieg scheiterten die ILLUMINATI mit ihrem Versuch, einen Völkerbund zu gründen, weil der US-Kongress sich weigerte, seine Souveränität aufzugeben. Gekränkte, aber entschlossene amerikanische Mitglieder der ILLUMINATI trafen sich in Paris, um über neue Wege zu diskutieren, die einheitliche Weltregierung voranzutreiben. Die Teilnehmer waren Jacob Schiff, ein Jude (KuhnLoeb & Co, Agent der Rothschilds); Bernard Baruch, Jude, „Prinz von Kahilla" (der Millionen durch Spekulationen mit Kupfer - aus dem Granaten hergestellt werden - angehäuft hatte); Walter Lippman, Jude, (Wissenschaftler/Schriftsteller); Oberst E. Mandel House, Jude (Agent des Weißen Hauses, des Finanzministeriums und der Wall Street); John D. Rockefeller, Jude; und nichtjüdische Mitarbeiter: Averell Harriman, Christian Herter und John Foster Dulles.

Der Waffenhändler J.P. Morgan, ein Agent Rothschilds, war im Geiste anwesend. Alle hatten monetär vom Ersten Weltkrieg profitiert und alle spielten aus denselben Gründen eine entscheidende Rolle bei der Entstehung des Zweiten Weltkriegs. Keiner von ihnen hatte jemals in der Armee gedient. Es war die Armee, die ihnen diente.

Sie hofften, auf diese Weise die Kontrolle der ILLUMINATI über die Vereinigten Staaten zu stärken. Aus diesem Treffen in Paris ging der Council on Foreign Relations (CFR) hervor. Zur gleichen Zeit wurde in England das Royal Institute of International Affairs von einer ähnlichen Kabale organisiert. Beide Organisationen berichteten an die KEHILLA, den Vorstand der ILLUMINATI. Das Rockefeller-Institut ist eine Tochtergesellschaft des CFR. Die Rockefellers jüdischer Herkunft fusionierten ihre Chase-Bank mit Warburgs (jüdischer) Manhattan Bank und platzierten eine Chase-Manhattan-Filiale am Karl-Marx-Platz in Moskau, um den sogenannten „Kalten Krieg" zu finanzieren, während wir in Korea und Vietnam aussichtslose Kriege führten.

> Vielleicht waren meine Vorfahren Juden. Wir sind uns dessen nicht wirklich sicher.
> NELSON ROCKEFELLER, Vizepräsident, USA, TIME, 10-19-70, (Nelson, der mit der arischen „Happy" Rockefeller verheiratet war, starb an einem Schlaganfall, während er mit seiner jüdischen Sekretärin im Bett herumtollte).

Steven Birminghams Buch *The Grandees: America's Sephardic Elite* (Harper & Row) bestätigt die jüdische Herkunft Rockefellers.

1973 gründete David Rockefeller die Trilaterale Kommission (TRI) und ernannte Zbigniew Brzezinski, den Sicherheitsberater von Präsident Jimmy Carter, zu deren Leiter. Viele Jahre lang war David Rockefeller Vorsitzender beider Gruppen (CFR/TRI).

Die Bilderberger, „das vierte Reich der Reichen", sind das europäische Pendant zum CFR, obwohl ihre Mitglieder kleiner und mächtiger sind und über ein exklusiveres soziales Netzwerk verfügen. Ihre Treffen, die in der Regel auf abgelegenen Anwesen stattfinden, sind streng geheim und werden von schwer bewaffneten Land- und Luftstreitkräften geschützt. Die elitären Mitglieder des CFR/TRILATERALE/BILDERBERGERS teilen sich gegenseitig abhängige Mitgliedschaften. Vor kurzem haben die Bilderberger die

"Vereinigung Europas" verwirklicht. *Nicht etwa eine vereinte arische Nation*, wie es Karl der Große, Friedrich, Napoleon und Hitler wollten, sondern eine Vereinigung durch eine einheitliche Währung. Heute ist Europa völlig dem WERT unterworfen und unfähig, sich aufzulehnen und der INTERNATIONALEN JUDIVERIE zu trotzen, wie es Deutschland 1933 tat.

Die Vereinten Nationen wurden nach dem Zweiten Weltkrieg von den ILLUMINATIs ausgeheckt. Vierzig Mitglieder der US-Delegation bei der UN-Konferenz in San Francisco waren CFR-Mitglieder: Alger Hiss, Hauptverfasser der UN-Charta, die garantierte, dass der Sicherheitsrat (das wichtigste Organ der UN) eine marxistische Mehrheit haben würde; Dean Acheson (Yale, Demokrat), der spätere US-Außenminister, schwor, nachdem Hiss wegen Meineids verurteilt worden war: "Ich werde Alger Hiss niemals den Rücken kehren!". (Die sowjetischen Akten bestätigen, dass Hiss ein sowjetischer Agent war.); Owen Lattimore und Philip Jessup, die vom US-Senat als "Instrumente der Sowjets" bezeichnet wurden; Harry Dexter White (Weiss), JUDE, treibende Kraft hinter dem Bretton-Woods-Abkommen, mit dem der Internationale Währungsfonds (IWF) und die Weltbank geschaffen wurden, in die mit US-Steuergeldern investiert wurde. White wurde später als sowjetischer Spion entlarvt.

DIREKTE ZITATE AUS DEM JAHRESBERICHT 1980 DER CFR:

Das Ziel des Council on Foreign Relations ist folgendes:

1) Bei der Untersuchung internationaler Fragen innovativ sein.
2) Konstruktive und überparteiliche Mitwirkung an der Gestaltung der US-Außenpolitik.
3) Gewährleistung einer dauerhaften Führungsrolle bei der Führung der Außenpolitik.
4) Der Rat ist eine Bildungseinrichtung und ein einzigartiges Forum, das Führungskräfte aus dem akademischen, öffentlichen und privaten Bereich zusammenbringt.

Es gehört zur Tradition des Rates, dass die Aussagen der Redner in den Medien oder in öffentlichen Foren nicht ihnen selbst zugeschrieben werden.

Ratssitzungen sind generell NICHT für die Öffentlichkeit oder die Medien geöffnet... (Allerdings wäre es legitim, wenn Beamte ihren Kollegen mitteilen, was sie in der Sitzung erfahren haben... oder wenn ein Anwalt ein Memo an seinen Partner weiterleitet oder ein Unternehmensleiter dies an einen anderen Unternehmensleiter tut. Es wäre jedoch nicht konform, wenn ein Sitzungsteilnehmer die Aussagen eines Redners in der Zeitung veröffentlicht, sie im Fernsehen oder Radio wiederholt... es ist einem Sitzungsteilnehmer untersagt, eine Erklärung des Rates an einen Journalisten oder eine andere Person weiterzuleiten, die sie in einem öffentlichen Medium veröffentlichen könnte.

Der Rat ist nicht mit der US-Regierung verbunden.

Paradoxerweise gibt der CFR-Bericht zu, dass 12% seiner 2164 Mitglieder Beamte der US-Regierung SIND! Das bedeutet, dass mindestens 260 Mitglieder laut dieser Geheimorganisation wichtige Positionen in der US-Regierung bekleiden! 70% der Mitglieder stammen aus der Achse Washington, D.C./New York City/Boston. Die meisten sind marxistisch indoktriniert: Ivy League, London School of Economics, Georgetown University, Southern Illinois U., etc.

Seit dem Zweiten Weltkrieg waren fast alle Außenminister Mitglieder des CFR/TRILATERALE. Die Mehrheit von ihnen waren Juden, darunter auch Madeleine Albright, die von Clinton ernannt wurde. Zu den jüngsten Verteidigungsministern gehören Harold Brown, James Schlesinger, Cap Weinberger, Henry Kissinger und William Cohen, alle Juden und alle Mitglieder des CFR/TRI. Keiner von ihnen hatte jemals eine Uniform der US-Armee getragen. Alle fanden nach ihrer Zeit in der Regierung eine Anstellung bei den ILLUMINATI, meist an der Wall Street. Vergessen Sie nicht, dass praktizierende Juden kabbalistische KOL NIDRE-Gelübde ablegen, um die TORAH zu unterstützen; marranische Juden schwören, das KHAZAR-VOLK zu schützen. Das erklärt die Sicherheitslücke in den Vereinigten Staaten.

Der ehemalige CFR-Vorsitzende Winston Lord, Clintons Berater im Weißen Haus, der mit einer Chinesin verheiratet ist, bemerkte, dass „nicht die Trilateralisten die Welt regieren, sondern der CFR".

In der Fallstudie Nr. 76 der EKR (1959) heißt es dazu wie folgt:

Die USA müssen sich um den Aufbau einer neuen internationalen Ordnung bemühen, die auch Staaten einschließt, die sich selbst als

sozialistisch bezeichnen. Das soziale Experiment, das in China unter der Führung des Vorsitzenden Mao durchgeführt wurde, ist eines der wichtigsten und erfolgreichsten in der Geschichte der Menschheit.
DAVID ROCKEFELLER, JUDE, Vorsitzender des CFR/TRI.

Der US-Senat schätzt, dass etwa 65 Millionen Chinesen unter der Führung von Präsident Mao abgeschlachtet wurden, in einem, wie sich herausstellte, hässlich gescheiterten sozialen Experiment, das selbst von Maos engsten Verehrern abgelehnt wurde.

Die Mitglieder des CFR, die viele der höchsten Posten in der US-Regierung besetzen, werden vom Präsidenten in ihre Vertrauenspositionen berufen - und nicht gewählt. Die „unsichtbare Regierung", aus der der CFR hervorgegangen ist, strebt die Aufgabe der amerikanischen Souveränität an. Die Loyalität des CFR, dessen Präsident heute der Jude David Gelb ist, gilt nicht der Verfassung der Vereinigten Staaten, sondern dem TALMUD.

> Es liegt im Interesse der Amerikaner, den Status der Nation zu beenden.
> WALT ROSTOW, jüdisch, CFR/TRI, Berater der Präsidenten Kennedy und Johnson, trug zur Entwicklung der „polizeilichen Maßnahmen" in Vietnam bei.

> Unser nationales Ziel sollte es sein, unsere Nationalität aufzugeben.
> KINGMAN BREWSTER, CFR, ehemaliger Vorsitzender, Yale University, in CFR Quarterly *Foreign Affairs*.

> De Gaulle konnte die amerikanische Überzeugung von der Veralterung des Nationalstaats nicht verstehen.
> HENRY KISSINGER, JÜDISCH, CFR/TRILATERALE, *Die Jahre im Weißen Haus*.

Obwohl die Ziele des CFR und der TRILATERALE dieselben sind wie die der ILLUMINATI - und es auf höchster Ebene Verbindungen zwischen den Mitgliedern gibt - verfolgen sie unterschiedliche Strategien, die sich manchmal überschneiden. Dem CFR scheint es in erster Linie darum zu gehen, die US-Regierung zu infiltrieren. Dort beeinflusst er die Politik der verschiedenen Abteilungen und Behörden, indem er sie mit den Erwartungen der ILLUMINATIs abstimmt. Die TRILATERALE scheint das Ziel zu verfolgen, die Unternehmen und Industrien auf dem amerikanischen Kontinent, in Europa und im pazifischen Raum zu internationalisieren (sowjetisieren) (daher der

Name „Trilaterale").

Die Trilaterale Kommission hat etwa 300 Mitglieder, davon 87 in den USA: Das größte Segment repräsentiert die Bankengemeinschaft.

HEFT MIT FRAGEN UND ANTWORTEN

Herausgegeben von der Trilateralen Kommission

Die TK ist eine nichtstaatliche, politikorientierte Diskussionsgruppe... nicht nur zu Themen, die diese (drei) Regionen betreffen, sondern auch in einem globalen Rahmen.

Zbigniew Brzezinski spielte eine sehr wichtige Rolle bei der Bildung der Kommission ... und ist ihr wichtigster Kopf. Jimmy Carter war von 1973 bis zu seiner Wahl zum Präsidenten der Europäischen Union Mitglied der Kommission.

Er schied aus dem Amt des US-Präsidenten gemäß den Regeln der Kommission aus, die Mitgliedern der nationalen Regierung die Mitgliedschaft in der Kommission untersagen.

Die Trilaterale Kommission ist eine unabhängige Organisation. Sie ist weder Teil der US-Regierung (siehe Tabelle CFR/TRI, Index) noch der Vereinten Nationen. Sie hat keine formelle Verbindung zum CFR oder zum Brookings Institute, obwohl eine beträchtliche Anzahl von Mitgliedern der TRILATERALE ebenfalls in einer oder mehreren dieser Organisationen involviert ist. [Siehe Grafik ILLUMINATI auf Seite 105 - JvB].

Die Trilaterale Kommission ist absolut nicht geheim. Ihre Treffen stellen den einzigen vertraulichen Aspekt dar.

Die Trilaterale freut sich über die Berichterstattung über ihre Aktivitäten.

Behauptungen, dass die Trilaterale versucht, eine einzige Weltregierung zu etablieren, sind völlig falsch... es gab keinen einzigen Bericht der Kommission und nicht einmal einen Fall in den Diskussionen der Kommission, in dem ein Mitglied oder Autor einer Arbeitsgruppe vorgeschlagen hätte, dass unsere nationale Regierung aufgelöst und eine Weltregierung geschaffen werden sollte.

Die Trilaterale Kommission betreibt keine Lobbyarbeit für eine bestimmte Gesetzgebung oder einen bestimmten Kandidaten.

Die Vorstellung, dass die Trilaterale Kommission eine Verschwörung ist, beruht größtenteils auf der Tatsache, dass viele Mitglieder der Carter-Regierung, darunter auch der Präsident, ehemalige Mitglieder der Kommission waren. Auf den ersten Blick ist dies ein seltsamer Zufall, doch diese Tatsachen deuten nicht darauf hin, dass die Kommission die US-Regierung kontrolliert.

In völligem Widerspruch zum Frage- und Antwortheft der Trilateralen finden sich einige Aussagen des „führenden Kopfes", der derzeit an der Georgetown University lehrt, Zibby Brzezinsky:

> Die Fiktion der nationalen Souveränität ... ist nicht mehr mit der Realität vereinbar.
>
> Doch auch wenn der Stalinismus für das russische Volk und den Kommunismus als Ideal eine unnötige Tragödie war, für die ganze Welt war der Stalinismus ein versteckter Segen.
>
> Der Marxismus ist sowohl ein Sieg des äußeren aktiven Menschen über den inneren passiven Menschen als auch ein Sieg der Vernunft über den Glauben.
>
> Die Theorie des Marxismus ist das einflussreichste Denksystem dieses Jahrhunderts.
>
> Amerika erlebt eine neue Revolution ... die seine Veralterung deutlich macht.
>
> Die bewusste Steuerung der Zukunft Amerikas wird sich ausbreiten, wobei der Planer schließlich den Anwalt als wichtigsten Gesetzgeber und sozialen Unruhestifter ablöst.
>
> Im Jahr 2000 (in den USA) wird man zugeben, dass Robespierre und Lenin sanfte Reformer waren.
>
> ZBIGNIEW BRZEZINSKI, CFR/TRILATERALE, Sicherheitsberater der Vereinigten Staaten, Auszug aus seinem Buch *Between Two Ages*.

Die Broschüren, die der CFR/TRILATERALE der Öffentlichkeit zur Verfügung stellt, sind offensichtlich Augenwischerei und spiegeln nicht die Meinungen wider, die ihre Führer an anderer Stelle äußern.

> Was die Trilateralisten wirklich wollen, ist die Schaffung einer globalen Wirtschaftsmacht, die den politischen Regierungen der beteiligten Nationalstaaten überlegen ist... Als Verwalter und Schöpfer des Systems werden sie die Zukunft lenken. Der Großteil unserer Auslandshilfe ... wird dazu verwendet, eine internationale Wirtschaft zu schaffen, die durch den Mechanismus der internationalen Industrie- und Geschäftskonglomerate verwaltet und kontrolliert wird. Die Bevölkerungen werden nur als produktive Wirtschaftsgruppen behandelt. Freiheit (politisch, geistig, wirtschaftlich) spielt im trilateralen Konstrukt des nächsten Jahrhunderts keine Rolle.
>
> BARRY GOLDWATER, Jude, US-Senator,
> *With no apology (Mit keiner Entschuldigung)*.
>
> Ich bin davon überzeugt, dass der CFR zusammen mit den mit ihm verbundenen steuerbefreiten Organisationen die unsichtbare Regierung bildet, die die Hauptpolitik der Bundesregierung bestimmt... Ich bin davon überzeugt, dass das Ziel dieser unsichtbaren Regierung darin

besteht, Amerika in einen sozialistischen Staat umzuwandeln und es zu einer Einheit des sozialistischen Weltsystems zu machen.

DAN SMOOT, Professor an der Harvard University, FBI,
Die unsichtbare Regierung.

Die internationale Macht des Geldes ist die gefährlichste Verschwörung gegen die Freiheit der Menschen, die die Welt je gesehen hat.

FREDERICK SODDY, Professor in Oxford, Nobelpreisträger.

Der angesehene Dr. Medford Evans erklärte: *„Western Technology and Soviet Economic Development* von Anthony Sutton ist vielleicht das wichtigste Buch seit der Bibel". Der Autor fügte hinzu, dass Suttons Werk *Trilateralisten über Washington* und alle seine Bücher Pflichtlektüre für diejenigen sind, die die bösen Einflüsse verstehen wollen, die bei der Zerstörung der westlichen Kultur am Werk sind. Diese Bücher beziehen sich auf die Zeit des Kalten Krieges in der Geschichte der USA und der UdSSR, sind aber heute äußerst relevant. Es ist unglaublich, dass viele derjenigen, die in dieser Zeit die ILLUMINATI-Politik umsetzten, angesehene Posten bekleiden, Verdienstauszeichnungen erhalten, einen ehrenvollen Ruhestand genießen oder auf dem Friedhof von Arlington begraben sind. Hier sind einige der Beobachtungen, die Sutton im Rahmen seiner Forschung (*Westliche Technologie und sowjetische Wirtschaftsentwicklung*) gemacht hat:

> Die Sowjets besitzen das größte Stahlwerk der Welt. Es wurde von der McKee Corp. gebaut und ist eine Kopie des U.S. Steel-Werks in Gary, Indiana. Die gesamte sowjetische Stahltechnologie stammt aus den USA und ihren Verbündeten.
>
> Die Sowjets besitzen die größte Fabrik für Rohre und Schläuche in Europa - eine Million Tonnen pro Jahr. Die Ausrüstung ist vom Typ Salem, Aetna, Standard... Wenn Sie jemanden kennen, der in der Raumfahrtbranche arbeitet, fragen Sie ihn, wie viele Kilometer Rohre in die Zusammensetzung einer Rakete eingehen.
>
> Der sowjetische Standard-LKW, der in Vietnam und im Nahen Osten eingesetzt wurde, wird in der Fabrik ZIL-130 hergestellt, die von A. J. Brandt Co. in Detroit, Michigan, gebaut wurde. Die Sowjetarmee besitzt mehr als 300.000 Lastwagen, die alle in von den USA gebauten Fabriken hergestellt werden („Hanoi" Jane Fonda wurde fotografiert, wie sie in einem dieser Fahrzeuge eine kongolesische Flagge schwenkt).
>
> Die UdSSR besitzt die größte Handelsmarine der Welt, etwa 6000 Schiffe: Zwei Drittel davon wurden außerhalb der UdSSR gebaut. 80% der

Motoren dieser Schiffe wurden außerhalb der UdSSR gebaut. Keines davon ist eine sowjetische Konstruktion. Diejenigen, die innerhalb der UdSSR gebaut werden, werden mit technologischer Hilfe der USA gebaut.

Rund 100 Schiffe wurden im Rahmen des Hanoi-Rennens eingesetzt, um sowjetische Waffen und Lieferungen an die Nordvietnamesen zu transportieren. KEINER der Hauptantriebe dieser Schiffe wurde von den Sowjets hergestellt. Die gesamte Schiffbautechnologie stammte aus den USA oder von unseren Verbündeten.

Während des Vietnamkriegs („Polizeiaktion") schickte die Johnson-Regierung den Sowjets Ausrüstung und technologische Unterstützung, die deren Autoproduktion mehr als verdoppelte.

(Ab 1917) trat im Westen eine allgegenwärtige, mächtige und nicht eindeutig identifizierbare Kraft auf, die die Fortsetzung der Transfers förderte. Die politische Macht und der Einfluss der Sowjets allein reichten sicherlich nicht aus, um eine derart (für die UdSSR) günstige Politik des Westens hervorzurufen... Tatsächlich scheint eine solche Politik unverständlich, wenn das Ziel des Westens darin besteht, als Bündnis unabhängiger, nicht-kommunistischer Nationen zu überleben.

DR. ANTHONY C. SUTTON, Hoover Institute, Stanford, Univ.

DIE VEREINIGTEN STAATEN UNTERSTÜTZEN DEN KOMMUNISMUS:

Nach dem Zweiten Weltkrieg verrieten die USA (CFR) ihren langjährigen Verbündeten Chiang Kai-shek, indem sie Mao Tse-tung erlaubten, die Kontrolle über das chinesische Festland zu übernehmen (1950), während sie gleichzeitig versprachen, Formosa gegen Mao zu verteidigen. Innerhalb eines Jahres kämpften und starben die Amerikaner in Korea und später in Vietnam, angeblich um die kommunistische Expansion in Asien zu VERHINDERN! Währenddessen finanzierte das FEDERAL RESERVE SYSTEM die sowjetische Kriegsmaschinerie und das CFR/TRILATERALE modernisierte und entwickelte sie.

Die ILLUMINATIs haben uns aus zwei Gründen in die „aussichtslosen" Kriege in Korea und Vietnam hineingezogen: GELD und die Hoffnung, dass die US-Armee hohe Verluste an Menschenleben erleiden würde, was zu Verzweiflung und einer Revolution in der Main Street USA führte. Als die US-Armee begann, diese Kriege zu gewinnen, schrien die Medien „Infamie". Die von Juden geführte Schurke, die wie Ratten aus den Stapeln und Gassen auftauchte, verurteilte die angeblichen „Gräueltaten" der US-Armee, verleumdete unsere Offiziere und Männer, spuckte buchstäblich auf die Veteranen und schaffte es, den *Stupidus Americanus* und einen feigen Kongress einer Gehirnwäsche zu unterziehen, damit sie die Niederlage akzeptierten. (General Douglas MacArthur beschwerte sich, dass die nordkoreanischen Generäle seine Anweisungen vor ihm aus einem mit Spionen gespickten Pentagon erhielten).

> Verrat gedeiht nie. Was ist der Grund dafür? Weil, wenn er gedeiht, niemand wagt, ihn Verrat zu nennen.
> LORD HARRINGTON.

> Tob shebbe goyim harog!
> TALMUD: Sanhedrin.

> Geben Sie mir die Macht, die Währung einer Nation auszugeben und zu kontrollieren, und es ist mir gleichgültig, wer ihre Gesetze macht.
> ANSELM MAYER ROTHSCHILD.

Die obige Erzählung enthüllt nur den kleinsten Faden eines Wandteppichs des Bösen. Die wiederkehrenden Aspekte der Geschichte der ILLUMINATIs sind Geldmanipulation, die Anwendung von INFAMIE - Verleumdung und Falschaussagen - und das SCHWEIGEN derjenigen, die gegen sie aussagen könnten:

In Frankreich wurden 1780 die königliche Familie, die Regierungschefs und die nichtjüdischen Anführer der Revolution ermordet, um sie zum Schweigen zu bringen.

Napoleon, der auf der Insel St. Helena in einem geheimen Gefängnis saß, wurde vergiftet, um ihn zum Schweigen zu bringen.

In Russland wurden 1918 die Mitglieder der königlichen Familie am Hof und in der Regierung verleumdet und ermordet, um sie zum Schweigen zu bringen. (Da die Juden die gesamte arische Kulturschicht, zu der Wissenschaftler, Ingenieure und andere Fachkräfte gehörten, massakriert oder vertrieben hatten, waren die Sowjets nie mehr als ein Papiertiger, bis sie Nazi-Wissenschaftler gefangen nahmen und die Geheimnisse der A-Bombe sowie die Technologie, Ausrüstung und das Geld der ILLUMINATIs erhielten).

Der demokratische Präsident Woodrow Wilson starb an Kopf und

Seele gebrochen, zum Schweigen gebracht von Sam Untermeyer (Jude), der zu Beginn von Wilsons Amtszeit die indiskreten Liebesbriefe des Präsidenten an Mrs. Peck beschlagnahmt hatte.

Die Naziführer wurden verleumdet, fälschlicherweise beschuldigt, von Juden in amerikanischen Uniformen verfolgt, von improvisierten Gerichten für nachträglich begangene Verbrechen verurteilt und dann (am JÜDISCHEN HÖCHSTEN HEILIGSTEN TAG) gehängt, UM SIE ZUM SCHWEIGEN ZU bringen.

Andere deutsche Offiziere werden von 15 Jahren bis lebenslänglich inhaftiert; nach ihrer Freilassung werden viele von ihnen ermordet. 10. Mai 1941, sechs Monate vor Pearl Harbor, springt der anglophile Rudolph Hess, Hitlers Stellvertreter, über Schottland mit dem Fallschirm aus seiner Messerschmitt 109 ab (sein erster Sprung), in einem Versuch, in letzter Minute einen Frieden zwischen den kriegsführenden Staaten zu arrangieren. Heß wurde ohne Gerichtsverfahren im Gefängnis Spandau inhaftiert und 46 Jahre lang in Einzelhaft gehalten (davon 21 Jahre in Isolationshaft). Am 17. August 1987 wurde Hess im Alter von 93 Jahren, kurz vor seiner angekündigten Freilassung, ermordet. Offiziell hatte er Selbstmord begangen! (Menachim Begin, ein ISRAELISCHER Terrorist, warnte US-Präsident Jimmy „Rabbit" Carter, Demokrat, CFR/TRILATERALE, dass Heß Spandau nicht lebend verlassen dürfe). Die streng geheimen Akten über Hess werden erst 2027 vollständig freigegeben.

Der plötzlich gesundheitlich angeschlagene Demokrat Franklin Delano Roosevelt starb im Alter von 63 Jahren vor dem Ende seines Krieges, in dem er die Welt vor dem Kommunismus retten wollte. Er fiel (oder wurde gestoßen) kopfüber in die Glut eines Kamins in Warm Springs, Georgia, was ihn bequemerweise zum Schweigen brachte und ihm auf seiner Höllenfahrt einen Vorgeschmack auf Hamburg und Dresden gab. Die ILLUMINATI konnten es sich nicht leisten, dass der Kongress FDR (tot oder lebendig) befragte. Er wurde unter einer 4 Zoll dicken Bronzeplatte im Hyde Park, N.Y., beerdigt. Sein Autopsiebericht wurde nie veröffentlicht.

Lee Harvey Oswald, der mutmaßliche Mörder von John F. Kennedy, wurde erwartungsgemäß von einem Juden (Jack Ruby) ermordet. Damit wurde eine entscheidende Zeugenaussage zum Schweigen gebracht, die den oder die wahren Mörder enthüllt hätte, zu deren Schutz Ruby (Rubinstein) angeheuert worden war.

Oswald, McFadden, Long, Patton, Forrestal, der jüdische Isador Fisch („Freund" von Bruno Hauptmann) und viele andere Teilnehmer an markanten Ereignissen eines BÖSEN ZEITALTERS wurden zum SCHWEIGEN gebracht - dauerhaft. Hinterließen Zahlen in der westlichen Geschichte, die von subjektiv motivierten „Historikern" gefüllt werden sollten. SCHWEIGEN IST GOLD!

Wir können nun das oben Gesagte aus der Geschichte ableiten:

DIE ILLUMINATEN BEABSICHTIGEN, DIE WESTLICHE ZIVILISATION DURCH EINE LUZIFERISCHE WELTREGIERUNG ZU ERSETZEN

Dies soll durch die *Macht des GELDES* erreicht werden, *das sich ausschließlich in den Händen der JUDEN befindet*. Die Schlachtordnung lautet wie folgt:

Ziele

1) Zerstören Sie die Monarchie, den Nationalismus und den Patriotismus.
2) Demokratien schaffen (marxistische Regierungen).
3) Rassen mischen.
4) Eine einzige Weltreligion schaffen: Judentum/Nohachismus.
5) Nationale Grenzen aufgeben
6) Zerstören Sie die Armee der Nationen.
7) Zerstören Sie die kulturtragende Schicht.
8) Kontrolle des Regierungsapparats

Strategien

1) Das Geldsystem übernehmen.
2) Sich der Medien bemächtigen.
3) Kriege, Schulden, Konkurse und hohe Steuern erzeugen.
4) Verzerrung der Sprache, des Moralkodex, der Ethik und der Sitten.
5) Private Waffen konfiszieren.
6) Die Bildung kontrollieren, die Geschichte umschreiben.
7) Die Grenze zu Mexiko öffnen.

8) Infiltration der Regierung, der Gewerkschaften und der Industrie.

Taktik

1) Förderung der Integration zwischen den Rassen.
2) Förderung von Marxismus, Freudismus und Boasismus.
3) Förderung von Demokratie, Anarchie und Rassenunruhen.
4) Verleumdung: Nationalhelden, Rassenstolz, Tradition.
5) Auf Erpressung, Verleumdung, Erpressung, Bestechung und Mord zurückgreifen.
6) Unterstützen Sie alle abtrünnigen Fraktionen. Verräter ehren.
7) Die ADL, die IRS, die ACLU, die CIA und die ATF dazu benutzen, arische Patrioten zu bestrafen.
8) Lügen, Verbreitung falscher Informationen, Desinformation.

> Verbrennt alles, was in der Stadt ist, und tötet Männer und Frauen, Junge und Alte, Ochsen und Schafe mit der Schärfe des Schwerts; verbrennt die Stadt und alles, was darin ist.
>
> JOSHUA 7:21

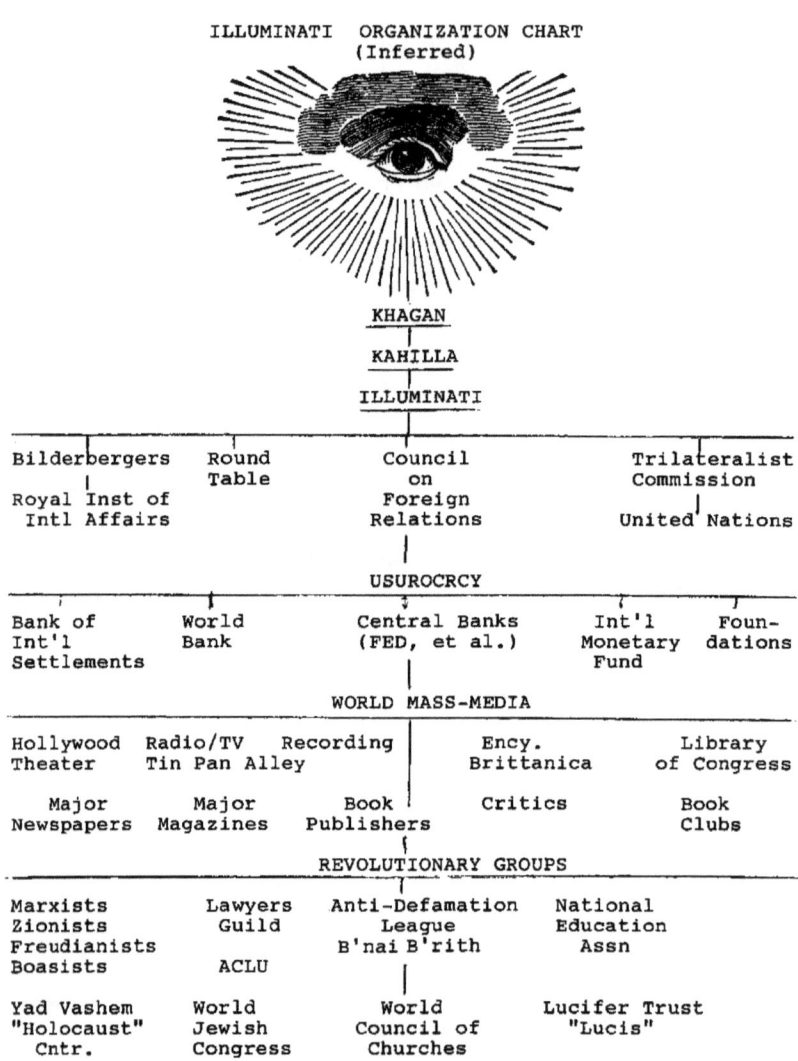

Der Marxismus ist die moderne Form der jüdischen Prophezeiung.

REINHOLD NIEBUHR in einer herzlich begrüßten Rede vor dem Jewish Institute of Religion, Waldorf Astoria, New York.

Ich schwöre feierlich, dass ich das Amt des Präsidenten der Vereinigten Staaten von Amerika getreulich ausüben und mein Bestes tun werde, um die Verfassung der Vereinigten Staaten von Amerika zu bewahren, zu schützen und zu verteidigen.

CONSTITUTION of the United States, Artikel II, Abschnitt 1, Klausel 7.

Präsident Bill Clinton, dessen Geist von der Ivy League, der Rhodes Scholar und dem Marxismus indoktriniert sowie erpresst und erpresst wurde, ernannte zahlreiche JUDEN/CFR/TRILATERALE zu sensiblen Posten in der US-Regierung, darunter: RICHTER DES OBERSTEN GERICHTSHOFES Ruth Bader Ginsberg und Stephen Breyer, JÜDISCH; STAATSSEKRETÄRIN Madeleine K. Albright, JÜDISCH; SUB-STAATSSEKRETÄR, Stuart Eizenstat, JÜDISCH; SECY. STATE, Stanley Roth, JÜDISCH; VERTEIDIGUNGSSEKRETÄR, William Cohen, JÜDISCH; HÖHERER BERATER DES PRÄSIDENTEN, Rahm Emanuel, JÜDISCH; ANWALT DES WEISSEN HAUSES, Bernie Nussbaum, JÜDISCH; Direktor der CENTRAL INTELLIGENCE AGENCY (CIA), John Deutch, JÜDISCH (gegen den derzeit wegen Hochverrats ermittelt wird) ; BERATER FÜR NATIONALE SICHERHEIT, Sandy Berger, JÜDISCH; SCHATZSEKRETÄR, Robert Rubin, JÜDISCH; LEITER DER NATIONALEN LUFT- UND WELTRAUMVERWALTUNG (NASA), Daniel E. Golden, JÜDISCH; ADMINISTRATOR FÜR SOZIALE SICHERHEIT, Kenneth Apfel, JÜDISCH; CHEF DES DIPLOMS FÜR LANDWIRTSCHAFT, D. Glickman, JÜDISCH; und mehrere Ministerposten, darunter Robert Reich, Donna Shalala, Alice Rivlin (FED), Robert Morris („der Zehensauger"") und andere - alle sind JÜDISCHE, deren einzige Treue, gebunden durch den Eid von KOL NIDRE, dem Stamm der Chasaren gilt, und dem TALMUD, der sich der Zerstörung der westlichen Zivilisation verschrieben hat.

Eine Analyse der 4984 militantesten Mitglieder der Kommunistischen Partei in den USA ergab, dass 91,4% von ihnen ausländischer Abstammung oder mit Personen ausländischer Abstammung verheiratet waren.

GERICHTSAUSSCHUSS DES SENATS DER VEREINIGTEN STAATEN, 1950

Es würde mich nicht wundern, wenn diese Juden eines Tages für die menschliche Rasse tödlich werden.

VOLTAIRE

KAPITEL 4

SILBER

Es gab einen Aufschrei des Volkes ... gegen ihre Brüder, die Juden ... wir haben unser Land, unsere Weinberge und unsere Häuser verpfändet, um wegen der Hungersnot Getreide zu kaufen ... und siehe, wir versklaven unsere Söhne und Töchter ... einige unserer Töchter sind bereits versklavt; es liegt nicht in unserer Macht, sie freizukaufen, denn andere Männer besitzen unser Land und unsere Weinberge ...

HEILIGE BIBEL: NE: 5:1,7.

Unser Geldsystem ist nichts weiter als ein Taschenspielertrick... Die „Macht des Geldes", die es geschafft hat, eine vordergründig verantwortliche Regierung in den Schatten zu stellen, ist nicht die Macht der Ultrareichen allein, sondern nicht mehr und nicht weniger als eine neue Technik der Geldvernichtung durch das Hinzufügen und Entfernen von Zahlen in den Bankregistern, ohne die geringste Rücksicht auf die Interessen der Gemeinschaft oder die tatsächliche Rolle, die das Geld darin spielen sollte... ihm zu erlauben, eine Einkommensquelle für private Emittenten zu werden, bedeutet, erstens einen geheimen und illegalen Zweig der Regierung und zweitens eine rivalisierende Macht zu schaffen, die mächtig genug ist, um schließlich alle anderen Regierungsformen zu stürzen.

FRED SODDY, Nobelpreisträger, *Wealth, virtual wealth and debt* (*Vermögen, virtuelles Vermögen und Schulden*).[3]

Eine große Industrienation wird von ihrem Kreditsystem kontrolliert. Unser Kreditsystem ist konzentriert. Das Wachstum der Nation und damit all unsere Aktivitäten liegen in den Händen einiger weniger Männer. Wir sind zu einer der am schlechtesten regierten Regierungen geworden, zu einer der am meisten kontrollierten und beherrschten Regierungen der zivilisierten Welt ... es ist keine Regierung der freien Meinung mehr ... sondern eine Regierung durch die Meinung und den Zwang kleiner Gruppen herrschsüchtiger Männer.

PRÄSIDENT WOODROW WILSON, 1916.

---

[3] Herausgegeben von Omnia Veritas Ltd, www.omnia-veritas.com

Der Westen betrachtet den Juden als einen Fremden, der in seiner Mitte lebt. Die Juden hatten keinen eigenen Staat, kein eigenes Territorium. Egal in welcher Landschaft sie sich befanden, sie sprachen die gemeinsame Sprache. In der Öffentlichkeit leugneten sie ihre rassische Identität, indem sie die noch so groteske äußere Kleidung jeder Nation annahmen, in der sie auftauchten. Die Annahme christlicher Namen, Bekehrungen, Nasenveränderungen und Schuhe mit Plateausohlen waren Teil der Tarnung. Die Judenfeindschaft schien nur eine Religion zu sein. Folglich war die Judenfeindschaft für den Westen politisch unsichtbar, und ihr Krieg gegen den Westen war immer unterirdisch, listig und irreführend. Die jüdische Strategie bestand darin, die Institutionen der westlichen Kultur zu infiltrieren und sie zu zerstören. Die Hauptwaffe des Judentums war die Manipulation von Geld und Wucher.

Die ersten Päpste und christlichen Monarchen beriefen sich auf die biblischen Verbote gegen die „böse und schädliche Praxis des Wuchers". Geld wurde nur als Tauschmittel und Wertaufbewahrungsmittel verwendet, das durch die Ehre des Staates und die Produktionsfähigkeiten seiner Bürger garantiert wurde. Dennoch bestand das Endergebnis der christlichen Ächtung des Wuchers darin, dass die Juden zu den Herren der europäischen Banken wurden.

Die Juden haben keine religiösen Skrupel, wenn es um das Geld der Nichtjuden geht. Sie verfügen nun über die Mittel, um ihren Krieg zur Vernichtung des Westens erfolgreich zu führen. Sie waren nicht bereit, als kämpfende Einheit aufzutreten und ihren verhassten Feind offen anzugreifen. Sie blieben unsichtbar. Ihre Strategie besteht darin, *das gesamte jüdische Volk in einer fünften Kolonne zu organisieren*, deren Ziel es ist, in den Westen einzudringen und *alles zu zerstören*. Dies erreichen sie, indem sie die natürlichen Differenzen zwischen den westlichen Staaten verschärfen und die Ergebnisse zugunsten des Liberalismus im Gegensatz zur Autorität, d. h. des Materialismus, des Freihandels und des Wuchers im Gegensatz zum westlichen Sozialismus, des Internationalismus im Gegensatz zur Einheit des Westens, beeinflussen. Geld war ihr Schwert und ihr Schild. Hass und Rache waren ihre Motive.

Die Taktik dieses jüdischen Krieges war der Einsatz des Geldes. Seine Zerstreuung, sein Materialismus und sein vollendeter Kosmopolitismus hinderten ihn daran, an der heroischen Form des

Feldkampfes teilzunehmen, und so war er auf den Krieg des Darlehens oder der Darlehensverweigerung, der Bestechung, der Erlangung rechtlich durchsetzbarer Macht über wichtige Einzelpersonen beschränkt... Die Geschichte von Shylock zeigt das Doppelbild des Juden - sozial zerquetscht auf dem Rialto, aber im Gerichtssaal wie ein Löwe auftauchend.

FRANCIS PARKER YOCKEY, *Imperium*.

An der Schwelle zum 20. Jahrhundert bereiten sich die ILLUMINATI auf einen massiven Angriff auf den Westen vor. Nicht im Licht einer offenen Rede oder auf dem Schlachtfeld, sondern auf ihre übliche Weise: konspirativ, aus der Unterwelt. Ihre Strategie bestand darin, die Ressourcen, den Reichtum und die Arbeitskraft Amerikas für die jüdischen Bestrebungen einzusetzen, darunter die Zerstörung der Monarchien in Europa und die Schaffung eines khasarischen/zionistischen Scheinstaates in Palästina. Sie fanden ihren Judas in Woodrow Wilson, dem Dekan der Princeton University, einem Unschuldslamm mit einem riesigen Ego und einer Lücke in seiner Rüstung. Ohne es zu wollen, wurde er zur unentbehrlichen und unfreiwilligen Schachfigur des internationalen Glücksspiels.

Der Jude Paul Moritz Warburg wurde 1903 in die USA geschickt, um die Einrichtung einer Rothschild-Zentralbank im Hinblick auf den Ersten Weltkrieg zu fördern, der damals gerade vorbereitet wurde. Warburg machte die Kuhn-Loeb Co, eine Großbank an der Wall Street, zu seiner Operationsbasis. Nachdem er Wilson bei einem Universitätsseminar kennengelernt hatte, empfahl Warburg ihn der internationalen Bankenkabale. Nach weiteren Nachforschungen kamen der Rabbi Steven Wise, der Jude Jacob Schiff, der Jude Sam Untermyer und andere Akteure der khasarischen Machthaber überein, dass Wilson der Sündenbock der ILLUMINATI im Weißen Haus sein würde.

Kurz darauf wurde Wilsons demokratische Präsidentschaftskampagne von ILLUMINATIs angekündigt, gefördert und finanziert: Warburg, jüdisch, und seine Brüder Felix und Max (Chef des deutschen Geheimdienstes und der Bank M.M. Warburg, Hamburg); Adolph Ochs, jüdisch (Herausgeber der *New York Times*); Henry Morgenthau, jüdisch (Magnat der schwarzen Slums von Harlem, Manhattan); Jacob Schiff, jüdisch (Präsident der Kuhn-Loeb Co.); Samuel Untermyer, jüdisch (mächtiger Wirtschaftsanwalt); und Eugene Meyer, jüdisch, (Vorsitzender des Verbands der Bauindustrie), Kuhn-

Loeb Co.); Samuel Untermyer, jüdisch (mächtiger Wirtschaftsanwalt); und Eugene Meyer, jüdisch (Bankier und Besitzer der *Washington Post*, der Zeitung, die Ihr Senator morgens beim Kaffee liest); und der Rothschild-Agent; und die internationalistischen Bankiers Lazard Frères; J&W Seligman; Speyer Brothers; und die Rothschilds. Einige handverlesene Nichtjuden, darunter der Waffenhändler J.P. Morgan, waren an der Operation beteiligt.

Um die republikanische Wählerschaft zu spalten, finanzieren die ILLUMINATI sowohl Teddy Roosevelt als auch den amtierenden Präsidenten Howard Taft bei ihrem Rennen um die Präsidentschaft. Nach Wilsons Sieg bei den gefälschten Wahlen (1912), den er seinem Charme und Einfallsreichtum zuschrieb, setzten Warburg und seine Kabale ihren Plan um, die Kontrolle über die amerikanischen Finanzen und das Kreditwesen zu übernehmen. Warburg stellte dem Präsidenten den JÜDISCHEN Colonel Edward Mandell House vor. House wurde Wilsons Alter Ego, sein Vertrauter und Kurier zwischen dem Oval Office und der Wall Street. In seinem Roman *Philip Dru* macht House deutlich, dass seine Vorstellung von einer guten Regierung die globale Usurokratie ist. Gesetzgeber, die seine Ansichten nicht teilen, werden daran gehindert, den Präsidenten zu treffen. Durch die Manipulation Wilsons, die Bestechung von Kongressabgeordneten und die Beteiligung an der irreführendsten Lobbykampagne in der Geschichte der Vereinigten Staaten erreichte Warburg, was er wollte. Während der Weihnachtsferien (23. Dezember 1913), als ein Großteil der Opposition nicht anwesend war, erließ der US-Kongress den Federal Reserve Act, DER DAS AMERIKANISCHE WÄHRUNGSSYSTEM an internationale Bankiers VERKAUFT und die Christenheit zum Ersten und Zweiten Weltkrieg, zum „Kalten Krieg" und zu all unseren „sieglosen" Kriegen verurteilte.

> Mit diesem Gesetz wird der gigantischste Trust auf dem Planeten eingerichtet. Wenn der Präsident diesen Gesetzentwurf unterzeichnet, wird die unsichtbare Regierung der Geldmacht legalisiert ... Das schlimmste gesetzgeberische Verbrechen in der Geschichte wird durch diesen Gesetzentwurf über Banken und Geld verübt. Die Parteiführer haben wieder einmal gehandelt und das Volk daran gehindert, die Vorteile seiner eigenen Regierung zu erlangen.
>
> CHARLES LINDBERGH, Vater, US-Kongress.

Kurz darauf kam der JÜDISCHE Sam Untermeyer in den Besitz von Wilsons indiskreten Liebesbriefen an Mrs. Peck, seine Geliebte und

Frau eines Freundes. Der engste Kreis bezeichnete den Präsidenten als „Pecks Bad Boy". Wilson tat, was ihm gesagt wurde, als ihm gesagt wurde, was er tun sollte. Dies führte dazu, dass der Jude Louis Denmitz Brandies, ein Zionist, zum Obersten Gerichtshof der Vereinigten Staaten ernannt wurde und Amerika in den Ersten Weltkrieg eintrat.

> „Geld ist die schlimmste Art von Schmuggel", erklärte der amerikanische Außenminister William Jennings Bryan. Und unsere Kredite an die Alliierten in den zweieinhalb Jahren vor unserem Eintritt in den Ersten Weltkrieg stellten genauer Aggressionshandlungen dar als unsere verspäteten Truppenentsendungen im Jahr 1917, nachdem Wilsons Kriegserklärung der Farce einen Hauch von Legalität verliehen hatte.
>
> EUSTACE MULLINS, „Die Geheimnisse der Federal Reserve".[4]

Alle Kriege haben einen wirtschaftlichen Ursprung.

BERNARD BARUCH, JÜDISCH,
vor dem Nye-Ausschuss, 9-13-37.

Die Verfassungsmäßigkeit des FEDERAL RESERVE ACT wurde nie beurteilt, obwohl er eindeutig verfassungswidrig ist.

> ARTIKEL I, SEK. 8, KLAUSEL 5 VERFASSUNG DER VEREINIGTEN STAATEN: Der Kongress ist befugt, Münzen zu prägen, ihren Wert und den Wert ausländischer Währungen zu regulieren und die Normen für Maße und Gewichte festzulegen.

Diese Klausel wurde nie geändert. Daher stellt sich logischerweise die Frage: Kann der Kongress seine verfassungsmäßige Autorität rechtmäßig delegieren?

> SHECHTER POULTRY v. U.S.A. (29 US 495) (55 US 837.842 (1935):
>
> 2) Der Kongress kann seine gesetzgebenden Funktionen nicht abtreten oder auf andere übertragen...
> 3) Der Kongress kann seine Gesetzgebungsbefugnis verfassungsgemäß nicht an Verbände oder Gruppen aus Handel und Industrie delegieren, um sie zu ermächtigen, Gesetze...
> 4) Der Kongress kann dem Präsidenten keine legislativen Befugnisse

---

[4] Veröffentlicht von Omnia Veritas Ltd, www.omnia-veritas.com.

übertragen...

Der Präsident des Obersten Gerichtshofs erklärte: Die Verfassung hat eine nationale Regierung mit Befugnissen eingesetzt, die als angemessen erachtet werden, wie sie sich in Kriegs- und Friedenszeiten als angemessen erwiesen haben, aber diese Befugnisse der nationalen Regierung werden durch die verfassungsmäßigen Befugnisse begrenzt. Denjenigen, die im Rahmen dieser Befugnisse handeln, steht es nicht frei, die auferlegten Grenzen zu überschreiten, weil sie der Meinung sind, dass eine größere oder andere Macht erforderlich ist. Solche außerkonstitutionellen Autoritätsbehauptungen wurden durch den ausdrücklichen Wortlaut des zehnten Verfassungszusatzes vorweggenommen und ausgeschlossen: Die Befugnisse, die den Vereinigten Staaten nicht durch die Verfassung übertragen oder den Bundesstaaten durch die Verfassung untersagt sind, sind den Bundesstaaten und dem Volk vorbehalten.

ALGONQUIN SNC, Inc. v. FEDERAL ENERGY ADMINISTRATION 518 Fed 2nd 1051 (1975): *Schlussfolgerung:* Weder der Begriff „nationale Sicherheit" noch der Begriff „Notfall" stellen einen Talisman dar, dessen thaumaturgische Anrufung ipso facto die normalen Kontrollen und Gleichgewichte jedes Regierungszweiges aussetzen sollte... Wenn unser System überleben soll, müssen wir auf die schwierigsten Probleme in einer Weise reagieren, die mit den Beschränkungen vereinbar ist, die dem Kongress, dem Präsidenten und den Gerichten durch unsere Verfassung und unsere Gesetze auferlegt sind. DER KONGRESS DARF SEINE WESENTLICHEN GESETZGEBERISCHEN FUNKTIONEN NICHT ABTRETEN ODER AUF ANDERE ÜBERTRAGEN.

ART. I, SEK. 10, KLAUSEL 1, VERFASSUNG DER VEREINIGTEN STAATEN:
Kein Staat ... wird etwas anderes als Gold- und Silbermünzen zu einer Währung für die Bezahlung von Schulden machen ...

DER INTERPRET DER AMERIKANISCHEN VERFASSUNG:
Wenn ein Gesetz im Widerspruch zur Verfassung verabschiedet wird, ist es so, als ob das Gesetz nicht verabschiedet worden wäre.

Wenn der Kongress seine gesetzgebenden Funktionen nicht auf andere übertragen kann, stellt sich logischerweise die Frage, ob die FED eine Behörde des Kongresses ist. Die Antwort wird im Folgenden mit Nachdruck gegeben!

LEWIS v. U.S. (680 F2d 1239 - Juli 1982):

Die Federal Reserve Banks, die unter den Federal Government Tort Claims Act fallen, sind KEINE Instrumente der Bundesregierung, sondern unabhängige, private und lokal kontrollierte Organisationen.

Der wesentliche Faktor bei der Feststellung, ob eine Behörde eine Bundesbehörde ist, ist das Vorhandensein einer Kontrolle der Bundesregierung über die „detaillierte physische Ausführung" und die „täglichen" Operationen dieser Einrichtung.

Der Oberste Gerichtshof hat (oben) entschieden, dass der Kongress seine gesetzgeberischen Aufgaben NICHT delegieren kann. Ist die FED gesetzgebend?

Gesetze erlassen - Gesetze machen oder verkünden.

Gesetze - Handlungsregeln, die durch Gewohnheitsrecht festgelegt oder von der souveränen Autorität bestimmt und durchgesetzt werden.

Regulieren - Regulieren, dem Gesetz unterwerfen.

VERORDNUNG „Q" DES BUNDESRESERVENSYSTEMS: Sie ist insofern gesetzgebend, als sie *die Höchstzinssätze festlegt, die die Mitgliedsbanken den Einlegern auf Termin- und Sichteinlagen zahlen dürfen.*

Die US-Verfassung überträgt diese Befugnis nur dem Kongress (siehe oben). Die Verordnung „Q" stellt außerdem einen Verstoß gegen das US-amerikanische Kartellrecht dar, das die konspirative *Festsetzung* von Gebühren, Zinssätzen und Provisionen unter Androhung von Geld- und Haftstrafen verbietet. Es sei denn, Sie sind ein internationaler Banker.

Es stellt sich die Frage, warum der Kongress das Gesetz über die Federal Reserve nicht aufhebt. Er hat das Recht dazu - und sogar die MUSS. Warum entscheidet die Judikative nicht über die offensichtliche Verfassungswidrigkeit des Gesetzes? Die Antwort liegt auf der Hand. In einer demokratischen Regierungsform - und nicht in der von unseren Vorfahren erdachten Republik - werden zweitklassige Kongressabgeordnete von der Menge und den Medien gewählt. Die auf Lebenszeit ernannten Bundesrichter sind egoistisch, käuflich, Interessengruppen unterworfen und bestechlich. Sie lieben es, in

Hollywood am Potomac zu leben, mit ihren üppigen Gehältern, ihren Vergünstigungen, dem Glanz und Glamour und der Bequemlichkeit. Sie fürchten die Macht der ILLUMINATI-Börse. Sie haben Angst vor der FED, der ADL, der IRS und davor, was mit Patrioten passiert. Sie fürchten den MARXISMUS, den LIBERALISMUS und die JUVEND. Sie fürchten die MEDIEN. Sie lieben ihre Arbeit und wollen sie nicht verlieren. Wo sonst können Schmeichler und Feiglinge so viel Beute machen und so viel Ansehen genießen? Die Kongressabgeordneten lieben es über alles, Ihr Geld auszugeben („Steuern, Steuern, Steuern; ausgeben, ausgeben, ausgeben; wählen, wählen, wählen!". Harry Hopkins' Rat an die New Dealers of FDR). Die FED ärgert sich natürlich, wenn der Kongress keine Kredite aufnimmt und keine Ausgaben tätigt. Daher besteht die Masche des Kongresses darin, von dem Betrug zu profitieren und gleichzeitig die unwissenden Wähler in La-La-Land zu halten.

> Die Missverständnisse über Geld waren und sind beabsichtigt. Sie ergeben sich weder aus der Natur des Geldes noch aus einer Dummheit der Öffentlichkeit... die internationale Usurokratie zielt darauf ab, die Unwissenheit der Öffentlichkeit über das Usurokratische System und seine Funktionsweise zu bewahren...
> EZRA POUND (nackt in einen Käfig gesteckt von von Juden, die ihn als verrückt bezeichneten).

Schauen wir uns das System der Federal Reserve genauer an, über das Ihre gewählten Vertreter zu unwissend oder zu verängstigt sind, um etwas zu unternehmen.

> Lassen Sie mich das Geld einer Nation ausgeben und kontrollieren, und es ist mir egal, wer ihre Gesetze macht.
> ANSELM MEYER ROTHSCHILD.

Wichtigste Fakten über das System der Federal Reserve (FED): Die FED ist keine Behörde der US-Regierung. Es handelt sich um eine private Aktiengesellschaft, die sich an der Bank of England und anderen Rothschild-Zentralbanken orientiert. Die vom Kongress gegründete FED wird vom Privatsektor kontrolliert; ihre Banknoten sind zwar gesetzliches Zahlungsmittel, aber Schulden der US-Regierung bei den Bankern. Handelspapiere und Staatsanleihen werden als fraktionelle Reserven zur Kreditschöpfung verwendet. Das Geld in Ihrem Portemonnaie stellt die Schulden der Regierung dar, die durch Ihre Einkommenssteuern getilgt werden; Sie zahlen auch

Einkommenssteuern auf die Zinsen, die das Schuldgeld abwirft, wenn es investiert wird. Zusammengefasst:

1. Die FED ist ein privates Unternehmen. Das Wort „Federal" ist genauso bedeutungslos wie „Federal" Tire Company.
2. Die EDF arbeitet unabhängig von der Legislative, Exekutive und Judikative der US-Regierung.
3. Die Bücher der FED wurden nie einer unabhängigen Prüfung unterzogen. Sie lehnt die Prüfung durch die US-Regierung (GAO) ab.
4. Die FED ist KEINE Behörde der US-Regierung, obwohl sie vom Kongress gegründet wurde und theoretisch vom Kongress abgeschafft werden könnte. Sie besitzt persönliches Eigentum und Immobilien. Ihre Mitarbeiter erhalten keine Gehälter von der US-Regierung.
5. Der Präsident der Vereinigten Staaten ernennt mit Zustimmung des Senats den Gouverneursrat der FED. Die meisten von ihnen sind Vertreter der Wall Street mit Verbindungen zu den ILLUMINATI. Viele von ihnen sind Mitglieder des CFR/TRILATERALE. Schließlich wurde die FED von Bankern für Banker konzipiert.
6. Nach Abzug der Betriebskosten (?) zahlt die FED das, was sie als Überschuss (?) betrachtet, an das US-Schatzamt zurück.
7. Die Mitgliedsbanken der FED (z. B. Chase-Manhattan) halten Milliarden von Dollar in US-Wertpapieren (für die sie nichts bezahlt haben), als Rücklagen für Kredite, für die sie volle Zinsen erhalten. Sie führen KEINEN Gewinn an das US-Finanzministerium ab.
8. Die Mitgliedsbanken verwenden diese fraktionellen Reserven, um Kredite in Höhe des 10- bis 30-fachen des Reservebetrags zu vergeben.
9. Die Eigentümer der Klasse-A-Aktien der FED wurden nie bekannt gegeben. Aufgeklärte Vermutungen deuten darauf hin, dass es sich bei den größten Aktionären um folgende handelt: Das jüdische Haus Rothschild; die jüdische Bank Lazar Frères de Paris; die jüdische Familie Schiff, Kuhn-Loeb Co (die blonde Tochter des US-Vizepräsidenten Al Gore hat kürzlich einen Schiff geheiratet. Sie „verkaufen" bei Spendenaktionen im Weißen Haus mehr als Lincolns Schlafzimmer); die Familie Lehmann, JÜDISCH; die Rockefellers; Israel Seif, London, JÜDISCH; die Bank of England, JÜDISCH, etc.
10. Das Federal Open Market Committee (FOMC) ist das wichtigste Entscheidungsgremium des Systems. Das FOMC, das sich aus den sieben Mitgliedern des EZB-Rates, vier Präsidenten der Mitgliedsbanken und dem Präsidenten der FED Bank of New York

zusammensetzt, kauft und verkauft Staatsanleihen und überwacht die Devisengeschäfte des Systems. Der FOMC legt den Diskontsatz fest, der auf die Mitgliedsbanken angewendet wird, und bestimmt damit die Zinsen, die Sie Ihrem Kreditgeber zahlen.

11. Da Änderungen der Zinssätze und der Menge des im Umlauf befindlichen Geldes weitreichende Auswirkungen auf die Wirtschaft haben, wäre es für die Anleger von Vorteil, im Voraus über bevorstehende Änderungen in der Politik der FED informiert zu werden (Leaks). Die antizipierte Politik der FED ist daher ein gut gehütetes Geheimnis. Aber wird die absolute Sicherheit aufrechterhalten? Glauben Sie an Märchen? Oder spielen die Mitglieder des Gouverneursrats, die nach dem Gutdünken der ILLUMINATIs dienen, die Rolle von Schleusern hochsensibler Informationen? Es ist nicht verwunderlich, dass die Skyline aller großen Städte von Banken dominiert wird. Seitdem die Gier die Ehre ersetzt hat, kauft das Geld alles - Präsidenten und Premierminister, Päpste und Prälaten, Kongressabgeordnete und Richter.

12. Die FED ist eines von vielen ILLUMINATI-Zentralbanksystemen, die wie große Blutegel in die Wohlstandsströme der Weltbevölkerung eingepflanzt sind.

13. Während wir diese Zeilen schreiben, sind die Vereinigten Staaten (wir, das Volk) mit über sechs Billionen Dollar verschuldet. Die verschuldeten Männer arbeiten für andere.

> Henry Ford hält es für dumm - und ich auch -, dass die Vereinigten Staaten für das Verleihen ihres eigenen Geldes Zinsen zahlen müssen. Leute, die nicht eine Schaufel Erde umgraben und nicht ein Pfund Material liefern, werden mehr Geld von den Vereinigten Staaten einnehmen als all jene, die das ganze Material liefern und die ganze Arbeit machen ... warum sollten wir Geldmaklern Zinsen für die Verwendung unseres eigenen Geldes zahlen!
> THOMAS A. EDISON, über die Kreditaufnahme des Kongresses bei der FED.

> Es ist unbestritten, dass unsere Wirtschaft von Bankern geformt wird, die Geld verleihen, das sie nicht besitzen, nie besessen haben und nie besitzen werden, und dabei kalkulieren, dass dieses Geld nicht in Form von Banknoten, Münzen oder Gold von ihnen verlangt wird...
> CHRISTOPHER HOLLIS, „The Breakdown of Money" (Der Zusammenbruch des Geldes).

Wir sehen nun, dass, obwohl der grundlegende Zweck des Geldes ein Mittel zum Austausch und zur Speicherung von Wert ist, die

ILLUMINATI diesen ursprünglichen Zweck verzerrt haben. Geld wurde zu einem privaten MONOPOLE, einer KOMMODITÄT und einem Mittel der COERCITION. Dank der Fähigkeit der FED, das Geld unserer Nation in Form von SCHULDEN auszugeben, die Menge des umlaufenden Geldes (M-1) nach Belieben zu erhöhen oder zu verringern und die Zinssätze nach Belieben zu erhöhen oder zu senken, sie schafft sogenannte Wirtschaftszyklen (Perioden der Expansion und Rezession), die es ihren Herren, den ILLUMINATI, ermöglichen, die Vitalität der Nationalstaaten der Welt zu kontrollieren und sie gegebenenfalls für Ungehorsam zu bestrafen (z. B. Deutschland, Rhodesien (Simbabwe), Österreich, Irak, Libyen und Südafrika).

DIE FED: ILLEGALE AKTIVITÄTEN UND VERRAT - AMERIKAS GELD GELIEHEN, UM ZU EXISTIEREN

Wenn der Kongress Geld benötigt, leiht er sich Geld von der FED. Diese Kredite müssen - Kapital und Zinsen - von den Steuerzahlern zurückgezahlt werden. Es wird jedoch kein schuldenfreies Geld geschaffen, um die Zinsen zu bezahlen, die aus der Geldmenge (M-1) entnommen werden müssen - und das ist Schuldgeld! Das ist so, als würden Sie die Zinsen für Ihre Visa-Kreditkarte mit Ihrer Master Card bezahlen. Das ist der alttestamentarische Trick, bei dem man Petrus beraubt, um Paulus zu bezahlen. Durch die Zahlung von Kapital und Zinsen wird Geld aus dem Umlauf genommen, was zu einer Geldknappheit führt. Es muss zusätzliches Geld geliehen werden, um die Zinsen zu bezahlen, wodurch zusätzliche Schulden entstehen.

BETRUG DES FEDERAL RESERVE SYSTEMS

Nehmen Sie einen Kredit auf, um 6% einfache Zinsen auf die ursprüngliche Schuld von 100 $ zu zahlen.[5]

---

[5] Zu keinem Zeitpunkt können die Schulden mit dem im Umlauf befindlichen Geld zurückgezahlt werden!

Jahr Ausgeliehen	Haupt	Ursprünglicher Schuldenstand am Ende des Jahres	Jährlich fällige Zinsen	Geldumlauf (M-1)
1	$100.00	$100.00	$6.00	$100.00
2	„	$106.00	$6.36	„
3	„	$112.36	$6.74	„
4	„	$119.10	$7.15	„
5	„	$126.25	$7.57	„
50[6]	„	$1,737.75	$104.25	„

Unter dem Regime der FED ist es für die US-Bürger mathematisch unmöglich, die enormen Schulden zurückzuzahlen, die sie bei dem internationalen Bankenkartell aufgenommen haben. Zwar zahlt die FED einen lächerlichen Anteil ihres Jahresgewinns an das US-Finanzministerium, doch das mindert den Betrag nicht im Geringsten.

Die Erträge aus US-Staatsanleihen, die von den 12 FED-Banken gehalten wurden, beliefen sich 1972 auf 3.771.209.607 $. Diese Erträge lieferten den Großteil der Einnahmen des Systems für das Jahr - 3.792.334.523 $... 3.231 Millionen $ wurden im vergangenen Jahr als „Zinsen auf FED-Noten" an das US-Finanzministerium gezahlt.
VORSTAND DER FEDERAL RESERVE BANK,
an Senator Alan Cranston, 6-20-73.

Zinseszins: Nichts ist repräsentativer für den jüdischen Geist als der Zinseszins. Der Jude Albert Einstein erklärte, der Erfinder der Formel sei ein Genie. Charles Lindbergh, Vater, Thomas Edison und alle, die den USURE hassen, sagen, dass „Zinseszinsen satanisch sind". Ein Beispiel: Wenn Sie eine Hypothek in Höhe von 40.000 US-Dollar aufnehmen, die in 30 Jahren zu einem Zinssatz von 15 % zahlbar ist. Am Ende der Laufzeit werden Sie der Bank 182.080,80 $ an Zinsen gezahlt haben. Der Banker muss nur eine Buchung im Hauptbuch vornehmen. Wenn Sie Ihr Haus vorzeitig verkaufen müssen (Amerikaner ziehen im Durchschnitt alle sieben Jahre um), werden Sie feststellen, dass Sie nur wenig Eigenkapital haben, das Sie für Ihre monatlichen Hypothekenzahlungen einsetzen können. *Es dauert 24 Jahre, um die Hälfte des Kapitals zurückzuzahlen!* Der größte Teil Ihres Geldes in den ersten Jahren wird für Zinsen ausgegeben (die zulässigen Zinsabzüge sind vernachlässigbar). Wenn Sie eine andere Wohnung

---

[6] Wenn die Schulden (in der obigen Annahme) auf das 50. Jahr erhöht werden, reicht das gesamte umlaufende Geld nicht aus, um allein die Zinsen zu zahlen, geschweige denn das Kapital.

kaufen, müssen Sie wieder mit neuen Hypothekenzahlungen beginnen. Wenn Sie Pech haben und die Zahlungen nicht leisten können, beschlagnahmt Ihr freundlicher Banker die Immobilie und macht sich mit Ihrer Anzahlung und allem, was er stehlen kann, aus dem Staub.

Fraktionales Reservesystem - Der Zug der Banker

Der Zentralbankrat der Federal Reserve (FBG) legt die Mindestreserveanforderungen für die Mitgliedsbanken fest, wodurch die Menge des in Umlauf gebrachten Geldes bestimmt wird. Angenommen, eine Bank verfügt über Reserveeinlagenkredite in Höhe von 10.000 USD. Wenn der Reservesatz 15% beträgt, kann sie Kredite in Höhe von insgesamt 56.666 $ schaffen! Wenn der Reservesatz 20% beträgt, kann sie Kredite in Höhe von insgesamt 40.000 USD schaffen (erinnern Sie sich an den Pfandleiher Amschel Mayer Bauer, JÜDISCH, Frankfurt, Deutschland).

Der Flug funktioniert folgendermaßen:

1) Wenn Rockefellers Chase-Manhattan Bank 5 Millionen Dollar benötigt, meldet sie einfach einen Kredit von 5 Millionen Dollar beim US-Schatzamt an.
2) Das Finanzministerium liefert der Bank Staatsanleihen für diesen Betrag. Die Bank bezahlt sie mit einem Scheck, der aus dem Kredit gezogen wird, der auf den neuen Wertpapieren basiert, die gerade vom Schatzamt geliefert wurden!
3) Mithilfe dieser neuen Wertpapiere (oder Commercial Paper) bestellt die Chase Manhattan das Geld bei der FED von New York, die ihrerseits das Bureau of Printing and Engraving anweist, das neue Geld zu drucken.
4) Nach Abschluss der Transaktion - die die Bank keinen Cent gekostet hat - kann Chase-Manhattan seinen Kunden bis zu 45 Millionen US-Dollar (10 % der Reservequote) an neuen Krediten zu den geltenden Zinssätzen vorstrecken. All diese neuen Kredite werden aus dem Nichts geschaffen!

> Die Banken - die Geschäftsbanken und die Federal Reserve - schaffen das gesamte Geld dieser Nation, und die Nation und ihr Volk zahlen Zinsen auf jeden Dollar dieses neu geschaffenen Geldes. Das bedeutet, dass die Privatbanken auf verfassungswidrige, unmoralische und lächerliche Weise die Macht ausüben, das Volk zu besteuern. Denn jeder neu geschaffene

Dollar verwässert in gewissem Maße den Wert aller anderen bereits im Umlauf befindlichen Dollar.

JERRY VOORHIS, US-Kongress, CA-D., 1946.

Niemand darf Kreditgeber sein, außer demjenigen, der Geld zum Verleihen hat.

THOMAS JEFFERSON.

PATMAN: Herr Eccles, woher bekommen Sie das Geld, um diese zwei Milliarden Staatsanleihen zu kaufen?

ECCLES: Wir haben es erschaffen.

PATMAN: Aus was?

ECCLES: Von unserem Recht, Kreditgeld auszugeben.

BANK- UND WÄHRUNGSKOMMISSION DER KAMMER
Vorsingen, 1941.

Es ist die Flut dieses Fiat-Geldes, die dazu führt, dass das hart verdiente Geld der US-Bürger seine Kaufkraft verliert. Das ist Inflation. Das ist Wucher. Auf diese Weise haben die TALMUDISCHEN KHAZARS die amerikanische Währung entwürdigt.

Wenn eine Bank einen Kredit vergibt, erhöht sie lediglich das Einlagenkonto des Kreditnehmers bei der Bank... Das Geld wird nicht aus der Einlage einer anderen Person entnommen; es wurde nicht zuvor von einer anderen Person an die Bank gezahlt. Es handelt sich um neues Geld, das von der Bank für die Verwendung durch den Kreditnehmer geschaffen wurde.

SEC'Y TREASURY ANDERSON, „U.S. News & WR", 8-3159.

Durch den Kauf von Staatsanleihen schafft das Bankensystem als Ganzes neues Geld, d. h. Bankeinlagen. Wenn die Banken Staatsanleihen im Wert von einer Milliarde US-Dollar kaufen, sobald sie angeboten werden, ... schreiben sie dem Einlagenkonto des Finanzministeriums eine Milliarde US-Dollar gut. Sie belasten ihr Konto für Staatsanleihen mit einer Milliarde Dollar, oder sie schaffen durch eine Buchung tatsächlich eine Milliarde Dollar.

MARRINER ECCLES, Vorsitzender des Rates der Gouverneure,
FED, 1935.

Die Regierung muss alles Geld und alle Kredite schaffen, ausgeben und in Umlauf bringen, die notwendig sind, um die Ausgaben der Regierung und die Kaufkraft der Verbraucher zu befriedigen. Das Privileg, Geld zu schaffen und auszugeben, ist das höchste Vorrecht der Regierung.

ABRAHAM LINCOLN.

Ist es absurder, dass sich eine Nation an eine Einzelperson (Rothschild) wendet, um ihren Kredit und mit ihrem Kredit ihre Existenz als Reich und ihren Komfort als Volk aufrechtzuerhalten?

BENJAMIN DISRAELI, JÜDISCH,
Premierminister, Großbritannien.

Der UN-Betrug: Henry Morgenthau, Jude, Finanzminister unter FDR („Einige meiner besten Freunde sind Kommunisten"), ernannte seinen Schützling Harry Dexter White (Weiss), Jude, zum Unterstaatssekretär im Finanzministerium. White, der später als sowjetischer Spion entlarvt wurde, stahl Platten aus dem US-Schatzamt, um sie den Bolschewiken in der Sowjetunion zu geben. Dies erklärt, warum Millionen von Juden, die während des Zweiten Weltkriegs illegal in die Vereinigten Staaten eingereist waren, mit gut gefüllten Kassen ankamen und amerikanische Immobilien und Unternehmen kauften, während die arischen Amerikaner in Europa völkermörderische Kriege führten. Beim Bretton-Woods-Abkommen (1944) war White für die Gründung der Weltbank und des Internationalen Währungsfonds verantwortlich, die die „internationale Wirtschaft stabilisieren" sollten. Die Amerikaner zahlen jedes Jahr Milliarden von Dollar an diese mit den Vereinten Nationen verbundenen Organisationen (One World), die zinsgünstige Kredite an ausländische Regierungen für „Entwicklungszwecke" vergeben. In Wirklichkeit werden die Kredite gewährt, um sicherzustellen, dass die ausländischen Staaten über die nötigen Mittel verfügen, um die zuvor bei internationalen Bankiers aufgenommenen Kredite zurückzuzahlen. Tatsächlich garantiert die US-Regierung diese ausländischen Kredite, die von den internationalen Bankiers gewährt wurden, im Falle eines Zahlungsausfalls! So profitieren die Banker von den Gewinnen aus ihren hochriskanten Krediten, während Amerika die Verluste trägt. Viele Jahre lang war Robert Strange McNamarra Präsident der Weltbank. Vor kurzem (1997) entschuldigte er sich beim amerikanischen Volk für seine Lügen und sein Missmanagement als US-Verteidigungsminister bei der „Polizeiaktion" in Vietnam. Whites Mentor, Henry Morgenthau Jr., ein Jude, ist vor allem für den Morgenthau-Plan bekannt, mit dem Deutschland in eine Hungersnot gestürzt werden sollte. Als man ihm sagte, dass sein Plan den Tod von Millionen Deutschen bedeuten würde, erklärte er: „Was kümmert mich das deutsche Volk!"'.

AUS DEM KONGRESSARCHIV

LOUIS T. McFADDEN, Vorsitzender des Bank- und Währungsausschusses des Repräsentantenhauses:

Herr Präsident, wir haben in diesem Land eine der korruptesten Institutionen, die die Welt je gesehen hat. Die Federal Reserve hat die Vereinigten Staaten betrogen, indem sie ihnen genügend Geld entzogen hat, um die Staatsschulden zu bezahlen... Herr Präsident, es ist ungeheuerlich für diese große Nation, dass ihr Schicksal von einem System des Verrats präsidiert wird, das im Geheimen mit internationalen Piraten und Usurpatoren agiert. Die FED hat jede erdenkliche Anstrengung unternommen, um ihre Macht zu verschleiern. Aber die Wahrheit ist, dass die FED die Regierung der Vereinigten Staaten usurpiert hat. Sie kontrolliert hier alles. Sie kontrolliert die Außenbeziehungen. Sie macht und stürzt Regierungen nach Belieben" (10. Juni 1932).

Herr Präsident ... es gibt eine Situation im Finanzministerium der Vereinigten Staaten, die, wenn die amerikanischen Bürger davon wüssten, dazu führen würde, dass sie jegliches Vertrauen in ihre Regierung verlieren würden ... eine Situation, die Präsident Roosevelt nicht untersucht hätte. Herr Morgenthau brachte aus der Wall Street James Warburg mit, den Sohn von Paul Warburg, dem Direktor der Manhattan Bank (und Hauptarchitekten des Federal Reserve Systems)... James Warburg ist der Sohn eines ehemaligen Partners der Kuhn-Loeb Co, der Enkel eines anderen Partners und der Neffe eines derzeitigen Partners. Er hat keine Funktion in unserer Regierung, aber [...] er ist jeden Tag im Finanzministerium anwesend und hat dort eine Privatwohnung. Mit anderen Worten: Kuhn-Loeb Co. besetzt nun das US-Schatzamt (29. Mai 1933).

Herr Präsident, angesichts der Tatsache, dass Henry Morgenthau, der mit Herbert Lehman, dem jüdischen Gouverneur von New York, verwandt ist und der durch Heirat oder anderweitig mit den Seligmans der internationalen jüdischen Firma J&?W Seligman, von der vor einem Untersuchungsausschuss des Senats öffentlich nachgewiesen wurde, dass sie einer ausländischen Regierung Bestechungsgelder angeboten hatte, und den Warburgs, deren Verbindungen über die Kuhn-Loeb Co, die Bank of Manhattan und andere ausländische und inländische Institutionen unter ihrer Kontrolle Milliarden von Dollar aus dem US-Schatzamt abgezogen haben; und den Strauss', den Eigentümern von R.H. Macy & Co in New York, die ein Absatzmarkt für Waren sind, die auf Kosten der Regierung in dieses Land gespült werden... und dass Herr Morgenthau auch mit der jüdischen Bankengemeinschaft in New York, London, Amsterdam und anderen Finanzzentren verbunden oder anderweitig vernetzt ist und dass er als seinen für die Verwaltung von Staatsgeldern zuständigen Assistenten Earl Bailie hat, der Mitglied der Firma J& W Seligman ist. W Seligman, Korruptionisten wie oben erwähnt - es scheint mir, dass die Anwesenheit von Henry Morgenthau im US-Finanzministerium und die Forderung, ihm 200 Millionen Dollar des Volksgeldes für Glücksspielzwecke zu geben, eine eindrucksvolle Bestätigung anderer Reden ist, die ich in diesem Raum gehalten habe (24. Juni 1934).

Manche Menschen glauben, dass die Federal Reserve Banks Institutionen der US-Regierung sind. Sie sind jedoch keine Regierungsinstitutionen. Sie sind private Kreditmonopole, die die Menschen in den USA zu ihrem eigenen Vorteil und dem ihrer ausländischen Kunden ausbeuten, ausländische und inländische Spekulanten und Betrüger sowie reiche und räuberische Geldverleiher. In dieser düsteren Mannschaft von Finanzpiraten gibt es diejenigen, die einem Mann die Kehle durchschneiden würden, um einen Dollar aus seiner Tasche zu bekommen; es gibt diejenigen, die Geld in die Staaten schicken, um Stimmen zu kaufen, damit sie unsere Gesetzgebung kontrollieren können; und es gibt diejenigen, die eine internationale Propaganda unterhalten, um uns zu täuschen ... die es ihnen ermöglicht, ihre vergangenen Missetaten zu vertuschen und ihre gigantischen Verbrechenssuiten wieder in Gang zu setzen ... (10. Juni 1932)

Der Kongressabgeordnete Louis T. McFadden ist ein wahrer amerikanischer Held. Seine Ermittlungen trafen direkt ins Herz der ILLUMINATI, die in den 1930er Jahren einen Krieg gegen Deutschland und Hitlers wirtschaftliches Tauschhandelssystem planten. McFadden erhielt wenig Aufmerksamkeit von der Presse, obwohl er ein Sperrfeuer aus Drohungen, obszönen Telefonanrufen und Schüssen erlebte. Bei einem Bankett in der Hauptstadt unseres Landes, zu dem er eingeladen worden war, um über alle Implikationen seiner Ermittlungen gegen die FED zu sprechen, wurde er plötzlich von Krämpfen geplagt und war auf der Stelle tot, obwohl er bei guter Gesundheit war. Es folgte die übliche schlampige Autopsie, die auf den Tod von Persönlichkeiten der US-Regierung folgt.

Das Privileg, Geld zu schaffen und auszugeben, ist ... das höchste Vorrecht der Regierung.

ABRAHAM LINCOLN.

KONGRESSDOSSIER UNTERSUCHUNGSAUSSCHUSS DER KAMMER

Die geheimen Protokolle der Federal Reserve Banks offenbaren heimliches und illegales Verhalten.
(Auszüge vom 24. Mai 1977)

Rep. REUSS, JÜDISCH, Vorsitzender der Banken- und Finanzkommission.

Wir haben alles versucht, von moralischer Überzeugungsarbeit bis hin zu Versuchen, die FED durch das General Accounting Office umfassend prüfen zu lassen. Unsere Bemühungen - behindert durch den *Anspruch der FED auf Unabhängigkeit* - führten nur zu sporadischen Ergebnissen. Wir waren nie in der Lage, umfassende Informationen über die verschiedenen Aktivitäten der FED zu erhalten. (REUSS ERKLÄRT, DASS SEIN AUSSCHUSS NACH MEHREREN BEMÜHUNGEN IN DER LAGE WAR, TEILPROTOKOLLE MEHRERER FED-SITZUNGEN FÜR DIE JAHRE 1972-75 ZU ERHALTEN, ANM. D. Ü.)

Was diese Protokolle über die Operationen der FED offenbaren, ... ist beunruhigend. Selbst mit 904 Streichungen (in den Protokollen), die von der FED zu „sensiblen Themen" vorgenommen wurden, werfen diese Protokolle die ernsthaftesten Fragen über den Umgang mit Macht und Geld auf.

Aus den Protokollen geht Folgendes hervor:

1. Als die Gesetzgebung des Kongresses, die die FED einer genauen Prüfung unterzogen hätte ... in Erwägung gezogen wurde, setzte die FED den Vorstand ihrer Reservebanken in einer Lobbykampagne gegen die Gesetzgebung ein (die FED kontaktierte große Unternehmen, die für ihre Geschäfte von den Banken abhängig sind, und drängte die Unternehmensleiter, mit dem Rückzug ihrer politischen Beiträge zu drohen, falls ihre Kongressabgeordneten die Gesetzgebung zur Untersuchung der FED unterstützen würden) (EXTORTION).
2. Die FED ermutigte die Geschäftsbanken, Kredite an privilegierte Empfänger zu vergeben, während sie gleichzeitig leugnete, dass sie dies tat (COERCITION).
3. Die FED erlaubte einem Direktor des EZB-Rats, über Angelegenheiten abzustimmen, an denen seine Anwaltskanzleiein direktes Interesse hatte. (COLLUSION).
4. Die FED vergab nicht subventionierte Kredite an ihre eigenen Mitarbeiter. (VERUNTREUUNG).

5. Die FED erlaubte den Direktoren, selbst abzustimmen (UMKEHR).

Jede dieser Aktivitäten ist für sich genommen ein Grund zur Sorge. Zusammengenommen stellen sie ein Musterbeispiel für Entscheidungen im Bereich der öffentlichen Rechenschaftspflicht dar. *Sie zeugen von einer Geschichte von Manipulationen hinter den Kulissen, die darauf abzielen, legitime Untersuchungen des Kongresses zu umgehen.* (Ende des Berichts)

Der oben erwähnte Bericht führte zur Entlassung des jüdischen Vorsitzenden des Gouverneursrats, Arthur Burns (Burnstein), der von den ILLUMINATI diskret ausgewiesen und zum Botschafter in Deutschland ernannt wurde! Der Ausschuss vermied es, die VERRÄTERISCHEN AKTIVITÄTEN, die die FED in den vom Bericht erfassten Jahren durchführte, offenzulegen (siehe Kapitel 3: ILLUMINATI), während die FED während des „Kalten Krieges" damit beschäftigt war, die sowjetische Industrie zu finanzieren, und unsere Männer in Vietnam starben.

Es besteht kein Zweifel daran, dass die Finanzwelt bereits mehr als die Hälfte der Welt versklavt hat und dass es sich nur wenige Menschen, Unternehmen oder sogar Nationen leisten können, der Macht des Geldes zu missfallen.
PROF. FREDERICK SODDY, M.A., F.R.S., Oxford.

KONGRESSDOSSIER
Abgeordnetenkammer

HENRY GONZALES, Vorsitzender des Bankenausschusses des Repräsentantenhauses.

Herr Präsident, der Präsident, der Kongress und das Volk werden von diesem abdriftenden Gouverneursrat als Geiseln genommen... Ich bin seit 20 Jahren Mitglied des Bankenausschusses... und zu keinem Zeitpunkt haben wir erlebt, dass ein Vorsitzender oder ein Mitglied des FED-Vorstands den Willen gezeigt hätte, über ihre Methoden, Urteile, Politik und Verfahren Rechenschaft abzulegen... hinter verschlossenen Türen... im sogenannten Ausschuss für den freien Markt (FOMC), der in Wirklichkeit ein geheimer Ausschuss ist, der die Politik festlegt, die jede Regierung an der Macht machen oder brechen kann... M. Volcker erklärt: „Diese Politik (seine Politik) wird dazu führen, dass der Lebensstandard einiger Amerikaner sinkt." Welche? David Rockefeller? Die Chase-Manhattan Bank spielte eine wichtige Rolle bei der Festlegung der von diesem Haus verabschiedeten Resolution gegenüber Polen (Polen konnte seine Schulden bei US-Banken nicht zurückzahlen) ... und der Kongress reagiert sofort: Fünf Milliarden Dollar an den *Internationalen Währungsfonds (IWF)*, damit er die Zahlungen an die Chase-Manhattan Bank erleichtern kann ... Herr Volcker kürzt hier nicht ... es ist nicht inflationär. Aber er sagt, dass Dinge wie Hauskredite, Kredite an amerikanische Landwirte... oder an amerikanische Kleinstädte für Entwässerung... für Lebensmittelgutscheine... inflationär sind und abgeschafft werden müssen. (2. März 1982).

Wenn die FED, wie die Gouverneure behaupten, eine Regierungsbehörde ist und kein verfassungswidriger Usurpator, der illegal handelt, dann müssten jedes Mal, wenn die FED Geld schafft, wie sie es tut, um Wohlstand zu schaffen, die Schulden erlassen und die Anleihen vernichtet werden, so wie man eine Hypothek verbrennt, wenn das Haus abbezahlt ist. Dies geschieht jedoch nicht.
REP. JERRY VOORHIS, CA-D, *„The Mysteries of the FED" (Die Geheimnisse der FED)*, 1981.

Die Chefs der Zentralbanken der Welt sind selbst keine substanziellen Mächte der globalen Finanzwelt ... sie sind die Techniker und Agenten mächtiger und dominanter Männer: der Investmentbanker, die sie an die Macht gehoben haben und sie genauso gut zu Boden werfen können. Die MACHT liegt in den Händen der Investmentbanker, die nicht als Gesellschaft konstituiert sind und hinter den Kulissen agieren. Diese haben ein System der internationalen Zusammenarbeit und Herrschaft gebildet, das privater und geheimer ist als das ihrer Agenten in den Zentralbanken.
CARROLL QUIGLEY, *„Tragödie und Hoffnung"*.

Carroll Quigley, ein Befürworter einer einzigen Weltregierung, galt als „Insider". Sein Buch sollte eine Hymne auf die ILLUMINATI sein, doch er verriet zu viel. Zunächst wurde das Buch entschieden unterdrückt und aus den Regalen genommen. Quigley, Professor an der Georgetown University, verstarb kurz darauf. Präsident Clinton bezeichnete Quigley in seiner Dankesrede als *„meinen Mentor"*.

Der Kongress kann Gesetze, die sich auf die Gesamtwirtschaft auswirken, nach langen und ernsthaften Debatten verabschieden, aber die FED kann in einer kurzen Sitzung tagen und sie vollständig aufheben.
DR. M. A. LARSON, *„Die FED und unser manipulierter Dollar"*.

Nur die Bundesregierung kann ein Stück Papier in perfektem Zustand nehmen, Tinte darauf auftragen und es absolut wertlos machen.
LUDWIG VON MISES.

Da wir wissen, dass Geschäftsbanken wie Chase-Manhattan und internationale Bankiers wie Kuhn-Loeb Co. integraler Bestandteil des globalen Bankenimperiums des Judentums sind, wollen wir eine Untersuchung des Staates New York über einige Geschäftsbanken betrachten:

STAATSVERSAMMLUNG VON NEW YORK

WILLIAM H. HADDAD, Staatsanwalt des Bundesstaates New York.

Herr Präsident, der Zweck dieses Berichts besteht darin, die allgegenwärtigen Beratungen zweier Ausschüsse (für Banken) aufzuzeigen. Weitere Beweise stammen aus der Akteneinsicht ... der Chase-Manhattan Bank, die uns freiwillig erlaubte, *bestimmte Dokumente (der Bank)* zu prüfen ... kurz bevor sie und alle Banken gleichzeitig die Zusammenarbeit bei dieser Untersuchung einstellten.

Es besteht kein Zweifel daran, dass all diese Männer genau wussten, was in dieser Stadt vor sich ging... Die Banken waren offensichtlich mit City-Wertpapieren überschuldet und angesichts der einhelligen Überzeugung der Banker von der möglichen Zahlungsunfähigkeit der City muss der Druck auf diese Banken, sich mit allen Mitteln ihrer Schulden zu entledigen, unwiderstehlich gewesen sein...

Die Banken wurden auf dreierlei Weise gerettet: 1. Sie verkauften außerordentliche Mengen an kommunalen Wertpapieren aus ihren eigenen Beständen. 2. Sie ersetzten fällig gewordene Kommunalpapiere nicht, was eine Abkehr von der bisherigen Praxis darstellt. 3. sie *verkauften zum ersten Mal* neue und alte kommunale Wertpapiere an nicht-institutionelle und nicht-professionelle Anleger, *ohne das erwartete Risiko offenzulegen, das...*

Genau genommen verkauften die Banken Wertpapiere der Stadt New York an einzelne Kleinanleger, und sie taten dies, ohne ihre Insiderinformationen über die finanzielle Lage der Stadt offenzulegen (...). In einer klassischen Situation hatte ein Arzt kürzlich seine Wohnung verkauft ... er wandte sich an eine Bank statt an seinen Makler, um Geld zu investieren ... ihm wurden Wertpapiere verkauft, die die Bank gerade entlastete ... Dennoch hat die Bank ihm diese Tatsache nie offenbart ... Ihrer Meinung nach war die Bank ein neutraler und unparteiischer Vermittler, der nach den höchsten ethischen Grundsätzen handelte.

Einige Banken mussten ihre Portfolios abstoßen, weil ihre Fehlinvestitionen in Immobilienfonds, Öltanker und unterentwickelte Länder sie in eine prekäre finanzielle Lage gebracht hatten. Laut dem Protokoll der zweiten Sitzung in Gracie Mansion (dem Wohnsitz des Bürgermeisters) betonte Herr Horowitz von Solomon Bros, dass „die Stadt den institutionellen Markt verloren hat ... obwohl die Banken weiterhin

Hilfe leisten, haben die Banken außerhalb der Stadt aufgehört, die Anleihen der Stadt zu kaufen". Im Protokoll des Chase-Manhattan-Planungsausschusses findet sich folgende Aussage: „Wir werden weiterhin New Yorker Stadtanleihen verkaufen, wann immer sich die Gelegenheit dazu bietet". Die Strategie sah Verkäufe auch im Falle eines Verlustes vor. Ich danke Ihnen für Ihre Aufmerksamkeit. (Ende der Auszüge aus dem Haddad-Bericht)

Es wird Sie nicht überraschen, dass die Securities Exchange Commission (SEC) alle Parteien entlastet hat, die an der Förderung und dem Verkauf wertloser Kommunalanleihen der Stadt New York beteiligt waren. Dabei handelt es sich nicht um einen Einzelfall. Vielmehr handelt es sich um eine Anklage gegen die Geisteshaltung der internationalen Bankiers, die den monetären Gewinn stets über die Ethik stellen.

    Tob Shebbe Goyim Harog!
TALMUD: Sanhedrin.

    Der Baum der Freiheit ernährt sich vom Blut der Tyrannen; es ist sein natürlicher Dünger.
THOMAS JEFFERSON.

    Die Währungsbehörden des Staates können für die Bedürfnisse des Volkes sorgen und alle für den Staat nützlichen Arbeiten innerhalb der durch die Verfügbarkeit von Rohstoffen und die Gehirn- und Muskelkraft des Volkes auferlegten Grenzen übernehmen, ohne den Wucherer um Erlaubnis fragen zu müssen.
EZRA POUND, „Impact".

    Die Panik von 1907 wurde durch die absichtliche Verknappung von Geld und Krediten ausgelöst; die Panik von 1920-21 und 1929-35 wurde durch die gleiche identische Ursache ausgelöst. Daran kann es keinen Zweifel geben; und diejenigen, die hinter all dem stehen, sind so weit gegangen, dass sie dem Land offen den Plan und das Ziel offenbart haben, wodurch der Plan für immer in den öffentlichen Archiven landete. Er kann niemals gelöscht werden.
ROBERT S. OWEN, US-Senator,
Congressional Record, 3-18-32.

Die Fakten zeigen, dass im Mai 1920 eine drastische Erhöhung des Rediskontsatzes (Zinssatz, den die FED den Banken berechnet) absichtlich einen der stärksten Rückgänge der Handelsaktivität und einen der größten Preiseinbrüche der Geschichte auslöste. Das Ergebnis war eine verzweifelte Depression, von der sich Amerika trotz des liberalen New Deal von FDR bis zum Ausbruch des Zweiten Weltkriegs und der Wiederbelebung der amerikanischen Fabriken nie wieder erholte. *Dies war die Masche der ILLUMINATI, um Amerika auf den Krieg gegen Deutschland vorzubereiten, das glücklich und wohlhabend war, seit Hitler die jüdischen Wucherer und Marxisten vertrieben hatte.*

Mit all diesen Mitteln werden wir die Gojim so zermürben, dass sie gezwungen sein werden, uns eine internationale Macht anzubieten, die so beschaffen ist, dass wir ohne Gewalt nach und nach alle staatlichen Kräfte der Welt absorbieren und eine Superregierung bilden können.
DIE PROTOKOLLE, Abschnitt V.

EINIGE ERRUNGENSCHAFTEN
DES FÖDERALEN RESERVESYSTEMS

	1913	1982
Bundesschulden	1,2 Milliarden	1,5 Billionen[7]
Pers. Inc. Steuer	3,0 Millionen	200 Milliarden
Wert des Dollars	100 Cents	7 Cent
Eigentum der FED	vernachlässigbar	700 Milliarden
Kosten für Brot	10 Cent	65 Cent
Kosten pro Tonne Kohle	14 Dollar	35 Dollar

Weil der Kongress seine gesetzgebende Autorität über Standardmaße und -gewichte nicht delegiert hat, gilt heute: Eine Tonne = 2000 Pfund. Ein Fuß = 12 Zoll. Um Schulden in Höhe von einer Billion Dollar bei einer Rate von einem Dollar pro Sekunde zurückzuzahlen, bräuchte man 31.682 Jahre (ohne Berücksichtigung der Zinsen).

Was ist mit den „wohlhabenden" Amerikanern, die mit großzügigen Annuitäten und Renten in den Ruhestand gegangen sind? Das System sei ziemlich gut zu ihnen gewesen, sagen Sie. Ja, das ist ihre Belohnung dafür, dass sie dem System gefolgt sind, ohne Fragen zu stellen. *„Sie haben sich eingeschleimt".* Was sie getan haben, war, die Vereinigten

---

[7] 1998 Die Bundesschulden übersteigen 6 Billionen Dollar!

Staaten von Amerika mit einer Hypothek zu belasten, im Austausch für eine Eigentumswohnung auf einem Golfplatz. Ihre Söhne, Töchter und Enkelkinder werden die Rechnung als braune Mischlingsschafe unter der globalistischen Diktatur bezahlen. Vergessen Sie nie: SCHULDEN SIND SELBSTVERKLAUUNG! Und wenn man nicht gerade Banker ist, zahlt man sie mit Blut, Arbeit, Tränen und Schweiß zurück.

Am Ende dieses Jahrzehnts werden wir unter der ersten alleinigen Weltregierung leben, die es je in der Gesellschaft der Nationen gegeben hat.

PAPST JEAN-PAUL II,
„Die Schlüssel zu diesem Blut", von Malachi Martin

KAPITEL 5

SPIROCHÄTEN DER JÜDISCHEN SYPHILIS

Die Entwicklung der Gesellschaft unterliegt nicht biologischen Gesetzen (der Natur), sondern höheren sozialen Gesetzen. Versuche, die Gesetze des Tierreichs auf die Menschheit zu übertragen, sind ein Versuch, den Menschen auf das Niveau der Tiere herabzustufen.
INSTITUT DER AKADEMIE DER WISSENSCHAFTEN, U.S.S.R.

Die marxistische Theorie ist das einflussreichste Denksystem dieses Jahrhunderts.
ZBIGNIEW BRZEZINSKI, „Zwischen zwei Altersstufen".

Der Hass, der das Herzstück des Marxismus war, ist auch in der neuen Religion (dem Freudismus) vorhanden. In beiden Fällen handelt es sich um den Hass des Fremden auf seine völlig fremde Umgebung, die er nicht ändern kann und daher zerstören muss.
FRANCIS PARKER YOCKEY, *Imperium*.

In der Sprache ... des Mythos ist Erbrechen der korrelative und umgekehrte Begriff des Koitus; und Defäkation ist der korrelative und umgekehrte Begriff der auditiven Kommunikation.
CLAUDE LÉVI-STRAUSS, JUDE, freudianisch.

Die alttestamentarischen Apokalypsen des Marxismus ... der anthropomorphe Symbolismus Freuds passten perfekt zu einem religiösen Volk, das einen sterbenden und anachronistischen Glauben ersetzen wollte. Die Ankunft von Boas, der erklärte, dass alle Rassen gleich seien, war ein Glücksfall.
WILMOT ROBERTSON, *The Dispossessed Majority*.[8]

DAS 20. JAHRHUNDERT wird als das blutigste Jahrhundert bezeichnet. Es wurde auch als das ZEITALTER DER LÜGE bezeichnet, weil die JÜDISCHEN KHAZAR ein von immensen finanziellen Ressourcen unterstütztes Programm entwarfen, mit dem sie die Kontrolle über die MASS-MEDIEN Amerikas übernahmen (*die*

---

[8] *Die enteignete Mehrheit*, von Wilmot Robertson übersetzt und veröffentlicht von Omnia Veritas Ltd, www.omnia-veritas.com.

Technologie, die diese bemerkenswerten Systeme ermöglichte - Buchdruck, elektrisches Licht, Radio, Fernsehen, Fotografie, Kino, Aufnahmegeräte, Transistoren, Computer, Satelliten usw.).

Die Eroberung der Kommunikationssysteme Amerikas durch eine fremde Nation ist ein Diebstahl, dessen Auswirkungen so entscheidend sind, dass sie verblüffend sind. Der von unseren Gründervätern geplante freie Austausch von Ideen und Informationen, der für unsere Republik von entscheidender Bedeutung ist, wird zunächst von den Köpfen der TALMUDIESISCHEN MEDIA MOGULS gefiltert, die nur das verkünden, was sie wollen, dass Sie und Ihre Kinder es wissen. Der erste Zusatzartikel zur Verfassung der Vereinigten Staaten wurde außer Kraft gesetzt. Amerika stirbt aus Mangel an Kenntnis der FAKTEN. Stattdessen sind die Propaganda der Massenmedien, Desinformation und Schmutz das tödliche Gift, mit dem der Westen täglich gefüttert wird: alles unter unserem „Applaus".

Als also die Scharlatane MARX, FREUD und BOAS (allesamt Juden) aus den Ghettos Europas auftauchten, war zu erwarten, dass sie von den ILLUMINATIs finanziert und von den amerikanischen Medien enthusiastisch als Retter der westlichen Zivilisation beworben würden! Dabei waren sie in Wirklichkeit deren absichtliche Zerstörer. Ihre offensichtlichen Ziele verbargen ihre unterirdischen Ziele.

MARX griff die natürliche Ordnung der Menschheit an - die Herrschaft der Besten. FREUD zielte darauf ab, den arischen Geist zu vergiften. BOAS griff das Erbgut der Weißen an. Die Forschungen, die diese satanischen Scharlatane zur Untermauerung ihrer Hypothesen produzierten, waren völlig subjektiv. Die Fakten spielen keine Rolle: Der Zweck heiligt die Mittel. Es ist unwahrscheinlich, dass sie tatsächlich an ihre eigenen Theorien geglaubt haben. In einem seiner sehr bekannten Briefe an Engels, seinen Mitverschwörer, beschreibt Marx *Das Kapital* präzise als „voller Scheiße"[9]. Freud und Boas hatten sicherlich eine ähnliche Meinung von ihrem eigenen thaumaturgischen Abfall. Letztendlich waren sie nichts anderes als KHAZARS, die sich in einem eifersüchtigen Kampf voller Neid, Hass und Rache gegen den arischen Westen engagierten. William G. Simpson bezeichnet in seinem Buch *„Which Way Western Man"* ihre TALMUDISCHEN

---

[9] *Full of shit* im Original, wörtlich übersetzt: mit Scheiße gefüllt. Anm. d. Übers.

Ideologien als „Spirochäten der jüdischen Syphilis".

MARXISMUS

KARL MARX, JUDE (1818-1883), wurde in Deutschland als Enkel eines Rabbiners geboren; er konvertierte zum Protestantismus, heiratete eine Nichtjüdin von niederem Adel; dann litt er an kultureller Entfremdung und verließ seine Frau, seine Familie und das Christentum. Sein Zwang bestand darin, die arische Gesellschaft, die ihn verstoßen hatte, zu zerstören. Sein Beitrag zur weltweiten revolutionären Bewegung war immens.

Marx' Strategie bestand darin, den HASS zwischen den Klassen dort einzuführen, wo er zuvor nicht existierte. Das Thema, das seiner politischen Ideologie zugrunde liegt, ist folgendes: *Die gesamte Geschichte, das gesamte Leben, ist ein Krieg der wirtschaftlichen Klassen.* Die beiden Klassen, die sich gegenüberstehen, sind das Proletariat (die Arbeit), die Guten, und die Kapitalisten (die Bourgeoisie), die Ausbeuter des Proletariats. Der Kapitalismus ist schlecht. Daher muss jedes Überbleibsel des Kapitalismus beseitigt werden: „Die Enteignung des Enteigners" (was dir gehört, gehört mir); und „alle infizierten Tiere" werden vernichtet (d. h. Tob Shebbe Goyim Harog!). Die „Diktatur des Proletariats" wird errichtet, verspricht Marx, die schließlich einer staats-, klassen- und gottlosen Gesellschaft weichen wird, in der alle gleich sind (Christen sind jedoch nicht erlaubt und „Antisemitismus" (HASS) ist ein Verbrechen!). Marx nahm den *JUDEN* Franz Boas in seiner Überzeugung vorweg, dass *die Errungenschaften des Menschen lediglich ein Spiegelbild seiner Umwelt sind.* So werden die Qualitäten der menschlichen Intelligenz, die Persönlichkeit, das Verhalten, das Gefühls- und Geistesleben von der wirtschaftlichen Position des Menschen bestimmt. *Der Mensch, so versichert er uns, ist ein Tier, das von der Gier nach Geld geformt wurde: Die Idee von Staat und Nation (Rasse) ist lächerlich.* Es gibt nur Individuen, Klassen und interessierte Gruppen, die sich gegenseitig hassen.

MARX formulierte seine naturfeindliche Ideologie, indem er aus dem Zusammenhang gerissen Ideen von zwei arischen Philosophen entlehnte: dem großen Georg W. Friedrich Hegel (1770-1831) und Ludwig A. Feuerbach (1804-1872), der vor allem wegen seines Einflusses auf Marx und Sartre in Erinnerung geblieben ist.

HEGEL glaubte, dass die Erlösung des Menschen durch die Vernunft kommen würde. Er glaubte, dass die Vernunft nach der dialektischen Methode funktioniere, bei der eine Idee (These) mit ihrem Gegenteil (Antithese) konfrontiert wird und beide sich dann in ein verschmolzenes Ganzes (Synthese) verwandeln. Hegel sah diese Methode in der Logik, in der Weltgeschichte, in der Staatsführung und bei der Etablierung des Zeitgeistes funktionieren. Hegel, ein Idealist, der Marx lächerlich gemacht hätte, glaubte, dass die Dialektik *eine harmonische und kontinuierliche Entwicklung innerhalb des Nationalstaats und zwischen seinen Teilen bewirke*. FEUERBACH, ein Materialist, sagte, dass der Mensch das ist, was er isst: Materie in Bewegung, nichts weiter. Dieses Konzept taucht auch in den Hirngespinsten von Freud und Boas auf.

Marx behauptet, dass es keinen Gott gibt und der Mensch daher nicht vor einem göttlichen Richter für seine Taten verantwortlich ist. Der Mensch hat keine Seele oder keinen freien Willen und somit auch keinen bedeutenden individuellen Wert. Er ist ein sich entwickelndes Tier, dessen Erlösung von seinem Geist (der Vernunft) abhängt. Marx glaubte, dass das Schicksal des Menschen allein von seiner Umwelt bestimmt wird (*offenbar hatte Marx noch nie von seinem Erzfeind Gregor Johann Mendel (18221884) gehört*, nach dem der *Mendelismus* benannt ist, die Lehre von allem, was genetisch ist). In der Natur entwickelt sich alles, weil alles von seinem Gegenteil bestimmt wird: Die These synthetisiert sich mit der Antithese und wird so zu einer neuen und anderen These - dieser Prozess wiederholt sich *endlos*. In der Gesellschaft ist der Konflikt (dialektischer Materialismus) daher unvermeidlich, wesentlich und kontinuierlich bis zum Zusammenbruch der gesamten Struktur (des Staates). Da dieses Schicksal unvermeidlich ist und Veränderung Fortschritt bedeutet, warum warten? Empören Sie sich. Und zwar sofort! Zerstören Sie alles! Tötet! Bourgeoisie gegen Proletariat = Revolution = Diktat = JÜDISCHE WELTREGIERUNG. Die ILLUMINATI sponsern Marxisten/Anarchisten.

> Es gibt Zeiten, in denen Schöpfung nur durch Zerstörung möglich ist. Der Drang zur Zerstörung ist daher ein Drang zur Schöpfung.
> MICHAEL BAKUNIN, Marxist.

„Bourgeoisie" ist ein jüdisches Codewort für erfolgreiche Nichtjuden, genauer gesagt für erfolgreiche Weiße aus der Mittelschicht. Die Bourgeoisie besitzt laut Marx alles, hat aber keinen Anspruch auf irgendetwas. Das Proletariat hingegen besitzt nichts, hat aber ein Anrecht auf alles. Auch hierbei handelt es sich um ein christliches Konzept: „Die Letzten werden die Ersten sein". Allerdings hat Marx vergessen zu erwähnen, dass die Dialektik darauf besteht, dass auch das Proletariat ersetzt werden muss! Die Massen sind zu unwissend, um den Rattenfänger zu befragen, aber sie mögen die Idee der sofortigen GLEICHHEIT sehr (siehe de Tocqueville).

Der Sieg des Proletariats wird alle Klassen abschaffen, bis auf eine: „Das Diktat des Proletariats". Und was oder wer ist damit gemeint? Das Diktat, das sind die privilegierten Juden, die dem proletarischen Staat vorstehen werden. Der Staat wird Eigentümer von Bauernhöfen, Unternehmen, Industrien, Palästen, Herrenhäusern und Datschen sein, die von den schmutzigen Bourgeois enteignet wurden! Das Diktat wird auch Eigentümer des Gulag sein, der mit Proletariern gefüllt wird. Wie George Orwell in seinem Buch *Die Farm der Tiere* scharfsinnig feststellte: Wir sind *alle gleich, aber einige sind gleicher als andere.*

Der Marxismus ist sowohl ein Sieg des äußeren, aktiven Menschen über den inneren, passiven Menschen als auch ein Sieg der Vernunft über den Glauben ... Amerika erlebt eine Revolution ... (die) seine Überholtheit entlarvt ... Bis zum Jahr 2000 wird man zugeben, dass Robespierre und Lenin sanfte Reformer waren.
Z. BRZEZINSKI, „Zwischen zwei Welten" ;
CFR/TRILATERALE, Professor an der Georgetown University,
Berater von US-Präsident Jimmy Carter.

Wir, die Juden, wir, die Zerstörer, werden für immer die Zerstörer bleiben. Nichts, was Sie tun, wird unseren Bedürfnissen und Forderungen entsprechen. Wir werden immer zerstören, weil wir eine Welt brauchen, die uns gehört...
MAURICE SAMUELS, „You Gentiles" (1924).

F. P. Yockey stellt in seinem Buch *Imperium* fest, dass der MARXISMUS ernsthaft fehlerhaft ist, weil MARX als Jude die tatsächlichen Unterschiede zwischen KAPITALISMUS und SOZIALISMUS nicht verstehen konnte, die aus der westlichen KULTUR-ORGANISMUS hervorgegangen sind. *Kapitalismus und Sozialismus* sind *die Art und Weise, wie eine Nation (Familie, Volk, Rasse) fühlt, denkt und lebt, und* sind in zweiter Linie WIRTSCHAFTLICHE KONZEPTE. Das eine gehört der Vergangenheit an, das andere, der WESTLICHE SOZIALISMUS, steht für die Zukunft des Westens und das Ende der JUGEND auf westlichem

Boden.

Das Zeitalter der Vernunft brachte im Westen den KAPITALISMUS hervor, die IDEE des reinen Individualismus: „Jeder ist für sich selbst verantwortlich". Freiheit vor Autorität: „Tritt mir nicht auf die Füße!". Gleichzeitig wurde paradoxerweise davon ausgegangen, dass diese robusten Individuen im besten Interesse des Nationalstaats handeln sollten. Für den Westen bedeutete WIRTSCHAFTLICHER KAPITALISMUS: freier Handel, keine Einkommenssteuer, keine Einmischung des Staates in Währungsfragen, Privateigentum etc. WAREN hingegen wurde an den Rand gedrängt und verboten.

Die Kapitalisten hatten kein Problem damit, gegnerische Wirtschaftsgruppen auf gesetzeskonforme Weise wirtschaftlich zu besiegen. Dies wurde als „gesunder Wettbewerb" angesehen. Auch die europäischen Staaten, die von den Bankiers getrieben wurden, konkurrierten miteinander. Oft mit katastrophalen Ergebnissen. Während des Ersten Weltkriegs wurde schmerzhaft deutlich, dass die Idee eines „übersteigerten Individualismus" der ARYENISCHEN NATION und ihren Staaten zuwiderlief.

Der WESTLICHE SOZIALISMUS entspringt im Gegensatz zum Marxismus/Kommunismus und zum Kapitalismus nicht allein der Vernunft, sondern dem ETHOS DES WESTLICHEN. Er drückt die instinktiven und intuitiven Gefühle aus, die der arischen Nation eigen sind. Seine Idee ist der Ruf der Musketiere: „Einer für alle und alle für einen! Die Vereinigung der weißen Nationalstaaten zu EINEM KULTURELLEN ORGANISMUS - eigenes Territorium und eigener Staat, in dem die Nation untergebracht, geschützt und ernährt wird - schließt Klassenkriege und marxistisch inspirierte Hasskämpfe zwischen seinen Bestandteilen aus. Die WIRTSCHAFT leitet sich von der KULTUR ab. GELD wird zu einem einfachen Werkzeug, einem Tauschmittel, einem Wertaufbewahrungsmittel - und nicht zu einer ILLUMINATI-Waffe.

> Im Sozialismus ist der Besitz von Geld nicht der entscheidende Faktor für den Rang in der Gesellschaft, ebenso wenig wie in der Armee. Im Sozialismus hängt der gesellschaftliche Rang nicht von Geld ab, sondern von Autorität (Fähigkeit).
> FRANCIS PARKER YOCKEY, *Imperium*

Weltbekannte Denker aller Disziplinen sind sich einig, dass der MARXISMUS und das Zeitalter der Vernunft in einer schändlichen Sackgasse geendet haben. Kein intelligenter Mensch hat MARX ernst genommen. Seine alttestamentarische Idee, dass Arbeit ein Übel ist - und die neutestamentarische Idee, dass Menschen und Rassen gleichermaßen begabt sind - steht im Gegensatz zur Natur und Seele des Westens selbst. Das Zuckerbrot, das den „Arbeitern der Welt" angeboten wurde, war die sofortige GLEICHHEIT als Gegenleistung für ihren stummen Gehorsam. Nach der „Enteignung" würden sie „ihre Ketten verlieren" und sich ins „La-La-Land" zurückziehen, um auf ewig von den Überlebenden der verhassten Mittelschicht bedient und unterstützt zu werden! (wie heute in den USA, in Europa und in Südafrika).

Als Propagandist - Verführer von Unschuldigen, Sophisten, Liberalen und Geburtsverlierern - war MARX großartig. Sein Platz in der Geschichte ist gesichert.

Drei Millionen unbewaffnete Russen aus der Mittelschicht (Priester, Hausbesitzer, Künstler, Wissenschaftler, Landwirte, Manager usw.) wurden während des anfänglichen Vorstoßes der BOLSCHEWISCHEN REVOLUTION massakriert, und 31 Millionen starben an den Folgen ihres JÜDISCHEN TERRORS.

Marxisten, Bolschewiken und Kommunisten prangern die „kapitalistischen Schweine" an. Während hinter den Kulissen - im ständigen Kampf um die Umsetzung der ZIONSPROTOKOLLE - alle Kriege und Revolutionen von den JÜDISCHEN BANKEN finanziert werden.

> Heute schätzt Jacobs Enkel John Schiff (Kuhn-Loeb Co.), ein prominentes Mitglied der New York Society, dass der alte Mann etwa 20 Millionen Dollar für den endgültigen Triumph des Bolschewismus in Russland verschlungen hat.
> CHOLLY KNICKERBOCKER,
> „N.Y. Journal-American", 2 3-49.

FREUD

Heute ist Sigmund Freud, JUDE (1856-1939), nur für seine kulturfeindliche Bedeutung bekannt. Und für den schweren Schaden,

den er der westlichen Psyche zugefügt hat, bevor sein Betrug aufgedeckt wurde. Freud versuchte wie Marx, alle Menschen gleichzustellen, entkleidet von jeder edlen oder spirituellen Bedeutung. Die *beiden Juden bedienten sich lediglich unterschiedlicher Methoden, um ein einziges Ziel zu erreichen, das Ziel der ILLUMINATI: die Zerstörung des Westens.*

Als Freud ein junger Arzt war, erzählte ihm ein Wiener Psychologe die Geschichte einer Patientin, die unter Hypnose von einem traumatischen Ereignis in ihrem Leben berichtet hatte, das sie immer noch ängstlich machte. Als sie aus der Hypnose entlassen wurde, war ihre Angst vollständig geheilt. Freud sah wie der jüdische Saulus von Tarsus auf dem Weg nach Damaskus plötzlich „Möglichkeiten" und eröffnete ein Unternehmen, das „Köpfe zusammenschlägt". Er gab die Hypnose auf und erfand die Psychoanalyse. Beratungsmethode, bei der die Patienten, die ihre intimen persönlichen Probleme nur ungern offenbaren (Widerstand), ihre emotionalen Bindungen auf den Analytiker übertragen.

PSYCHOLOGIE ist das Studium der Neurosen, Psychosen, Perversionen und des normalen Geistes. Die PSYCHOANALYSE ist eine Behandlung. Aber von was? Symptome können diagnostiziert werden, aber die eigentliche Ursache, wie der Wind, kann nicht gesehen werden. Krankheiten des Gehirns sind physiologisch und greifbar. Doch die Krankheiten des Geistes haben ihren Ursprung in den Genen und der Seele des Menschen, zwei Bereiche, von denen Freud nichts wusste und um die er sich noch weniger kümmerte. Psychiatrische „Couch-Sitzungen" sind ebenso wie Rap-Sitzungen und Tee-Lesungen in eine Atmosphäre des Mysteriösen und der okkulten Nomenklatur gehüllt. In Wirklichkeit ist die Analyse nichts anderes als die Macht der Suggestion. Jeder weiß, dass „Beichte gut für die Seele ist". Und ein Placebo kann Wunder bewirken. Aber die Freudsche „Kur" ging von der Annahme aus, dass jeder Mensch neurotisch ist: entweder pervertiert oder umgekehrt. Also sind auch die Arier krank! Genau wie wir JÜDEN.

> Das grundlegende Problem ist, dass die Psychoanalyse ein Produkt der jüdischen Feindseligkeit gegenüber der westlichen Zivilisation ist. Der unbewusste Wunsch der Juden ist es, die Ehrbarkeit der europäischen Gesellschaft zu entlarven ... die die Juden ausgeschlossen hat ... indem sie schmutzige und infantile sexuelle Aberrationen ausgräbt.
> HOWARD SACHER, JÜDISCH. Einer der ersten Freudianer.

So lindern die Enthüllungen leichtgläubiger, getäuschter Patienten die Minderwertigkeitskomplexe der Analytiker! JÜDISCHE (Psychoanalytiker) lassen sich leicht zum JÜDISCHEN System bekehren.

Da sie nicht in der Lage sind, die westliche Gesellschaft zu verstehen oder an ihr teilzunehmen, haben sie keine andere Wahl, als sich ihr zu widersetzen.
SIGMUND FREUD, JUDE, „Der Widerstand gegen die Psychoanalyse".

Ein weiteres Problem ist, dass jüdische Psychoanalytiker, die meist geistig abnormal sind, bestimmen dürfen, wer „normal" ist. Dies erinnert an die Geschichte *von den Blinden und dem Elefanten*. Zweitens gibt es das „Couch-Problem". Vaterschafts- und Berührungsklagen gegen Analytiker, deren Praxis darin besteht, verletzliche Patienten von ihren sexuellen Ängsten zu befreien, sind so häufig wie Überfälle in Los Angeles. Das ist so, als würde man die Pädophilen Woody Allen, JÜDISCH, und Roman Polanski, JÜDISCH, als Babysitter engagieren.

Der Wahnsinn setzt sich fort, als Freud sich mit der westlichen Seele befasst. Er findet sie streng mechanisch und völlig vorhersehbar: Die *geistigen Triebe sind einfach sexuelle Triebe*. Folglich sind in Freuds TALMUDISCHEM Gehirn alle Menschen gleich, weil sie alle sexuell neurotisch sind. Und er entscheidet, was neurotisch ist! Für Karl Marx war Beethovens 9. Symphonie die Doppelzüngigkeit der Bourgeoisie. Für Freud war sie Ausdruck von Beethovens latentem Verlangen nach Schiller. Natürlich muss der *Kulturmensch,* der Feind der JÜDEN, beseitigt werden, indem man ihn in einen Wirtschaftsroboter und beseelte Genitalien verwandelt!

Vor einer Generation lautete die Haupttheorie über Schizophrenie ... (dass sie) durch kalte und distanzierte Bemutterung verursacht werde, an sich der unbewusste Wunsch der Mutter, ihr Kind möge nie geboren werden ... 20 Jahre später ist dieses Artefakt aus der Freudschen (JÜDISCHEN) Ära völlig diskreditiert.
U.S. NEWS & WORLD REPORT, 4-21-97.

Freuds Trick, dass die arische Seele mechanisch sei, ermöglichte es ihm, Seelenkrankheiten zu erfinden, die nur er und seine jüdischen Anhänger diagnostizieren und heilen konnten: Neurosen, Komplexe (insbesondere Schuld- und Minderwertigkeitskomplexe),

Unterdrückung, Perversion, Fixierung, Penisneid usw. Diese Krankheiten wurden als „Heilmittel" bezeichnet. Ein Teil des „Heilmittels" war die TRAUMANALYSE, die gemeinsame wiederkehrende Muster enthält. Zu diesen Mustern gibt es verschachtelte und esoterische Interpretationen. Aber nur die Mitglieder der *Kabbala* verstehen sie und nur sie können die thaumaturgischen „Kuren" durchführen. Die TRAUMWELT spiegelt die „Ängstlichkeit" der Seele wider. Wenn man zum Beispiel vom Tod eines Familienmitglieds träumte, bedeutete dies, dass man einen oder beide Elternteile hasste. Die Freudianer entwarfen eine weitere „Erbsünde": *Alle Kinder sind sexuell pervers*, also sind, weil das Kind der Vater des Menschen ist, alle Menschen sexuell pervers. JEDER IST KRANK!

Der Freudismus ist kabbalistisch und umfasst Okkultismus, Satanismus, Phallismus, Nekromantie, Numerologie usw., die alle dem hebräischen Aberglauben, der talmudischen Lehre und dem Gehirn des kokainkranken Freud entspringen.

Hollywood findet Stoff für Sittenkomödien

Seit Sigmund Freud erklärte, dass alle kleinen Jungen ihren Vater töten und mit ihrer Mutter kopulieren wollen, führen die Juden einen Krieg gegen die traditionelle arische Familie... Das neueste Gift... kommt von den Ärzten Louise B. Silverstein und Carl P. Auerbach (Juden) in ihrem Artikel „Deconstructing the Essential Father" (Den wesentlichen Vater dekonstruieren). Sie schreiben:

> „Im Gegensatz zur neokonservativen Perspektive haben uns unsere Daten zu gleichgeschlechtlichen Vaterpaaren davon überzeugt, dass weder die Mutter noch der Vater wesentlich sind"... sie erkennen an, dass Kinder einen „verantwortungsbewussten" Erwachsenen brauchen, aber dass „einer, keiner oder beide ... Vater oder Mutter sein können", und zwar mit dem gleichen Grad an Effektivität. Darüber hinaus bestreiten sie, dass „die heterosexuelle Ehe der soziale Kontext ist, in dem verantwortungsvolle Vaterschaft am ehesten vorkommt". Silverstein und Auerbach leiten daraus ab, dass die LIEBE, die leibliche Eltern und ihre Kinder teilen, nicht größer ist als die LIEBE, die sie mit Pflegeeltern teilen - unabhängig davon, ob diese homosexuell, heterosexuell oder von derselben Rasse sind. In ihrer MARXISTISCHEN/LIBERALEN/TALMUDISCHEN Welt sind alle

„Personen, die sich um Kinder kümmern" gleich. Folglich haben natürliche Familien nicht die gleiche Bedeutung.
ZEITSCHRIFT: THE AMERICAN PSYCHOLOGIST (1-6-99), offizielle Zeitschrift der American Psychological Association.

Als die Berliner Mauer fiel (1990), brach der Marxismus zusammen ... Auch der Freudismus, trotz seines anhaltenden Einflusses ... brach zusammen. Heute ist die offizielle Position, dass die Psychoanalyse nicht wirklich eine Wissenschaft ist, sondern eher eine Kunstform... vergleichbar mit Blumenarrangements oder Makramee?
JOSEPH EPSTEIN, jüdisch, Chefredakteur von *The American Scholar*.

BOASISMUS

FRANZ BOAS, JUDE (1858-1942) wurde in Deutschland geboren. Wie Marx und Freud war er ein KHAZAR, der sich durch seine abstoßende körperliche Hässlichkeit auszeichnete. Er war kein Anthropologe, und es ist unklar, wo er seinen Doktortitel erwarb (Kiel, Deutschland?). Allerdings wurde er 1899 zum Professor für Anthropologie an der Columbia University ernannt, wo er 40 Jahre lang blieb. Seine Auftraggeber waren zweifellos ILLUMINISTEN.

Boas' Ziel war es, das Herz der arischen Rasse, ihr Erbgut, anzugreifen. Zu diesem Zweck gründete er die Boas-Schule für KULTURALE ANTHROPOLOGIE, die die Doktrin vertritt, dass es keine unterschiedlichen Rassen gibt; *stattdessen* bekennt sie *sich* dazu, dass ALLE Menschen das gleiche Potenzial haben: *Rassenunterschiede sind größtenteils das Ergebnis von Umweltfaktoren und nicht von Vererbung.* Diese Ideologie bzw. Pseudowissenschaft wird von Liberalen, Marxisten und Juden begeistert befürwortet, während sie von der Naturwissenschaft der physischen Anthropologie, die von den weltweit führenden Autoritäten auf diesem Gebiet akzeptiert wird, vollständig widerlegt wird. Boas behauptet, dass die Rasse ein Mythos ist, weil sich die Rassen im Laufe der Jahrhunderte vermischt haben; dass Bastardmischungen besser sind als die Eltern. Sie behaupten, dass alles menschliche Blut gleich ist, dass alle Völker einen gemeinsamen Ursprung haben und die Rassen daher miteinander verwandt sind. Keine Rasse zeichnet sich aus, weil sie begabter oder besser ist, sondern weil sie eine günstigere Umgebung und mehr Glück hatte. Weil alle Rassen gleich sind, ist die Vermischung nicht nur erlaubt, sondern sogar erwünscht (die verfluchte weiße Rasse ausmerzen). Wir gehören zur großen Familie der Menschen, daher sind alle Menschen gleich.

Die Vereinten Nationen haben der Boas-Doktrin ihre bedingungslose Zustimmung gegeben:

> Wissenschaftliche Beweise deuten darauf hin, dass das Spektrum der geistigen Fähigkeiten aller ethnischen Gruppen ungefähr gleich ist ... Was Persönlichkeit und Charakter betrifft, so können sie als rassenlos betrachtet werden ... Wenn man den Mitgliedern jeder ethnischen Gruppe ähnliche kulturelle Möglichkeiten bietet, ihr Potenzial auszuschöpfen, ist der durchschnittliche Erfolg ungefähr derselbe.
> UNESCO-Dokumente, (Auszug) 1950.

Wie wir erfahren haben, werden SPIROCHETEN JÜDISCHER SYPHILIS (der Boasismus ist eine davon) in jede Gesellschaft injiziert, die die ILLUMINATI zu zerstören versucht. Aber lassen Sie mich hier und jetzt sagen, dass die Boas-Doktrin - in ihrer Gesamtheit - als Betrug entlarvt wurde! Wir werden in Kapitel V, Der Mendelismus, noch ausführlicher darauf eingehen.

Die Gründer der Boas-Schule der Anthropologie sind Ashley Montague (Israel Ehrenberg), Raymond Pearl, Melville Herskovitz, Herbert Seligman, Otto Klineberg, Gene Weltfish, Amran Sheinfeld, Isadore Chein, Ruth Benedict, Margaret Meade und Kenneth Clark. *Alle bis auf drei (Meade, Benedict und der Nigger Clark) sind Juden.* Boas wurde vom Kongress wegen 46 Mitgliedschaften in der kommunistischen Front zitiert. Die subversiven Aktivitäten von Montague, Weltfish, Benedict und Herskovitz sind der CIA, dem FBI und den Untersuchungsausschüssen des Kongresses wohlbekannt. All diese MARXISTEN/LIBERALEN/JÜDISCHEN, die die jüdische Syphilis verbreiten, haben an den renommiertesten amerikanischen Universitäten Lehrstühle für Kulturanthropologie eingerichtet.

> Im Laufe ihrer falschen akademischen Karriere haben die Boasiten unzählige Male gelogen, Forschungsergebnisse gefälscht, falsche Aussagen gemacht, verleumdet und alle Mittel eingesetzt, um ihr ultimatives Ziel zu erreichen. Ich habe Franz Boas persönlich gekannt. Ich habe seinen Einfluss als Begründer der anthropologischen Wissenschaft in Amerika beobachten können. Ich konnte auch beobachten, wie die Boas-Sekte ein immer größeres Maß an Kontrolle über Studenten und junge Professoren ausübte, bis die Angst vor dem Verlust des Arbeitsplatzes oder des Status alltäglich wurde ... es sei denn, die Konformität mit dem Dogma der Rassengleichheit wurde aufrechterhalten ...

DR. H. E. GARRETTTT, Chr. Abteilung für Psychologie, Columbia Univ.

Professor JOHN R. BAKER, Oxford, („Science and the Planned State") zitiert den kommunistischen Boasiten und Gelehrten Triofim Lysenko, U.R.S.S., der erklärte, dass die Wissenschaft dazu gebracht werden müsse, die kommunistische Theorie zu unterstützen; dass die Fakten über Chromosomen und Vererbung unterdrückt werden müssten, weil *„von ihrer Konzeption her (die Genetik) zu reaktionären Vorstellungen über die Rasse führt ... und es nur möglich ist, die falsche Grundlage des Mendelismus mit Lügen zu verteidigen".* In der Sowjetunion wurden Anhänger der Genetik hingerichtet oder im Gulag inhaftiert (Antisemitismus wurde zu einem Verbrechen erhoben). Die Unterscheidung zwischen Mendelismus (Natur) und Marxismus (Ideologie) kommt am besten in den folgenden Zeilen zum Ausdruck:

„Schönheit ist Wahrheit und Wahrheit ist Schönheit - das ist alles, was ihr auf dieser Erde wisst und alles, was ihr wissen müsst."
JOHN KEATS, „Ode über eine griechische Urne".

Während des Zweiten Weltkriegs setzten der MARXISMUS, der LIBERALISMUS und die JUGEND den Mendelismus mit dem Nationalsozialismus, dem „Rassismus" und dem angeblichen „Holocaust" gleich. Infolgedessen *verbot* die Anti-Defamation League der B'nai B'rith (Söhne des Bundes) in der gesamten westlichen Welt *jegliche* Diskussion über Genetik in öffentlichen Foren. In den 1980er Jahren wurden jedoch die weitreichenden Vorteile, die der Menschheit durch den Mendelismus geboten wurden, in den angesehensten wissenschaftlichen Zeitschriften, auf Konferenzen usw. beschrieben. *Diese unwiderlegbare Tatsache trifft den Kern des MARXISMUS, des LIBERALISMUS und der JUGEND und ihrer Bemühungen, die Rassen zu vermischen und eine ILLUMINATI-Weltregierung zu schaffen.* Wie zu erwarten, verbreiten die Medien, die christliche Kirche, die JÜDISCH und die Universitäten weiterhin die falschen Lehren des BOASISMUS und ignorieren oder verunglimpfen den Mendelismus.

Marxisten sind bekennende Partisanen, ihre „Wissenschaft" ist ihrem (ideologischen) Engagement untergeordnet. Das kann ihre Analyse und ihre Daten nur beeinträchtigen, die freie Prüfung behindern und ihre Schlussfolgerungen verfälschen.
PROFESSOR A. JAMES GREGOR,
The Mankind Quarterly (Frühjahr 62).

Der Vorschlag der BOAS, dass die Menschheit aus austauschbaren Rassen besteht, die gleichermaßen mit Mut, Intelligenz, Charakter, Fähigkeiten, Disziplin, Ehrgeiz, Moral usw. ausgestattet sind, hätte die Unterzeichner der amerikanischen Verfassung dazu veranlasst, zu ihren Gewehren zu greifen. Außerdem glaubten die Gründer an die Meritokratie, die KEIN umgekehrtes System ist: *Soldaten führen das Militär und Medienmagnaten führen den US-Kongress.* Die Gründer erwarteten, dass Amerika immer eine Bastion des Westens sein würde. Nicht eine rassistische Müllhalde. FRANZ BOAS, ein Jude, zerstörte mehr als jede andere Person die Vision der Gründer.

Der BOASISMUS strebt eine kommunistische Gleichheit an - keine Chancengleichheit oder Gleichheit der Verdienste, sondern eine Gleichheit der *Ergebnisse* -, die den Transfer von Geld von den leistungsfähigen Menschen, die es verdient haben, zu den unfähigen, bedürftigen und „benachteiligten" Menschen erfordert. Da sich letztere gegen die Enteignung wehren, werden der Regierung mehr Regulierungs- und Polizeibefugnisse übertragen. Benachteiligte Menschen - die einen großen Wählerblock bilden - sind sehr angetan von der Idee, ihre Steuergelder von Politikern zu erhalten, die bereit sind, alles (Ihre) zu geben, um eine Stimme zu bekommen. Wie sonst könnten degenerierte Menschen wie der US-Senator Ted Kennedy im Amt bleiben? In den USA werden heute 60% des Staatshaushalts für den Sozialschutz ausgegeben. Die Verteiler dieses immensen Reichtums sind Schwarze mit niedrigem IQ (die „aufsteigende Mittelschicht"), die von lokalen, staatlichen und bundesstaatlichen Behörden zu Gehältern angestellt werden, die normalerweise nur für Menschen mit hohem IQ gezahlt werden.

> Mein Haus ist ein baufälliges Haus, und der Jude besetzt die Fensterbank, der Hausbesitzer, geboren in einer Antwerpener Kneipe, aufgebläht in Brüssel, geflickt und geschält in London...
> T.S. ELIOT, aus „Gerontion".

Die Erklärung der UNESCO von 1950, in der die Rasse als Faktor verneint wurde (siehe oben), wurde von den weltweit führenden Wissenschaftlern und den Männern auf der Straße, die die Rasse kannten, wenn sie sahen, angeprangert. 1952 nahm die UNESCO ihre Erklärung zurück und erkannte schließlich an, dass „Rassen „real" sind und nicht nur „Artefakte der Klassifizierung". Doch getreu ihrer marxistischen Ausrichtung vergaß die UNESCO bequemerweise ihre Entschuldigung. Ihre ursprüngliche Position (1950), so wie sie formuliert wurde, ist heute in fast jedem Nachschlagewerk zu finden.

Eine ähnliche Desinformation (Lüge) ereignete sich in dem entscheidenden und tragischen Fall des Obersten Gerichtshofs der USA, *Brown v. The Board of Education*, 1954, der sich gegen die Rassentrennung von Schwarzen aussprach. Der Fall wurde von Thurgood Marshall, einem Schwarzen und Konsul der NAACP, mit Unterstützung des jüdischen Juristenteams der NAACP eingebracht. Der BOASISTISCHE Professor Kenneth B. Clark, schwarz, war der Hauptzeuge. Clark präsentierte die Ergebnisse seiner Experimente mit schwarzen und weißen Puppen und die Reaktion schwarzer Kinder auf diese Tests, „was beweist, dass die Rassentrennung den Schwarzen Verletzungen zufügt". Er brachte die Richter fast zum Weinen. Das Problem ist, dass die Forschung nicht korrekt durchgeführt wurde und die Schlussfolgerungen aus dem Bauch heraus gezogen wurden.

> Ich bin gezwungen, zu dem Schluss zu kommen, dass Professor Clark das Gericht in die Irre geführt hat... Kurz gesagt, wenn Professor Clarks Tests Schäden bei schwarzen Kindern nachweisen, zeigen sie, dass die Schäden bei der Rassentrennung geringer und bei der Kongregation (Integration) größer sind... Wusste Professor Clark, dass seine früheren Tests darauf hindeuten, dass schwarze Kinder nach seinen eigenen Maßstäben durch die Rassentrennung weniger geschädigt werden als durch die Kongregation?... Aus Professor Clarks Experimenten, seiner Zeugenaussage und schließlich seinem Essay ... kann man am besten schließen, dass er nicht wusste, was er tat; und am schlimmsten, dass er es wusste.
> DR. ERNEST VAN DEN HAAG, Professor für Sozialphilosophie, NYU,
> *Villanova Law Review* (VI, 1960).

> Das Problem, mit dem wir konfrontiert waren, war nicht die Wahrheitsfindung des Historikers ... es war nicht, dass wir Lügen formulierten ... wir benutzten die Fakten ... wir glitten auf den Fakten aus ... wir ignorierten die Fakten ruhig und vor allem interpretierten wir die Fakten auf eine Weise ... die es uns erlaubte, an diesen Typen vorbeizugehen.
> DR. A. H. KELLY, ein von der NAACP angestellter Experte, in einem Geständnis vor der American Historical Assoc. im Jahr 1961 über den berühmten Fall der Aufhebung der Rassentrennung.

Marshall wurde später Mitglied des Obersten Gerichtshofs der Vereinigten Staaten, wo seine Kollegen seine Ansichten als die schlimmsten in der Geschichte des Gerichts bewerteten. Clarke nutzte das Werkzeug der Juden bis zum Schluss weiter.

Die Katastrophen, die das weiße Amerika durch die Schwarzen erlitten hat, und die zukünftigen Katastrophen, die sich aus der Entscheidung des Obersten Gerichtshofs ergeben, die Rassen zu vermischen, sind nahezu unüberschaubar.

KAPITEL 6

DER HOLOCAUST-HOKUSPOKUS

Spirochäten der JÜDISCHEN Syphilis (Fortsetzung)

Im Rahmen des Holocausts wurden 6 Millionen Juden ermordet, darunter 2 Millionen Kinder. Die Leugnung des Holocausts ist ein zweiter Mord an eben diesen 6 Millionen. Zuerst wurde ihr Leben beendet, dann ihr Tod. Eine Person, die den Holocaust leugnet, beteiligt sich am Verbrechen des Holocaust selbst.
DAVID MATAS, JÜDISCH, Leitender Berater, „Liga für Menschenrechte, B'nai B'rith".

Die vom Dritten Reich verfolgte Politik führte zum Tod von 6 Millionen Juden, von denen 4 Millionen in den Vernichtungsanstalten getötet wurden.
INTERNATIONALER MILITÄRGERICHTSHOF, Nürnberg, Deutschland.

Mein Einwand gegen den Nürnberger Prozess war, dass er zwar in die Form der Gerechtigkeit gekleidet war, in Wirklichkeit aber ein Instrument der Regierungspolitik war, die zuvor in Teheran und Jalta bestimmt worden war ... ein Schandfleck in der amerikanischen Geschichte, den wir noch lange bedauern werden ... der gegen das Grundprinzip des amerikanischen Rechts verstößt, dass ein Mensch nicht aufgrund eines Gesetzes ex post facto verurteilt werden kann.
U.S. SEN. ROBERT TAFT, „Profile of Courage", von J. F. Kennedy.

Was die Nürnberger Prozesse betrifft... Ich mag es überhaupt nicht, wenn sie mit einer falschen Fassade der Legalität verkleidet werden.
HARLAN FISKE STONE, Präsident des Obersten Gerichtshofs der Vereinigten Staaten.

Die als Beweis zugelassenen Aussagen stammten von Männern, die zunächst (bis zu) fünf Monate in Einzelhaft gehalten worden waren... Die Ermittler zogen dem Angeklagten eine schwarze Kapuze über den Kopf, schlugen ihm dann mit Schlagringen ins Gesicht, traten ihn und schlugen ihn mit Gummischläuchen... 137 von 139 Deutschen wurden die Hoden so gebrochen, dass sie nicht mehr repariert werden konnten... (Andere Methoden waren folgende: Sich als Priester ausgeben, um die Beichte abzunehmen und die Absolution zu erteilen; Foltern mit Streichhölzern, die unter die Fingernägel gesteckt wurden; Zähne ziehen und Knochen brechen; Verteilen von Hungerrationen; Drohung, die Familien der Angeklagten auf die sowjetische Seite zu deportieren...). Die verantwortlichen „amerikanischen" Ermittler (die später bei den Nürnberger Prozessen als Ankläger fungierten) waren Oberstleutnant Burton Ellis (Leiter des Komitees für Kriegsverbrechen) und seine Assistenten: Hauptmann Raphael Shumacher, JUF; Leutnant Robert E. Byrne; Leutnant Wm. R. Perl, JÜD; M. Morris Ellpowitz, JÜD; M. Harry Thon; M. D. Kirschbaum, JÜD; Col. A.H. Rosenfield, JUIF, Rechtsberater des Gerichts.

E. L. VAN RHODEN,
Simpson Army Commission, Dachau, 1948.

Die Atmosphäre hier ist ungesund... Es wurden Anwälte, Gerichtsschreiber, Dolmetscher und Wissenschaftler beschäftigt (Juden) - die erst vor kurzem Amerikaner geworden sind -, deren Vorgeschichte von Hass und Vorurteilen aus Europa geprägt war.

JUSTIZ WENNERSTRUM,
Militärgerichtshof in Nürnberg.

Der Jude gegen den Nichtjuden darf vergewaltigen, betrügen und einen Meineid leisten.

TALMUD: Babba Kama.

TOB SHEBBE GOYIM HAROG! (Der Beste der Sanftmütigen muss getötet werden!)

TALMUD: Sanhedrin.

Die „HOLOCAUSTE" muss in ihrem Kontext gesehen werden: dem der Weltgeschichte, der Tora, des TALMUD und der Weltrevolutionären Bewegung (WRM) von Rothschild. Es ist notwendig, den angeborenen Hass der JUDEN KHAZAR auf Nichtjuden zu verstehen, wobei ihr wütendster Hass der arischen Nation vorbehalten ist.

Die ILLUMINATI stellten das Schachbrett des Ersten Weltkriegs auf, da ihre Profite gesichert waren, als ein korrupter US-Kongress den Federal Reserve Act (1913) erließ. Die Ermordung von Erzherzog Franz Ferdinand und seiner Frau durch den serbischen Freimaurer Gavrilo Princip beschleunigte den Krieg. Der Verrat der Bolschewiken zerstörte die Fähigkeit Russlands, den Krieg fortzusetzen. Die deutschen Truppen wurden daraufhin von Russland an die Westfront verlegt. Der Krieg wurde gerade von Deutschland gewonnen, als Chaim Weizmann, JUDE (später erster Präsident Israels), eine Vereinbarung mit Großbritannien traf: *Die JUDE würden die USA in den Krieg führen, wenn Großbritannien den JUDE (KHAZARS) eine „Heimat in Palästina" garantieren würde (Großbritannien hatte die Araber mit der Balfour-Erklärung 1917 verdoppelt).* Die Lügen der JUFEN über die deutschen „Gräueltaten" zogen Amerika in den Krieg. Nach dem „Waffenstillstand", dem Verrat und der Niederlage Deutschlands haben die Bedingungen des berüchtigten Vertrags von Versailles (der „koschere Vertrag") das deutsche Volk fast vernichtet. Die BOLSHEVIKS traten auf den Plan und versuchten, in Deutschland eine sowjetische Diktatur zu errichten, wie sie es in Russland getan hatten. Doch das deutsche Volk verjagte sie. Dann führte Kanzler Adolph Hitler, der die Genetik und die Homogenität der arischen Rasse betonte, Deutschland zur Verblüffung der Welt zu einem erstaunlichen geistigen und wirtschaftlichen Aufschwung. Die Juden sehen jedoch in Nationalismus, Rassenstolz und Familie eine Bedrohung für ihren Status als „Auserwählte", d. h. ihr „Recht", sich unbemerkt unter ihr Vieh zu mischen und ihren Reichtum auszusaugen. Der JÜDISCHE WELTKONGRESS (organisiert in Genf, Schweiz, von dem „amerikanischen" Rabbiner Stephen Wise) erklärte Deutschland den Krieg (1933): Geldmanipulation, Verleumdung, üble Nachrede, Mord, Boykott deutscher Produkte, Sabotage etc. Die Untaten der Juden zeigten sich im Fall der Entführung und Ermordung Lindberghs (siehe: Isador Fisch, JUDEN); der Tragödie des Zeppelins Hindenburg und anderen Verbrechen gegen deutschstämmige Arier hier und im Ausland, während die ILLUMINATI den Zweiten Weltkrieg vorbereiteten. In der Folgezeit betrachteten die Deutschen die Juden nicht nur als ausländische Eindringlinge, sondern auch als Staatsfeinde. Das kulturelle Schisma zwischen Ariern und Juden kam den ZIONISTEN bei ihren Bemühungen zugute, die Chasarenjuden zur „Rückkehr" nach Palästina zu bewegen. *So arbeiteten die ZIONISTEN mit dem Dritten Reich und anderen europäischen Regierungen zusammen, um die Juden aus dem Europa zu entfernen, das bald eingeäschert werden sollte.*

Hitlers „unverzeihliche Sünde" war nicht seine Siedlungspolitik gegenüber den Juden - sie waren zu irgendeinem Zeitpunkt aus allen europäischen Staaten vertrieben worden. Der Zweite Weltkrieg wurde ausgelöst, weil Hitlers *Juden Frei* Geldpolitik das zentrale Bankensystem der Rothschilds vollständig umging. Die neue Reichsbank gab die internationalen Goldreserven auf und gab ihre eigene zinslose Währung heraus (wie Lincoln es getan hatte), die nur durch die Produktionskapazität des deutschen Volkes gesichert war. Als Vergeltung weigerten sich die INTERNATIONALEN BANKEN, die D-Mark auf dem Devisenmarkt zu akzeptieren. *Deutschland beschränkte sich daraufhin darauf, seine Produkte ohne Zwischenhändler zu tauschen.* Vor den Augen der Welt hatte Deutschland den ILLUMINATIs getrotzt, sich aus einem Abgrund von Schulden und Verzweiflung befreit, seine Fesseln abgestreift und war zum wohlhabendsten Staat Europas geworden. Die Juden wussten, dass ihr weltweites Bankenimperium bedroht war. Der US-Außenminister General George Catlett Marshall berichtet in seinen Memoiren, dass 1938 - drei Jahre vor Pearl Harbor - der „Amerikaner" Bernard Baruch, ein Jude und Vertrauter von Wilson, Roosevelt, Eisenhower, Churchill und vielen anderen Machthabern, erklärte: *„Wir werden diesen Hitler kriegen! Wir werden ihn nicht ungeschoren davonkommen lassen ... wir werden das Tauschhandelssystem Deutschlands zerstören!* Doch auch andere Weltpolitiker zollten Hitler ihren wohlverdienten Tribut:

> Eine Änderung im deutschen Währungssystem verhalf Deutschland von einer abgrundtiefen Depression zu einer glorreichen Wirtschaft ... was den englischen Führer des Ersten Weltkriegs, Lloyd George, dazu veranlasste, Hitler als „den größten lebenden Staatsmann und das deutsche Volk als das glücklichste der Welt" zu bezeichnen.
> HUGOR FLACK, „Der große Verrat".

> Während all diese gewaltigen Veränderungen in Europa stattfanden, führte der Gefreite Hitler seinen langen Kampf, um die Herzen der Deutschen zu erobern. Die Geschichte dieses Kampfes kann nicht ohne Bewunderung gelesen werden... Sollte unser Land besiegt werden, hoffe ich, dass wir einen ebenso unbeugsamen Champion finden, der uns wieder Mut macht und uns an unseren Platz unter den Nationen zurückbringt.
> WINSTON CHURCHILL, „Klartext reden".
> von Francis Neilson.

> Mariner Eccles von der US-Notenbank Federal Reserve und der jüdische Montague Norman von der Bank of England beschlossen spätestens 1935 eine gemeinsame Politik, die darauf abzielte, Hitlers Finanzexperiment mit allen Methoden zu beenden, notfalls auch mit Krieg. Normans Aufgabe bestand darin, Hitler vor das Dilemma zu stellen, entweder seine Finanzpolitik umkehren oder einen aggressiven Akt begehen zu müssen.
> THE WORD, englische Monatsschrift, C. C. Vieth.

Der Kampf gegen Deutschland wird seit Monaten geführt ... von allen Juden der Welt ... Wir werden einen geistigen und materiellen Krieg der ganzen Welt gegen Deutschland entfachen. Deutschlands Bestreben ist es, wieder eine große Nation zu werden ... unsere jüdischen Interessen hingegen verlangen die vollständige Zerstörung Deutschlands. Die deutsche Nation ist kollektiv und individuell eine Gefahr für uns JÜDEN.
V. JABLONSKY, JUDE, Vertreter des französischen Zionistenkongresses,
Auszug aus seinem Artikel in „Natcha Retch", 1932.

Lassen Sie mich Sie ins Jahr 1913 zurückversetzen... Wenn ich hier gestanden und Ihnen gesagt hätte, dass der Erzherzog getötet werden würde und dass aus all dem, was folgen würde, die Chance, die Gelegenheit, die Gelegenheit entstehen würde, eine nationale Heimstätte für die Juden in Palästina zu errichten... hätten Sie mich als einen uninteressanten Träumer angesehen. Ist Ihnen nie in den Sinn gekommen, wie bemerkenswert es ist, dass sich in diesem weltweiten Blutbad diese Gelegenheit ergeben hat? Glauben Sie wirklich, dass es sich um einen Zufall handelt?
LORD MELCHETTE, JÜDISCH,
Vorsitzender der englischen zionistischen Föderation, 1928.

Wie Sie sich erinnern, hat Rothschild den BOLSHEVIK/KOMMUNISTISCHEN STAAT in Russland (1917) eingeführt, der völlig von seinem Zentralbanksystem abhängig war. Die UdSSR war ein bolschewistischer Dolch, der auf das Herz Europas gerichtet war. Hitlers Strategie bestand darin, die UdSSR zu besiegen, das große russische Volk von der khazarischen/jüdischen Herrschaft zu befreien und einen neuen euro-slawischen Handelspartner zu schaffen. Anschließend wollte Hitler durch die Deportation fremder Rassen ein vereintes Europa mit einer arischen Bevölkerungsbasis schaffen.

Die Deutschen verachteten und fürchteten den Kommunismus. Sie hatten die Schrecken der bolschewistischen Revolution miterlebt, in deren Verlauf das kulturelle Substrat Russlands und Osteuropas praktisch ausgelöscht worden war. Die Deutschen waren auch über das Massaker (1918) an der russischen Königsfamilie irritiert: Der Zar, die Zarin (eine katholische deutsche Prinzessin), ihre vier jungen Töchter und ihr 12-jähriger Sohn. Alle waren von Juden erschossen worden, ihre Körper zerstückelt, in eine Grube geworfen und dann mit Kalk bedeckt worden (Skelettreste wurden um 1990 gefunden).

Vor dem Zweiten Weltkrieg hatte sich Hitler als Erzfeind des Liberalismus, des Marxismus und des Judentums etabliert - genau die drei

treibenden Kräfte, die mit dem New Deal von Franklin Roosevelt (Demokraten) an die Macht gekommen waren.
WILMOT ROBERTSON, *The Dispossessed Majority*, 1976.

Der erste spektakuläre Triumph der nicht-christlichen Demokraten in Osteuropa war Roosevelts Anerkennung der sowjetischen Regierung in Russland, weniger als neun Monate nach seinem Amtsantritt... Am 16. November 1933 - um Mitternacht! ... ein Datum, an das sich unsere Kinder noch lange tragisch erinnern werden. An diesem Tag setzte sich der sowjetische Kommissar für auswärtige Angelegenheiten, Maxim Litvinoff (Finkelstein), Jude, Plünderer Estlands und erster sowjetischer Agent, der England sozialisieren sollte, mit Präsident Roosevelt zusammen - nachdem Dean Acheson (der „rote Dekan") und Henry Morgenthau, Jude, die Propagandaarbeit geleistet und das Abkommen geschlossen hatten, das das amerikanische Volk und seine einst riesigen Ressourcen in eine soziale und wirtschaftliche Kalamität führte...
PROF. JOHN O. BEATY, *The Iron Curtain Over America (Der eiserne Vorhang über Amerika)*, zitiert von V. La Varre, American Legion Magazine, August 1951. V. La Varre, *American Legion* Magazine, August 1951.

Einige meiner besten Freunde sind Kommunisten.
FRANKLIN DELANO ROOSEVELT.

Ich habe es schon einmal gesagt, aber ich werde es immer und immer wieder wiederholen. Ihre Jungen werden nicht in fremde Kriege geschickt! (Amerika wählte FDR drei Wochen später).
FRANKLIN D. ROOSEVELT, 1940.

Die vollständige Geschichte von Deutschlands Aufruf zu Verhandlungen und unserer kategorischen Ablehnung und dem Abbruch der diplomatischen Beziehungen wurde 1937 und 1938, als Deutschland seinen Aufruf machte, nicht veröffentlicht, sondern der Öffentlichkeit vorenthalten, bis der Ausschuss des Repräsentantenhauses für unamerikanische Aktivitäten sie nach dem Zweiten Weltkrieg entdeckte ... und mehr als zehn Jahre, nachdem die Fakten so sträflich vertuscht worden waren, öffentlich machte.
DR. JOHN O. BEATY, Oberst des Geheimdienstes Nachrichtendienst der US-Armee.

Der Sieg des Kommunismus in der Welt wäre für die Vereinigten Staaten weitaus gefährlicher als der Sieg des Faschismus. Es bestand nie die geringste Gefahr, dass die Menschen in diesem Land eines Tages den Bundismus oder den Nationalsozialismus umarmen würden... Aber der Kommunismus versteckt sich, oft erfolgreich, unter dem Anschein der

Demokratie.
SEN. HOWARD TAFT, *Human Events*, 28. März 1951.

Das, was als das „jüdische Problem" bezeichnet wurde, tritt zum ersten Mal in Erscheinung. Es ist nicht die Rasse, die Religion, die Ethik, die Nationalität oder die politische Zugehörigkeit, sondern etwas, das sie alle umfasst und den JUDEN vom Westen trennt: die Kultur.
FRANCIS PARKER YOCKEY, *Imperium*.

Es gibt erdrückende Beweise dafür, dass Hitler keinen europäischen Krieg wollte. Er versuchte immer wieder, Großbritannien davon zu überzeugen, sich Deutschland anzuschließen, um den Kommunismus und die Sowjetunion zu zerstören und das arische Europa wiederzuvereinigen. Doch es sind die ILLUMINATI - und nicht das englische Volk -, die Großbritannien kontrollieren. In Amerika beschwerte sich der polnische Botschafter Graf Jerzy Potacki, dass das amerikanische Radio, Kino und die Presse „zu fast 100 Prozent von Juden kontrolliert" würden und dass sie „nach einem Krieg gegen Deutschland rufen". Sie wollten den Streit über den polnischen Korridor, über den Hitler mit ihnen verhandelte, verschärfen. Potacki identifizierte die „Amerikaner" hinter dieser Kampagne: Herbert Lehman, Jude, Gouverneur von New York; Bernard Baruch, Jude, Berater des Präsidenten; Henry Morgenthau, Jude, Finanzminister; Felix Frankfurter, Jude, Richter am Obersten Gerichtshof der Vereinigten Staaten; und Rabbiner Steven Wise. Sie handelten laut Potacki als Verteidiger der Demokratie, waren aber „durch unverbrüchliche Verbindungen mit dem internationalen Judentum verbunden".

Nach der Kriegserklärung an Deutschland (Zweiter Weltkrieg) ist eine unheimliche Pause eingetreten. Beide Seiten, die von den Geistern des Ersten Weltkriegs verfolgt werden, warten ab und hoffen, dass jemand, etwas, ein neues Blutbad verhindern wird. An der Front verbrüdern sich die „Feinde". David Irving (*Churchill's War*) dokumentiert die Frustration des Premierministers über den „lustigen Krieg". Er strebte nach Blut und Ruhm - und er hatte Versprechen, die er einhalten musste. Sein Berater, Professor Frederick Lindemann, ein „deutscher" Jude, schlug vor, dass die Briten Terrorbombardements gegen Zivilisten durchführen sollten. Dieser Vorschlag wurde von der britischen Regierung als „vorrangig" eingestuft. Hitler, der sich gegen Luftkampagnen gegen zivile Ziele gewandt hatte, wird gezwungen sein, zurückzuschlagen.

Premierminister Neville Chamberlain erklärte, dass „Amerika und die Juden in der ganzen Welt England in den Krieg gezwungen haben".
JAMES FORRESTAL, US-amerikanischer Staatssekretär für die Marine, *The Forrestal Diaries*.

Anfänglich ging der „Churchill-Krieg" für Großbritannien schlecht aus. Da schob sich Chaim Weizmann, Jude, Zionist, der Mann der ILLUMINATIs, wieder auf die Bühne.

Wir haben es geschafft, die Vereinigten Staaten in den Ersten Weltkrieg hineinzuziehen, und wenn Sie uns in der Frage Palästinas und der jüdischen Kampfkraft folgen, können wir die Juden in den Vereinigten Staaten davon überzeugen, sie auch diesmal wieder hineinzuziehen.
Brief von WEIZMANN an Churchill, Weizmann Archives, Tel Aviv.

Der Erfolg der Juden lässt sich an der Zahl der Kreuze messen, die auf den Friedhöfen der Schlachtfelder in aller Welt die arischen Toten markieren.

Mit diesem uns von den Medien vorenthaltenen Einblick in die Schlachtordnung der ILLUMINATI, d. h. die MACHT DES GELDES, die SPIROCHETEN der JÜDISCHEN SYPHILIS und die Verflechtung von MARXISMUS/LIBERALISMUS/JUDAISMUS, sind wir nun besser in der Lage, den HOLOCAUSTE-Hokuspokus in seinem Zusammenhang zu verstehen. DIE INFAMIE!

Der „HOLOCAUST" wird wie folgt definiert: Die Vernichtung von etwa 6 Millionen oder mehr Juden als Ergebnis der nationalsozialistischen Politik.

Seit dem Zweiten Weltkrieg wurden Tonnen von Beweisen für die „HOLOCAUSTE" von weltbekannten Forschern untersucht. Es gibt KEINEN Beweis für „HOLOCAUSTE", wie er definiert wurde:

ES GAB KEINE POLITIK DES MASSENMORDS AN JUDEN. KEIN BEFEHL FÜR MASSENMORD AN JUDEN Es gab kein Budget, um eine solche Politik umzusetzen. es gab keine Mittel (Gaskessel usw.), um Massenmorde zu begehen.

Revisionistische Historiker sind zu dem Schluss gekommen, dass während des Zweiten Weltkriegs insgesamt etwa 300.000 Juden aus allen möglichen Gründen starben. Es gab *keinen* jüdischen

„Holocaust". Es gab jedoch einen deutschen Holocaust!

„Die Lügen über den Holocaust wurden aus folgenden Gründen erfunden:

1) Anfangsphase (ca. 1930): Erfindung deutscher Gräueltaten, um Amerika auf den Krieg vorzubereiten. Schaffung einer jüdischen Solidarität hinter dem Zionismus. Verschleierung der von bolschewistischen Juden in Lenins Russland begangenen Gräueltaten.
2) Phase des Zweiten Weltkriegs (ca. 1940): Den „Holocaust" erfinden, um Deutschland in eine PARIA unter den Nationen zu verwandeln; die Verbrennung Deutschlands rechtfertigen; die Nürnberger Prozesse ex post facto rechtfertigen. Die deutsche Führung aufhängen und damit zum Schweigen bringen.
3) Nachkriegsphase (im Gange): Verschleierung der Aktivitäten der ILLUMINATI... Verschleierung der Gräueltaten und Gründe der JÜDISCHEN/ALLIANISCHEN im Ersten und Zweiten Weltkrieg. Den „verschwundenen" europäischen Juden (heute in den USA) einen Grund für ihre Existenz zu liefern. Erpressung von über 100 Milliarden US-Dollar an „Reparationen" aus Deutschland. Diskreditierung der WESTLICHEN KULTUR vor der ganzen Welt. Den Willen des Westens, in seinem eigenen Interesse zu handeln, lähmen. Die Vereinten Nationen gründen. Den JUDEN die Herrschaft über die USA ermöglichen. Den Kindern des Westens Schuldgefühle einimpfen und damit den Widerstand gegen Drogen, Unmoral, Rassenmischung, Marxismus und andere Formen der SYPHILIS der JUDEN verringern. Die Liebe zur Rasse, zur Familie, zur Nation mit den Nazis gleichsetzen, also: „hasserfüllt". Den Staat Israel gründen: Völkermord an den Palästinensern. Aufbau einer handwerklichen Industrie für die Religion der „HOLOCAUSTE". Den Grundstein für den Dritten Weltkrieg legen.

Ursprünglich wurde die Menschheit während der JÜDISCHEN HEILIGSTAGE im Oktober 1942 mit der SYPHILIS der „HOLOCAUSTE" infiziert. Rabbiner Steven Wise, Präsident des Jüdischen Weltkongresses (WJC) und Vertrauter der US-Präsidenten Wilson und Franklin D. Roosevelt, gab es öffentlich bekannt: Deutschland betreibt ein Programm zur Vernichtung der europäischen Juden ... aber aus wirtschaftlichen Gründen hat es die Massenvergasung zugunsten der Giftinjektion mit einer Spritze aufgegeben! Millionen von JÜDISCHEN Leichen wurden anschließend zu Seifenstücken verarbeitet!

Die Alliierten (USA, UdSSR, Großbritannien und Frankreich) gaben im Dezember 1943, ohne KEINEN Beweis für ihren guten Glauben vorzulegen, eine gemeinsame Erklärung ab, in der sie die skandalösen Lügen, die Rabbi Wise verbreitet hatte, unterstützten. Privat versuchten hohe britische und amerikanische Beamte, wie wir heute wissen, vergeblich, die Erklärung zu annullieren, die nach Propaganda der Gräueltaten des Ersten Weltkriegs (einschließlich der Seifenlüge) stank, für die sich die Alliierten bei Deutschland entschuldigt hatten.

Man sollte IMMER daran denken, dass es RABBI STEPHEN WISE, der khasarische Führer der amerikanischen jüdischen Gemeinde und des WELTJUDENKONGRESSES, war, der den Mythos des Holocaust schuf, mit Hilfe der alliierten Führer (Churchill, Roosevelt und Eisenhower), mit denen Bernard Baruch, ein Jude, den ILLUMINATI-Krieg zur Zerstörung des Westens verhandelte, vorbereitete und zum Protagonisten erhob.

> Seit Urzeiten ... wissen die Juden am besten, wie man Lüge und Verleumdung ausnutzt ... dass die GROSSE LÜGE immer eine gewisse Glaubwürdigkeit besitzt ... beruht nicht ihre gesamte Existenz auf einer großen Lüge ... dass sie eine Religionsgemeinschaft und keine Rasse sind ... Schopenhauer nannte die Juden „die großen Meister der Lüge".
> ADOLPH HITLER, Bundeskanzler von Deutschland, *Mein Kampf*.

Etwa zwei Monate nach der gemeinsamen Erklärung schickte das britische Informationsministerium (2-29-44) einen streng geheimen Brief an die British Broadcasting Corp (BBC) und an hochrangige Minister der Kirche von England über die Notwendigkeit, die öffentliche Aufmerksamkeit von den Gräueltaten der Roten Armee abzulenken, indem Kriegsverbrechen der Achsenmächte vorgetäuscht würden.

> Wir kennen die Methoden, die der bolschewistische Diktator in Russland (UdSSR) selbst angewandt hat ... aus den Schriften und Reden des Premierministers selbst in den letzten 20 Jahren. Wir wissen, wie sich die Rote Armee 1920 in Polen und erst kürzlich in Finnland, Estland, Lettland, Galakien und Bessarabien verhalten hat. Wir müssen daher berücksichtigen, wie sich die Rote Armee verhalten wird, wenn sie in Mitteleuropa einmarschiert. Wenn keine Vorsichtsmaßnahmen getroffen

werden, werden die unvermeidlichen Schrecken, die daraus resultieren, die öffentliche Meinung in diesem Land auf eine harte Probe stellen. Wir können die Bolschewiki nicht reformieren, aber wir können unser Bestes tun, um sie - und uns selbst („Perfide Albion!") - vor den Folgen ihrer Taten zu retten. Die Enthüllungen des letzten Vierteljahrhunderts werden Leugnungen wenig überzeugend erscheinen lassen. Die einzige Alternative zum Leugnen besteht darin, die öffentliche Aufmerksamkeit vom gesamten Thema abzulenken. Die Erfahrung hat gezeigt, dass die beste Ablenkung die gegen den Feind gerichtete Gräuelpropaganda ist... Ihre Mitarbeit wird daher dringend erbeten, um die Aufmerksamkeit der Öffentlichkeit von den Machenschaften der Roten Armee abzulenken, indem Sie die verschiedenen Anschuldigungen gegen Deutsche und Japaner, die vom Ministerium in Umlauf gebracht wurden und werden, vorbehaltlos unterstützen.

ZUNDEL „PROZESS DES HOLOCAUST",
Defense Exhibit, Toronto (1-785).

Es wurde genau beobachtet, dass das Herzstück des „HOLOCAUSTE"-Schwindels der Komplex der „Todeslager" AUSCHWITZ-BIRKENAU-MAJDANEK ist. Dort soll die größte Anzahl von Juden (4 Millionen) ermordet worden sein: Dort soll der Mordapparat der NAZIs am effektivsten gewesen sein. Hier hätte Deutschland seine teuflische Rassenseele offenbart. „Die Aussagen der vielen Überlebenden von Auschwitz lieferten dem Nürnberger Tribunal die notwendige „moralische" Rechtfertigung, um Nazi-Deutschland für schuldig an „Verbrechen gegen die Menschlichkeit" zu erklären. In Auschwitz wurde der Mythos vom „Holocaust" Wirklichkeit und Deutschland, das kulturelle Juwel des Westens, wurde zu einem Paria unter den Nationen der Welt.

In seinem *Urteil in Nürnberg* zitierte der Internationale Militärgerichtshof ausführlich aus dem Affidavit von Rudolf Hoess, um den Schwindel von der Vernichtung zu untermauern. Dennoch beschrieb Sergeant Bernard Clarke vom britischen Geheimdienst, wie er und fünf andere Soldaten Hoess (4-5-46), den ehemaligen Kommandanten von Auschwitz, brutal folterten, um sein „Geständnis" zu erzwingen, in dem Hoess erklärte: Die Juden wurden ab 1941 in drei Lagern vernichtet: Treblinka, Belsec und Wolzek; und 2 bis 3 Millionen JUDEN kamen in Auschwitz ums Leben.

„Gewiss, ich habe eine Erklärung unterzeichnet, der zufolge ich zweieinhalb Millionen Juden getötet habe. Ich hätte genauso gut sagen können, dass ich fünf Millionen Juden getötet habe. Es gibt bestimmte

Methoden, mit denen man ein Geständnis erzwingen kann, egal ob es wahr oder falsch ist".
RUDOLF HOESS, NAZI, vor seiner Erhängung.

Unter Folter und der Drohung, dass seine Frau und seine Kinder nach Sibirien deportiert werden, erfindet Hoess den Namen „Wolzek", um die Nachwelt (SIE) darüber zu informieren, dass sein „Geständnis" falsch ist: Das Vernichtungslager „Wolzek" hat nie existiert!

Das Nürnberger Tribunal hielt auch die Aussage des Juden Rudolf Vrba für wesentlich, der zwei Jahre lang in Majdanek und Auschwitz gefangen gehalten wurde, bevor er flüchtete. Sein diktierter Bericht an den Rat der Juden der Slowakei, der das Szenario der „HOLOCAUSTE" bestätigte, bildete die Grundlage für den Bericht der Kommission für Kriegsflüchtlinge (1944). Professor Vrba, der eine Autobiografie mit dem Titel „I Cannot Forgive" (Ich kann nicht verzeihen) schrieb, lehrt heute in British Columbia (er starb 2000). Buchkritiker lobten Vrba für seinen „akribischen und fast fanatischen Respekt vor der Genauigkeit". Während des ZUNDEL-Prozesses gestand Vrba jedoch, dass er seine These über die „Gaskammern" frei erfunden hatte. Er hatte nie eine Gaskammer gesehen. „Ich habe die licentia poetarium genommen", stöhnte er. Diesem typischen jüdischen „Augenzeugen" wurde in Nürnberg geglaubt, als er errechnete, dass in 24 Monaten (April 1942-April 1944) allein in Birkenau 1 765 000 Juden „vergast" wurden, darunter 150 000 Juden aus Frankreich! Heute sind sich alle Historiker (einschließlich des Holocaust-Experten Serge Klarsfeld, JUDE, in seinem „Mémorial de la déportation des Juifs de France") einig, dass weniger als 75 000 „französische" Juden in ALLE deutschen Lager deportiert wurden. Dass Vrba keine Gaskammern gesehen hat, liegt daran, dass es KEINE Gaskammern gab - nirgends - wie Sie bald erfahren werden. Nichtsdestotrotz lügen die „Spielbergs" unsere Kinder weiterhin an.

In Nürnberg teilte der Generalstaatsanwalt der Vereinigten Staaten, Robert Jackson (verheiratet mit einer Jüdin), der Welt mit, dass die Deutschen ein „neu erfundenes Gerät" benutzt hätten, um 20.000 Juden in der Nähe von Auschwitz sofort zu „vergasen" „... so dass keine Spur von ihnen übrig blieb". Die „Daily News" aus Washington, D.C. D.C. (2-2-45) zitiert „Augenzeugenberichte", wonach die Deutschen in Auschwitz ein „elektrisches Laufband" benutzten, „auf dem Hunderte von Menschen gleichzeitig elektrogeschockt wurden ... bevor sie zu den Öfen transportiert wurden. Dort wurden sie fast augenblicklich verbrannt, wodurch Dünger für die angrenzenden Kohlfelder produziert wurde". Bewährte Lügen. Arnold Friedman, ein jüdischer Auschwitz-Überlebender, der in den jüngsten kanadischen Prozessen gegen Zundel für die Krone (die Anklage) aussagte, erklärte unter Eid, dass „14 Fuß hohe Flammen" und Rauchwolken aus den Schornsteinen der Krematorien kamen; dass fetter Rauch und der Gestank von verbranntem Menschenfleisch wochenlang über dem Lager hingen; dass man an der Farbe des Rauchs erkennen konnte, ob magere polnische Juden oder fette ungarische Juden vergast wurden! Als die Verteidigung die Patentbeschreibungen von Topf & Söhne in Erfurt zu den Krematorien in Auschwitz vorlegte, wies sie - wie bei ALLEN modernen Krematorien - nach, dass es unmöglich war, Rauch, Flammen und einen üblen Geruch zu erzeugen. Damit werden also die Beschreibungen der „Augenzeugen", die in praktisch allen Horrorgeschichten der „HOLOCAUSTE" auftauchen, zerschlagen.

Auschwitz war während des gesamten Krieges Gegenstand intensiver LUFTÜBERWACHUNG, weil dort Buna-Kautschuk, ein deutsches Patent, und andere Kriegsmaterialien hergestellt wurden. Die detaillierten LUFTFOTOGRAFIEEN des Auschwitz-Komplexes zeigen keine Reihen von Gefangenen, die auf ihre Hinrichtung warten, keine Leichenberge, keine riesigen Kohlehaufen, keine Flammen und Rauch speienden Schornsteine oder andere Anzeichen eines Massakers, wie es von jüdischen „Augenzeugen" und angeborenen Lügnern wie den TAMUDISTEN Elie Wiesel, Simon Wiesenthal, Steven Spielberg aus Hollywood usw. beschrieben wurde, sondern sie zeigen nur, dass es sich bei den Häftlingen um Menschen handelte, die in der Nähe von Auschwitz lebten.

IVAN LAGACE, Leiter eines großen Krematoriums in Calgary (Kanada), erklärte unter Eid (Zundel-Prozess), dass die Geschichte der Einäscherung in Auschwitz technisch unmöglich sei. „Es ist absurd" und „jenseits des Bereichs des Möglichen", dass in Auschwitz täglich 10.000 oder 20.000 Leichen in offenen Gruben und Krematorien verbrannt worden sein könnten. Der jüdische Professor Raul Hillberg sagte, dass in Birkenau 46 Krematorien täglich 4000 Leichen verbrennen konnten, was „lächerlich" sei. Lagace sagte aus, dass in Birkenau maximal 184 Leichen pro Tag hätten verbrannt werden können. Es dauert etwa 2½ Stunden, um einen einzigen Körper zu verbrennen. Die Krematorien können nicht 24 Stunden am Stück laufen.

Im Jahr 1988 führte FRED A. LEUCHTER vor Ort forensische Untersuchungen von angeblichen GASKAMMERN in den „Todeslagern" Auschwitz-Birkenau Majdanek in Polen durch. Leuchter, Reg. Massachusetts State Engineer, gilt als der führende amerikanische Experte für Gaskammern. Er ist Berater für die Gefängnissysteme der Bundesstaaten Missouri und South Carolina. Während des ZUNDEL-Prozesses zerpflückte Leuchter in einer eidesstattlichen Zeugenaussage, die durch vor Ort gedrehte Videos gestützt wurde, und in einem technischen Bericht den Holocaust, indem er bewies, dass die Stätten nicht als Hinrichtungsgaskammern genutzt wurden und auch nicht hätten genutzt werden können: Ihre Konstruktion war völlig unzureichend: nicht richtig abgedichtet oder belüftet, mit primitiven Leitungen und keiner Möglichkeit, das Gas effektiv einzuleiten. Wären die angeblichen „Gaskammern" benutzt worden, hätten die aus ihnen entweichenden Dämpfe die deutschen Patienten des nahegelegenen Krankenhauses, die arbeitenden Gefangenen und das deutsche Lagerpersonal getötet. Die Analyse von forensischen Proben, die Leuchter von den Wänden und Böden der „Gaskammern" genommen hatte, in einem unabhängigen Labor bewies, dass das Pestizid ZYKLON-B (Blausäure) nicht - wie von Augenzeugen berichtet - zur Vergasung von Millionen von JÜDEN im Komplex Auschwitz verwendet worden war. Leuchter betonte, dass die Spuren von Cyanid (Blausäure), die in Gestein, Beton und Metall eingebracht wurden, Äonen von Jahren überdauern würden.

DR. W.B. LINDSEY, 33 Jahre lang Forschungschemiker bei der DuPont Corp. sagte aus, dass er aufgrund einer gründlichen Untersuchung des Auschwitz-Komplexes vor Ort:

> „Ich bin zu dem Schluss gekommen, dass niemand absichtlich oder vorsätzlich auf diese Weise mit Zyklon-B getötet wurde. Ich halte dies aus technischer Sicht für absolut unmöglich".

Eine vertrauliche forensische Untersuchung und ein Bericht, die vom Staatlichen Museum Auschwitz (JUIFS) in Auftrag gegeben und vom Institut für forensische Forschung in Krakau durchgeführt wurden, bestätigten Leuchters Erkenntnisse, dass an Orten, an denen es sich angeblich um Gaskammern handelte, nur minimale oder gar keine Spuren von Zyanid gefunden werden können.

WALTER LUFTL, ein österreichischer Ingenieur und ehemaliger

Präsident des Berufsverbands der Ingenieure Österreichs, führte Untersuchungen auf dem Gelände des Auschwitz-Komplexes durch. In einem Bericht aus dem Jahr 1992 erklärte er, dass die angebliche Massenvernichtung von Juden in den „Kammern" von Auschwitz „technisch unmöglich" sei.

In Auschwitz, aber wahrscheinlich insgesamt, wurden mehr Juden durch „natürliche Ursachen" als durch „unnatürliche" Ursachen getötet.
DR. A. MAYER, JÜDISCH, Princeton U.
„Warum hat sich der Himmel nicht verdunkelt?"

Der britische Oberrabbiner möchte, dass die Zahl „6 Millionen" revidiert wird: Es ist wichtig zu wissen, wie viele der für tot gehaltenen Menschen noch am Leben sind. Es ist viel wichtiger, die Familien zu vereinen, als mit einer willkürlich ermittelten Zahl zu leben.
DR. JONATHAN H. SACKS, JÜDISCH,
The Crescent Magazine, 515-96

In den 45 Jahren nach dem Zweiten Weltkrieg war auf dem Denkmal in Auschwitz zu lesen:

„VIER MILLIONEN MENSCHEN HABEN HIER ZWISCHEN 1940 UND 1945 DURCH DIE HÄNDE DER NAZI-MÖRDER GELITTEN UND SIND GESTORBEN."

1982 machte Papst Johannes Paul vor dem Denkmal einen Knicks und segnete die „4 Millionen Toten". In seiner Verlegenheit erhielt er keinen Hinweis von Jahwe, dass acht Jahre später das Holocaust-Zentrum Yad Vashem in Israel und das Staatliche Museum Auschwitz einräumen würden: „Die Zahl von 4 Millionen wurde stark übertrieben". Die auf dem Denkmal angegebene Zahl der Toten wurde in aller Eile entfernt. Die Juden schlugen vor, dass die Zahl von 1,1 Millionen Toten wahrscheinlicher sei.

Obwohl die Zahl der „ermordeten" Juden um fast 3 Millionen gesenkt wurde, bleibt die kabbalistische Zahl von 6 Millionen unantastbar, um die Reparationszahlungen Deutschlands an Israel intakt zu halten. Seltsamerweise scheinen die Juden entnervt zu sein, wenn sie erfahren, dass ihre Angehörigen NICHT vergast wurden, sondern am Leben und gesund sind, und dass viele von ihnen in den amerikanischen Medien und im Außenministerium der Vereinigten Staaten arbeiten.

Danach (1995) veröffentlichte Russland die offiziellen Todesregister von Auschwitz (es fehlte ein Monat), die eine große Gesamtzahl von 74.000 Toten aus allen Ursachen ausweisen! (einschließlich des deutschen Personals, das dort starb).

Nichts davon wurde von den marxistischen/liberalen/jüdischen Medien berichtet (siehe Kapitel 10, Parasitismus, USA).

Vielleicht erinnern Sie sich noch an die Aussage von Joseph G. Burg, ein Jude und Zeuge der Verteidigung im Zundel-Prozess. Burg sagte aus, dass die jüdischen Überlebenden der „HOLOCAUSTE" die Geschichten über die Gaskammern erfunden hätten:

> Hätten diese Juden den Eid vor einem Rabbiner abgelegt, der eine Kappe trug, wären diese falschen, ungesunden Aussagen um 99,5 % zurückgegangen, weil der oberflächliche Eid für die Juden moralisch nicht bindend war.
> J. G. BURG

> ... meine Versprechen (an einen Heiden) sollen nicht binden ... meine Gelübde sollen nicht als Gelübde gelten ... noch sollen meine Eide als Eide gelten ... alle Gelübde, die ich in Zukunft ablege, sollen von diesem Tag der Sühne an bis zum nächsten Tag ungültig sein.
> TALMUD: Kol Nidre Schwur.

Elie Wiesel, Jude, Friedensnobelpreisträger, Vertrauter von Präsident Clinton, bezeugte, dass monatelang, nachdem deutsche Truppen in der Ukraine jüdische Partisanen erschossen hatten, „Blutgeysire aus ihren Gräbern spritzten und die Erde bebte" („Spielbergismus").

Ein deutsches Gericht, das für die Verteidigung in einem Fall über die Echtheit des Tagebuchs der Anne Frank entschied, kam zu dem Schluss, dass das Tagebuch von einer einzigen Person - höchstwahrscheinlich Anne Frank - geschrieben worden war. Mehrere Jahre später bescheinigte das deutsche Bundeskriminalamt (BKA), dass große Teile des Tagebuchs mit einem Kugelschreiber geschrieben worden waren - einem Stift, der erst 1950 auf den Markt kam!

Diese Täuschung sowie die Diskrepanzen und Unmöglichkeiten im Tagebuch selbst entlarven die Lüge. Anne wurde lediglich ausgenutzt, wie alle Kinder, die in ihrer Schule verpflichtet sind, das Tagebuch zu lesen. Der britische Historiker David Irving bezeichnet das Tagebuch als „wertloses Forschungsmaterial". Es ist bemerkenswert, dass Anne und ihr Vater in Auschwitz inhaftiert wurden. Als sich die sowjetischen Truppen näherten, wurde sie zu ihrer Sicherheit nach Bergen-Belsen gebracht. Leider starb sie dort an Typhus. Ihr Vater, der Jude Otto Frank, überlebte. Ohne sichtbare Einkommensquelle starb er viele Jahre später in der Schweiz - ein reicher Mann.

Die für die Erinnerung an den Holocaust zuständige Behörde in Yad Vashem gibt zu, dass die Seife NICHT aus jüdischen Leichen hergestellt wurde. „Warum sollte man ihnen etwas geben, das sie gegen die Wahrheit verwenden können?", fragt VIP Schmuel Krakpowski, JÜDISCH.

Die alliierte Kriegskommission stellte schon früh fest, dass es in keinem der 13 Konzentrationslager in Deutschland und Österreich Hinrichtungsgaskammern gab. Die Kommission unterzeichnete ein offizielles Dokument zu diesem Zweck, das auf den 1 Oktober 1948 datiert ist (offizielle Kopien verfügbar). Die sogenannten „LAGER DES TODES" befanden sich praktischerweise hinter dem Eisernen Vorhang. Die Untersuchung dieser Lager wurde erst nach dem Zusammenbruch der UdSSR im Jahr 1990 offiziell erlaubt. Zu diesem Zeitpunkt wurde der „Holocaust" von den nichtjüdischen Schafen als Wahrheit betrachtet.

Was ist mit all den Bildern von Leichen, mit denen Sie täglich im Fernsehen bedroht werden?

In den letzten Monaten des Krieges haben die Alliierten die Kontrolle über den Himmel übernommen. Autobahnen, Brücken, Eisenbahnlinien, Kraftwerke, Vieh und Bauern auf ihren Feldern wurden ins Visier genommen. „Tötet alles, was sich bewegt!" (General Chuck Yaeger von der USAF verurteilte diesen Befehl als Gräueltat). Die deutschen Transporte werden stark eingeschränkt. Lebenswichtige Versorgungsgüter erreichen die Lager nicht. Als die Ostfront zurückweicht, entscheiden sich die Gefangenen in diesen Gebieten, insbesondere Frauen, dafür, in deutsche Lager verlegt zu werden, anstatt in die Hände der Sowjets zu fallen. Bergen-Belsen beispielsweise, das für 3.000 Menschen ausgelegt war, wurde von *mehr als 50.000 Gefangenen überrannt*. Die Systeme in ALLEN Lagern fallen aus. Als die Alliierten die Macht übernahmen, wurden sie mit

Horrorszenen begrüßt (die unzählige Male auf der Leinwand, der Bühne und im Fernsehen nachgespielt wurden): Kranke, Sterbende und abgemagerte Leichen bedeckten den Boden. Das ist tragisch. Aber sie wurden nicht ermordet, wie wir konditioniert wurden zu glauben. Sie starben langsam an Hunger, fehlenden Medikamenten und Krankheiten - der TYPHUS wütete in fast allen Lagern. Um diese makabre Szene zu vervollständigen, trieb die 45. Division der US-Armee, die Dachau befreite, 560 uniformierte deutsche Wachleute, *Krankenschwestern* und *Ärzte* zusammen und tötete sie mit Maschinengewehren.

Das INTERNATIONALE KOMITEE DES ROTEN KREUZES (IKRK) und die katholische Kirche, deren Mitglieder alle Lager besuchten, berichteten über KEINE Massenhinrichtungen und erwähnten KEINE Gaskammern. Adolph Hitler, ein Katholik, wurde nicht exkommuniziert! Churchill, Truman, Eisenhower, Marshall, De Gaulle und die anderen Führer der Alliierten erwähnen in ihren Memoiren KEINE „HOLOCAUSTE".

Die Weigerung des US-Außenministeriums im Jahr 1939, den Juden an Bord des Passagierschiffs *St. Louis* zu erlauben, in den Hoheitsgewässern der Vereinigten Staaten an Land zu gehen, war, wie wir heute wissen, eine Nebelwand, die die Aufmerksamkeit Amerikas von der Masseneinwanderung, *sub rosa*, von Juden an unseren Küsten ablenken sollte. Die große Mehrheit der Amerikaner wollte, wie alle Völker der Welt, die Juden aus Europa nicht haben. Aber die europäischen Juden wollten die Vereinigten Staaten. Franklin D. Roosevelt, ein verweichlichter Verräter der Ivy League, sagte gerne: „Einige meiner besten Freunde sind Kommunisten". Er hatte viele von ihnen. Vor, während und nach dem Zweiten Weltkrieg kehrten amerikanische Liberty Ships und Frachtschiffe, nachdem sie in europäischen Häfen Truppen und Nachschub entladen hatten, voller „vergaster" KHAZARS in die Vereinigten Staaten zurück. Sie gingen einfach an Land, verschmolzen mit den Gassen und durchliefen keinen Einbürgerungsprozess. Und es handelte sich nicht um arme Schlucker. Wie oben beschrieben, stahl der jüdische Unterstaatssekretär im Finanzministerium, Harry Dexter White, Ätzplatten aus dem US-Schatzamt und gab sie dann an die Sowjetunion weiter, die Millionen (Milliarden?) Dollar in US-Papiergeld druckte. Dieses Geld landete in den Taschen der neuen „amerikanischen" Juden. Nach dem Krieg sollte White, der als sowjetischer Agent enttarnt worden war, vor einem Untersuchungsausschuss des Senats erscheinen, als er - wie es der

Zufall wollte - starb! FDRs Vertrauter, der jüdische Henry Morgenthau Jr. und US-Finanzminister, sponserte den *Morgenthau-Plan*, der die Verlagerung der deutschen Industrie in die Sowjetunion vorsah. Als man ihm sagte, dass dies zu einer Massenhungersnot unter den Deutschen führen würde, antwortete er: „Wer kümmert sich schon um die Deutschen? „Wer zum Teufel kümmert sich um das deutsche Volk?".

Frederick Lindemann (Lord Cherwell), JUDE, Churchills zionistischer Wachhund, kümmerte sich sehr darum! Nur drei Monate vor der Kapitulation Deutschlands (5-5-45) griffen britische und amerikanische Flugzeuge, Lindemanns Anweisungen folgend, DRESDEN in Deutschland (2-13-45) an, eine wehrlose Stadt voller Flüchtlinge, die den christlichen Aschermittwoch feierte. Über 200.000 Männer, Frauen und Kinder wurden in den von Erschütterungs- und Phosphorbomben erzeugten Feuerstürmen eingeäschert. Später wurden die Fotos der Opfer, die wie Seilholz gestapelt waren, mit Fotos des „Todeslagers" Auschwitz überlagert (wieder Spielbergismen). Die meisten Flieger wussten nicht, dass Sachsen die Wiege ihrer angelsächsischen Vorfahren war.

Der „verrückte Hund" Ilja Ehrenburg, ein Jude und sowjetischer Propagandaminister unter Stalin, förderte die Vergewaltigung deutscher Frauen, indem er den Truppen versprach, dass „diese blonde deutsche Hexe eine schlimme Zeit haben würde". Er strebte die Ausrottung des gesamten deutschen Volkes an. „Die Deutschen sind keine Menschen ... Nichts macht uns so viel Freude wie deutsche Leichen!" (*Prawda* 4-14-45).

> Soldaten der Roten Armee! Tötet alle Deutschen! Tötet ALLE Deutschen! Tötet! Tötet sie! Tötet!
> ILYA EHRENBURG, der mit dem Leninorden und dem Stalinpreis ausgezeichnet wurde. Er vermachte seine Dokumente dem Holocaustmuseum Yad Vashem in Israel.

> Die Interessen der Revolution erfordern die physische Vernichtung der Bourgeoisieklasse ... Ohne Gnade, ohne Schonung werden wir unsere Feinde zu Zehntausenden töten ... mögen sie in ihrem eigenen Blut ertrinken. Für das Blut Lenins, Uritzkys, Sinijews und Wolodarskis soll es Ströme von Blut der Bourgeoisie geben - mehr Blut! So viel wie möglich!
> GRIGORY APFELBAUM (Sinowjew), JÜDISCH, Sowjetische Geheimpolizei.

Je länger die verrottete bürgerliche Gesellschaft lebt, desto barbarischer wird der (antijüdische) Antisemitismus überall werden.
LEON TROTSKY, JÜDISCH,
Oberster Befehlshaber der Roten Sowjetarmee.

General DWIGHT EISENHOWER (von seinen Kameraden in West Point als „schwedischer Jude" bezeichnet) wurde aus einem ganz bestimmten Grund auf Kosten vieler besser qualifizierter Offiziere befördert. Er war offenbar bereit, die Ehre Amerikas gegen fünf Sterne und Ruhm einzutauschen. Nach dem Krieg gab General Dwight D. Eisenhower (USA-Ret.) bei der Einweihung eines Parks in der Stadt New York zu Ehren der Familie Bernard Baruch zu, dass die Ehre Amerikas nicht mit der Ehre der Vereinigten Staaten gleichzusetzen sei:

Als junger, unbekannter Major ergriff ich die weiseste Maßnahme meines Lebens. Ich beriet mich mit Herrn Baruch.
(General Dwight D. Eisenhower, US-Armee),
zitiert nach A.K. CHESTERTON,
a.a.O., *The New Unhappy Lords*.

Bernard Baruch, Mitglied der KEHILLA[10], wurde durch den Verkauf von Kriegsmaterial reich („Ein kleiner Vogel hat es ihm gesagt"). Kriege waren seine Spezialität. Während des Zweiten Weltkriegs wurde er als „mächtigste Persönlichkeit Amerikas" (Congressional Record) bezeichnet. Auch Winston Churchill traf diese „weise Entscheidung". Die Hypothek auf Winnies Chartwell-Anwesen wurde auf unerklärliche Weise von dem südafrikanischen Goldhändler Sir Henry Strakosch, einem Juden (Baruchs Vertrauter), zurückgezahlt, nachdem Winnie ein Wochenende in Bernies New Yorker Villa verbracht hatte. Dann kam der Zweite Weltkrieg (siehe: *Churchill's War*, von David Irving).

EISENHOWER verblüffte und erzürnte die alliierten Generäle, als er gemäß seiner Abmachung mit Bernie Baruch und seinen KEHILLA-Meistern den siegreichen amerikanischen Truppen befahl, an der Elbe Halt zu machen, und so den Juden und Asiaten zum ersten Mal in der Geschichte erlaubte, das Herz Europas selbst zu plündern und zu vergewaltigen. Diese Aktion spaltete Deutschland (das Bollwerk des Christentums), beschleunigte den Kalten Krieg und führte dazu, dass nach der bedingungslosen Kapitulation Deutschlands mehr als 10

---

[10] Befehlsorgan der organisierten jüdischen Gemeinschaft, Anm. d. Übers.

Millionen ethnische Deutsche ermordet wurden. Amerika überließ den Marxisten nicht nur die alte Stadt Berlin und ihre unschätzbaren Archive, sondern auch die wichtige Raketenfabrik in Nordhausen, die großen Optik- und Präzisionsinstrumentenfabriken von Zeiss in Jena und die erste Fabrik für Düsenflugzeuge in Kahla. Überall überließ Amerika den Marxisten Tausende von Flugzeugen, Panzern und Düsenjägern, die U-Boot-Fabriken in Schnorchel sowie Forschungszentren, wissenschaftliches Personal, Patente und andere Schätze (*Congressional Record*, 3-19-1951). Die gefangenen deutschen Wissenschaftler, und NICHT die Sowjets, schlugen die USA im Weltraum! Die Juden (Beria, Andropow) hatten alle netten Wissenschaftler ermordet. Es gab KEINE fortschrittliche Technologie. Die Sowjets waren nicht in der Lage, Motoren für ihre eigenen Panzer herzustellen, geschweige denn hochentwickelte Raketen und Düsentriebwerke (die USA hatten fast alle sowjetischen Panzermotoren entworfen und gebaut, wodurch die UdSSR die Schlüsselschlacht bei Kursk gewinnen konnte). Die Bewaffnung der UdSSR mit Spitzentechnologie gemäß den Anweisungen von Baruch/Roosevelt/Truman führte zum Kalten Krieg - einem Glücksfall für die Banker -, in dem das Portfolio der USA der sowjetischen Bedrohung gegenübergestellt wurde.

Eisenhower war sich seiner Verpflichtungen bewusst und befahl den amerikanischen und britischen Truppen verräterisch, die OPERATION KEELHAUL durchzuführen, wodurch Millionen von russischen Antikommunisten aus den USA und Europa in die Folter und den Tod in der Sowjetunion getrieben wurden. Offizielle sowjetische Statistiker (10-11945) gaben an, dass insgesamt 5.236.130 Antikommunisten von Ike ausgeliefert wurden, und räumten ein, dass drei Millionen von ihnen unmittelbar NACH dem Krieg ermordet wurden. Die Opfer waren Antikommunisten: Soldaten, Kriegsgefangene und Männer, die für den amerikanischen Dienst rekrutiert worden waren und tapfer unter unserer Flagge kämpften; und Zivilisten: Alte, Frauen und Kinder, die versucht hatten, den BOLSHEVIKS zu entkommen. Alle hatten sich freiwillig den US-Streitkräften ergeben, nachdem ihnen der Schutz der Artikel der Genfer Konvention zugesagt worden war.

> Nur wenige Verbrechen in der Geschichte waren brutaler und weitreichender als diese Zwangsrepatriierung von Antikommunisten, für die Dwight Eisenhower die Ehre der Vereinigten Staaten einsetzte. Die Ehre und den Ruf unseres Landes durch Pfützen blutigen Verrats zu ziehen...

ROBERT WELCH, *der Politiker*,
Vorsitzender der John Birch Society.

Die Medien berichten, dass 40 000 Offiziere der polnischen Armee und die zivile Elite im WALD VON KATYN ermordet wurden. Die Deutschen, die dieses Verbrechens beschuldigt wurden, wurden in Nürnberg verurteilt und inhaftiert oder gehängt. Später wurde bewiesen, dass das Massaker von Katyn ein Verbrechen der BOLSHEVIK war. Die Zahl der ermordeten Personen wurde auf 14 300 reduziert. Die Beweise deuteten (wie im Fall der Zarenfamilie) auf jüdische Ritualmorde hin.

Die Opfer der Nürnberger Prozesse wurden während der jüdischen heiligen Tage vor Gericht gestellt und am HAHANNA RABA (16. Oktober 1946) gehängt, dem Tag, an dem JAWEH das endgültige Urteil verkündet.

Während sich das Nürnberger Tribunal anschickte, Deutschland wegen „Verbrechen gegen die Menschlichkeit" zu verurteilen, warfen amerikanische Flugzeuge Atombomben auf die wehrlosen japanischen Städte Hiroshima und Nagasaki ab und töteten mehr als 110.000 Nichtkombattanten. Ebenso viele Menschen starben später an einer Strahlenvergiftung.

Der Jude gegen den Nichtjuden darf vergewaltigen, betrügen und einen Meineid leisten.
TALMUD: Babha Kama.

Israelis und amerikanische Juden sind sich völlig einig, dass die Erinnerung an den Holocaust eine unverzichtbare Waffe ist... eine Waffe, die unermüdlich gegen unseren gemeinsamen Feind eingesetzt werden muss... Jüdische Organisationen und Einzelpersonen sind daher ständig bemüht, die Welt daran zu erinnern. In Amerika ist die Aufrechterhaltung der Erinnerung an den Holocaust heute ein Unternehmen mit einem Volumen von 110 Millionen US-Dollar pro Jahr.
MOSHE LEDHEM, JÜDISCH, *Der Fluch des Bileam*.

Die Briten (Bank of England) boten an, den Krieg (1939-40) zu beenden, wenn Deutschland den Goldstandard und den internationalen Wucher akzeptierte. Deutschland bot an, den Krieg zu beenden, wenn die Briten ihm erlauben würden, sein Bartersystem auszubauen und ihm einen Teil seiner Kolonien und seines Territoriums zurückgeben würden.
C. C. VIETH, britischer Abgeordneter

Der plötzliche Zusammenbruch der UdSSR (um 1990) ermöglichte der Öffentlichkeit den Zugang zu geheimen Akten, den sogenannten „Todeslagern" und ehemaligen sowjetischen Agenten. Durch weitere Nachforschungen konnten die Statistiken über den Tod von Juden während des Zweiten Weltkriegs aktualisiert werden:

Das World Centre for Jewish Documentation in Paris, das nicht in der Lage ist, die ganze Wahrheit zu sagen, hat die Zahlen dennoch nach unten korrigiert: 1 485 292 JUDEN starben während des Zweiten Weltkriegs aus allen Gründen. Der Jüdische Weltkongress und Yad Vashem bestehen darauf, dass 6 Millionen Juden von den Deutschen ermordet wurden, während sie zugeben, dass fast 3 Millionen weniger Juden in Auschwitz gestorben sind, als sie zuvor behauptet hatten! Mehr als 4 Millionen Juden fordern Reparationen. Dabei gab es nie mehr als 3 Millionen Juden unter deutscher Kontrolle.

Die Tat, Zürich (1-19-95), die ihre Schlussfolgerungen auf Statistiken des Internationalen Komitees des Roten Kreuzes stützt, schätzt die Gesamtzahl der Zivilisten (nicht alle Juden), die infolge der politischen, religiösen und rassistischen Verfolgung durch Nazi-Deutschland starben, auf 300.000 bis 350.000.

Revisionistische Historiker kommen zu dem Schluss, dass die GESAMTZAHL der Juden, die während des Zweiten Weltkriegs aus allen Gründen starben, 250.000 bis 300.000 betrug. Die meisten von ihnen starben an Typhus. (Siehe *The Patton Papers* (S. 353-4) über die jüdische Befleckung).

Um diese Zahlen in Relation zu setzen, sei daran erinnert, dass während der Belagerung Leningrads etwa 700.000 Zivilisten und in Dresden über 200.000 Zivilisten starben („Maschinengewehrfeuer auf alles, was sich bewegt!"). Es wird geschätzt, dass mehr als 10 bis 15 Millionen Deutsche während des Zweiten Weltkriegs starben.

JÜDISCHE WELTBEVÖLKERUNG Veröffentlichte Zahlen

> - 1938 - 16.599.250 (*The World Almanac*)[11]
> - 1948 - 15.600.000 bis 18.700.000 (*New York Times*)

---

[11] Siehe auch das Guinness-Buch der Rekorde.

Professor Arthur R. Butz von der Northwestern University in Evanston (Illinois) war der erste, der die Vertreibung der europäischen jüdischen Bevölkerung während des Zweiten Weltkriegs professionell recherchierte und dokumentierte und die Unmöglichkeit des sogenannten „HOLOCAUSTE" nachwies. In seinem viel beachteten Buch *The Hoax of the Twentieth Century* (1975) kommt Butz zu dem Schluss, dass während des Zweiten Weltkriegs etwa eine Million JÜDISCHE aus allen Ursachen gestorben sind. Er schrieb sein Buch zehn Jahre vor den Zundel-Prozessen, die neben anderen Enthüllungen den Mythos der Erschießungsgaskammern zerschlugen.

Die Denkmäler für den „HOLOCAUST"[12], die von den ILLUMINATIs auf der ganzen Welt errichtet wurden, um die arische Rasse dauerhaft in Verruf zu bringen, sind stattdessen MONUMENTE für die größten LÜGNER DER MENSCHHEIT: DIE JÜDISCHE RASSE.

Im Laufe der Geschichte wurden die Juden immer wieder als angeborene Lügner diagnostiziert. Es überrascht nicht, dass ihr heiliges Buch ein falsches Zeugnis trägt, indem es die Römer beschuldigt, eine HOLOCAUSTE begangen zu haben:

> Der TALMUD... (behauptet), dass die Zahl der von den Römern nach dem Fall der Festung (Bethar) (135 n. Chr.) getöteten Juden 4 Milliarden betrug, „oder wie manche sagen" 40 Millionen, während der MIDRASH RABBAH von 800 Millionen gemarterten JUDEN berichtet. Um uns hinsichtlich der Seriosität dieser Zahlen zu beruhigen, stellen wir die Ereignisse dar, die sie notwendigerweise begleiten: Das Blut der getöteten JUDEN erreichte die Nüstern der Pferde der Römer und stürzte dann wie eine Flutwelle eine Meile oder vier Meilen weit ins Meer, riss große Steinblöcke mit sich und verunreinigte das Meer auf einer Strecke von vier Meilen. Die jüdischen Kinder von Bethar wurden laut der TALMUDISCHEN Literatur natürlich nicht von den Römern verschont, die jedes einzelne von ihnen in seine Schriftrolle gewickelt und alle verbrannt haben sollen, wobei die Zahl dieser Schulkinder entweder auf 64 Millionen oder mindestens 150.000...
> ARTHUR R. BUTZ, Assistenzprofessor für Ingenieurwesen,
> Northwestern U.,
> *Der Hoax des zwanzigsten Jahrhunderts.*

93 MENSCHEN WÄHLEN

---

[12] Hitler sah die „große Lüge" der Juden voraus, Kapitel X, *Mein Kampf.*

SELBSTMORD VOR DER NAZI-SCHANDE
93 jüdische Mädchen und junge Frauen, Schülerinnen des Lehrers der Beth-Jacob-Schule in Warschau, Polen, wählten den kollektiven Selbstmord, um der Zwangsprostitution durch deutsche Soldaten zu entgehen. Dies geht aus einem Brief des Lehrers hervor, der gestern von Rabbiner Seth Jung vom Jewish Center in New York veröffentlicht wurde.
ASSOCIATED PRESS, 8. Januar 1943.

Ich habe gelogen. Ich lüge die ganze Zeit. Man hat mir beigebracht zu lügen. Man hat mir gesagt, dass man so im Leben zurechtkommt.
MONICA LEWINSKI, JÜDIN,
Bürokollegin von Bill Clinton, 1998.

Die Geschichte zeigt uns, dass Juden zwanghafte Lügner sind. Dies ist eine genetische Eigenschaft, die alle Juden teilen. Alle Juden wissen, dass der „Holocaust" eine Lüge ist - weil sie sich gegenseitig verstehen. Folglich müssen alle Juden zur Rechenschaft gezogen werden. Denken Sie sorgfältig über den folgenden zeitgenössischen Zeitungsartikel nach:

IN EINER DOKUMENTATION DES SENDERS PBS WIRD BEHAUPTET, DASS EINE SCHWARZE EINHEIT DER US-ARMEE JÜDISCHE HÄFTLINGE AUS DEUTSCHEN KONZENTRATIONSLAGERN BEFREIT HAT. SCHÖNE GESCHICHTE, ABER FALSCH, SAGEN DIE SOLDATEN.

Es war ein seltener Moment: Jessie Jackson umgeben von weißhaarigen Holocaust-Überlebenden. Es handelte sich um eine jüdisch-schwarze Feier der „Befreier", der PBS-Dokumentation über die schwarzen Einheiten der US-Armee, die dem Film zufolge bei der Eroberung von Buchenwald und Dachau halfen. Die Sponsoren der Vorführung, TIME-WARNER und eine große Anzahl reicher und einflussreicher New Yorker, stellten den Film als wichtiges Werkzeug für den Wiederaufbau eines Bündnisses zwischen Juden und Schwarzen dar... E. G. McConnell, einer der ersten Angehörigen des 761. Panzerbataillons (das im Film gezeigt wird) sagt... „Das ist eine Lüge - wir waren überhaupt nicht in der Nähe dieser Lager, als sie befreit wurden". Nina Rosenbloom, die den Film mitproduziert hat, sagt, dass man Herrn McConnell nicht trauen könne. „Sie können nicht mit ihm reden, weil er zusammengebrochen ist. Er wurde von Granatsplittern am Kopf getroffen und hat schwere Hirnschäden erlitten". Herr McConnell, ein pensionierter Mechaniker bei Trans World Airlines, lachte, als er auf seine Aussage angesprochen wurde. „Wenn ich so verstört war, warum haben sie mich dann in dem Film verwendet? Das ist völlig unzutreffend", sagt Charles Gates, der ehemalige Kapitän, der die Fluggesellschaft C befehligte. „Die Männer hätten nicht so gut in ihrer Haut stecken können. „Die Männer hätten nicht dort sein können, weil das Lager 60 Meilen von dem Ort entfernt war, an dem wir uns am Tag der Befreiung befanden. Nach seinen Angaben wurden die Panzer der 761. der 71. Infanteriedivision zugeteilt, deren Kampfstrecke 100-160 Kilometer von den Lagern entfernt war. In dem Film werden mehrere Holocaust-Überlebende zitiert, die behaupten, dass sie von den Schwarzen in diesen Einheiten befreit wurden. Frau Rosenbloom prangert die Kritiker des Films wütend an und bezeichnet sie als Holocaust-Revisionisten und Rassisten. „Diese Leute haben die gleiche Mentalität wie diejenigen, die sagen, dass der Holocaust nicht stattgefunden hat"... Die Kampagne der „Befreier", die durch die erfolgreiche Öffentlichkeitsarbeit angeheizt wird, gewinnt an Fahrt. Kopien des Dokumentarfilms werden an alle Mittel- und Oberschulen in New York City verteilt. Die Kosten des Projekts für die Schulen werden von dem Investmentbanker Felix Rohatyn übernommen ... obwohl sich mehrere Philanthropen um die Ehre streiten, die Kassetten für die Schulen zu kaufen. Der Film soll verwendet werden, um „die Auswirkungen von Rassismus auf afroamerikanische Soldaten und auf Juden in Konzentrationslagern zu untersuchen ... die Rolle afroamerikanischer Soldaten bei der Befreiung der Juden aus den Konzentrationslagern der Nazis zu erklären und die Beteiligung von Juden als 'Soldaten' an der Bürgerrechtsbewegung aufzudecken". Peggy Tishman, ehemalige Vorsitzende des Rates für Beziehungen zur jüdischen Gemeinschaft, unterstützt den Dokumentarfilm. Sie erklärt: „Der Dokumentarfilm ist gut für den Holocaust. Warum sollte jemand die Idee ausnutzen wollen, dass der Film ein Betrug ist? Was wir versuchen zu tun, ist, New York zu einem besseren Ort zum Leben für Sie und mich zu machen". Sie bekräftigt, dass die Richtigkeit des Films nicht das Problem ist. „Wichtig ist, wie wir Juden und Schwarze in einen Dialog bringen können. Es gibt viele Wahrheiten, die sehr notwendig sind. Diese", sagt sie, „ist keine notwendige Wahrheit!".

JEFFREY GOLDBERG, JÜDISCH, *The New Republic*.

Die größte Täuschung ist die Selbsttäuschung. Wir werden diese jüdische Verwundbarkeit erforschen, indem wir die GENETIK untersuchen. Denn es ist die NATUR, die das „auserwählte Volk" JAHVES unweigerlich vernichten wird.

KAPITEL 7

MENDELISMUS

Alles ist Rasse, es gibt keine andere Wahrheit. Das ist der Schlüssel zur Geschichte. Und jede Rasse, die rücksichtslos zulässt, dass sich ihr Blut vermischt, muss aussterben.
BENJAMIN DISRAELI, JUDE, Premierminister von England.

Der Liberalismus ist eine Krankheit, deren erstes Symptom die Unfähigkeit ist, an Verschwörungen zu glauben.
FRIEDRICH WILHELM IV (1795-1861).

Ich habe Franz Boas persönlich kennengelernt. Ich habe seinen Einfluss als Begründer der Wissenschaft der Anthropologie in Amerika beobachten können. Ich konnte auch beobachten, wie die Boas-Sekte einen immer größeren Grad an Kontrolle über Studenten und junge Professoren ausübte, bis die Angst vor dem Verlust des Arbeitsplatzes oder des Status alltäglich wurde ... es sei denn, die Konformität mit dem Dogma der Rassengleichheit wurde aufrechterhalten ...
DR. H. E. GARRETTTT, Chr. Abteilung für Psychologie, Columbia Univ.

Bei der Untersuchung von Rassenunterschieden bei lebenden Menschen stützen sich physische Anthropologen zunehmend auf Untersuchungen zu Blutgruppen, Hämoglobin und anderen biochemischen Merkmalen ... Man hat bei ihnen Rassenunterschiede entdeckt, die ebenso wichtig sind wie die am besten bekannten anatomischen Unterschiede ... nicht nur offensichtliche Knochen- und Zahnvariationen beim fossilen Menschen und solche der Oberflächenmerkmale beim lebenden Menschen ... die es uns ermöglichen, die Rassen fast auf den ersten Blick zu unterscheiden, sondern auch subtilere Unterschiede, die nur auf dem Seziertisch oder durch das Okular von Mikroskopen sichtbar werden. DR. C.S. COON, Präsident der American Association of Physicists Anthropologists. Assoc. of Phys. Anthropologists.

Unabhängig vom soziologischen Wert der rechtlichen Fiktion, dass „alle Menschen frei und gleich geboren werden", besteht kein Zweifel daran, dass ... in ihrer biologischen Anwendung ... diese Behauptung eine der verblüffendsten Unwahrheiten ist, die je ausgesprochen wurden ...
DR. EARNEST A. WOOTEN, Professor für Anthropologie,

Harvard Univ.

Die genetische Konstitution des Menschen bestimmt seine Umwelt. Das Ei geht dem Huhn voraus. Glaubt jemand, dass ein von Chinesen bewohnter Stadtteil zu einem Slum werden würde, in dem Armut, Verbrechen und Unmoral herrschen?
PROFESSOR HENRY E. GARRETT.

Das gesamte egalitäre Lager der Anthropologen ... ist in hohem Maße jüdisch und fast vollständig mit der kommunistischen Verschwörung verbunden, die darauf abzielt, ... unsere gesamte Gesellschaftsordnung zu zerstören. Der hohe Anteil von Juden im egalitären Lager ist sehr verdächtig, denn in der gesamten Geschichte der Menschheit hat keine andere Rasse so fanatisch an ihre Überlegenheit geglaubt wie die Juden.
W. G. SIMPSON, *Welcher Weg für den westlichen Menschen* (1970).

GREGOR MENDEL (1822-1884) war ein Augustinermönch, der in Brunn, Österreich, geboren wurde. Seine Entdeckung der ersten Vererbungsgesetze (1865) legte den Grundstein für die Wissenschaft der Genetik. Er wies nach, dass das von den Eltern an die Nachkommen weitergegebene Erbmaterial partikulär (relativ zu den winzigen Partikeln in der Natur) ist und aus einer Organisation *lebender Einheiten* besteht. Diese Einheiten, die heute als Gene bezeichnet werden, finden sich in allen Lebensformen, von Viren bis zum Menschen. Die Gene, die im Kern jeder Zelle, einschließlich der Geschlechtszellen, angeordnet sind, geben eine Auswahl an Genen von den Eltern an die Nachkommen weiter. *Indem die Gene miteinander interagieren, bestimmen sie die Entwicklung und den spezifischen Charakter eines jeden Individuums.* Die Umwelt spielt bei der Entwicklung eines jeden Individuums eine Rolle, aber nur eine kleine. Ein altes Sprichwort lautet wie folgt: *Aus einem Schweineohr kann man keinen Seidenbeutel machen.*

Das gesamte GENOM, das „biologische Lehrbuch" des Körpers, besteht aus 50 000 bis 130 000 Genen, die entlang von 46 Chromosomen angeordnet sind (darunter zwei Chromosomen, x und y, die das Geschlecht bestimmen), die aus 3 Milliarden Nukleotidpaaren bestehen, den Grundbausteinen der DNA (Desoxyribonukleinsäure), die in jeder Zelle die Vererbungsmuster weitergibt. Während die Molekularwissenschaftler die Nukleotide aufteilen, nähern wir uns dem Bereich der Kernphysik und Quantenmechanik, in dem die Moleküle in infinitesimale Quarks (Millionstel eines Millionstel Zolls) - und noch kleinere Materieteilchen - zerlegt werden, die sich in verschiedene Wellenlängen elektrischer Energie metamorphosieren. An diesem Punkt betritt die Wissenschaft den Bereich der Metaphysik, in dem (wie ich vermute) die Materie, aus der die Gene bestehen, Energie mit der Universellen Kraft austauscht (wahrscheinlich direkt proportional zum Rang jedes Einzelnen auf der Evolutionsleiter). Wenn das stimmt, ist dieser Energieaustausch dann nicht die SEELE des Menschen?

EINEIIGE ZWILLINGE. Die technologische Explosion hat viele neue Fakten hervorgebracht. Massentechniken zum Beispiel, die Gruppenstudien auf genetischer Ebene ermöglichen, enthüllen die Auswirkungen von Genen in rassischer Interaktion. Heute *schreiben Wissenschaftler nicht weniger als neunzig Prozent (90%) der Unterschiede in unserer FÄHIGKEIT der Vererbung zu.* Studien mit einer großen Anzahl „eineiiger Zwillinge" belegen, *was unsere arischen Vorfahren intuitiv wussten:* Die Natur siegt über die Erziehung. Eineiige Zwillinge beginnen ihr Leben mit identischen Anordnungen von Genen in ihrem Keimplasma. Wenn sie getrennt aufwachsen - *in völlig unterschiedlichen Umgebungen* ernährt, untergebracht und erzogen werden -, zeigen umfassende Studien, dass *eineiige Zwillinge ausnahmslos die gleichen Krankheiten entwickeln, die gleichen Interessen teilen und neben anderen Ähnlichkeiten das gleiche Maß an emotionalen und mentalen Eigenschaften aufweisen,* die ihr Sozialverhalten, ihren Charakter und ihre Entwicklung bestimmen. Diese Eigenschaften unterliegen praktisch KEINEM Einfluss der Umwelt. Allein diese Studien haben den SPIROCHETEN DER JÜDISCHEN SYPHILIS einen tödlichen Schlag versetzt. Die Gene machen uns zu dem, was wir sind. Und sie machen uns ungleich: individuell und rassisch.

MUTATIONEN

Umfangreiche Untersuchungen zeigen, dass genetische Mutationen, von denen die meisten tödlich sind (über 90 %), in gewissem Maße bei allen Menschen auftreten. Bestimmte ethnische Gruppen weisen jedoch nicht nur eine höhere Häufigkeit von Gendefekten auf, sondern *können auch an rassenspezifischen Genmutationen leiden.* Beispielsweise sind die Tay-Sachs-Krankheit und die Sichelzellenanämie jüdische bzw. schwarze genetische Krankheiten. Während es Liberalen gefällt zu glauben, dass alle Menschen gleich geschaffen wurden, zeigt sich, dass einige Rassen zumindest genetisch „gleicher als andere" sind.

4-F. Während des Ersten Weltkriegs wurden 30 % der in Frage kommenden amerikanischen Männer als untauglich für den Militärdienst erklärt, weil sie die körperlichen und geistigen Kriterien nicht erfüllten. Im Zweiten Weltkrieg stieg diese Zahl auf 40%, darunter mehr als eine Million Psychoneurotiker; aus ähnlichen Gründen wurden 300.000 Soldaten entlang der Kampflinien eliminiert. Während des Koreakriegs stieg diese Zahl auf 52%, obwohl *die Standards gesenkt werden mussten! Vielleicht ist das der Grund, warum der Davidstern so selten auf den weißen Kreuzen erscheint, die die gefallenen amerikanischen Helden kennzeichnen.*

GEBURTEN

In den USA werden 25 von 100 Kindern so deformiert geboren, dass sie als Monster bezeichnet werden, oft als Folge einer *Rückbildung*. Von den fünfundsiebzig, die überleben, versagen achtundzwanzig in den folgenden fünfzehn Jahren in der Gesellschaft, größtenteils aufgrund degenerativer genetischer Krankheiten. *Dies führt zu einer Fortpflanzungsmisserfolgsrate von 53%! Die Fälle von degenerativen Krankheiten nehmen exponentiell zu, je dunkler der Teint Amerikas wird.*

MENTALE GESUNDHEIT

Im Jahr 1960 waren siebenundvierzig Prozent (47%) aller Krankenhausbetten in den USA mit psychisch Kranken belegt. Michael Gorman, Exekutivdirektor des National Committee for Mental Health, schätzte, dass nicht weniger als 10 Prozent der Gesamtbevölkerung Zeit in psychiatrischen Krankenhäusern verbringen würden. Er bezeichnete diese Situation als „Epidemie, die über das Land hinwegfegt". Ebenso besorgniserregend ist das Problem der geistigen Retardierung (der Geist, der sich nicht entwickelt): Der erwachsene Idiot hat die Intelligenz eines Kindes im Alter von 2 bis 4 Jahren; der Dummkopf von 3 bis 7 Jahren; der Schwachkopf von 7 bis 12 Jahren. Eine Intelligenzstufe über diesen Gruppen liegt die der „langweiligen Normalen", die Posten in der Verwaltung bekleiden und wählen dürfen. Die Vererbbarkeit von Geistesschwäche ist weithin anerkannt. Schlimmer noch: Diese *Degenerierten pflanzen sich innerhalb der Gruppe fort und produzieren dreimal so viele intelligente Paare wie intelligente Paare.* Bezeichnenderweise war der Anteil der

Geistesschwachen in den USA im Jahr 1960 pro Kopf dreißig (30) Mal höher als in Deutschland (offenbar haben Hitlers Elitetruppen der Waffen-SS, bevor sie gehängt wurden, Alpha-Kinder gezeugt). Es ist anzunehmen, dass die diesbezüglichen US-Statistiken zeigen, dass sich das Problem verschärft hat. Es ist allgemein bekannt, dass unsere Irrenanstalten überlaufen. Die Liberalen sehen darin ein Problem der „Diskriminierung".

So werden Deppen mit groteskem Aussehen und Verhalten in ihre ursprüngliche Umgebung entlassen, wo sie wie Kobolde an Halloween durch ihre Nachbarschaft streifen.

Die ILLUMINATIs haben versucht, alle Informationen über die Genetik zu unterdrücken, aber der „Eiserne Vorhang" hat sich auf fast allen Kommunikationsebenen geöffnet. Die jüdischen Medien können die verheerenden FAKTEN nicht mehr verbergen. Gleichheit ist eine marxistische, liberale und jüdische Lüge. Es sind die Gene, und nicht die sozialen Umweltprogramme, die die Qualität des menschlichen Lebens bestimmen: Physiologisch, psychologisch, verhaltensmäßig, intellektuell und kulturell. Noch wichtiger ist, dass die Gene mit dem spirituellen Wesen des Menschen auf eine Weise verbunden sind, die wir wahrnehmen, aber nicht sehen, riechen, aber nicht berühren können. Die Beiträge der Umwelt sind im Vergleich dazu nebensächlich und vernachlässigbar.

> Ihre Republik wird im 20. Jahrhundert genauso von Barbaren geplündert und verwüstet werden wie das Römische Reich im 5. Jahrhundert, mit dem Unterschied, dass die Hunnen und Vandalen in Ihrem eigenen Land von Ihren eigenen Institutionen hervorgebracht worden sind.
> LORD MACAULAY spricht vor 150 Jahren zu den Vereinigten Staaten.

> Die Wahrheit seiner Überzeugung (Brandeis, Richter am Obersten Gerichtshof, JÜDISCH), dass die individualistische Philosophie (Amerikas) nicht länger eine angemessene Grundlage für die Behandlung der Probleme des modernen Wirtschaftslebens bieten konnte, ist inzwischen allgemein anerkannt ... er sieht eine kooperative Ordnung vor ... Brandeis ist der Ansicht, dass die amerikanische Verfassung liberal ausgelegt werden sollte.
> *JÜDISCHE UNIVERSALE ENZYKLOPÄDIE (Bd. II).*

Wissenschaftler müssen sich regelmäßig mit diesen rassischen oder ethnischen Unterschieden auseinandersetzen und sie ehrlich ansprechen,

um ihre Ursprünge und Auswirkungen zu ergründen. Zu leugnen, dass sich bestimmte Gruppen genetisch von anderen Gruppen unterscheiden, ist naiv... Wie viele aschkenasische Juden gibt es in der nationalen Basketball-Liga?
R. D. BURKE, JÜDISCH, Professor für Epidemiologie, Einstein College,
NY. Zitiert von Robin M. Henig, *Washington Post*.

Garland Allen (Biologielehrer) ist besorgt über die Möglichkeiten einer neuen eugenischen Bewegung, die ein Echo der Welle von Einwanderungsbeschränkungen und Zwangssterilisationen wäre, die in den 1920er und 1930er Jahren über Europa und Amerika hereinbrach und in den Schrecken des Dritten Reichs gipfelte.
CANDICE O'CONNOR Washington University, St. Louis, Mo.

HITLER hatte Recht, wenn er die ultimative Bedeutung der Genetik einschätzte. Durch angewandte Eugenik (Verbesserung des arischen Erbguts) wollte er eine arische Superrasse schaffen. Die Religion der „HOLOCAUSTE" wurde von den ILLUMINATI aus vielen Gründen zusammengebraut, einer davon war, die weiße Nation davon abzuhalten, Hitlers Sozialdarwinismus und angewandte physische Anthropologie, Genetik und Eugenik weiter zu verfolgen.

Kommt zu uns, Kinder des Abendlandes! Sehnt euch nicht länger nach Träumen von Mut, Eroberung und Ruhm. Eure alten Helden und Heldinnen waren nichts weiter als sich bewegende Genitalien. Es gibt keine Seele. Was ist mit dem Leben? Das Leben besteht nur aus Geld, Lust und Brüderlichkeit. Kommt zu uns, goldene Kinder des Westens!
MARXISMUS/LIBERALISMUS/JUDAISMUS.

Die Menschheit muss nicht nur weitergehen, sondern aufsteigen! Der ÜBERHUMME, der mir am Herzen liegt ... ist nicht der Mensch: weder der Nachbar, noch der Ärmste, noch der Unglücklichste, noch der Beste... Was ich am Menschen liebe, ist, dass er gleichzeitig am und im Abgrund ist, dass er versucht, über sich hinaus zu schaffen, und dass er zu diesem Zweck bereit ist, selbst zu unterliegen... Die gereinigten Rassen werden immer stärker und schöner... Die Schwachen und die Versager werden untergehen: Das ist das erste Prinzip der Menschlichkeit.
FRIEDRICH NIETZSCHE.

Jede Zelle, jeder Organismus, jede Rasse muss ihren Abfall ausscheiden oder sterben!
WILLIAM GAYLEY SIMPSON, *Welcher Weg für den westlichen Menschen?*

E.A. HOOTEN, Professor für Anthropologie in Harvard, der Kriminalität mit genetischen Faktoren in Verbindung bringt, erklärt: Der *„Bestand an Kriminellen"* im Land *muss beseitigt werden.* Die einzige Möglichkeit, die Ausbreitung der Kriminalität einzudämmen, besteht darin, *„eine bessere Rasse zu schaffen"*.

Während ASHLEY MONTAGU (alias Israel Ehrenberg), Jüdin, Boasit, erklärt: *„Es gibt nicht den geringsten Beweis für die Annahme, dass jemand eine Neigung zu kriminellen Handlungen erbt"*. Und das, obwohl es Berge von Beweisen gibt, die genetische Defekte mit Kriminalität in Verbindung bringen. In Wahrheit ist die Kriminalität in den USA gerade deshalb gestiegen, weil Boas' Schule der Anthropologie die Richtlinien für die Kriminologie in den USA festgelegt hat.

Wenn das, was ich befürchte, wahr ist ... könnten unsere edelmütigen Sozialhilfeprogramme ... eine rückwärtsgewandte Entwicklung durch die überproportionale Reproduktion genetisch benachteiligter Menschen fördern.
WILLIAM SHOCKLEY, Träger des Nobelpreises, Stanford Univ. in *Scientific American* (Januar 1971).

Ein Hund, der bis zehn zählen kann, ist ein bemerkenswerter Hund und kein großer Mathematiker.
GRANDAD aus „Down on the Farm".

Die Natur lehrt, dass jeglicher Fortschritt durch die physische Verbesserung der Rasse erreicht werden muss. Die Menschen sind keine körperlosen, entnationalisierten Intelligenzen, die ohne Beziehung zu ihren Vorfahren oder Nachkommen handeln. Die gesamte natürliche Evolution hat sich über bestimmte Rassen vollzogen: Solange diese ihre Männlichkeit unversehrt behielten, blieben die menschlichen Errungenschaften kumulativ. Sobald aber die Reinheit des Blutes und die gesunde Fortpflanzungsfähigkeit eines Volkes beeinträchtigt wurden, sei es durch ungesunde Bedingungen oder durch Vermischung, verschlechterte sich die Rasse und mit ihr die Qualität des Individuums.
PROF. ARTHUR BRYANT, „Unfinished Victory" (Unvollendeter Sieg).

Juden sind, wenn es ihrem Stamm nützt, vollkommen einverstanden, wenn es darum geht, junge Arier in aussichtslosen Kriegen auf der ganzen Welt sterben zu lassen. Aber die Juden drehen durch, sobald angedeutet wird, dass die Sterilisierung genetisch untauglicher Menschen der Menschheit nützt. Plötzlich wird jedes menschliche

Leben - selbst die Schwachsinnigen, die noch nicht gezeugt wurden - sakrosankt. Das *Letzte, was die Juden wollen, ist eine starke und gesunde arische Nation.* Die katholische Position zur angewandten Eugenik ist in demselben Hochmut verstrickt, den sie bei der Konfrontation mit Galileo Galilei an den Tag legte. Schließlich war es die SONNE Gottes, die diese Schlacht gewann, und nicht die Kardinäle!

> In dem berühmten Fall: *Buck v. Bell, Oberster Gerichtshof der Vereinigten Staaten, 1927,* bestätigte das Gericht das Gesetz des Staates Virginia, das die Zwangssterilisation von „Geistesschwachen" erlaubte. Oliver Wendell Holmes Jr. erklärte, dass Sterilisationsgesetze Teil der Polizeigewalt des Staates seien und dass „drei Generationen von Schwachsinnigen ausreichen".
> W.G. SIMPSON, *Welcher Weg für den westlichen Menschen?*

Die skandinavischen Länder folgten in den Jahren 1929, 1934 und 1935. Von der Jahrhundertwende bis in die frühen 1960er Jahre gab es in den Vereinigten Staaten von Amerika eine eigene Eugenik-Bewegung, die von zahlreichen hochrangigen Pädagogen, Wissenschaftlern und Richtern des Obersten Gerichtshofs gefördert wurde, die die Sterilisation von Hispanics und Schwarzen mit genetischen Defiziten forderten.

Gesetze zur Verhinderung der Übertragung von Erbkrankheiten wurden von den Nazis erlassen (Juli 1933), um die Sterilisation von Menschen mit angeborener Geistesschwäche, bestimmten Geisteskrankheiten wie Schizophrenie und manischer Depression, erblicher Epilepsie, Blindheit, Taub-Stummheit und schweren Missbildungen vorzusehen. Das Töten untauglicher Tiere wurde von kräftigen Nationen im Laufe der Geschichte praktiziert. Alle Landwirte und Züchter verstehen, wie wichtig eine gute Tierhaltung ist. Um einen kräftigen und ertragreichen Garten zu erhalten, muss man mit gesundem Saatgut beginnen, dann den Boden vorbereiten, fehlerhafte Pflanzen und alle Unkräuter entfernen. *„Unkraut liegt im Auge des Betrachters"*, protestieren die Egalitaristen. Das ist richtig. Jede Rasse hat instinktive Gefühle darüber, was schön, produktiv und wichtig ist. Unsere Rose kann Ihr Unkraut sein. *Der Tee des einen ist das Gift des anderen.* Es ist offensichtlich, dass unterschiedliche Rassen nicht harmonisch und produktiv unter derselben Regierung existieren können. *Die westliche Zivilisation - die weiße Zivilisation - muss, wenn sie überleben will, das Unkraut aus ihrem Garten entfernen. Genauso* *wie sie die SPIROCHETEN DER JÜDISCHEN SYPHILIS aus ihrem Geist entfernen muss*. Ein notwendiger Anfang ist die Sterilisation der Untauglichen - durch das Einsetzen eines Verhütungschips unter die Haut des Empfängers. Darauf muss unmittelbar die Remigration der nichtweißen Bevölkerung der Vereinigten Staaten folgen.

GENETIK UND RASSE

Als Sozialanthropologe akzeptiere ich natürlich und bestehe sogar darauf, dass es große Unterschiede gibt, sowohl geistiger als auch psychologischer Art, die die verschiedenen Rassen der Menschheit voneinander trennen. Tatsächlich wäre ich geneigt, anzudeuten, dass ungeachtet der physischen Unterschiede zwischen Rassen wie der europäischen und der schwarzen die mentalen und psychologischen Unterschiede noch größer sind.
L.S.B. LEAKY, *Fortschritt und Evolution des Menschen in Afrika.*

Seit den frühen 1930er Jahren wagte es praktisch niemand außerhalb Deutschlands und seiner Verbündeten, anzudeuten, dass eine Rasse einer anderen in irgendeiner Weise überlegen sein könnte, aus Angst, es könnte der Eindruck entstehen, der Autor unterstütze oder entschuldige die Sache der Nazis. Diejenigen, die an die Gleichheit aller Rassen glaubten, konnten frei schreiben, was sie wollten, ohne befürchten zu müssen, dass ihnen widersprochen wird. Sie nutzten diese Möglichkeit in den folgenden Jahrzehnten voll und ganz aus.
DR. JOHN R. BAKER, Biologe, Oxford,
Mitglied der Royal Society.

Wenn alle Rassen einen gemeinsamen Ursprung haben, wie kommt es dann, dass einige Völker wie die Tasmanier und viele australische Ureinwohner noch im 19. Jahrhundert auf eine Weise lebten, die mit der der Europäer vor über 100.000 Jahren vergleichbar ist?
CARLTON S. COON, Professor für Anthropologie, Harvard.

Trotz der lobenden Berichte über die afrikanischen Errungenschaften der letzten 5000 Jahre ist die Geschichte Schwarzafrikas kulturell unberührt. Südlich der Sahara-Wüste gab es bis zur Ankunft anderer Rassen KEINE alphabetisierte Zivilisation. (Keine Schriftsprache, keine Zahlen, kein Kalender, kein Maßsystem). Der Schwarzafrikaner hatte weder den Pflug noch das Rad erfunden, noch ein Tier oder eine Kultur domestiziert).
PROFESSOR HENRY GARRETT,
Leiter der Abteilung für Psychologie, Columbia U.

Menschenrassen werden auf die gleiche Weise unterschieden wie gut ausgeprägte Tierarten.
SIR ARTHUR KEITH, M. D., Rektor, Universität Edinburgh.

W. G. Simpson („Which Way Western Man") weist darauf hin, dass das oberste Ziel jeder Nation NICHT darin besteht, eine sklavische Herde lobotomisierter Schafe *zu produzieren, sondern möglichst viele überlegene Menschen hervorzubringen.* Männer mit einem großen Instinkt und einer großen Intuition, einem starken Intellekt, der zu Analyse und Kreativität fähig ist, mit großem Mut und edlen Zielen, Männer mit Gesundheit und Energie im Überfluss, mit einer imposanten Persönlichkeit und einem großmütigen Geist, die sich selbst mit Nietzsches *„Liebe und Verachtung"* betrachten. Es sind Männer, die es vorziehen, „lieber im Sattel zu sterben als am Feuer zu sterben". Sie sind Titanen, halb Gott, halb Mensch - sie sind die Brücke zwischen dem Tier und dem kommenden Übermenschen. Nur wenn eine große Nation die Naturgesetze versteht und anwendet, wird sie weiterhin überlegene Männer und Frauen hervorbringen und sich selbst vor dem Aussterben retten.

GREGOR MENDEL, der im Garten seines Klosters die *Fortpflanzung* von Erbsen untersuchte, *entdeckte* die *Bausteine aller Lebewesen und* begründete *damit* (größtenteils) Darwins *Evolutionstheorie.* In der Folge wurde Jehovas selbstmörderisches Dekret, wonach der Mensch die Natur *„beherrschen"* sollte, ins Land der Fantasie verbannt. Die Menschheit ist den Gesetzen der Natur unterworfen. Die Aufgabe des Menschen ist es, die Naturgesetze zu lernen und sie zu befolgen; dabei wird der Mensch immer vollkommener werden. *Mendels Geschenk an die Menschheit ist die Wissenschaft, die es ermöglicht, vollkommenere Lebewesen zu erschaffen!* GOTTES GESCHENK AN DIE MENSCHHEIT IST MENDEL!

Wie wir erfahren haben, fiel die JÜDISCHE HASSGERÄTE über den MENDELISMUS her und begrub die Wahrheit 100 Jahre lang unter sich. Letztendlich triumphierte die Natur über die Ideologie, wie sie es immer tun wird, und zerstörte dabei Marx, Freud und Boas. Es ist nun eine UNBESTÄNDIGE TATSACHE: Die Umwelt schafft KEINE angeborene Fähigkeit, sondern kann nur entscheiden, ob eine angeborene Fähigkeit entwickelt werden soll oder nicht. DIE FÄHIGKEIT WIRD VERERBT!!! *WACHEN SIE AUF IM*

MENDELIANISCHEN ZEITALTER!

Wenn man die Bilanz aller genetischen Experimente zieht, bei denen die Vererbung konstant und die Umwelt variabel war, ist es nicht übertrieben zu sagen, dass die Ergebnisse vernachlässigbar sind.
DR. EDWARD M. EAST, Professor für Genetik, Harvard U.

Versuchen Sie nie, einem Schwein das Singen beizubringen; das verdirbt Ihnen den Tag und langweilt das Schwein.
GRANDAD aus „Down on the Farm".

Die EUGENIK ist die Wissenschaft, die die Gesetze der Genetik auf die Verbesserung von Rassen anwendet. Der Mensch ist in der Lage, günstige genetische Merkmale an nachfolgende Generationen weiterzugeben und gleichzeitig viele ungünstige Eigenschaften zu eliminieren. Der Mensch kann noch außergewöhnlichere Ergebnisse erzielen als bei der Züchtung von Getreide, Obst, Gemüse, Blumen, Rindern, Pferden und Haustieren. Das soll Sie nicht schockieren. Der Mensch IST zum Teil Tier. Betrachten wir also einige der Zuchtpraktiken der Menschheit.

Inzucht wird seit Beginn der Menschheitsgeschichte praktiziert. Dabei handelt es sich um die Paarung von nahen Verwandten: Eltern und Geschwister, Geschwister und Cousins ersten Grades. Im Gegensatz zu den Behauptungen der Verzerrten resultiert der einzige Schaden der Inzucht aus der erhaltenen fehlerhaften Vererbung: Fehler, die über viele Generationen im Stamm fortbestanden, aber durch dominantere Merkmale verdeckt wurden. Für eine erfolgreiche Inzucht ist es unter anderem erforderlich, den Defekten die Fortpflanzung zu verbieten.

Anstatt verurteilt zu werden, sollte Inzucht gelobt werden. Nach kontinuierlicher Inzucht und der Eliminierung von unerwünschten Personen wurde ein Inzuchtbestand gereinigt und von Anomalien, Monstrositäten und schweren Schwächen befreit...
EDWARD M. EAST, Ph.D., LL.D.,
Professor für Genetik an der Harvard University.

Inzucht ist nur dann katastrophal, wenn die Zutaten für die Katastrophe bereits im Bestand vorhanden sind ... Eine enge Inzucht eines gesunden Bestands kann, wenn sie mit einer intelligenten Ausmerzung der Schwachen und Abnormalen verbunden ist, über viele Generationen hinweg ohne unerwünschte Folgen praktiziert werden.

A. A. F. CREW, M.D., D.Sc,
Ph.D., F.R.S.E., U. Edinburgh.

Das alte Indien florierte dank der Inzucht. Als das Kastensystem abgeschafft wurde, erlebte Indien einen jähen Niedergang. Die Spartaner, die als die körperlich größte Rasse galten, praktizierten Inzucht, ebenso wie ihre bemerkenswerten attischen Vettern, die Athener, die aus einer Bevölkerung von 45.000 frei geborenen Männern (ca. 530-430 v. Chr.) vierzehn der berühmtesten Männer der Geschichte hervorbrachten. In Persien waren die bevorzugten Ehefrauen Cousins väterlicherseits. Die Ägypter und Inkas verheirateten Väter und Töchter, Söhne und Mütter sowie Brüder und Schwestern, wobei die letztgenannte Verbindung als die beste aller ehelichen Verbindungen galt. Während der größten Dynastie Ägyptens (der 18. Dynastie) gab es sieben Ehen zwischen Geschwistern. Die Hebräer waren nicht nur endogam, sie heirateten auch oft innerhalb der *unmittelbaren Familie*. Zum Beispiel heiratete Abraham seine Halbschwester Sarah: Abraham heiratete Sarah, seine Halbschwester; Jakob heiratete Rachel und Leah, beides Cousinen ersten Grades. Lot heiratete seine beiden Töchter (oder war es umgekehrt?). In Hastings „Dictionary of the Bible" heißt es, dass JUDEN dreimal häufiger als andere Rassen Cousins heiraten. JUDEN produzieren auch eine hohe Rate an Defekten, da das TALMUDISCHE GESETZ genetisch untaugliche Personen zur Fortpflanzung ermutigt; diese fatale Politik hat das jüdische Erbgut schwer kontaminiert.

Inzucht ist der schnellste Weg, um latente Defekte an die Oberfläche zu bringen, damit sie erkannt und beseitigt werden können. Sie ist auch die beste Methode, um die gewünschte Einheitlichkeit und die gewünschten Qualitäten zu erreichen.

> Inzucht kanalisiert und isoliert Gesundheit und andere wünschenswerte Eigenschaften, ebenso wie sie schlechte Gesundheit und andere unerwünschte Eigenschaften kanalisiert und isoliert. Sie stabilisiert das Keimplasma, wodurch die Erbfaktoren berechenbar werden. Sie macht also das Aussehen zu einem Leitfaden für die Erbanlagen des Einzelnen ... sie wirkt wie ein Reiniger eines Stamms oder einer Familie.
> A. M. LUDOVICI, „Das Streben nach menschlicher Qualität".

EXOGAMIE ist die Paarung von Individuen, die nicht oder nur entfernt miteinander verwandt sind, aber demselben Rassenerbgut angehören. Inzucht ist ein Mittel, um die Kombinationen von Erbmerkmalen zu erweitern und zu bereichern, die durch spätere

Inzucht isoliert, stabilisiert und in der Nachkommenschaft zum Vorschein gebracht werden können. Das Ergebnis ist die sogenannte Heterosis oder HYBRIDE WIGHT, die auf die Kombination der Eigenschaften der Eltern zurückzuführen ist. Die Defizite eines Elternteils können durch die Exzellenzen des anderen Elternteils aufgehoben werden. Oder die Qualitäten eines Elternteils können durch die Qualitäten des anderen Elternteils verstärkt werden. Die drei wichtigsten Faktoren in Bezug auf HYBRIDE sind, wie bereits erwähnt, die folgenden:

1) Um Hybridvitalität zu erreichen, müssen beide Elternteile nicht verwandt und reinrassig sein. Die Eigenschaften der Eltern müssen sich gegenseitig ausgleichen und ergänzen.
2) Die Vitalität von Hybriden ist, wenn sie überhaupt auftritt, der ersten Kreuzung eigen. Spätere Kreuzungen von Hybriden führen zu einem akuten Verlust der Vitalität. Kurz gesagt: Hybriden, die zur Zucht verwendet werden, sind wertlos: Sie können nicht einmal ihre eigene Größe und Kraft weitergeben.
3) Eine ebenso gute oder sogar bessere Hybridkraft als die gerade beschriebenen kann durch die Kreuzung verschiedener, aber unterschiedlicher Familienstämme innerhalb derselben Rasse oder desselben Genpools erzielt werden. Es handelt sich dabei eigentlich um eine Art von Inzucht, die in Amerika verbreitet ist, wo die alten arischen (deutschen, keltischen, slawischen usw.) Stämme untereinander geheiratet haben und so ein außereuropäisches Erbgut geschaffen haben. Dieses große weiße Erbgut (aus dem die Gründer und Erbauer Amerikas hervorgegangen sind) wird von unseren ehemaligen FEINDEN zerstört.

Denken Sie daran (außer bei Selbstbefruchtung oder Klonen), dass Endogamie aus der Verengung der erblichen Qualitätslinien und Exogamie aus der Erweiterung des erblichen Netzwerks resultiert.

Rassenmischung, das extremste Beispiel für Überproduktion, tritt auf, wenn sich Paare aus völlig unterschiedlichen Genpools paaren, z. B. Japaner und Neger oder Arier und Juden.

Die genetischen Störungen, die häufig aus extremer Überzüchtung und Kreuzung resultieren, sind gut dokumentiert und umfassen physiologische, instinktive und psychologische Störungen. Die auffälligsten Störungen äußern sich in körperlichen Aberrationen.

Erbfaktoren werden unabhängig voneinander an die Nachkommen weitergegeben. Beispielsweise kann ein Kind von einem Elternteil blasse Haut bekommen, während es vom anderen Elternteil wolliges Haar und negerhafte Züge behält; oder die Nachkommen erhalten innere Organe, die zu klein oder zu groß für den Rest des Körpers sind; oder sie erhalten Arme und Beine, die nicht zum Rumpf passen, wodurch es schwierig wird, dass der Körper als synthetisierte Einheit funktioniert. Im Minimum werden Gesundheit und Leistungsfähigkeit beeinträchtigt, und die Symmetrie geht verloren. Die Vermischung von intellektuell überlegenen mit geistig unterlegenen Charakteren degradiert das höhere Erbgut. Das Problem ist jedoch noch gravierender:

Die Umkehr innerhalb einer Art ist manchmal das Ergebnis extremer Kreuzungen. Die Nachkommen sind Rückfälle in ein viel früheres Stadium auf der Evolutionsleiter. Diese degenerierten Menschen, oftmals Monster, repräsentieren die Evolution rückwärts und werden niemals in den Fernsehprogrammen MARXISTEN/LIBERALEN/JUDEN gesehen.

Die verschiedenen Rassen haben Millionen von Jahren gebraucht, um sich zu entwickeln: Einige Rassen haben sich langsamer entwickelt oder haben später damit begonnen als andere. *Durch die Kreuzung mit weniger entwickelten Rassen verliert die überlegene Rasse Hunderttausende von Jahren der Evolution und erzwingt physiologische und psychologische Anomalien, die in diesem Stadium der klinischen Forschung katastrophal erscheinen.*

> Die Tatsache, dass es erblich bedingte Unterschiede in der Größe von Organen und Teilen gibt, erhält eine tiefe Bedeutung, wenn man bedenkt, dass sie die unvermeidliche Konsequenz beinhaltet, dass rassische und andere Kreuzungen zu ernsthaften Disharmonien führen können ... zwischen Zähnen und Kiefern, zwischen der Größe des Körpers und der Größe eines oder mehrerer wichtiger Organe, Diskrepanz zwischen den verschiedenen Komponenten der endokrinen Kette... Diskrepanz zeigt sich häufig in einer schwierigen Geburt, die durch ein Missverhältnis in den... Größen der mütterlichen Wege... verursacht wird.
> A.A.E. CREW, Universität Edinburgh.

Die wirklich gesunden und tüchtigen Familien sind zu wertvoll, um mit den kranken und krankhaften vermischt zu werden; sie sollten daher, soweit möglich, untereinander heiraten, wie es auch die weniger

wünschenswerten tun sollten.
Dr. FRITZ LENZ, zitiert von A.M. Ludovici.

Inzucht ist der sicherste Weg, um Familien zu gründen, die in ihrer Gesamtheit einen hohen Wert für die Gemeinschaft haben.
Dr. E. M. EAST & Dr. D. F. JONES, „Inzucht und Überbevölkerung".

Im Laufe der Geschichte kam es immer wieder zu Kreuzungen. Auch Krankheiten sind im Laufe der Geschichte immer wieder aufgetreten. Die Häufigkeit von Mischlingen und Krankheiten begründet nicht, dass sie wünschenswert sind. *Die Geschichte zeigt, dass Neider und weniger Begabte entweder diejenigen vernichten wollen, die sie nie nachahmen können, oder ihre Identität durch die Vermischung mit einer überlegenen Rasse verlieren wollen, was in beiden Fällen eine Form von Völkermord darstellt. Für die weniger erfolgreichen Menschen ist die Vermischung der brennende Wunsch, einen verlockend schönen goldenen Schmetterling zu fangen und zu halten. Doch als sie ihn ergreifen, stellen sie fest, dass die schönen Farben auf ihre Finger abfärben. Das Bastardkind einer Schwedin mit goldenem Haar und langen Gliedern ist nie so schön oder so fit wie seine Mutter. Der Ruhm verblasst - für immer.*

Säuglinge sind Individuen ... von Geburt an. Viele ihrer individuellen Merkmale werden nämlich schon lange vor der Geburt festgelegt ... Jedes Kind wird mit einer Natur geboren, die seine Erfahrungen färbt und strukturiert ... Es besitzt weitgehend angeborene konstitutionelle Merkmale und Neigungen, die bestimmen, wie, was und bis zu einem gewissen Grad auch wann es lernt. Diese Merkmale sind sowohl rassisch als auch familiär bedingt... Rassenunterschiede sind bereits im vierten Monat des Fötus erkennbar... Es gibt authentische individuelle Unterschiede, die bereits die Vielfalt ankündigen, die die menschliche Familie kennzeichnet.
PROF. ARNOLD GESELL, Yale University, Pädiatrie.

... war man zu der festen Erkenntnis gelangt, dass der Rassenfaktor bei Bluttransfusionen von so großer praktischer Bedeutung ist, dass Dr. John Scudder, der eine hoch angesehene Karriere als Chirurg, Blutspezialist, Medizinprofessor und Leiter von Blutbanken in verschiedenen Teilen der Welt sowie als Berater unserer Regierung und mehrerer ausländischer Regierungen in Sachen Blutbanken hinter sich hat, bei der Festlegung der Regeln für die Auswahl von Blutspendern ... spezifizierte, dass sie „von derselben Rasse wie der Patient" und vorzugsweise „von derselben ethnischen Gruppe wie der Patient" sein sollten.
WILLIAM G. SIMPSON, „Welcher Weg für den westlichen

Menschen".

In Bezug auf Blutgruppen, Hämoglobin und andere biochemische Merkmale wurden Rassenunterschiede festgestellt, die ebenso wichtig sind wie die besser bekannten und sichtbaren anatomischen Variationen. Da sie für das bloße Auge unsichtbar sind, sind sie in einer Welt, die sich zunehmend der Existenz von Rassen bewusst wird, weit weniger umstritten als diese. Für mich ist es jedenfalls ermutigend zu wissen, dass die Biochemie uns immer noch in Unterarten unterteilt, die wir aufgrund anderer Kriterien längst erkannt haben.
DR. CARLTON S. COON, Professor für Anthropologie, Harvard Univ.

Dr. Carlton Coon nennt in seinem viel beachteten Buch „The Origin of Races" die vier wichtigsten Faktoren bei der Entstehung von Rassen: Rekombination Mutation Selektion - Isolation. Rekombination ist ein unerklärlicher Austausch von Genen, die von homologen Chromosomen stammen und bei den Nachkommen eine unabhängige Genkombination bilden, die bei den Eltern nicht erkennbar ist.

Eine MUTATION ist eine unerklärliche Veränderung in der chemischen Zusammensetzung eines Gens, die dazu führt, dass es eine andere Wirkung hervorruft als das Gen, von dem es abstammt. Mit anderen Worten: Es handelt sich um eine chemische Veränderung in den Genen, die ein völlig neues, nicht vererbtes Gen hervorbringt, das in den Rassen-Genpool aufgenommen wird. Es wird dann wie alle anderen Gene im Genpool vererbbar. 90% der Mutationen sind unnötig oder schädlich für den Organismus; sie werden durch die *NATÜRLICHE AUSWAHL* eliminiert (Mutter Natur ist rücksichtsvoll, niemals nett). Andere schädliche Mutationen können sich jedoch fortsetzen und organische Störungen hervorrufen, wie die Tay-Sachs-Krankheit, Sichelzellenanämie, Kropfbildung, Gaumenspalten, Entstellungen und viele andere physiologische und psychologische Leiden, die, nebenbei bemerkt, durch die Anwendung der Eugenik praktisch beseitigt werden können. Außerdem, und das ist der springende Punkt, ist die *MUTATION „das Hauptelement der Evolution"* der Arten! *„Ohne Mutation hätte die Evolution niemals stattfinden können.* Ein reich ausgestattetes mutiertes Gen musste erst entstehen, bevor sich eine Population zu einer Rasse entwickeln konnte. Dieses spezielle Gen wird in den Genpool der Rasse eingeführt und es entsteht ein SPIRITUELLER KULTURELLER ORGANISMUS, der dieser Rasse die Herrschaft über konkurrierende Populationen verleiht.

Die ISOLATION *des Genpools schützt den KULTURELLEN ORGANISMUS vor der Kontamination durch außerrassische Kräfte.* ISOLATION, ob geografisch oder soziokulturell, ist das Mittel, mit dem eine bestimmte Bevölkerungseinheit oder ein Genpool den differentiellen Selektionskräften ihrer eigenen klimatischen und kulturellen Umgebung ausgesetzt wird. Genetische Variationen und Unterschiede, die in einer Bevölkerungsgruppe auftreten können, werden bewahrt und zu Merkmalen der Gruppe (d. h. zu Elementen eines „Rassetyps"), indem die Paarung auf die Mitglieder der Gruppe beschränkt wird. Die fortgesetzte Isolation und Inzucht ... verewigt und stabilisiert so die Unterschiede zwischen den Gruppen.
DONALD A. SWAN, „The Mankind Quarterly" (Vol. IV, No. 4).

Isolation war der große oder zumindest ein wesentlicher Faktor bei der Differenzierung der Rassen.
DR. R. R. GATES, emeritierter Professor für Botanik, Universität London.

Sofern eine reproduktive Population nicht eingegrenzt (isoliert) ist, kann es sein, dass *die* natürliche Selektion nicht in der Lage ist, alte und ungünstige Gene aus ihrem Pool zu entfernen.
DR. CARLTON S. COON, Professor für Anthropologie, Harvard Univ.

Wie Sie sehen können, sind die Beweise unwiderlegbar. Alle glaubwürdigen Anthropologen, Genetiker und Historiker *sind sich einig: Rassen sind genetisch einzigartig: physiologisch, psychologisch, intellektuell, verhaltensorientiert und intuitiv. Die Gene bestimmen die Rasse. Die Rasse bestimmt die Fähigkeit. Die Fähigkeit bestimmt die Kultur. Die Kultur bestimmt die Umwelt.* Folglich sind die Kulturen untereinander ungleich. *Gene sind der LEBENSKRAFT immanent, sie sind lebende, evolutionäre und rassische Entitäten, die von Gott gegeben sind!*

ADOLPH HITLER war der erste große politische Führer, der die Prinzipien des MENDELISMUS verstand und unterschrieb: die einzigartigen Gene, die die westliche Kultur hervorgebracht haben.

Die westliche Kultur wurde von den arischen Genen hervorgebracht. Daher sind die arischen Gene einzigartige Gene. (A:B)::(B:C) = (C:A).

Unter Beachtung dieses Syllogismus, der auf Naturgesetzen beruht, kam Adolph Hitler zu dem Schluss, dass die *primäre Funktion des arischen Staates (Reich) darin bestand, die arische Nation (den Pool der weißen Gene) zu schützen und zu züchten. Hitler plante, sein politisches/eugenisches Programm in Deutschland zu starten, indem er die arische Familie schrittweise unter einem Staat vereinen wollte; ein Konzept, das die JUDEN als „antisemitisch" (eine Bedrohung für den Parasitismus) und nationalistisch (eine Bedrohung für die Neue PLUTOKRATISCHE Weltordnung) betrachteten. MARXISTEN, LIBERALE und JÜDISCHE (unterstützt von der katholischen Kirche) weigern sich, den Mendelismus zu verkünden, und verteufeln diejenigen, die es tun (Glaube und Religion stehen immer im Gegensatz zu Instinkt und Wissen).*

50 Jahre nachdem Amerika das Dritte Reich eingeäschert hatte, befreite die weiße Wissenschaftsgemeinde mit Hilfe des INTERNET das GEN aus der Flasche (nachdem die JÜDISCHEN die Kontrolle über das Gen durch die MEDIEN verloren haben, versuchen sie nun hektisch, die Verwendung des Gens zu kontrollieren). Heute verbessert der MENDELISMUS das Leben aller Menschen auf dem Planeten. Daher kaufen Pharmaunternehmen, universitäre Forschungslabors, Pathologen, Eugeniker, Staatsoberhäupter (die ihre Bevölkerung verbessern wollen) usw. aktiv weiße Gene auf dem Markt. Im privaten Sektor werden z. B. arische Studentinnen mit Angeboten für ihre Eierstöcke im Austausch gegen Stipendien und andere Vergünstigungen überhäuft (Sie kennen die Hollywood-Beschmutzung der arischen Gebärmutter). Die Isländer, deren Wikingererbe wegen seines unverschmutzten Genpools bemerkenswert ist, vermarkten ihre Gene und Eizellen weltweit. Der Verkauf von arischen Genen und Eizellen wird bald Islands größter Geschäftszweig sein! (Wie viele unfruchtbare Eltern rackern sich ab, um jüdische oder puertorikanische Eizellen zu kaufen?).

Der satanische Aspekt der Kommerzialisierung des Lebens (METISSAGE *IN* TESTRÖHREN) ist die *In-vitro-Kreuzung* weißer Gene: Sie beraubt das weiße Kind, das nie geboren wird, seines natürlichen Erbes, während sie den Bastard-Sprössling mit einem Verlust der rassischen Identität, einer gespaltenen Persönlichkeit und einer gequälten Seele plagt.

Die NATÜRLICHE AUSWAHL (Gottes Gesetz) beginnt mit dem Paarungsprozess, bei dem ein kompatibles Paar heiratet und Kinder hervorbringt, die sie hegen *und erziehen und die ihre Familie verherrlichen.* Dieser genetische Intra-Pool-Prozess eliminiert unerwünschte genetische Eigenschaften und verewigt gleichzeitig erwünschte Eigenschaften, die durch Genrekombination oder Mutation erzeugt werden.

> Man muss den Glauben untergraben, die eigentlichen Prinzipien von Gott und der Seele aus den Köpfen der Heiden ausrotten und diese Vorstellungen durch mathematische Berechnungen und materielle Wünsche ersetzen.
> PROTOKOLL Nummer vier.

In der Neuzeit wird die westliche Kultur (arische Kultur), die die bedeutendsten Beiträge zur Menschheit geleistet hat, heute von einer kulturellen Pathologie in Form eines außerirdischen parasitären Wachstums innerhalb des Nationalstaats selbst bedroht. Wenn die Parasiten nicht beseitigt werden, wird der Westen sterben. Dies ist keine melodramatische Beobachtung, sondern die Lehre aus der Geschichte.

In den letzten zehn Jahren ist die synthetische Fertilitätsrate (TFR) in Europa von einem bereits unglaublich niedrigen Niveau aus um 21% auf 1,45 Kinder pro Frau gesunken (2,1 Kinder pro Frau sind notwendig, damit eine Bevölkerung im Laufe der Zeit stabil bleibt). In den USA ist die Fertilitätsrate in jedem der letzten sechs Jahre auf ein geschätztes Niveau von 1,98 gesunken.

> Die derzeitige Weltbevölkerung liegt bei 5,8 Milliarden Menschen. Nach den Minimalprognosen der Vereinten Nationen wird die Weltbevölkerung bis 2050 auf 9,4 Milliarden Menschen anwachsen, was einem Anstieg um 62% entspricht. Und sie prognostiziert, dass sie kurz nach dem Jahr 2200 10,7 Milliarden erreichen wird, was einem Anstieg um 84% entspricht.
> VEREINTE NATIONEN „Perspektiven der Weltbevölkerung. 1996 Überarbeitungen".

> UNESCO-Komitee erarbeitet Richtlinien für die Genforschung.... erklärt das genetische Material jedes Menschen zum „gemeinsamen Erbe der Menschheit".

> ... In der Erklärung heißt es, dass die humangenetische Forschung ein großes Potenzial birgt, aber reguliert werden muss, um die öffentliche Gesundheit zu schützen und vor Praktiken zu bewahren, die „gegen die Menschenwürde und die Menschenrechte verstoßen".
> PRESSEAGENTUR REUTERS, Paris, *Washington Times.*

Der gesamte Einbürgerungsprozess wurde in den letzten Jahren so verwässert, dass er die Staatsbürgerschaft zu einer Farce macht... In der Eile, um sicherzustellen, dass mehr Wähler der Demokraten... Beamte des Weißen Hauses übten einen beispiellosen Druck auf die Einwanderungs- und Einbürgerungsbehörde aus, die Anträge auf Staatsbürgerschaft zu bearbeiten. Infolgedessen wurden 1996 über eine Million neue Bürger vereidigt, eine Rekordzahl, aber etwa 180.000 von ihnen wurden nie vom FBI überprüft, wie es das Gesetz vorschreibt... es gibt keine einheitlichen Standards für die Tests (Qualifikationen) der Bewerber.
LINDA CHAVEZ, *Washington Times*, 3-16-97.

Was hat der schwarze Amerikaner ...? Seine Vergangenheit ist ein Stigma, seine Farbe ist ein Stigma, und seine Zukunftsvision ist die Hoffnung, dieses Stigma auszulöschen, indem er die Farbe unwichtig macht, indem er sie als Bewusstseinstatsache verschwinden lässt ... Ich teile diese Hoffnung, aber ich sehe nicht, wie sie sich jemals erfüllen kann, es sei denn, die Farbe verschwindet tatsächlich: Und das bedeutet nicht Integration, sondern Assimilation, d. h. das brutale Wort der Vermischung herauszulassen. *Ich glaube, dass die vollständige Verschmelzung der beiden Rassen die wünschenswerteste Lösung für alle Beteiligten ist...* meiner Meinung nach kann das Problem der Schwarzen in diesem Land auf keine andere Weise gelöst werden.
NORMAN PODHORETZ, JÜDISCH, Chefredakteur der Zeitschrift „Commentary". Er ist auch mit der „konservativen" *Heritage Foundation* verbunden, und seine Frau, die Jüdin Midge Dichter, ist Mitglied des Vorstands dieser Organisation.

Die Entwicklung der Gesellschaft unterliegt nicht biologischen Gesetzen, sondern höheren sozialen Gesetzen. Versuche, die Gesetze des Tierreichs auf die Menschheit zu übertragen, sind ein Versuch, den Menschen auf das Niveau der Tiere herabzudrücken.
INSTITUT FÜR GENETIK DER AKADEMIE DER WISSENSCHAFTEN, U.S.S.R.

Love Across Color Lines a Biography: ... Maria Diedrich behauptet, dass Frederick Douglass weit davon entfernt war, sich vom Bewusstsein der Hautfarbe zu befreien, sondern „zwischen zwei Rassen hin- und hergerissen war, gequält von seinem doppelten Bewusstsein, sowohl das eine als auch das andere zu sein". Sie sieht in ihm den „ultimativen Wunsch, sich mit dem Weißsein seines Vaters zu identifizieren". Douglass' Liebe zu weißen Frauen ermöglichte es ihm, „das Territorium, aus dem ihn sein Vater und Herr verbannt hatte, als sein eigenes zu beanspruchen ... (Territorium), das er nur als weiß wahrnehmen konnte". Unter Betonung der Tatsache, dass Otillie Assing (Douglass' Geliebte) Halbjüdin war ... (sie) reichte Douglass die Hand ... „wie eine weiße Frau mit allen

Privilegien der Weißheit, aber mit der Weisheit einer Mestizin". (Assing beging Selbstmord).

MARIA DIEDRICH, „Love Across Color Lines" (Liebe durch Farblinien) (aus dem Pressespiegel der *Washington Post*, 6-25-99).

Papst Johannes Paul II. erlag der Tyrannei evolutionistischer Wissenschaftler, die behaupten, wir seien mit den Affen verwandt... In einer Erklärung des Papstes hieß es: „Neue Erkenntnisse lassen erkennen, dass die Evolutionstheorie mehr als eine bloße Hypothese ist".

CAL THOMAS, Leitartikler, *Washington Times*.

Die Evolution ist eine TATSACHE. Andererseits ... Wenn der Mensch von den Affen abstammt, warum leben Affen dann immer noch auf Bäumen und tragen keine Hosen?

GRANDAD, „Down on the Farm".

Um dysgenetische Agonien sowohl für genetisch benachteiligte Menschen als auch für überlastete Steuerzahler zu reduzieren (ich empfehle) ... freiwillige Sterilisation ... durch Prämien ... vielleicht 1000 Dollar für jeden Punkt unter 100 IQ.

PROF. WILLIAM SHOCKLEY, Nobelpreisträger, Stanford U.

KAPITEL 8

DIE NEGR E

Es geht absolut nicht um irgendwelche genetischen Unterschiede: Das Intelligenzpotenzial ist bei schwarzen Kindern im gleichen Verhältnis und nach dem gleichen Muster verteilt wie bei Isländern, Chinesen oder jeder anderen Gruppe.
SENATOR DER VEREINIGTEN STAATEN DANIEL P. MOYNIHAN, Demokrat/Katholik.

Abstrakte Intelligenz ist die *Voraussetzung* für die Existenz einer zivilisierten Gesellschaft. Fünfzig Jahre Forschung in den USA haben regelmäßige, anhaltende und statistisch signifikante durchschnittliche Unterschiede zwischen Schwarzen und Weißen aufgedeckt.
DR. HENRY GARRETT, Leiter der Abteilung für Psychologie, Columbia U.

Heute stellen psychologische und genetische Tests die geistige Ungleichheit zwischen der weißen und der schwarzen Rasse außer Zweifel ... das Intelligenzniveau des Schwarzen liegt weit unter dem des Weißen.
EDWARD M. EAST, Professor für Genetik, Harvard U.

... die Größe des Gehirns im Verhältnis zur Größe oder zum Gewicht des Körpers ist von entscheidender Bedeutung, um jede Art oder Unterart an den ihr zustehenden Platz in den Tabellen der fortgeschrittenen oder weniger fortgeschrittenen Gene zu setzen ... das durchschnittliche Gehirn des Schwarzen unterscheidet sich im Gewicht und ist etwa 100 Gramm kleiner als das des Kaukasoiden ... es ist völlig unmöglich, zu behaupten, dass die Gehirne gleich sind, wenn wir einen deutlichen Unterschied dieser Art feststellen.
ROBERT GAYRE, M.A., D.Phil., D.Sc, Ed. *„The Mankind Quarterly"*.

1. Der IQ von schwarzen Amerikanern liegt im Durchschnitt 15 bis 20 Punkte unter dem von weißen Amerikanern.
2. Die Überlappung des mittleren IQ der Weißen durch die Schwarzen liegt zwischen 10 und 25% (Gleichheit würde eine Überlappung von 50% erfordern).
3. Etwa sechsmal so viele Schwarze wie Weiße haben einen IQ von unter 70 (Gruppe mit schwachem Verstand).

4. Weiße gehören etwa sechsmal häufiger zur Kategorie der „hochbegabten Kinder".
5. Der Rückstand der Schwarzen ist bei Tests abstrakter Natur größer: Denken, Schlussfolgerungen, Verständnis etc.
6. Die Unterschiede zwischen Schwarzen und Weißen nehmen mit dem Alter zu, wobei der Leistungsunterschied in der High School und an der Universität am größten ist.
7. Große und signifikante Unterschiede zeigen sich zugunsten der Weißen, selbst wenn die wirtschaftlichen Faktoren gleichgesetzt wurden.

Die obigen Statistiken stammen aus *„The Testing of Negro Intelligence",* (Social Science Press), von Prof. Audrey M. Shuey, Chr. Dept. Psychology, Randolph-Macon College. Der Test umfasst 382 Vergleiche, für die 81 verschiedene Tests verwendet wurden, die eine große Stichprobe von Hunderttausenden von Personen abdecken. Die Tests wurden entwickelt, um die Art der geistigen Fähigkeiten zu messen, die erforderlich sind, um in einer modernen, städtischen und hochgradig alphabetisierten Zivilisation erfolgreich zu sein.

Die Tests wurden von Dr. Garrett, Dr. Gayre, Dr. Josey, Dr. Baker, Dr. Woodsworth und anderen bedeutenden Wissenschaftlern gelobt. Dennoch *weigerten sich sechs Universitätsdruckereien, die Tests zu veröffentlichen, da sie sonst ihre staatlichen Zuschüsse verloren hätten.*

Der COLEMAN-Bericht (1966) wurde von der Bundesregierung mit einer Million Dollar finanziert. Er untersuchte 600.000 Kinder vom Kindergarten bis zur 12. Klasse in 4000 demografisch repräsentativen Schulen in allen Teilen des Landes. *Etwa 15% der schwarzen Kinder entsprachen oder übertrafen den Durchschnitt der Weißen; 85% lagen unter dem Durchschnitt der Weißen. In der Reihenfolge der Rassen standen die Weißen an erster Stelle, die Orientalen an zweiter, die amerikanischen Ureinwohner (die am meisten von allen benachteiligten) an dritter, die Mexikaner an zweiter, die Puertoricaner an dritter und die Schwarzen an vierter Stelle.* Der Coleman-Bericht wurde von Liberalen, Marxisten und Juden beerdigt.

Während des Bürgerkriegs flohen mehrere Tausend Schwarze durch die „unterirdische Eisenbahn" nach Kanada. Seitdem leben ihre Nachkommen „ohne Diskriminierung" in Kanada. Dennoch sind ihre Ergebnisse bei mentalen Tests die gleichen wie die der „unterdrückten" schwarzen Amerikaner.

Die Größe des menschlichen Gehirns steht im Zusammenhang mit der Fähigkeit, zu denken, zu planen, zu kommunizieren und sich in Gruppen zu verhalten - als Anführer, Mitläufer oder beides ... Bei lebenden Individuen und Populationen gibt es Unterschiede in der regelmäßigen Größe der Lappen und in der Oberfläche der Hirnrinde; die Größe der Oberfläche variiert je nach Komplexität und Tiefe der Falten auf den inneren und äußeren Oberflächen der Hemisphären. Je größer das Gehirn, desto größer ist die kortikale Oberfläche, sowohl im Verhältnis als auch absolut.
DR. CARLTON COON, Professor für Anthropologie an der Harvard University.

Die menschliche Großhirnrinde ist das spezifische Organ der Zivilisation ... Die Voraussicht, die Ziele und Ideale, nach denen wir als Individuen und als Nationen streben, sind Funktionen dieser kortikalen grauen Materie.
PROF. C. JUDSON HERRICK, Universität von Texas.

F. W. Vint, Medical Research Laboratory, Kenia, Afrika, veröffentlichte Berichte (1934) über „die Untersuchung der Großhirnrinde von 100 repräsentativen Gehirnen einheimischer Erwachsener (mit Ausnahme von Proben aus Gefängnissen oder psychiatrischen Kliniken), die mit europäischen Gehirnen verglichen wurden". Er stellte fest, dass „die supragranulare Schicht der Negerrinde etwa 14% dünner war als die der Weißen".

Der gesamte vordere Stirnbereich auf einer oder beiden Seiten kann ohne Bewusstseinsverlust entfernt werden. Während der Amputation kann der Betroffene weiter sprechen, ohne zu merken, dass ihm der Bereich genommen wird, der sein Gehirn am meisten von dem eines Schimpansen unterscheidet. Nach der Amputation wird es einen Defekt geben, *den der Betroffene* aber *möglicherweise selbst nicht bemerkt*. Dieser Defekt wird seine Fähigkeit betreffen, zu planen und die Initiative zu ergreifen ... obwohl er vielleicht in der Lage sein wird, die Fragen anderer genauso genau zu beantworten wie zuvor.
DR. WILDER PENFIELD, Professor für Neurologie und Neurochirurgie, McGill University, „der beste Gehirnchirurg der Welt".

Albert Schweitzer gab seine in Deutschland weltberühmte Karriere als Theologe, Autor, Organist und Bach-Autorität auf, um einen Doktortitel in Medizin zu erwerben. Anschließend gründete er ein Krankenhaus in Lamberne in Afrika. Dort widmete er aufgrund seines Christentums und Humanismus 40 Jahre seines Lebens der Behandlung von Schwarzen. Dr. Schweitzer, der von den „Liberalen" vergöttert wurde, erhielt den Nobelpreis. In seiner *Dankesrede* sagte er: *"Der Schwarze ist unser Bruder, aber er ist unser kleiner Bruder ... und bei Kindern kann nichts ohne den Einsatz von Autorität getan werden ...". Die Kombination aus Freundlichkeit und Autorität ist das große Geheimnis einer erfolgreichen Beziehung mit dem Schwarzen".* Infolge dieser Aussage fiel Dr. Schweitzer bei den Liberalen in Ungnade, ebenso wie Solschenizyn, als er die Bolschewiki als Tiere bezeichnete.

Kein einziger im Westen ausgebildeter schwarzer Arzt meldete sich jemals freiwillig, um Dr. Schweitzer zu helfen, und seine Erfahrung überzeugte ihn so sehr von der Abwesenheit mentaler und charakterlicher Normen bei reinen Schwarzen ..., dass er es nie für nötig hielt, in seinem afrikanischen Krankenhaus Schwarze zu höheren Aufgaben auszubilden.
      H. B. ISHERWOOOD, „Am Rande des Regenwaldes".

Man wird feststellen, dass, wenn man die Menschheit nach Hautfarbe einteilt, die einzige der primären Rassen, die keinen kreativen Beitrag zu einer unserer Zivilisationen geleistet hat, die schwarze Rasse ist.
      DR. ARNOLD TOYNBEE, „Das Studium der Geschichte".

Eine Lösung für diese Probleme muss gefunden werden, aber sie wird niemals durch die Verfälschung der Fakten der Erb- und Rassengeschichte erreicht werden.
      ROBERT GAYRE, Herausgeber. „Mankind Quarterly".

Menschenrassen werden auf die gleiche Weise unterschieden wie gut ausgeprägte Tierarten.
      SIR ARTHUR KEITH.

Der durchschnittliche schwarze Schüler (IQ 80,7) kann nicht über ein den nationalen Standards entsprechendes Programm für die siebte Klasse hinausgehen; für die Hälfte der schwarzen Gruppe ist die fünfte Klasse das Maximum ... Nur ein (1%) Prozent (110 IQ und höher) der Schwarzen ist intellektuell so ausgestattet, dass sie in der Mittelschule eine akzeptable Arbeit leisten können. Dreißig (30%) der Weißen sind so ausgestattet.
      DR. HENRY E. GARRETT. Leiter der Abteilung Psychologie, Columbia U.

Die Unterschiede in der Dicke der supragranularen Schichten der Hirnrinde bei weißen und schwarzen Gehirnen machen den Unterschied zwischen Zivilisation und Wildheit aus.
      DR. WESLEY CRITZ GEORGE, Leiter der Abteilung für Anatomie, U. N. Carolina.

Die supragranularen Schichten des Hundes sind nur halb so dick wie die des Affen, und die des Affen sind dreimal so dünn wie die des weißen Mannes. Die des Schwarzen sind 14% dünner als die des weißen Menschen.
CARLTON PUTNAM, LLD, Princeton, „Rasse und Wirklichkeit".

Schwarze sind im direkten Verhältnis zu der Menge an weißen Genen, die sie tragen, intelligenter. (Die Beweise legen nahe, dass der durchschnittliche IQ der schwarzen Bevölkerung für jedes Prozent kaukasischer Gene um etwa einen (1) IQ-Punkt ansteigt.
DR. WILLIAM SHOCKLEY, Nobelpreisträger, Stanford U.

Curt Stern, Professor für Genetik an der Universität von Kalifornien, berichtet, dass *„der durchschnittliche schwarze Amerikaner 3/4 seiner Gene aus seinem afrikanischen Erbe und 1/4 aus seinen weißen Genen bezieht".* Weiße Gene erhöhen den IQ von Schwarzen; umgekehrt stumpfen schwarze Gene die intellektuell überlegenen Rassen ab. *Der Ausdruck „fast weiß"* ist ein Oxymoron, da es keine fast weiße Rasse gibt. Entweder man ist weiß oder man ist es nicht.

Als Sozialanthropologe akzeptiere ich natürlich und bestehe sogar darauf, dass es große Unterschiede gibt, sowohl geistig als auch psychologisch, die die verschiedenen Rassen der Menschheit voneinander trennen. Tatsächlich wäre ich geneigt, anzudeuten, dass ungeachtet der physischen Unterschiede zwischen Rassen wie der europäischen und der schwarzen die mentalen und psychologischen Unterschiede noch größer sind.
L. S. B. LEAKY, „Fortschritt und Entwicklung des Menschen in Afrika".

Ich war bewegt von der Botschaft der Menschlichkeit, die in seine Mauern eingeschrieben ist. Die Olduvai-Schlucht lehrt uns, dass wir ungeachtet der scheinbaren Unterschiede zwischen den Menschen letztlich vom selben Ort kommen. Wir teilen eine gemeinsame Heimat unserer Vorfahren. Und letztlich sind wir alle, unabhängig von unserem Geschlecht, unserer Hautfarbe oder dem Gott, an den wir glauben, unabhängig von den weiten Ozeanen oder den Landstrichen, die uns trennen, Teil der gleichen menschlichen Familie.
HILLARY RODHAM CLINTON, Washington Times (4-3-97).

Nicht in unseren Sternen, lieber Brutus, sind wir Untergebene, sondern in uns selbst.
WILLIAM SHAKESPEARE, „Julius Cäsar".

Immer mehr weiße Südafrikaner fliehen aus dem Land, vor allem wegen Gewaltverbrechen, erklärte die Regierung diese Woche... Eine kürzlich von einer südafrikanischen Bankengruppe durchgeführte Untersuchung der Kriminalität ergab, dass an einem normalen Tag 52 Menschen getötet, 470 bei Überfällen schwer verletzt, über 100 Frauen vergewaltigt, 270 Autos entführt... und 590 Häuser ausgeraubt werden.
WASHINGTON TIMES (10-17-96), Johannesburg Wire Services.

Ich kann mir kein größeres Unglück vorstellen, als dass der Schwarze als Gleichgestellter in unser soziales und politisches Leben aufgenommen wird.
ABRAHAM LINCOLN.

Es gibt nichts Schrecklicheres als eine barbarische Sklavenklasse, die gelernt hat, ihre Existenz als Unrecht zu betrachten, und die sich nun darauf vorbereitet, Rache zu nehmen - nicht nur an sich selbst, sondern an allen künftigen Generationen. Wer würde es angesichts solch bedrohlicher Stürme wagen, sich vertrauensvoll auf unsere blassen, erschöpften Religionen zu berufen?
FRIEDRICH NIETZSCHE, „Die Geburt der Tragödie".

Allein die amerikanischen Ureinwohner bevölkerten Amerika, bis die spanischen Konquistadoren und portugiesischen Entdecker Negersklaven einführten, die ihre afrikanischen Gene mit denen der Indianer vermischten. Im Jahr 1619 kamen etwa 20 schwarze Sklaven zusammen mit britischen Siedlern und Vertragsbediensteten in Jamestown, Virginia, an. Von Anfang an erkannte jede der dreizehn amerikanischen Kolonien die Sklaverei an. Für die Zwecke der Volkszählung wurden Schwarze zu drei Fünfteln eines Mannes gezählt, während Ureinwohner Amerikas nicht gezählt wurden. Jefferson, der über 200 Sklaven besaß, erklärte in der *Unabhängigkeitserklärung*, dass „*alle Menschen gleich geschaffen sind"*. Was er damit offensichtlich meinte, war „*gleich vor dem Gesetz"*: Weder Schwarze noch die Demokratie wurden in der Verfassung erwähnt. Mit dem Aufkommen der *industriellen Revolution* boten die britischen Textilfabriken den amerikanischen Baumwollbauern einen wachsenden Markt. Um die steigende Nachfrage zu befriedigen, wurden mehr Landarbeiter benötigt. Die Nordländer lehnten diese Arbeitsplätze ab. Sie waren weder körperlich noch geistig an die Arbeit unter der sengenden Sonne des Südens angepasst, was bei den Negern der Fall war. Außerdem waren sie leicht zu beschaffen. Die Häuptlinge der afrikanischen Stämme waren die Versorger. Ihre Taktik bestand darin, die benachbarten Dörfer niederzubrennen und dann die stürzenden

Neger zusammenzutreiben, so wie die Rancheros das aufgescheuchte Vieh zusammentreiben. Die Gefangenen - Männer, Frauen und Kinder - wurden dann in Ketten gelegt und an arabische, jüdische und weiße Sklavenhändler verkauft. Die wichtigste Tauscheinheit für Schwarze, die nach Amerika verschifft wurden, war billiger Rum. Die Stammesführer waren so süchtig nach dem „roten Becher", dass sie regelmäßig Familien- und Stammesmitglieder verkauften, um ihn zu bekommen. Die meisten Segelschiffe (15), die zum Transport von Sklaven verwendet wurden, gehörten Juden.

Sklaverei ist natürlich in fast allen menschlichen Gesellschaften seit Beginn der Geschichte aufgetreten. Schwarzafrika ist da keine Ausnahme. Heute betreiben Neger in der Tat einen florierenden Sklavenhandel im Sudan, in Somaliland etc.

> Die Sklaverei war eine wichtige Funktion im sozialen und wirtschaftlichen Leben Afrikas.
> JOHN HOPE FRANKLIN, NIGGER,
> „Von der Sklaverei zur Freiheit".

In den USA zahlten die Plantagenbesitzer im Süden den Negern hohe Preise. *Als wertvolle Güter wurden die Sklaven von ihren Besitzern von der Geburt bis zum Tod versorgt.* In der überwiegenden Mehrheit der Fälle wurden die Sklaven menschlich und oftmals liebevoll behandelt. Allerdings brachten die Schwarzen ihre wilden Gene aus Afrika mit. Deshalb mussten Hygiene, Disziplin und Ordnung eingetrichtert und aufrechterhalten werden; in diesem Sinne war das Leben der Schwarzen reglementiert. Die Schulen auf den Plantagen und die Bibelstudien standen ihnen zur Verfügung. Sie mussten lernen zu arbeiten, Werkzeuge zu benutzen, im Garten zu arbeiten und Haushaltsarbeiten zu erledigen. Trotzdem waren die *Lebensbedingungen auf den Plantagen wesentlich besser als in Schwarzafrika, und die individuelle Lebenserwartung war höher.* Der Krieg, der vorgeblich zur *„Befreiung der Sklaven" geführt wurde, diente in* Wirklichkeit dazu, das Bankimperium der Rothschilds auszuweiten. Der nunmehr freie Schwarze, der auf der Evolutionsleiter 200 000 Jahre zurücklag, fand sich plötzlich in der weißen Welt des 19. Alle intelligenten und gewissenhaften Menschen, Weiße wie Schwarze, wussten (und wissen), dass der Schwarze nach Afrika, seiner Heimat, zurückgeschickt und dort mit finanzieller Unterstützung der Regierung der Vereinigten Staaten kolonisiert werden sollte. Vier Hauptkräfte umgingen die Kolonialisierung:

1) Der Mord an Lincoln
2) Die Nation war mit Kriegsschulden belastet.
3) Schwarze stellten eine Quelle billiger Arbeitskräfte dar und sollten nicht mehr „von der Wiege bis zur Bahre" versorgt werden.
4) Die ILLUMINATI planten, Schwarze als „fünfte Kolonne" einzusetzen, um die westliche/christliche Kultur zu zerstören.

Nichts steht im Buch des Schicksals sicherer geschrieben, dass diese Völker frei sein müssen; nicht weniger sicher ist, dass zwei gleichermaßen freie Rassen nicht unter derselben Regierung leben können.
(Der Satz auf dem Jefferson Memorial, Washington, D.C., endet betrügerischerweise beim Semikolon).
THOMAS JEFFERSON.

Ich habe die Kolonisierung der Schwarzen betont und werde dies auch weiterhin tun. Meine Emanzipationsproklamation war mit diesem Plan verbunden. Es gibt in Amerika keinen Platz für zwei verschiedene Rassen weißer Männer (Weiße und Juden), und noch weniger für zwei verschiedene Rassen von Weißen und Schwarzen... Innerhalb von zwanzig Jahren können wir den Schwarzen friedlich kolonisieren... unter Bedingungen, die es ihm ermöglichen, sich zum vollen Maß des Menschseins zu erheben. Hier wird er das nie können. Wir werden niemals die ideale Union verwirklichen können, von der unsere Väter träumten, mit Millionen von Menschen einer fremden und minderwertigen Rasse unter uns, deren Assimilation weder wünschenswert noch möglich ist.
ABRAHAM LINCOLN,
Die „Collected Works" von Lincoln.

Wir haben untereinander einen größeren Unterschied als zwischen fast allen anderen Rassen... Wenn man das anerkennt, gibt es zumindest einen Grund, warum wir getrennt werden sollten.
ABRAHAM LINCOLN, Sandburg,
„Abraham Lincoln, die Jahre des Krieges"

Soziale Beziehungen beinhalten immer auch sexuelle Beziehungen.
E. A. HOOTEN, Professor für Anthropologie, Harvard U.

Ich habe es (die Vergewaltigung) bewusst, absichtlich, vorsätzlich, methodisch getan ... Ich war begeistert, das Gesetz des weißen Mannes, sein Wertesystem herauszufordern und mit Füßen zu treten, seine Frauen zu beschmutzen.
ELDRIDGE CLEAVER, „Soul On Ice".

Das unvermeidliche Ergebnis der Vermischung von Rassen ... ist eine

massive Verringerung des Anteils intelligenter Nachkommen.
NATHANIAL WEYL, JUDE, Erzieher und Schriftsteller.

Einige Rassen sind anderen eindeutig überlegen. Eine bessere Anpassung an die Lebensbedingungen hat ihnen Geist, Vitalität, Größe und relative Stabilität verliehen... Es ist daher von größter Bedeutung, dass diese Überlegenheit nicht durch die Heirat mit minderwertigen Rassen verdunkelt wird und so die Fortschritte, die durch eine schmerzhafte Entwicklung und ein langwieriges Aussieben der Seelen erzielt wurden, wieder zunichte gemacht werden. Die Vernunft protestiert ebenso wie der Instinkt gegen jede Verschmelzung, zum Beispiel zwischen weißen und schwarzen Völkern... Die (weiße) Größe verschwindet jedes Mal, wenn der Kontakt zu (einer solchen) Verschmelzung führt.
GEO. SANTAYANA,
Amerikanischer Philosoph, *„Das Leben der Vernunft"*.

Wenn der Neger nicht aus den Vereinigten Staaten eliminiert wird, wird das zukünftige Amerika ein Bastard sein, wie die Völker des (heutigen) Ägypten, Indiens und einiger lateinamerikanischer Länder ... wenn zwei Rassen miteinander in Kontakt kommen, vertreibt die eine die andere ... oder passt ihre Unterschiede durch einen Prozess der Fortpflanzung zwischen den Rassen an ... der Charakter der überlegenen Rasse wird dazu neigen, in den Bastarden ausgelöscht zu werden.
ERNEST SEVIER COX, *„Das weiße Amerika"*.

Dr. Carlton Coon ... behauptet, dass während sich die weiße und die gelbe Rasse mühsam entwickelten, der Schwarze in Afrika „eine halbe Million Jahre lang stillstand" ... Um genauer zu sein, ist das Gehirn des Schwarzen kleiner und leichter, weniger kompliziert und weniger entwickelt ... Die Primitivität seines Gehirns zeigt sich in der Geschwindigkeit, mit der es sich nach der Geburt entwickelt und dann plötzlich aufhört, sich zu entwickeln, so dass er wie ein „lobotomisierter Europäer" zurückbleibt.
WILLIAM G. SIMPSON, *„Welcher Weg für den westlichen Menschen"*.

Die Australier, die nach ihren morphologischen Kriterien primitiv waren, kamen aus eigener Initiative nicht über das Stadium des Nahrungssammelns hinaus, ebenso wenig wie die Buschmänner oder die Saniden, die klassischen Prototypen der Pädomorphose. Eine parallele Schlussfolgerung drängt sich auf, wenn wir uns die Ergebnisse von Kognitions- und Erfolgstests ansehen, die mit verschiedenen Rassen durchgeführt wurden, die unter zivilisierten Lebensbedingungen lebten. Die Mongoloiden und Europiden schnitten in beiden Testarten am besten ab; ihnen folgten (mit großem Abstand) die Indianiden, und die Negriden

schnitten noch schlechter ab. In Übereinstimmung mit diesen Ergebnissen sind die Rassen, bei denen die Zivilisation entstand und Fortschritte machte, die Mongoloiden und Europiden... Die Schädelkapazität ist natürlich direkt mit dem ethnischen Problem verbunden, da sie eine Grenze für die Größe des Gehirns in den verschiedenen Taxa setzt; aber alle morphologischen Unterschiede sind ebenfalls relevant...
DR. JOHN R. BAKER, Biologe, Oxford, Mitglied der Royal Society, aus seinem hochgelobten (aber unterdrückten) Buch „RACE".

Es wäre absurd, aufgrund der Leistungen im intellektuellen Bereich eine Überlegenheit aller Europiden über alle Negriden zu behaupten; man muss jedoch zugeben, dass die Beiträge der Negriden in der Welt der Bildung trotz aller Verbesserungen bei den Bildungsmöglichkeiten insgesamt enttäuschend waren. Die schwarzen Amerikaner sind eher für ihre Massenattraktivität in öffentlichen Angelegenheiten und Volksunterhaltung bekannt als für ihre großen Leistungen in Bereichen wie Philosophie, Mathematik, Wissenschaft oder Technik.
DR. JOHN R. BAKER, Biologe, Oxford.

WELLESLEYS HISTORIEN bezeichnen AFROZENTRISMUS als MYTHOS: Weder Kleopatra noch Sokrates waren schwarz. Die alten Griechen haben ihre Philosophie nicht von ägyptischen Priestern gestohlen und Aristoteles hat nicht die Bibliothek von Alexandria geplündert. Die Wurzeln der westlichen Zivilisation gehen nicht auf Afrika zurück. Dies sind jedoch einige der Behauptungen der afrozentrischen Bewegung, die auf vielen Campus blüht.
MARY LEFKOWITZ, JÜDISCH,
Professorin für klassisches Griechisch, Wellesley,
Auszug aus der *Washington Times*, 1996.

... das Ideal wird nur erreicht, wenn eine bestimmte Region ausschließlich von einem Volk eines einzigen ethnischen Stammes bewohnt wird, das nur in Schulen und Hochschulen miteinander konkurriert, mit dem Ergebnis, dass sich eine Elite herausbildet, die die Führung des Volkes übernimmt ... die Negervölker sind Opfer einer politischen Philosophie, die als Wunsch nach Förderung ihres Wohlergehens getarnt ist, die ihre natürliche Entwicklung verzerrt, sie ihrer Selbstachtung und der Zufriedenheit mit ihren eigenen Errungenschaften und Lebensweisen beraubt und ihnen unermesslichen Schaden zufügt...
ROBERT GAYRE, „*The Mankind Quarterly*" VI 4-1966.

Über 70% (1996) der schwarzen Kinder werden unehelich geboren. Ihre Illegalität pro Kopf ist mehr als fünf (5) Mal so hoch wie die der Weißen. Schwarze begehen 15-mal so viele Morde wie Weiße, 19-mal so viele Diebstähle, 10-mal so viele Vergewaltigungen und Überfälle.

Es gab 629.000 rassistisch motivierte Übergriffe (1985), von denen 90 % von Schwarzen auf Weiße verübt wurden. Laut FBI schwanken diese Zahlen von Jahr zu Jahr, stellen aber einen Aufwärtstrend in den gesamten USA dar. *Das besorgniserregendste Verbrechen ist die wachsende Zahl weißer Frauen, die von Schwarzen vergewaltigt werden (In Afrika südlich der Sahara gilt Vergewaltigung als normales Verhalten).*

Ich tat es (die Vergewaltigung) bewusst, absichtlich, vorsätzlich, methodisch ... Ich freute mich darauf, das Gesetz des weißen Mannes, sein Wertesystem herauszufordern und mit Füßen zu treten, seine Frauen zu beschmutzen.
ELDRIDGE CLEAVER, „Soul On Ice".

Wenn hypothetisch alle NEGREN und JUDEN morgen aus den Vereinigten Staaten verschwinden würden, würde es zu einer sofortigen und glorreichen Wiedergeburt des von unseren Gründervätern geplanten Amerikas kommen. Wenn hingegen die weiße Rasse verschwinden würde, könnte „*das Land der Freien und Tapferen"* nicht einen einzigen Tag überleben!

Der Schwarze hat viel zu bieten. Aber er kann niemals sein Potenzial und seine Männlichkeit ausschöpfen oder glücklich werden, wenn er in einer weißen Gesellschaft lebt. Er ist nicht freiwillig ein Parasit. Er hat eine Würde, die ein Jude niemals besitzen kann. *Der schwarze Amerikaner hätte ermutigt und dabei unterstützt werden sollen, in Afrika, seiner Heimat, einen eigenen Nationalstaat zu entwickeln. Stattdessen wurde er von den Juden manipuliert: Er wurde in ihren Kleiderläden benutzt, als Mieter ihrer Slums, als Kläger in Bürgerrechtsfällen, um die weißen Enklaven zu zerstören, die anzugreifen die Juden nicht den Mut hatten, und als Anarchist auf den Straßen eingesetzt, um den ILLUMINATI-Bestrebungen zum Durchbruch zu verhelfen.* Nur Louis Farrakhan scheint zu verstehen, was W. E. B. Du Bois ins Auge gefasst und Martin Luther King zerstört hat.

Die Ergebnisse von IQ-Tests *sind keineswegs die einzigen Determinanten für die Lebensfähigkeit und den Wert einer Rasse, auch wenn sie für die westliche Kultur wichtig sind.* Gesunder Menschenverstand, außersinnliche Wahrnehmung, Mut, Loyalität, Ausdauer und die *Seele* - jene undefinierbare mystische Essenz, die jeder Rasse einen unverwechselbaren Charakter verleiht - all diese und viele andere Eigenschaften, die der Schwarze in hohem Maße besitzt, können in seinen eigenen Nationalstaat umgewandelt werden. *Die Rassenseele kann ihr Schicksal nur auf ihrem eigenen Territorium, unter ihrem eigenen Volk erfüllen, wo sie ihre eigene Kultur und ihre eigene Beziehung zum Universum aufbaut.* Nicht alle Rassen sind gezwungen, zum Mond zu fliegen. Nur wenige Menschen sind Titanen. Alle Menschen sind weniger als Gott. Damit jedoch die anmutige Palme und der riesige Mammutbaum ihre Bestimmung im großen Plan der Natur erfüllen können, *muss jeder in seiner eigenen Umgebung wachsen!*

Die FAKTEN sind unwiderlegbar: Die Integration mit dunklen Rassen wird nicht nur die weiße Rasse vernichten - eine völkermörderische TRAGÖDIE -, sondern die Menschheit auch ihres größten Wohltäters berauben, der westlichen Zivilisation. Wenn die weiße Rasse lobotomisiert ist, wer wird sich dann um die kranken und von Hungersnöten geplagten Menschen in der Welt kümmern? Sicherlich nicht die Juden, deren Praxis darin besteht, die Schafe zu rupfen und nicht zu füttern. Das Ziel der ILLUMINATI ist es, die *Protokolle der Weisen von Zion* zu erfüllen und nicht Martin Luther Kings erbärmlichen Traum von GLEICHHEIT zu verwirklichen.

> Wir vernichten die (arische) Bourgeoisie als Klasse.
> VLADMIR LENIN, JÜDISCH, Kommunist,
> Oberster Diktator, U.R.S.S.

Nathaniel Weyl, JÜDISCHER, (*"The Mankind Quarterly"*, XI,# 3, Jan. 1971) kam unter Verwendung von Berechnungen, die der bedeutende britische Genetiker Sir Julian Huxley zur Verfügung gestellt hatte, zu folgendem Schluss:

> Wenn sich in den USA Schwarze (durchschnittlicher IQ von 80-85) zufällig mit Weißen (durchschnittlicher IQ von 100) kreuzen, wird die nächste Generation von Amerikanern einen durchschnittlichen IQ von 98,46 haben. Was für ein geringer Preis, den wir für die GLEICHHEIT zahlen müssen! Doch dieser Rückgang der durchschnittlichen Intelligenz um 1,5 % würde dazu führen, dass die Zahl der Menschen mit einem IQ von über 160 um 50 % sinken würde! Kurz gesagt: Er würde die Produktion von Menschen mit den intellektuellen Fähigkeiten, die in fortgeschrittenen Gesellschaften für Führungsaufgaben und kreative Anstrengungen erforderlich sind, halbieren. Hinzu käme der massive negative Effekt, der durch den Übergang von der assistierten Reproduktion zur

Zufallsreproduktion in Bezug auf die Intelligenz verursacht wird.

Es bleibt die Frage, ob der in Amerika lebende Schwarze den WILLEN hat oder nicht, seinen eigenen einzigartigen Nationalstaat in Afrika zu fordern oder für immer ein Sklave des LIBERALISMUS/MARXISMUS/JUDAISMUS zu bleiben.

Die einzige Voraussetzung für die Zentralisierung der Macht in einer demokratischen Gemeinschaft besteht darin, sich zur Gleichheit zu bekennen.
ALEXIS de TOCQUEVILLE.

Ich fühlte mich sehr zu niederländischen Mädchen hingezogen. Ich wollte verzweifelt mit ihnen schlafen ... um eine Art Überlegenheit gegenüber der weißen Rasse auszuüben. Das ist doch immer das Ziel, nicht wahr? Die dunkelhäutigen Männer sollen die Weißen dominieren!
PRÄSIDENT SUKARNO, Indonesien.

... Wir wollen Gedichte wie Fäuste, die Nigger schlagen, oder Gedichte wie Dolche in den schleimigen Bäuchen jüdischer Besitzer ...
... den weißen Ärschen Feuer und Tod bringen. Sehen Sie zu, wie der liberale Sprecher der Juden sich die Kehle zuschnürt und in die Ewigkeit kotzt ...
Schreiben Sie ihm ein Gedicht. Machen Sie ihn für die ganze Welt bloß! Ein weiteres schlechtes Gedicht, das die Stahlfäuste im Mund einer Juwelierin krachen lässt ...
LEROI JONES, Schwarz, „Black Art".

Aus dem stinkenden Westen, dessen Zeit vorbei ist,
Der stinkt und taumelt in seinem Mist,
Nach Afrika, nach China, an die Küste Indiens,
Wo Kenia und der Himalaja sich erheben.
Und wo der Nil und der Jangtse fließen:
Drehe alle Gesichter des Menschen, die sich sehnen.
Komm mit uns, dunkles Amerika:
Das Gesindel aus Europa hat sich hier gemästet und einen Traum ertränkt,
Hat die fauligen Sümpfe zu Zufluchtsorten gemacht:
Die Schwarzen versklavt und die Roten getötet Und die Reichen bewaffnet, um die Toten zu plündern ;
Sie verehrten die Huren von Hollywood, wo einst die Jungfrau Maria stand, und lynchten Christus.
Wach auf, wach auf, o schlafende Welt. Ehre die Sonne ;
Die Sterne verehren, die großen Sonnen, die die Nacht regieren

Wo das Schwarz leuchtet
Und jede selbstlose Arbeit ist gerecht.
Und Gier ist eine Sünde.
Und Afrika geht weiter. Pan Afrika!
W.E.B. DU BOIS, Mulatte, „*Ghana Calls*".

Wissen Sie, was der amerikanische Traum wirklich ist? Zehn Millionen Schwarze, die mit einem Juden unter jedem Arm nach Afrika schwimmen.
STANLEY KUBRICK, JÜDISCH, „Vanity Fair" (7-1-99).

Weiße Männer sind zu allem bereit. Sie würden es im Morgengrauen tun, wenn sie diese Höhe erreichen könnten.
GRANDAD aus „*Down on the Farm*".

Schwarze Mädchen werden leichter. Schwarze Mädchen tragen hohe Absätze.
ANONYM.

Wenn ihr heiratet, dann heiratet das Licht!
HARLEM CREDO.

KAPITEL 9

DIE ARISCHE KRAFT

Die indoeuropäischen (arischen) Sprachen wurden einst mit einem einzigen, wenn auch zusammengesetzten Rassentyp in Verbindung gebracht, und dieser Rassentyp war ein angestammter nordischer Typ.
CARLTON COON, Professor für Anthropologie an der Harvard University,
aus seinem monumentalen Erfolg „*Origin of the Races*".

Für ein Volk ist nur das gut, was aus seinem eigenen Stamm stammt, ohne sich von einem anderen inspirieren zu lassen. Denn was für ein Volk in einer bestimmten Phase der Geschichte vorteilhaft ist, kann sich für ein anderes als Gift erweisen. Alle Versuche, etwas fremdes Neues in ein Volk einzuführen, das es in seinem tiefsten Herzen nicht braucht, sind töricht, und alle Pläne mit revolutionärer Absicht sind vergeblich, denn sie sind ohne Gott, der sich von solchen Fehltritten fernhält.
GOETHE, „*Gespräche mit Eckermann*", 4. Januar 1824.

Materieller Wohlstand fördert die Bewahrung, Verwöhnung und Vermehrung minderwertiger Elemente, die in reichen Zivilisationen parasitär sind. Wir können entweder unsere eigenen faulen Äste beschneiden oder uns dem gnadenlosen Schnitt und der Ausdünnung durch kräftigere Eroberer-Gene unterwerfen.
DR. ERNEST A. HOOTEN, Professor für Anthropologie an der Harvard University.

Ich stimme mit Ihnen darin überein, dass es eine natürliche Aristokratie unter den Menschen gibt. Die natürlichen Gründe für diese Aristokratie sind Tugend und Talente... Ich betrachte die natürliche Aristokratie als das wertvollste Geschenk der Natur für die Bildung, das Vertrauen und die Regierung der Gesellschaft...
Können wir nicht sagen, dass diese Regierungsform die beste ist, die es ermöglicht, diese natürlichen Aristokraten schlicht und einfach in das Regierungsamt zu wählen.
THOMAS JEFFERSON, Brief an Adams, 28. Oktober 1813.

Aristokratie hat nichts mit Plutokratie zu tun. Die Besten sind NICHT die Reichen ... die Besten könnten eher unter den Ärmsten zu finden sein ... Charakter und Fähigkeiten sind das, was zählen sollte.

W. GAYLEY SIMPSON, „Welcher Weg für den westlichen Menschen?".

OSWALD SPENGLER (1880-1936) wird aus der Vergessenheit, in die er von den MARXISTEN/LIBERALEN/JUDEN verbannt wurde, heraustreten und zum Philosophen des 21 Jahrhunderts werden. Spengler hat nachgewiesen, dass die Geschichte der Weltzivilisation NICHT linear vorangeschritten ist, beginnend in Mesopotamien in einer fernen Zeit nach einer biblischen Sintflut, dann eine Sequenz von historisch verbundenen Ereignissen hervorbringend (wobei die Geschichte des Fernen Ostens weggelassen *wird*), während sie *sich „Tag für Tag und in jeder Hinsicht verbessert"*, bis die Menschheit die heutige *„moderne" westliche Zivilisation* erreicht hat, die das Produkt aller Zivilisationen ist, die ihr vorausgegangen sind. Im Gegenteil, Spengler *(obwohl er nicht im Mendelismus bewandert war)* beweist, dass *jede Zivilisation, die in der globalen Landschaft auftaucht, aus einer HOCHKULTUR hervorgegangen ist:* dem EINZIGARTIGEN AUSDRUCK EINES INSPIRIERTEN VOLKES:

> Jede Kultur hat ihre eigenen Ausdrucksmöglichkeiten ... Es gibt nicht eine einzige Skulptur, ein einziges Gemälde, eine einzige Mathematik, eine einzige Physik, sondern viele, jede in ihrem tiefsten Wesen anders als die anderen, jede zeitlich begrenzt und autonom, so wie jede Pflanzenart ihre besonderen Blüten oder Früchte, ihre spezielle Art des Wachstums und des Verfalls hat (SPENGLER).

Weil Kulturen organisch sind, teilen sie denselben GENUS. Daher kennt jede Hochkultur, wie weit sie auf dem Kalender der Geschichte auch von anderen entfernt sein mag, ähnliche *„zeitgenössische Phänomene"*, die in den gleichen relativen Positionen während der Lebenszyklen der Kulturen auftreten und *„daher eine entsprechende Bedeutung haben"*. Spengler zeigt zum Beispiel, dass der *„Weg"* als Hauptsymbol der ägyptischen Seele, die *„Ebene"* als Repräsentant der russischen Weltanschauung, die *„magische"* arabische *Kultur und die „faustische" Idee des Westens unweigerlich analog in ihrem Charakter, aber einzigartig in ihrem Ausdruck sind.* Weitere analoge kulturelle Merkmale sind: rassische Einstellungen, Religiosität, Techniken, Morphologie, Pathologie und die Lebenszyklen: Schwangerschaft, Geburt, Jugend, Reife, Alter und Tod. Wenn also die HOCHKULTUREN zur selben Gattung gehören, ist JEDE der EINZIGARTIGE AUSDRUCK eines inspirierten Volkes. *Jedes Mitglied dieses Volkes, ob Mann, Frau oder Kind, ist eine Zelle in der*

Morphologie des HOCHKULTURORGANISMUS. Die Seele des Hochkulturorganismus ist die kollektive Seele des Volkes. Zusammenfassend lässt sich sagen, dass eine Hochkultur ein spirituell begabter Organismus ist, der seinen eigenen einzigartigen Ausdruck besitzt: „Seine historische Autobiografie ist das ZIETGEIST" (YOCKEY).

HOCHKULTUREN schaffen Ideen, Religionen, einen Geist, eine Autorität, Imperative, Armeen, Kriege, Helden, Mythen, Legenden, Musik, Kunst, Gedichte, Literatur, architektonische Formen, Gesetze, Philosophien, Wissenschaften, Techniken und Staaten. Zwar können bestimmte Formen von Wissen und Techniken in Zeit und Raum von einer Kultur auf eine andere übertragen werden, doch jede Hochkultur verfolgt instinktiv und unaufhörlich ihre eigene und einzigartige SPIRITUELLE IDEE: *Dieser innere Zwang des Organismus ist seine BESTIMMUNG.*

Die WESTLICHE KULTUR drückt die IDEE des *unbegrenzten Fortschritts* aus*!* Spengler definiert die Seele des *Westens* als *„die faustische Seele, deren erstes Symbol der reine und unbegrenzte Raum ist".* Das Streben nach Unendlichkeit. Während viele Wissenschaftler der Meinung sind, dass das Universum niemals vollständig rational verstanden werden wird, liegt das Schicksal des arischen Menschen in diesem Versuch. Warum ist das so? Sir Edmund Hillary antwortete mit Blick auf den Mount Everest: *„Weil es da ist".* Das alte Symbol, das den *westlichen Imperativ repräsentiert,* ist in den gotischen Formen der großen Kathedralen Europas zu sehen, deren Pfeile *in* den Himmel ragen. (Der Jude Sigmund Freud *war* der *Ansicht, dass die Pfeile der Kathedralen den in Stein gemeißelten Peniskult repräsentierten.* Norman Mailer, ein jüdischer Autor, bezeichnete die *westliche Weltraumforschung als sinnlos und unmoralisch).*

Die kontinuierliche Entwicklung und Bewahrung der westlichen Kultur liegt in den Händen einer relativ kleinen Gruppe außergewöhnlicher Menschen. Sie können aus den bescheidensten oder prestigeträchtigsten Umständen stammen, aber eine zufällige Kombination elterlicher Gene *hat sie mit dem Charakter, den Fähigkeiten und den intensiven geistigen Qualitäten ausgestattet,* die sie von ihren Altersgenossen und anderen Rassen unterscheiden. *Sie sind für die Nation das, was der Sauerteig für das Bier ist.*

Innerhalb dieser dünnen kulturellen *Schicht* befinden sich die Schöpfer, Wertschätzer und Bewahrer der vielen Ausdrucksformen der Nation. Sie sind auch Nietzsches „Vorläufer, und Entdecker", die Märtyrer, die Krieger der Rasse, die Beschützer der westlichen IDEE. So stellt Yockey fest, dass der Organismus der Hochkultur aus vier Schichten besteht: 1) Die Idee (die Seele); 2) Die kulturtragende Schicht, die die Idee weitergibt (das Gehirn). 3) Die Empfänger der Idee, die sie verstehen, wertschätzen und handeln (KÖRPER). 4) Diejenigen, die nicht in der Lage sind, die Kultur zu erreichen, *„das Tier mit vielen Köpfen"* (Shakespeare).

> Das Leben des Einzelnen ist nur für ihn selbst von Bedeutung: Es geht darum, ob er der Geschichte entfliehen oder sein Leben für sie geben will. Die Geschichte hat nichts mit dem Leben des Menschen zu tun.
> OSWALD SPENGLER.

STAAT ist ein politischer Begriff. Yockey nennt ihn *„die Nation in Aktion"*. Er ist eine vom Kulturorganismus geschaffene Struktur, die das Volk und sein Territorium eindämmen, ernähren und schützen soll. Sie verändert ihre Form, wenn sich die Kultur weiterentwickelt. Eine passende Metapher für den Staat ist die des *„Schiffes"* oder *„Staatsschiffs"*. Wenn der Staat nicht mehr funktioniert oder das Volk, das ihn geschaffen hat, nicht mehr schützt, muss er geändert oder ersetzt werden!

> Die Menschen sind durch die Geldwirtschaft bis zum Ekel ermüdet. Sie hoffen auf Erlösung von irgendwoher, von einer realen Sache der Ehre und Ritterlichkeit, des inneren Adels, der Selbstlosigkeit und der Pflicht.
> OSWALD SPENGLER.

Die KIVILISATIONEN, die die Lebensqualität dem Ablasshandel opfern, entwickeln sich aus den Hochkulturen und verschlingen sie allmählich und ziehen sie mit sich in den Abgrund. Die Nachwelt hat nur ein kurzes Gedächtnis. Den *Eroberern und Schöpfern folgt eine ziellose Nachkommenschaft. Sie werden bald von den KOSMOPOLITISCHEN PARASITEN enteignet, die die Hochkulturen (Rasse, Familie, Nation) fürchten und stattdessen offene, vielsprachige Demokratien begehren, in denen sie weniger sichtbar sind.* GELD ersetzt Loyalität, Pflicht und Rang; VERWENDUNG führt zu Sklaverei; Recht ersetzt Erfolg; Vermittler ersetzen Produzenten. Heldentum weicht dem Erwerb von Besitz; Opportunismus ersetzt Ehre; Verrat gedeiht an höchster Stelle. *Kulturverzerrer* kontrollieren

Bildung und Presse; Patriotismus wird in „Rassismus" umbenannt; „Spielbergismen" werden zu „Geschichte"; Hedonismus, Bestialität, Promiskuität, *Judentum* ersetzen Nützlichkeit, Ritterlichkeit und Ethik. Die Familie, das Volk und der Staat treten vor dem *EGALITARIANISMUS/UNIVERSALISMUS/KATHOLISMUS* zurück. *Die Rassenkriege explodieren. Das METISCHEN zerstört das Erbgut. KULTUR/ORGANISMUS TÖTET.*

> Es ist seltsam, dass unser Blut von Farbe, Gewicht und Wärme, alle zusammen gegossen, sich bis zur Ununterscheidbarkeit vermischen würde, und sich doch durch so mächtige Unterschiede unterscheidet.
> SHAKESPEARE, „Ende gut, alles gut".

Die BEVÖLKERUNGEN *sind rassisch vielfältig, gemischt, zersplittert, disjunkt, auf Reibung ausgerichtet, kontraproduktiv, ziellos in der Landschaft.* Die Populationen sind oftmals gemischte Überbleibsel großer Kulturen, die untergegangen und gestorben sind. Andere Populationen haben aus Unwissenheit, vielleicht aus religiösen Gründen, über Jahrhunderte hinweg genetische Defekte verbreitet, die sie unfähig zu Größe machen. Wieder andere, denen von Anfang an das Gehirn fehlte, haben sich auf der Evolutionsleiter kaum weiterentwickelt.

Die Bevölkerungen tragen nichts zur Weltkultur bei. *Die ILLUMINATI betrachten sie als Konsumeinheiten.* (siehe *Ohne Ausreden*, Barry Goldwater, JÜDISCH).

Ein VOLK *ist eine Familie, ein Stamm, ein Clan, eine Nation, die demselben GENETISCHEN POL entstammen* und daher mit ähnlichen Instinkten ausgestattet sind, darunter: Liebe zur Familie, zur Rasse, zur Nation, zum Land; Aggressivität, Überlebenswillen, das Bedürfnis nach territorialer Exklusivität; Sinn für Diskriminierung und *Sinn für hohe Ziele*. Ein Volk teilt auch: ästhetische Wertschätzung, körperliche Erscheinung, *Korpsgeist*, intellektuelle und Verhaltensmuster sowie psychologische, physiologische und SPIRITUELLE Ähnlichkeiten. *Nur ein Volk kann eine HOCHKULTUR schaffen. Die* WESTLICHE KULTUR ist die ARYENISCHE KULTUR, weshalb *der POL DER WEISSEN GENE unser wertvollstes Gut ist. Die* weißen Gene machen uns zu dem, was wir sind, und bestimmen unser Schicksal. *Diejenigen, die versuchen, den weißen Genpool zu zerstören, auf welche Weise auch immer, begehen Völkermord und müssen wie Mörder behandelt werden. Sie sind unsere gefährlichsten FEINDE.*

Die Rasse *ist eine Hauptabteilung der menschlichen Spezies, deren Unterscheidungsmerkmale vor allem auf der körperlichen Ebene sichtbar sind, sich aber auch in der intellektuellen und emotionalen Entwicklung, im Verhalten, im Temperament, im Charakter und in der SEELE manifestieren.* Diese Rassenmerkmale werden, wie wir wissen, grundsätzlich unverändert - mit Ausnahme von Mutationen - von aufeinanderfolgenden Generationen weitergegeben, die sich seit Äonen von Zeiten fortpflanzen. Trotz der Leugnung durch die Versorger der JÜDISCHEN SYPHILIS gibt es absolut keinen Zweifel an der *Existenz unterschiedlicher Rassen.* Sie sind *„das Rohmaterial, das zur menschlichen Evolution beiträgt".*

Wenn sich Rassen kreuzen, neigen ihre Nachkommen nicht nur zu bekannten physiologischen Defekten, sondern auch zu psychologischen Behinderungen und Konflikten wie Schizophrenie, manischer Depression, Instabilität, Desorientierung und dem Fehlen eines festen, definierten Charakters. *Sie haben gespaltene Seelen.* Wenn man einen Weltatlas studiert, sind die Regionen, in denen die Kreuzungen am extremsten waren, genau die Regionen, in denen die Menschen bekanntermaßen elend, unzuverlässig, verantwortungslos und von Armut geplagt sind. Sie bringen der Menschheit keinen oder nur einen geringen Wert, z. B.: das moderne Indien und Ägypten, Kuba, Hawaii, Mexiko, Hispaniola, Surinam, Brasilien, Afrika etc. Während die *nachhaltigsten und kreativsten Länder diejenigen sind, deren Bevölkerungen wenig oder keine Rassenmischung aufweisen, wie z. B. Europa, China und Japan.* Es gibt keine menschliche Familie und keine Gleichheit unter den Menschen. *Es gibt nur die Gesetze der Natur, die marxistische/liberale/jüdische/christliche theoretische Haltungen verachten.*

Noch einmal: *Eine Hochkultur (ein spiritueller Organismus) ist in ihrer Weltsicht einzigartig: Sie ist völlig verschieden von den Menschen, die sie umgeben, oder von Außerirdischen, die zeitweise ihr Territorium befallen.* Der HOCHKULTURMENSCH stellt somit die höchste Form des Lebens dar! *Wohingegen der Mensch ohne Kultur ein zweibeiniges Kryptogramm ist.*

„Oswald Spenglers Meisterwerk *„Der Untergang des Abendlandes"* untersucht acht Hochkulturen, die die Geschichte unseres Planeten dominiert haben. Eine von ihnen, die westliche Kultur, dominiert noch immer, *leidet aber unter schweren pathologischen*

Problemen und befindet sich im Niedergang. Sieben weitere Hochkulturen tauchten in der Landschaft der Weltgeschichte auf, blühten hell wie *Novae* im Sonnensystem auf, gingen dann zurück und starben. Es handelt sich um die folgenden Kulturen: Babylonisch, Ägyptisch, Indisch, Chinesisch, Arabisch (Magyarisch), Klassisch, Mexikanisch (Aztekisch, Inka, Maya). *Alle, außer der mexikanischen, sind von innen heraus gestorben, Opfer der KULTURPATHOLOGIE: Abnutzung, Parasitismus und Vermischung.*

Lassen Sie mich hier ganz kurz wiederholen, dass wir vorhin über Mischlinge diskutiert haben - die Vorstellung, dass „Hybridkraft" aus der zufälligen Paarung verschiedener Rassenstämme resultiert, ist *lächerlich!* Um irgendeine Art von Hybridkraft zu erzielen, müssen die Eltern nicht verwandt, *reinrassig* sein, Stammbäume haben, die eine rassische Überlegenheit demonstrieren, und die Qualitäten der Eltern müssen sich ergänzen. Ohne reinrassige Eltern hat die gekreuzte Nachkommenschaft wenig oder keine Verdienste. Wenn also die Hybride der ersten Generation (F1) zu einem Anstieg der *Vitalität* führen kann oder auch nicht, *führt die weitere Kreuzung von Hybriden zu einer wesentlichen Abnahme der Vitalität in den folgenden Generationen und wird die außergewöhnlichen Qualitäten der ursprünglich reinen Rassen auslöschen. Die Vermischung von Weißen mit Negern beispielsweise wird die blonden, blauäugigen, rothaarigen und hellhäutigen Braunen sowie die überlegene Intelligenz, die ihre Blondheit repräsentiert, verschwinden lassen. Die Vermischung zerstört auch die schwarze Rasse, indem sie sie ihrer Seele, ihres Schicksals, ihrer Kultur und ihres Territoriums beraubt.*

Ich denke, dass die vollständige Verschmelzung (Vermischung) der beiden Rassen die wünschenswerteste Alternative für alle Beteiligten ist.
NORMAN PODHORETZ, JÜDISCH,
Chefredakteur der Zeitschrift „Commentary".

Das Schrecklichste auf der Welt ist die gelebte Ignoranz.
GOETHE.

Die Bedeutung der Begrenzung von Mischungen ergibt sich aus dem Mendelschen Prinzip, wonach eine einzige Kreuzung die Arbeit von hundert Generationen treuer Inzucht zunichte machen kann.
C. D. DARLINGTON,
Professor für Botanik, Universität Oxford

Ein Volk, das nicht stolz auf die edlen Leistungen seiner fernen Vorfahren ist, wird niemals etwas erreichen, an das sich edle Nachfahren erinnern sollten.

THOMAS B. MACAULEY

Ein blondes, wunderbares Volk erhebt sich im Norden. Überschwappend schickt es Welle um Welle in die südliche Welt. Jede Wanderung wird zu einer Eroberung, jede Eroberung zu einer Quelle des Charakters und der Zivilisation.

WALTER RATHENAU, JÜDISCH,
Deutscher Industrieller, ca. 1925.

Rathenau hätte hinzufügen können, *dann* haben fremde Parasiten die arischen Staaten in einem Meer aus menschlichem Schlamm verschlungen.

Die Geschichte dieser blonden, kreativen Krieger, die wir heute als Schweden, Dänen, Nordländer, Kelten und Germanen kennen, wird zur Geschichte der vielen Zivilisationen, die *sie begründeten (ägyptisch, indisch, persisch, griechisch, römisch, westlich, russisch usw.).* Die Alten sprachen von einer Rasse goldhaariger Eroberer aus dem sagenumwobenen Land *Atlantis,* die in Rom und Griechenland Zivilisationen einführten. Homers blauäugige und hellhäutige Götter und Göttinnen, die vom Berg Olymp aus regierten, waren Abbilder *dieser Nordmänner. Einige Archäologen glauben, dass Atlantis einst Teil der Iberischen Halbinsel in der Nähe von Gibraltar war. Andere behaupten,* Atlantis sei eine ins Meer ragende Halbinsel in der Nähe des heutigen Wilhelmshaven, Helgoland, in Deutschland gewesen, die bei einem Erdbeben in der Friesischen See untergegangen ist. Die *Atlanter* waren wahrscheinlich die Vorläufer der Goten, deren Häuptlinge auf der *Insel Goth* herrschten, *die* in der Ostsee zwischen Stockholm und Königsberg liegt. Anthropologen sammeln glaubwürdige Beweise dafür, dass viele arische Stämme der Vorgeschichte schon lange vor 2000 v. Chr. aus Nordeuropa herausgewandert sind und Siedlungen so weit östlich wie der Ural und sogar in Teilen Chinas und Japans gegründet haben.

Archäologische Ausgrabungen und historische Daten bestätigen, dass zwischen 2000 v. Chr. und 1000 n. Chr. ständige Ströme von Nordmännern Nordeuropa verließen. Diese arischen Stämme treten unter verschiedenen Namen auf, entstammen aber einem einzigen weißen Erbgut. Die Kassiten eroberten die Überreste des babylonischen

Reiches um 1700 v. Chr. Etwa ein Jahrhundert später übernahmen nordische Barbaren, die von den Ägyptern „Hyksos" genannt wurden, die wankende ägyptische Zivilisation, belebten sie und regierten sie. Die Arier eroberten Indien und errichteten ein Kastensystem (Endogamie), um das Erbgut der Weißen zu schützen; später eroberten sie auch Persien (Iran). Die Achäer (Germanen) und später die Dorer (Kelten) eroberten Griechenland und säten dort die Saat der klassischen Zivilisation. Die Rus und Wikinger befuhren den Dnepr, die Wolga und die Wasserstraßen Osteuropas und eröffneten Handelsrouten zum Azof-Meer, zum Schwarzen Meer, zum Kaspischen Meer und zum Mittelmeer - und zwar so weit, wie ihre anmutigen Schiffe sie tragen konnten. Kurzum, wir wissen, dass diese arische (nordische) Proto-Rasse einige der größten Zivilisationen der Welt begründete: Arier-Indianer, Kassioten, Hethiter, Perser, Mykener, Griechen, Römer, Kelten, Teutonen, Slawen, Westliche und Azteken/Mayenne/Inka.

Die indoeuropäischen (arischen) Sprachen wurden einst mit einem einzigen, wenn auch zusammengesetzten Rassentyp in Verbindung gebracht, und dieser Rassentyp war ein angestammter nordischer Typ.
CARLTON COON, Professor für Anthropologie an der Harvard Universität.

Obwohl die (Arier) über zwei Kontinente verteilt sind, schreiben wir ihnen eine gemeinsame Abstammung und einen gemeinsamen Ursprung zu...
C. D. DARLINGTON, Professor für Botanik, Oxford.

Die Arier erscheinen überall als die Förderer des wahren Fortschritts, und in Europa markiert ihre Ausbreitung den Zeitpunkt, an dem die Vorgeschichte (Europas) von der Afrikas oder des Pazifiks abzuweichen beginnt.
V. GORDON CHILDE, „der größte Prähistoriker der Welt".
(Encl. Britannica).

Gegen Ende der großen Völkerwanderungen plünderten und verwüsteten gotische arische Stämme (Ostgoten, Westgoten), die wegen ihres Mutes und ihrer Grausamkeit gefürchtet waren, ganz Europa unter Namen, die uns heute vertrauter sind: Franken, Angeln, Sachsen, Kelten, Vandalen, Langobarden, Burgunder, Belgier, Jüten, Wikinger, Dänen, Rus, Germanen, Teutonen, Normannen usw. *Die meisten dieser* Stämme *waren in der Lage, sich in die Gesellschaft* einzugliedern. Dann ließen sie sich in der Oberschicht jeder Gesellschaft, die sie eroberten, nieder und stellten die Führer, Armeen und Gesetze. *Was diese weiße Rasse von den einfachen Völkern unterschied, war ihr WILLE, ihr MANIFESTES ZIEL zu erfüllen. Es war* diese ARYENISCHE KRAFT, die sich in jedem Aspekt des Denkens und Handelns manifestierte, die beispielsweise die Wikinger in winzigen Booten dazu trieb, dem wilden Atlantik bis zur Küste Amerikas und darüber hinaus zu trotzen. Vergleichen Sie diese Rasse mit den Negern, die nie einen Eroberer, Entdecker, ein Alphabet oder auch nur das Rad erfunden haben; oder mit den ISRAELIS, die sich 40 Jahre lang in einer Region von der Größe Rhode Islands verirrten. Fragen Sie einen beliebigen General, ob er lieber eine Armee von Thüringern oder eine Armee von Juden befehligen würde.

Julius Cäsar eroberte im tiefsten Gallien (Frankreich) die einheimischen Kelten (Gallier). Die nördlichen Stämme nördlich und östlich des Rheins, die er nie eroberte, betrachtete Cäsar jedoch als *„ursprüngliche"* Kelten. Das lateinische Wort für ursprünglich oder seminal ist *„germane"*. Es war also Cäsar, der den Germanen als Erster diesen Namen gab. Die Kelten, die zu den Nordmännern gehören, drangen dann irgendwann in Irland, Wales, Schottland und die meisten Länder der Welt ein. Die *„schwarzen Iren"* (der ehemalige Präsident Nixon könnte zu ihnen gehören) sind die Nachfahren spanischer Seeleute, die an die irische Küste gespült wurden, als die Armada von Sir Francis Drake besiegt wurde. Der keltische Präsident John F. Kennedy erregte vor dem Fall der von Juden errichteten Berliner Mauer viel Unmut in den mächtigen Kreisen, als er verkündete: „Ich bin ein Berliner": Er sprach im Namen aller Arier.

Die germanischen Angeln überquerten den Ärmelkanal und nannten die Insel *„Angleland"*, was später zu *„England"* verdorben wurde. Da ihnen die (deutschen) Jüten und die Kelten Probleme bereiteten, baten sie die deutschen Sachsen um Hilfe. Den Sachsen gefiel England so gut, dass sie dort blieben. Wie jeder weiß, führte Wilhelm der *Eroberer* 1066 seine normannischen (norwegischen) und teutonischen Truppen in der *Schlacht von Hastings* zum Sieg über die Sachsen. *Noch heute sind die* Briten als Angelsachsen bekannt (WASPS: *White, Anglo-Saxon Protestants).*

Die heutige britische Königsfamilie entstammt dem germanischen Haus *von Sachsen-Coburg-Gotha*. Während des Ersten Weltkriegs sah es sich gezwungen, seinen Namen in Haus Windsor zu ändern *(„Uneasy lies the head that wears a crown").*

Die englische Sprache ist germanischen Ursprungs. Zu den germanischen Sprachen gehören: Skandinavisch (Schwedisch, Norwegisch, Dänisch), Isländisch, Niederländisch, Deutsch, Englisch und Friesisch (das Altpreußische und das Gotische sind verschwunden). Frankreich wurde nach den Franken, einem germanischen Stamm, benannt. Die „Franchise" war die *Voraussetzung für* Aufrichtigkeit, Ehrlichkeit, Integrität und Charakter, weshalb der *Franc* zur französischen Währungseinheit wurde. Karl der Große, ein Franke aus der karolingischen Dynastie und Kaiser des Heiligen Römischen Reiches Deutscher Nation, hielt seinen Hof in Aachen die deutschen und französischen Namen der gleichen Stadt. Im Heiligen Römischen Reich Deutscher Nation (um 950 n. Chr.) vermischten sich Römer, Christen und Deutsche von Barcelona bis Hamburg, von Reims bis Rom.

Laut Bede führte Palladius um 430 n. Chr. den Katholizismus in Irland ein. Die Iren verbreiteten den Mythos daraufhin in Europa. Als die Sachsen schließlich durch fränkische Waffen zum Christentum bekehrt wurden (800 n. Chr.), machte diese Bekehrung den Sachsen zufolge Europa *quasi zu einem Volk, „einer Rasse"* von Christen (zur gleichen Zeit, um 700, konvertierten die asiatischen Chasaren zum Talmudismus). *Um 1050 betrachteten sich alle Christen als eine Rassenfamilie.* Im Laufe der Zeit gewann das Christentum eine territoriale Bedeutung. Daher bedeuteten „*Rassenbeziehungen*" im mittelalterlichen Europa eigentlich die Beziehungen zwischen Sprachen und kulturellen Gruppen und nicht die Fortpflanzungsgene.

Das griechische Wort „*Agon*" bedeutet Kampf oder Krieg *innerhalb des Familienverbandes,* im Gegensatz zum Kampf gegen einen fremden Feind. So führten die Christen blutige innere Kriege *(Agon),* um die westlichen IDEEN voranzutreiben. *Doch vor den Vernichtungskriegen der ILLUMINATI gegen Europa im 20. Jahrhundert haben sich die Arier stets vereint und als ein Volk gekämpft, um das Christentum vor den Chasaren, Mauren, Sarazenen, Mongolen usw. zu schützen.* Heute *fördert* die (von den JUDEN gegründete) katholische Kirche, *die ihre Existenz dem arischen Rittertum verdankt, die Rassenmischung und prangert den arischen Nationalismus an,* während sie den Staat Israel unterstützt. Das Verhalten des Papstes hat Präzedenzfälle. Jesus verleugnete die Heiden, als er sagte: „*Ich bin zu den verlorenen Schafen des Hauses Israel gesandt worden und nur zu ihnen".* (MATTHÄUS).

Im Zuge der Erforschung und Expansion errichteten die Arier überall dort, wo sie eroberten und fortbestanden, Bastionen der westlichen Kultur: Nord- und Südamerika, Kanada, Australien, Neuseeland, Island, Grönland und Afrika, neben anderen bereits aufgezählten Ländern, wurden von diesen begabten Völkern gegründet und zivilisiert. *Es sollte jedem Menschen mit einem Funken Intelligenz klar sein, dass ein Volk, sobald es ein überlegenes genetisches Erbe erworben hat, ALLES in seiner Macht Stehende tun muss, um es zu schützen und zu verbessern. Der unvergleichliche ARYEN GENETISCHE POOL hat eine Vielzahl illustrer Männer und Frauen hervorgebracht. Ich werde einige ihrer Namen nennen, um Sie daran zu erinnern, dass sie Mitglieder desselben Genpools sind, genau wie Sie und Ihre Kinder, wenn Sie weißer Rasse sind:* Echnaton, Mahavira, Sigurd, Grettir, Njal, Artus, Cuchulain, Odysseus, Perikles, Aristophanes, Aurelius, Aristoteles, Zarathustra, Sappho ; Siegfried, Darius, Alexander, Rurik, Theoderich, Martel, Karl der Große, Roland, Cäsar, Kleopatra, Eric, Alarich, Jeanne d'Arc, Godfrey, Bruce, Luther, Marlboro, Rob Roy, Peter der Große, Pitt, Napoleon, Nelson, Wellington; Erickson, Cortes, Columbus, da Gama, Magellan; Katherine, Elizabeth, Corday, Nightingale; v. Steuben, Washington, Monroe, Jefferson, Hamilton, Madison, Allen, Henry, Hale, Morgan, Frederick, El Cid, Bismarck, Clauswitz; Hus, Garfield, McKinley, Hess, Hitler, Patton, MacFadden, McCarthy, Zundel; Bridger, Coulter, Crocket, Bowie, Houston, Clark, Hickock, Earp, Longbaugh, Oakley; Bridger, Coulter, Crocket, Bowie, Houston, Clark, Hickock, Earp, Longbaugh, Oakley ; Lee, Jackson, Forrest, Grant, Lincoln, Barton, Custer, Stuart, Chamberlain; Pershing, Mata Hari, Richthofen, Rickenbaker, York, Cavell; MacArthur, del Valle, Crommelin, Rommel, Prien, Nimitz, Lindbergh, Earhardt, Göring, Mussolini, Montgomery, Murphy, Foss, Mindszenty, Pound, Solschenizyn; MacArthur, del Valle, Crommelin, Rommel, Prien, Nimitz, Lindbergh, Earhardt, Goering, Mussolini, Murphy, Foss, Mindszenty, Pound, Solschenizyn ; Shakespeare, Petrarca, Dante, Goethe, Voltaire, Schiller, Swift, Emerson, Byron, Keats, Blake, Burns, Wilde, Shaw, Yeats, Melville, Whitman, Poe, Balzac, Hesse, Dostojewski, Shelley, Eliot, Kipling, Dreiser, Steinbeck, Plath, Hemingway, Roethke, Dinesen, Bronte, Waugh, James, Pegler, Marsden, Mencken, Chesterton ; Bach, Foster, Grieg, Wagner, Smetna, Beethoven, McCartney, Tschaikowsky, Rachmaninoff, Dvorak, Lehar, Strauss, Debussy, Chopin, Brahms, McDowell, Elgar, Borodin, Bizet, Herbert, Vivaldi, Verdi, Puccini, Händel ; Praxitiles, Rodin, Remington, Mallol, Tizian, Da Vinci, Durer, Rembrandt, Brueghel, Monet, Homer,

Bierstadt, Wyth, Degas, Goya ; Platon, Goethe, Kant, Hume, Schopenhauer, Spencer, Pascal, Descartes, Carlyle, Machiavelli, Montaigne, Kierkegaard, Nietzsche, Spengler, Santayana, Yockey, Simpson; Kepler, Kopernikus, Newton, Swedenborg, Franklin; Shockley, Coon, Ardrey, Oliver, Sombart, Baker ; Mendel, Curie, Lister, Pasteur, de Bakey; Gutenberg, Galton, Ohm, Edison, Ford, Carnegie, Krupp, Benz, Chrysler, Diesel; Planck, Goddard, Hertz, von Braun, Humboldt, Richter, Marconi, Goethals, Rutherford, Roebling, Wright, Sullivan; Yaeger, Costeau, Lovell, Glenn, Armstrong, Shepard, Grissom; ; Traubel, Hess, Sutherland, Swartzkoph, Pons, Lehmann, Caruso, Pavarotti, Wunderlich, Cararras, Pinza, Hines; Barrymore, Cooper, Gielgud, Olivier, Wayne, Astaire; Day, Streep, Hayes, Leigh, Davis, Temple; Griffith, Lean, Wells, Hitchcock, Ford, Bergman ; Ripken, Di Maggio, Ruth, Spahn, Williams, Schmidt, Hornsby, Gehrig, Berra, Rose, Wagner, MacGwire; Nicklaus, Jones, Hogan, Palmer, Snead, Norman; Lombardi, Staubach, Montana, Elway, Kramer, Unitas; Hingis, Laver, Borg, Graf, Connors, Court; Bird, West, Bradley, Laettner, Walton, Havlichek; et al.

Die Rasse erhebt den Menschen über sich selbst: Sie stattet ihn mit außergewöhnlichen - ich würde fast sagen übernatürlichen - Kräften aus, so sehr hebt sie ihn von dem chaotischen Gewirr der Völker aus allen Teilen der Welt ab ... seine Rasse stärkt und erhebt ihn von allen Seiten ... er erhebt sich zum Himmel wie ein starker, majestätischer Baum, der von Tausenden und Abertausenden von Wurzeln genährt wird - kein einsames Individuum, sondern die lebendige Summe unzähliger Seelen, die nach demselben Ziel streben.
        H. S. CHAMBERLAIN, „The Genesis of the XIXth Century". Jahrhunderts" (Chamberlain, Brite, war Nietzsches Schwiegersohn).

Alle großen Zivilisationen der Vergangenheit gingen nur deshalb unter, weil die ursprünglichen Rassen an einer Blutvergiftung starben.
        ADOLF HITLER, Bundeskanzler von Deutschland.

KAPITEL 10

PARASITISMUS U.S.A.

Das, was als „jüdisches Problem" bezeichnet wurde, taucht zum ersten Mal auf. Es ist nicht die Rasse, die Religion, die Ethik, die Nationalität oder die politische Zugehörigkeit, sondern etwas, das sie alle umfasst und den JUDEN von der westlichen Kultur trennt.
FRANCIS PARKER YOCKEY, „Imperium".

Die Juden, die untereinander durch den hartnäckigsten Glauben verbunden sind, dehnen ihre Nächstenliebe auf alle aus, die ihnen angehören, während sie gegenüber dem Rest der Menschheit einen dumpfen und eingefleischten Hass hegen.
TACITUS, „Historische Arbeiten".

Die Israelis kontrollieren die Politik des US-Kongresses.
J. WILLIAM FULBRIGHT,
US-Senator, CBS „Face the Nation".

Der jüdische Einfluss in diesem Land ist so stark, dass man es kaum glauben würde. Israelis kommen zu uns und fragen nach Ausrüstung. Wir antworten ihnen, dass es unmöglich ist, dass der Kongress ein solches Programm unterstützt. Sie antworten uns: „Machen Sie sich keine Sorgen um den Kongress, wir werden uns um den Kongress kümmern..." es handelt sich um jemanden aus einem anderen Land, aber sie können es tun.
GEN. GEORGE S. BROWN,
Vorsitzender des Joint Chiefs of Staff, 1973.

Es gibt nur zwei Gruppen, die heute die Trommel für einen Krieg im Nahen Osten schlagen: das israelische Verteidigungsministerium und seine Freundesgruppe im US-Kongress.
PAT BUCHANAN, „Die McLaughlin-Gruppe", 1991.

Kennedy sagte: „Ich stimme Ihnen völlig zu, dass die amerikanische Parteilichkeit im israelisch-arabischen Konflikt sowohl für die Vereinigten Staaten als auch für die freie Welt gefährlich ist... Die Ermordung von Präsident Kennedy... machte die Möglichkeit zunichte, dass Washington während seiner zweiten Amtszeit damit beginnen könnte, sich von der schweren Last der amerikanischen Parteilichkeit im israelisch-arabischen Konflikt zu befreien.

ALFRED M. LILIENTHAL, JÜDISCH, *„The Zionist Connection".*

VERRAT UND AUFRUHR

Wie wir gesehen haben, ist es überall dort, wo die Juden in einen nichtjüdischen Staat eindringen, ihr einziges Ziel, die Lebenssäfte der Gastnation auszusaugen und ihre eigene Kultur dort zu etablieren. Um 1850 n. Chr. nahmen die JUDEN Amerika in ihr Visier. In den folgenden 150 Jahren überfielen sie die Vereinigten Staaten, hängten ihre Ambitionen und ihren Hass an unsere Ressourcen und unsere menschliche Kraft und machten sich daran, Amerika in eine Reihe von Kriegen zu verwickeln, die einzig und allein mit dem Ziel geführt wurden, die JUDEN zu bereichern und die ILLUMINATI-Agenda voranzutreiben.

Charles Lindbergh veröffentlicht seine „Kriegstagebücher", in denen er betont, dass seine nicht-interventionistische Haltung (Zweiter Weltkrieg) grundsätzlich richtig war und dass die USA den Krieg tatsächlich verloren hatten... Er betont den irreparablen genetischen Verlust..., den die Völker Nordeuropas erlitten haben.
WILMOT ROBERTSON, *„The Dispossessed Majority" (Die besitzlose Mehrheit).*

Nach dem Zweiten Weltkrieg wurde ein „Eiserner *Vorhang"* über Europa errichtet. *Es war zwingend notwendig, die Bevölkerung im Unklaren über die Vampire zu lassen, die sich an ihnen satt gefressen hatten.* Der Mythos der „HOLOCAUSTE", *ein Trick, mit dem der gegen Deutschland verübte Holocaust verschleiert* werden *sollte,* tauchte wie ein tollwütiger Hund auf. Die Juden drangen in das Räderwerk der US-Regierung ein. Der *„Kalte Krieg",* ein weiterer Hoax, taucht am Horizont auf. Die Bolschewiken kriechen wie Larven aus den Leichen Russlands und Osteuropas und bedrohen die Main Street, U.S.A.

Die jüdischen Einwanderer in die USA wehrten sich so sehr gegen die Identifizierung durch Rasse (und Religion), indem sie darauf bestanden, dass sie nicht als Juden, sondern als Deutsche, Polen oder andere angesehen werden sollten, dass viele Jahre lang die verschiedenen nationalen Quoten fast vollständig von Juden besetzt waren; und bis heute ist die Zahl der Juden in den USA nur durch die Zahlen bekannt, die uns die Juden selbst nennen.
WILLIAM G. SIMPSON, *„Welcher Weg für den westlichen*

Menschen?".

Einer dieser Einwanderer, der wie so viele andere „wie durch ein Wunder" dem Holocaust entging, war der Jude Albert Einstein (1879-1955), ein theoretischer Physiker, der für seine brillante „Relativitätstheorie" (E=mc2) und seine Unterstützung für den Kommunismus bekannt war. Er schrieb an Präsident Franklin Roosevelt und forderte ihn auf, ein Programm zur Entwicklung einer amerikanischen Atomwaffe zu starten, die gegen Deutschland eingesetzt werden sollte. Der jüdische Bankier Alexander Sachs überbrachte den Brief, in dem Deutschland fälschlicherweise beschuldigt wurde, eine Atombombe zu bauen. In Wirklichkeit studierte Hitler zwar das Potenzial der Atomenergie, sprach sich aber gegen ALLE Massenvernichtungswaffen (einschließlich der Bombardierung ziviler Ziele) aus. Roosevelts Berater Baruch, JUIF, Rosenman, JUIF, Morgenthau, JUIF, Hopkins, Hiss und andere verkauften FDR die Idee von Einstein. Die klugen Köpfe, die schließlich die Atombombe entwickelten, waren Lisa Meitner, Jüdin, Neils Bohr, Jüdin, Hans Bethe, Jüdin, Edward Teller, Jüdin, John von Neumann, Jüdin, Leo Szilard, Jüdin, und Enrico Fermi, Arier, dessen Frau Jüdin war. Fast alle hatten an der Universität Gottingham in Deutschland studiert und einige hatten am Max-Planck-Institut gearbeitet. Meitner hatte die Details der erfolgreichen deutschen Experimente zur Kernspaltung aus Berlin gestohlen. Sie waren die Vorläufer der Kernenergie und später der A-Bombe, die in Los Alamos unter der Leitung von Dr. Robert J. Oppenheimer, JÜDISCH, gebaut wurde. Teller und von Neuman verließen das Projekt der A-Bombe und begannen mit der Entwicklung der Wasserstoffbombe. Die Schaltpläne für die A-Bombe wurden von jüdischen Verrätern schnell vervielfältigt und an die Sowjetunion weitergegeben. Die A-Bombe wurde nicht rechtzeitig fertiggestellt, um über Deutschland abgeworfen zu werden, sehr zum Leidwesen des Weltjudentums. Doch ein Blutopfer konnte man ihnen nicht verwehren. Japan, das in die sichere Niederlage taumelte, sollte eine Lektion von TALMUD erhalten.

Der einzige energische Protest gegen den Abwurf der A-Bombe auf Japan wurde von Trumans wissenschaftlichem Berater Ernest Lawrence, einem Arier, aufgenommen. Andere, lautere Stimmen waren ebenfalls zu hören. Seinen Herren gehorchend, ordnete Truman die Einäscherung der unverteidigten Städte Hiroshima (eine christliche Stadt) und Nagasaki an. Der Abwurf der Atombombe über einem unbewohnten Gebiet hätte ein ausreichendes Beispiel für ihre zerstörerische Fähigkeit sein können. Doch die Vampire wollten den ehrenwerten Japanern, die sich mit Deutschland verbündet hatten, eine unvergessliche Lektion erteilen. *Seien Sie versichert, dass die Nachfahren der großen Samurai dies NICHT vergessen haben.*

Das gefährliche Ausmaß der kommunistischen Durchdringung der USA wurde während der zahlreichen Spionageprozesse nach dem Zweiten Weltkrieg deutlich; selbst der unwissendste Nichtjude begann die Dummheit des Bündnisses Amerikas mit dem „bösen kommunistischen Imperium" gegen das arische Deutschland zu verstehen. Präsident Harry Truman lehnte unter dem Druck der Medien und seiner jüdischen Berater (Rabbi Steven Wise, Sam Rosenman, Eddie Jacobson, die Rostow-Brüder, Max Lowenthal, David Niles usw.) das Ersuchen Kanadas um Unterstützung bei der Untersuchung kommunistischer Spionagenetzwerke, die in Kanada und den USA operierten, ab. Truman (der uns angeblich im Kampf gegen den Kommunismus in das koreanische Debakel hineinzog und versuchte, das unvergleichliche US-Marinekorps abzuschaffen) bezeichnete die Ermittlungen gegen die Kommunisten als „Red Herring". Ohne die Hilfe der USA vorgehend, verhaftete und verurteilte Kanada ein Netzwerk sowjetischer Agenten, darunter: Sam Carr (Cohen), Organisator für ganz Kanada; Fred Rose (Rosenberg), Parlamentsabgeordneter, Organisator für Französisch-Kanada; und Hermina Rabinowich, Verbindungsfrau zu den amerikanischen Kommunisten. Alle diese „Kanadier" waren JÜDISCHE KHAZAR.

Schließlich, überrascht vom Ausmaß der Subversion, über die sich Truman lustig gemacht hatte, begannen die US-Geheimdienste (um 1950) damit, sowjetische Spione, die in den USA arbeiteten, zu verhaften und zu verurteilen, darunter: John Gates (Israel Regenstreif), Chefredakteur der kommunistischen Zeitung „Daily Worker", Gil Green (Greenberg), Gus Hall (Halberg) und Carl Winters (Weissberg), allesamt Juden.

Im selben Jahr wurden die ersten amerikanischen Atomspione wegen Spionage verurteilt: Julius und Ethel Rosenberg; Morton Sobell; David Greenglass; Harry Gold; Abraham Brothman; Miriam Moskowitz; Gerhardt Eisler; William Perl (Mutterperl) Physics Dept. Columbia Univ. ALLE JÜDISCH *(die Rosenbergs wurden unter antisemitischem Geschrei wegen Hochverrats verurteilt und hingerichtet. Die sowjetischen Akten, die 1997 schließlich freigegeben wurden, bestätigten, dass die Rosenbergs die Schaltpläne für die A-Bombe von Los Alamos in die Sowjetunion transferiert hatten.)* Es stellte sich heraus, dass diese Juden relativ unbedeutende Akteure in einer viel tiefer gehenden jüdischen Verschwörung waren. Wie wir sehen werden

Während sich Amerika im „Kalten Krieg" gegen die Sowjetunion befand (einige Amerikaner bauten in ihren Gärten Luftschutzbunker), protestierte der jüdische Dr. Robert J. Oppenheimer, Leiter des Los-Alamos-Projekts und Amerikas meistbeachteter Atomwissenschaftler, plötzlich gegen die weitere Entwicklung der Wasserstoffbombe. Er, der von der Idee, die A-Bombe über Deutschland und Japan abzuwerfen, begeistert gewesen war, forderte zum Erstaunen der US-Führung, dass das Projekt aus „humanitären Gründen" eingestellt werden sollte! Seine Ansicht wurde in der Presse und in der Praxis stark von den amerikanischen Juden unterstützt, die (in Bezug auf die Sowjetunion) plötzlich zu tief überzeugten Pazifisten geworden waren.

Der amerikanische Generalstab wusste, dass die Sowjets den gefangenen deutschen Wissenschaftlern ein Gegenangebot gemacht hatten, nämlich ihre Freilassung vor dem sicheren Tod im Gulag im Austausch für ihr wissenschaftliches Fachwissen. Mit großer Mühe setzten sich die Generalstabschefs über Oppenheimers Widerstand hinweg. Der Sonderausschuss des Nationalen Sicherheitsrats (zwei Arier und ein Jude) stimmte daraufhin mit zwei zu einer Stimme für die Fortsetzung des H-Bomben-Programms. Die abweichende Stimme war die des ehemaligen Verteidigungsministers. Die abweichende Stimme kam von David Lilienthal, JUDE, dem Vorsitzenden der Atomenergiekommission. Den USA gelang es, die H-Bombe 11 Monate vor den Sowjets zu produzieren, wodurch sie die USA vor der sowjetischen Erpressung und möglicherweise vor dem Aussterben retteten. Da das FBI eine Ratte „unter den Batterien" witterte, entzog es Oppenheimer die Sicherheitsüberprüfung. Begründung: Seine Frau, seine Geliebte und seine besten Freunde hätten „weitreichende kommunistische Zugehörigkeiten". Die ADL und die Medien schrien „Sektierertum"! Präsident Lyndon Johnson, ein leicht zu erpressender Barbuze, der von dem JÜDISCHEN Abe Fortas und den JÜDISCHEN Rostow-Brüdern gedrängt wurde, stellte Oppenheimers Sicherheitsüberprüfung in einer großen Zeremonie mit Ehrungen, Auszeichnungen und tränenreichen Entschuldigungen wieder her. (Kurz darauf wurden Johnsons Kandidat für das Amt des Präsidenten des Obersten Gerichtshofs, Abe Fortas, und sein Partner Louis Wolfson, JÜDISCH, der Veruntreuung von Aktien für schuldig befunden. Sie verbüßten ihre Strafe in derselben Art von Country-Club-Gefängnis, in dem später auch jüdische Persönlichkeiten wie Michael Milken, Ivan Boesky und andere Verkäufer und Betrüger von hochriskanten Wall-Street-Anleihen untergebracht waren).

1994 gab der ehemalige sowjetische Agent Pavel A. Sudoplatov Akten des KGB an die amerikanische Central Intelligence Agency weiter und enthüllte, dass der rätselhafte Dr. Robert J. Oppenheimer, JÜDISCH, ein sowjetischer Spion war! Der (inzwischen verstorbene) Oppenheimer hatte die Sicherheit der Vereinigten Staaten gefährdet, indem er der Sowjetunion detaillierte amerikanische Atomgeheimnisse zur Verfügung stellte. Oppenheimers Verrat kostete die USA fast den Sieg im Kalten Krieg und trug indirekt zum Tod Tausender amerikanischer Soldaten in Korea und Vietnam bei. Die Medien haben beschlossen, diese Information zu unterdrücken. Ihr Abgeordneter stellt sich dumm.

> Zur Erinnerung: Der Generalstaatsanwalt der Vereinigten Staaten hat kürzlich erklärt, dass eine Analyse von 4984 der militantesten Mitglieder der Kommunistischen Partei in den Vereinigten Staaten ergeben hat, dass 91,4% von ihnen ausländischer Herkunft (Juden) oder mit Personen ausländischer Herkunft verheiratet waren.
> PAT MCCARRAN, Chr. Judicial Commission,
> US-Senat, 1950.

Die große Mehrheit der Juden ändert ihren Namen und folgt damit einem Präzedenzfall, der von Lenin (Uljanow), Trotzki (Bronstein) und Stalin (Dzugaschwili), einem mit einer Jüdin verheirateten Tartaren, geschaffen wurde. Heute umfasst der Identitätswechsel auch Gesichtsoperationen, die ihr Aussehen erheblich verbessern, sodass sie sich fast unbemerkt unter den Gojim verstecken können, die sie zu vernichten beabsichtigen.

Der SENATOR JOSEPH McCARTHY führte den Angriff (um 1950) auf die Kommunisten in der US-Regierung an (von Staatsanwälten der Regierung und den Medien als „Hexenjagd" bezeichnet). Freunde McCarthys warnten ihn, dass er von beiden Seiten angegriffen werden würde. Er antwortete: „Das amerikanische Volk wird mich nie im Stich lassen". Er kannte den *Stupidus Americanus* nicht, der einer Gehirnwäsche unterzogen worden war. McCarthy leitete Ermittlungen gegen das Außenministerium, das Landwirtschaftsministerium, das Finanzministerium und das Verteidigungsministerium ein. Mehrere sowjetische Agenten wurden schließlich festgenommen, darunter: Alger Hiss, Currie, Ware, Collins, Duggin, Reno, Remington, Wadleigh, Field und Whittaker Chambers. Zu den Juden, die als sowjetische Agenten enttarnt wurden, gehörten: Abe Pressman, Abt, Perlo, Silverman, Witt, Gompertz und White (Weiss), ein Schützling des jüdischen Henry Morgenthau, der FDR-Schatzsekretär war.

Die ADL griff auf bewährte Taktiken zurück und dämonisierte den Boten, um von den Tatsachen abzulenken. McCarthy verfügte über unwiderlegbare Beweise dafür, dass die Kommunisten die Grundfesten unserer Republik untergruben und die US-Geheimdienste an den kommunistischen Block verrieten.

Er machte echte Fortschritte, als er beschuldigt wurde, unbegründete Anschuldigungen gegen die Integrität der US-Armee erhoben zu haben, insbesondere indem er Dr. Victor Perlo, einen Zahnarzt der US-Armee und Juden, fälschlicherweise beschuldigte, einer kommunistischen Partei anzugehören. Die Anschuldigung gegen McCarthy wurde von den Medien, die Blut sehen wollten, übertrieben dargestellt. In der Hitze der landesweiten Fernsehverleumdung wurden die wertvollen Dienste, die der Senator Amerika geleistet hatte, ignoriert. Schließlich wurde Senator McCarthy, von einem unterwürfigen Senat zensiert, gezwungen, in den Ruhestand zu gehen. Perlo (der später zugab, Kommunist zu sein) marschiert, ein Held der Linken. Ein neues Wort der Zustimmung, „McCarthyismus" (bedeutet: ungültige und blinde Angriffe auf einen Zeugen), wurde in das amerikanische Lexikon aufgenommen. Seine wahre Definition lautet: *„Wer die Cocos angreift, wird auf dem Scheiterhaufen verbrannt".* Ein wichtiger Aspekt dieser amerikanischen Tragödie ist, dass die Opposition gegen McCarthy in den Gerichtssälen von arischen Anwälten angeführt wurde, von denen viele der Ivy League angehörten und Mitglieder der Skull & Bones waren, Vasallen der Goldenen Regel: „Wer das Gold hat, regiert".

Vor kurzem ist der verstorbene Senator aus seinem Grab auferstanden:

> Die „Vogelscheuche" der McCarthy-Ära erweist sich als ziemlich präzise: Dokumente belegen sowjetische Infiltration

Senator Joseph McCarthy und andere Befürworter des Kalten Krieges haben sich nicht über das Ausmaß der sowjetischen Durchdringung von US-Regierungsbehörden getäuscht... Gestern von der National Security Agency veröffentlichte Dokumente zeigen, dass mehr als 100 sowjetische Agenten das Außen-, Justiz-, Kriegs- und Finanzministerium und sogar das Amt für strategische Dienste, den Vorläufer der CIA, infiltriert haben... Frühere Verlautbarungen ... enthielten Einzelheiten über die Aufdeckung der sowjetischen Bemühungen, nukleare Geheimnisse zu stehlen, und die Beteiligung von Julius und Ethel Rosenberg an den Spionagebemühungen in Kriegszeiten. „Nicht alle von McCarthy angeklagten Personen waren unschuldig", sagte Radosh und merkte an, dass der Rückschlag von McCarthys antikommunistischem Kreuzzug dazu tendierte, all jene zu diskreditieren, die versuchten, sowjetische Aktivitäten in den USA aufzudecken. Der Historiker David Kahn (JÜD), Autor von „The Codebreakers", sagte jedoch, er sei viel vorsichtiger, was die Möglichkeit betreffe, McCarthys Ruf wiederherzustellen... „Ich möchte nicht zu weit gehen", sagte Kahn.

The WASHINGTON TIMES, 6. März 1996.

In den 1970er Jahren (Vietnamzeit) protestierten die Medien mit dem McCarthyismus im Hinterkopf gegen die heimische Spionage der US-Regierung, die die „Freiheit" bedrohte.

Präsident Ford, immer leicht zu überreden, erlaubte dem JÜDISCHEN Generalstaatsanwalt Edward Levi, den US-Ermittlungsbehörden die „Levi-Richtlinien" aufzuzwingen. Diese Richtlinien höhlten die Sicherheitsprogramme für Regierungsmitarbeiter aus, indem sie diejenigen, die Subversion predigten, vor Ermittlungen schützten, sofern sie nicht bestimmte Verbrechen befürworteten oder selbst begingen. Mit anderen Worten: Den USA ist es nicht mehr erlaubt, Präventivmaßnahmen zu ergreifen, bevor das Feuer ausbricht. Damit wird eine weitere Spionagegeschichte eingeführt...

Im Oktober 1998 sorgte die Unterzeichnung eines neuen Friedensabkommens zwischen Palästina und Israel für Schlagzeilen. Yasser Arafat, arabisch, mit bebenden Lippen, sprach von einer glorreichen Zukunft in Frieden und Wohlstand für ihre beiden Völker: „Wir, die semitischen Brüder"! Benjamin Netanjahu, jüdisch, khasarisch, grinste merklich.

In den frühen Morgenstunden, nach Abschluss des Abkommens, aber vor der Unterzeichnung, ließ der israelische Ministerpräsident

Netanjahu die Verhandlungen scheitern. Er drohte mit seinem Rückzug, falls die USA im Rahmen des Abkommens den israelischen Spion Jonathan Pollard nicht aus dem Gefängnis freilassen würden. Clinton wagte es nicht, sich dem zu fügen. Um die Israelis zu besänftigen, bestand ihre letzte Amtshandlung als Präsidentin jedoch darin, eine Reihe jüdischer Diebe zu begnadigen, darunter den jüdischen amerikanischen Betrüger Marc Rich, der auf der Liste der vom FBI meistgesuchten Personen weit oben stand.

Pollard ist der „amerikanische" Jude, der *„eine unglaubliche Anzahl von amerikanischen Geheimnissen an Israel"* verkauft hat. Weil Pollard über intime Kenntnisse aller Aspekte der amerikanischen Sicherheit verfügt, bleibt er auch im Gefängnis ein Risiko. Alan Dershowitz, Jude, Professor an der Harvard Law School und Fernsehstar, erklärt, Pollards Inhaftierung sei ein „Schandfleck für Amerika", denn „die Geheimnisse wurden an einen Verbündeten der Vereinigten Staaten verkauft; er hat eine ausreichende Strafe verbüßt" (mehr als 12 Jahre). Die um ihre Arbeit besorgten „talking heads" der Medien sind sich einig, dass Pollard, der während seiner Inhaftierung israelischer Staatsbürger geworden ist, „um des Friedens willen" nach Israel zurückgeschickt werden sollte. Israel, wo Pollard als Nationalheld gilt, verlangt, dass die USA ihren Spion sofort freilassen. Dershowitz geriet in einem CNN-Interview in Rage, als die Frage nach der doppelten Loyalität von Juden gestellt wurde. „Das ist eine alte Leier", ereiferte er sich. „Pollard ist nur ein amerikanischer Jude, der zufällig ein Spion ist. Dershowitz verschleiert natürlich nur die Wahrheit. Juden sind, wie alle Rassen, genetisch einzigartig: Die Gene bestimmen das Verhalten. Historisch gesehen sind Juden für ihre Illoyalität gegenüber den Nationen, die sie aufnehmen, bekannt. Das bedeutet nicht, dass alle Juden in den USA ein Sicherheitsrisiko darstellen, wie Pollard und andere. Es bedeutet lediglich, dass viele Juden, die sich zu ihrem Glauben an den MARXISMUS/JUDAISMUS/SIONISMUS bekennen, ein Sicherheitsrisiko darstellen. Genauer gesagt bedeutet es, dass etwa 98% (achtundneunzig Prozent) aller Juden ein Sicherheitsrisiko darstellen. Die Vereinigten Staaten von Amerika entdecken, was Europa schon vor langer Zeit gelernt hat: Juden lächeln, während sie ihren Gastgebern in den Rücken fallen.

Alfred Lilienthal, ein Jude, zeichnete (7-4-72) das folgende Gespräch mit zwei Teenagern aus Brooklyn auf, die der Internationalen

Synagogalen Jugendkonferenz angehörten:

Wenn Israel und die USA in einen Krieg eintreten, auf welcher Seite werden Sie stehen?

Das wird nie passieren, das ist nicht möglich.

Betrachten Sie sich selbst als Amerikaner oder als Jude?

Ich bin Amerikaner und Jude.

Aber was sollte man zuerst betrachten?

Ich bin Jude, bevor ich Amerikaner bin.

Haben Sie eine doppelte Loyalität? Manche Menschen bestehen auf diesem Punkt.

Nein, aber wir haben enge Verbindungen zu Israel sowie zu den Vereinigten Staaten, und wir haben mehr Verbindungen zu Israel, weil es unser Staat ist.

Was meinen Sie damit? Ich dachte, die Vereinigten Staaten seien Ihr Staat?

Wir leben in den Vereinigten Staaten. Wir sind jedoch stolz darauf, dass Israel unser Staat ist. Israel ist unsere Heimat und unser Endziel ist es, uns dort niederzulassen.

Warum gehen Sie nicht jetzt?

Wir sind noch nicht bereit zu gehen.

Warum bleiben Sie dann in den USA und warum nutzen Sie die USA?

Wir müssen ein mächtiges und starkes Land haben, und wir wollen die Vereinigten Staaten aufbauen, denn während wir hier sind, können wir Israel helfen. Wir sind hier, weil es ein mächtiges Land ist, und wir wollen unseren Einfluss geltend machen.

Beeinflussung der USA zugunsten Israels?

Es geht nicht nur darum, die USA zu beeinflussen, sondern auch die anderen amerikanischen Juden, von denen viele nicht so viel tun, wie sie sollten.

Welche Gefühle haben Sie gegenüber Israel?

Israel ist unser Staat. Die Vereinigten Staaten sind nicht unser Staat. Wir machen sie zu unserer Heimat, aber eine Heimat ist nicht unser Staat.

Was passiert, wenn man sagt, dass Juden die USA benutzen und es an der Zeit ist, sie zu verlassen?

Sie möchten, dass wir bekannt machen, dass es sich um Antisemitismus handelt.

Aber Sie haben eine doppelte Loyalität?

Was ist daran falsch? Israel kann den USA helfen und die USA können Israel helfen... Wir nutzen die USA nicht als Basis. Wir unterstützen die USA und zahlen unsere Steuern. Wir wollen im Moment nicht einwandern. Und glauben Sie nicht, dass wir von dem Fett ihres Landes leben und es ihnen wegnehmen, das ist Sektierertum, das sieht aus wie Antisemitismus.

Das mag sein, aber nähren Sie diesen Antisemitismus nicht mit Ihren Ideen?

Wenn die USA uns bitten würden, in der Armee zu dienen, und es nicht um Israel ginge, würden wir das tun. Aber wir können den USA nicht vertrauen, dass sie alles tun, was wir wollen. Wenn die USA keine israelfreundliche Politik verfolgen, liegt es an uns, dazu beizutragen, sie aufzubauen, und wir könnten nicht für Israel tun, was nötig ist, wenn wir nicht in den USA leben würden.

ALFRED LILIENTHAL, „The Zionist Connection".

Ein junger Pollard hätte einer der oben interviewten Juden sein können. *(„Nissen werden zu Läusen",* Gen. Sheridan, USA).

Vor kurzem deutet ein weiteres KGB-Dokument, das vom US-Programm Venoma entschlüsselt wurde, darauf hin, ohne dies zu beweisen, dass der Jude David K. Niles (Neyhus) ein hochrangiger amerikanischer Verräter war. *Als* langjähriger Protegé des Juden Bernie Baruch und des FDR-Stabschefs Harry Hopkins *war Niles Verwaltungsberater von Roosevelt und Truman* (Hopkins, der *kürzlich als sowjetischer Spion entlarvt wurde, lebte tatsächlich im Weißen Haus).* Als Niles 1953 starb, wurde er von der New York Times als *„mysteriöser Mann"* beschrieben. Das FBI hatte Niles und viele seiner Mitarbeiter unter Beobachtung gestellt. Ihr Szenario begann, als Niles Alan M. Cranston den Juden David Karr (Katz) für einen Job empfahl. Karr war Mitarbeiter der kommunistischen Zeitung *Daily Worker* und Leiter der Öffentlichkeitsarbeit der American League for Peace and Democracy, einer kommunistischen Front. Cranston war damals Mitglied des Office of War Information (OWI). Später wurde er US-Senator (CA-Dem.). Cranston veröffentlichte eine entstellte Ausgabe von „Mein Kampf", die er der amerikanischen Öffentlichkeit als Übersetzung der ersten Ausgabe eines *„Spielbergismus"* verkaufte. Niles' Anweisungen gehorchend, stellte Cranston Karr als Beamten beim OWI ein. In dieser Funktion hatte er täglich Zugang zu den Teams der Präsidenten Roosevelt und Truman, zu denen Hopkins, Lauchlin Currie, Alger Hiss, Harry Dexter White (Weiss), JUIF (die alle als sowjetische Agenten enttarnt wurden) und natürlich David Niles, JUIF, gehörten. Die Venona-Akten bestätigen auch die Spionagetätigkeiten von Kim Philby, dem jüdischen Klaus Fuchs und den jüdischen Rosenbergs. Tatsache ist, dass David Niles nie Gegenstand einer Untersuchung des Kongresses war. Truman (der die USA in das koreanische Debakel trieb) bezeichnete Niles als „engen Freund und vertrauenswürdigen Geschäftspartner". Die Antwort auf die Frage, inwieweit das von den Demokraten kontrollierte Weiße Haus Schauplatz von Hochverrat war (und noch ist), ist in den Akten des FBI eingeschlossen, die das Büro ohne weiteres nur dem US-Kongress offenlegen wird. Der Kongress, der die Gunst der Medien gewinnen muss, gibt vor, sich nicht dafür zu interessieren (siehe Leitartikel der *Washington Times*, 8-29-97).

Vor dem Zweiten Weltkrieg hatte sich Hitler als Erzfeind des Liberalismus, des Marxismus und des Judentums etabliert, eben jener drei treibenden Kräfte, die mit Franklin Roosevelts New Deal an die Macht gekommen waren.
WILMOT ROBERTSON, „The Dispossessed Majority", 1976.

Einige meiner besten Freunde sind Kommunisten.
FRANKLIN DELANO ROOSEVELT

Die vollständige Geschichte von Deutschlands Aufruf zu Verhandlungen und unserer kategorischen Ablehnung und dem Abbruch der diplomatischen Beziehungen wurde 1937 und 1938, als Deutschland seinen Aufruf machte, nicht veröffentlicht, sondern der Öffentlichkeit vorenthalten, bis der Ausschuss des Repräsentantenhauses für unamerikanische Aktivitäten sie nach dem Zweiten Weltkrieg entdeckte ... und sie mehr als zehn Jahre, nachdem die Fakten so sträflich vertuscht worden waren, öffentlich machte.
DR. JOHN O. BEATY, Oberst des Geheimdienstes der US-Armee.

John F. Kennedy schlug den Vereinten Nationen einen Friedensplan (1961) vor, in dem die „allgemeine und vollständige Abrüstung der Vereinigten Staaten" gefordert wurde, eine weitere Maßnahme zur Umsetzung des Plans von Bernard M. Baruch.
A. K. CHESTERTON, „Die neuen unglücklichen Herren".

Wie tief die JÜDISCHEN AGENTEN in die Regierungen der

Alliierten eingedrungen sind, belegen die Kriege des 20. Jahrhunderts, die nicht nur zugunsten der Feinde des Westens geführt wurden, sondern auch die Strategien, die eingesetzt wurden, um die Niederlage des Westens sicherzustellen. Wir haben oben gesehen, wie das Weiße Haus und Downing Street Nummer 10 vor den ILLUMINATI kapitulierten und sich mit der Sowjetunion gegen das christliche Deutschland stellten. Wir haben gesehen, wie Bernard Baruch, der Handlanger der KAHILLA, der „mächtigste Mann Amerikas", die absolute Kontrolle über FDR, Churchill und Dwight Eisenhower durchsetzte, die gemeinsam das Erbe ihrer Länder opferten, um die Agenda der ILLUMINATI voranzutreiben (siehe Kapitel 6: „Holocaust"). Der umfassend dokumentierte Verrat des Christentums durch Roosevelt in Jalta und Truman in Potsdam sorgte für einen totalen KOMMUNISTISCHEN SIEG im Zweiten Weltkrieg und verursachte den Tod von Millionen unbewaffneter Europäer nach dem Krieg.

Verrat gedeiht nie. Was ist der Grund dafür? Denn wenn er gedeiht, wagt es niemand, ihn als Verrat zu bezeichnen.

LORD HARRINGTON.

STRATEGEME DER NIEDERLAGE UND KRIEGE, DIE NICHT GEWONNEN WERDEN

CHINA: Nach dem Zweiten Weltkrieg verwickelte der von den ILLUMINATI finanzierte Mao Tse-Tung seine chinesischen Kommunisten in einen bewaffneten Konflikt gegen das von Generalissimus Chiang Kai-Shek geführte Nationalchina, das mit Amerika gegen Japan verbündet war. Truman forderte Chiang auf, die Kommunisten in die nationale Regierung Chinas zu integrieren, andernfalls würde ihm die amerikanische Hilfe entzogen. Chiang weigerte sich, sich erpressen zu lassen, und berief sich auf seine Abneigung gegen das internationale Bankenkartell. Da Chiang Kai-shek der amerikanischen Hilfe und des Nachschubs für seine Armee beraubt wurde, zog er sich auf die heilige Insel Formosa zurück und verschanzte sich dort. So verrieten die USA bewusst ihren ehemaligen Verbündeten Chiang Kai-shek und übergaben das chinesische Festland dem Kommunismus. In der Folge wurde dem kommunistischen China ein ständiger Sitz im Sicherheitsrat der Vereinten Nationen zugewiesen, sein mächtigster Sitz. Mao Tse-Tung, berühmt für sein *„Rotes Büchlein"* und Liebling der New-York-Hollywood-"Elite", der JÜDEN, ermordete daraufhin 65 Millionen seiner Landsleute in dem, was David Rockefeller und der „Mongole" Brzezinski „eine glorreiche Revolution" nennen.

KOREA: Kurz darauf setzte Truman unter den Augen des Kongresses amerikanische Truppen in Korea ein. Die angebliche Mission bestand darin, den Kommunismus daran zu hindern, sich auf Südkorea auszubreiten, eine Halbinsel, die auf das nunmehr unbewaffnete Japan gerichtet war. Diese „Polizeiaktion" entwickelte sich schnell zu einem echten, unerklärten Krieg. Der große General Douglas MacArthur drängte die Nordkoreaner, die von rotchinesischen Offizieren angeführt wurden, an die chinesische Grenze zurück, unter dem Protestgeschrei der Wall Street, die einen Krieg mit „unserem Handelspartner", Rotchina, befürchtete. Auf den Straßen Amerikas „protestierten" Liberale, Marxisten und Juden gegen unsere Siege und jubelten über unsere Niederlagen, womit sie in den Augen der Patrioten dem Krieg eine Daseinsberechtigung gaben. MacArthur beschwerte sich, dass seine Kriegsführung durch Spione in der US-Regierung beeinträchtigt wurde: „Der Feind erhält meine Anweisungen (aus dem Pentagon) vor mir". MacArthur bittet Truman, Chiang Kai-Sheks Truppen zu erlauben, an der Seite der Amerikaner gegen die Rotchinesen zu kämpfen. Truman lehnt ab. MacArthurs Bitte, die auf der anderen Seite der Yalu-Grenze massierten feindlichen Truppen anzugreifen, um einen Angriff zu planen, wird abgelehnt. Sein Ersuchen, durch Luftaufklärung über China Informationen zu sammeln, wird abgelehnt. MacArthur merkt schnell, dass von ihm erwartet wurde, Schlachten zu gewinnen, aber den Krieg zu verlieren. Immer wieder, angesichts unglaublicher Chancen und unter hohen amerikanischen Verlusten, stoppten die amerikanischen Streitkräfte den Feind, doch Präsident Truman hinderte sie daran, den entscheidenden Schlag zu führen. MacArthur beharrte öffentlich auf einem Sieg, was die ILLUMINATIs verärgerte. Truman entließ MacArthur wegen Befehlsverweigerung aus seinem Amt. Sein Nachfolger, General Ridgway, erklärte nach dem Krieg: „Wenn wir nicht gewonnen haben, dann deshalb, weil ich den Befehl hatte, nicht zu gewinnen". Warum wurde niemand wegen Hochverrats gehängt? Das wissen nur die ILLUMINATI. Rückblickend lassen alle Fakten den Schluss zu, dass das Ziel der US-Regierung, Amerika nach Korea zu ziehen, nicht darin bestand, den Kommunismus zu besiegen, sondern so viele Amerikaner wie möglich in einer schändlichen Niederlage zu töten, den Helden MacArthur als möglichen Präsidentschaftskandidaten loszuwerden und ein desillusioniertes Amerika für die Akzeptanz einer einzigen Weltregierung zu gewinnen.

VIET NAM: Ein identisches Szenario spielte sich zehn Jahre später ab, unter einer anderen demokratischen Regierung, die den Juden hörig war. Der demokratische Präsident Lyndon Johnson berichtete in einer Sonderansprache an die amerikanische Öffentlichkeit über den Angriff eines nordvietnamesischen Torpedoboots auf ein amerikanisches Kriegsschiff im Golf von Tonkin. Johnson verkündet feierlich, dass „die kommunistische Aggression gestoppt werden muss, da sie eine Bedrohung für die amerikanische Sicherheit darstellt". (Später, als die 58.152 amerikanischen Toten nur noch Namen an einer Wand waren, enthüllten die freigegebenen Aufzeichnungen der US Navy, dass es keinen Torpedoangriff gegeben hatte!) Johnson befahl dann 165.000 amerikanischen Soldaten unter der Führung von General Westmoreland, eine Handvoll amerikanischer „Berater" zu unterstützen, die vom ehemaligen demokratischen Präsidenten John F. Kennedy in das Land geschickt worden waren. Diese „Berater" unterstützten die unfähigen Südvietnamesen in ihrem Rassenkrieg gegen die Nordvietnamesen, die ebenfalls Kommunisten waren. Nachdem die US-Streitkräfte in großer Zahl eingesetzt waren, verbot ihnen die US-Bundesregierung wie in Korea, bestimmte feindliche Zufluchtsorte (Transitzonen) anzugreifen, in die sich die Kommunisten zurückzogen, sich neu formierten, aufrüsteten und neue Angriffe starteten. Das Kriegsmaterial, das mit dem „Hanoi Run" von der UdSSR nach Vietnam verschifft wurde, wurde in russischen Fabriken produziert, die von US-Firmen gebaut und vom jüdisch besetzten Federal Reserve System finanziert worden waren. Wie in Korea gaben marxistische Spione innerhalb der US-Regierung lebenswichtige Informationen an den Feind weiter. Wieder einmal lautete die Geheimpolitik der ILLUMINATIs: „Eindämmung des Kommunismus" bei gleichzeitiger Verhinderung eines amerikanischen Sieges! Die Verweigerung eines endgültigen Sieges über einen engagierten und fähigen marxistischen Feind war ein Rezept für den Mord an unseren Männern. Es bedeutete, das gleiche blutige Terrain wieder und wieder zu betreten. Doch trotz des Verrats an höchster Stelle gewannen die zahlenmäßig unterlegenen (zehn zu eins) amerikanischen Truppen den Krieg. Genau das war der Grund, warum amerikanische Marxisten, Juden und Liberale so vehement gegen das Engagement der USA protestierten, und das war der einzige Grund, warum wir ihre Kameraden vernichteten - die Kommunisten. Die ROTEN.

Das marxistische *Gesindel* auf Amerikas Straßen (Bob Dylan, JÜDISCH; Joan Baez, JÜDISCH; Bettina Apetheker, JÜDISCH; Mort Kunstler, JÜDISCH; Jerry Rubin, JÜDISCH; Abbie Hoffman,

JÜDISCH; „Hanoi Jane" Fonda, Rhodes Scholar William J. Clinton, Lügner, Schwuchteln, Punks, Lesben, Hollywood-Juden, Degenerierte, etc.) Protestmärsche veranstaltet, die Polizei mit Kot beworfen, Rekrutierungskarten verbrannt, die amerikanische Flagge geschändet, mit dem Feind verkehrt, die Gerichte verhöhnt und unsere militärischen Helden in den *Schmutz* gezogen, indem sie *behinderte Veteranen, die aus Vietnam zurückkehrten, buchstäblich bespuckten, ohne dass bisher eine Strafe ausgesprochen wurde.*

Doch als die Hell's Angels und Motorradgangs den MARXISTEN/JUDEN blutige Nasen holten, wurden die Harley Boys aufgrund falscher Anschuldigungen nach dem RICO-Gesetz festgenommen. In Kent State waren drei der vier von der Nationalgarde getöteten steinewerfenden Psychopathen Juden (die später von der Universität in Marmor gemeißelt wurden).

In der Zwischenzeit haben die Medien ihre Politik plötzlich zugunsten des Krieges umgekehrt und unseren belagerten Truppen die moralische Unterstützung ihres Landes verweigert. Die Medien schütteten Verleumdungen über die amerikanischen Militärführer aus, präsentierten tendenziöse und schreckliche Szenen, die „das *sinnlose Töten vietnamesischer Zivilisten"* und die *„Degeneration"* unserer Männer und Frauen im Kampf beschrieben. Schließlich zwangen die gehirngewaschenen, verwirrten und erschöpften amerikanischen Gojim unsere Regierung zur Kapitulation. Wir sehen nun das wiederkehrende Muster von SEDITION/RATHISON. Die US-Regierung unterstützt heimlich den Kommunismus auf der ganzen Welt und schickt dann die US-Armee, um *„die kommunistische Bedrohung einzudämmen". Auf diese* Weise wurden Europa, Russland, China, Korea, Vietnam, Kambodscha, Thailand, Japan und der Nahe Osten in Schlachtfelder verwandelt und die amtierenden Regierungen vernichtet. Die ILLUMINATIs setzten sich dann in das Vakuum, errichteten Zentralbanken und gaben Schulden und Kredite an die verwüsteten Bevölkerungen aus. Es besteht kein *Zweifel daran, dass diese sieglosen amerikanischen Verratskriege darauf abzielten, die amerikanische Nation zu desillusionieren und sie dazu zu bringen, den Verlust ihrer Souveränität und eine einheitliche Weltregierung zu akzeptieren (siehe Protokolle).* Sie können auch sicher sein, dass die KHAZARS den Tod von heldenhaften Amerikanern begeistert beklatschten.

U.S.S. LIBERTY: Nichts veranschaulicht die Kontrolle, die Juden über die amerikanische Regierung ausüben, besser als die Gräueltaten der *USS Liberty*. Die *Liberty*, ein bekanntes „Frettchen" oder Überwachungsschiff (aufgelistet im Nachschlagewerk *Jane's Fighting Ships*) war ein umgebautes „*Victory"*-Schiff aus *dem* Zweiten Weltkrieg, dessen Silhouette unverkennbar war. Es war mit einer ausgeklügelten und hochmodernen Überwachungsausrüstung ausgestattet, die zu seinem markanten Aussehen beitrug. Am 8. Juni 1967 patrouillierte die *Liberty* in internationalen Gewässern vor der Sinai-Halbinsel. Es ist ein heißer Tag, die Sicht ist unbegrenzt, die Brise weht mit 5 Knoten und die See ist ruhig. 100 Fuß über der Brücke wehte am Hauptmast eine 40 Quadratfuß große amerikanische Flagge; eine 12 Fuß hohe Ziffer 5 war auf beiden Bugs aufgemalt und ihr Name erschien fettgedruckt am Heck. Die Gesamtbewaffnung *der Liberty* bestand aus zwei Zwillings-Maschinengewehren des Kalibers 50 ohne Splitterschutzschild: eines am Bug und eines am Heck. Um 11.30 Uhr begannen ISRAELISCHE Aufklärungsflugzeuge damit, das Schiff genau zu beobachten und fast drei Stunden lang ununterbrochen zu beobachten. Um 14.05 Uhr erschienen drei ISRAELISCHE Mirage-Flugzeuge in Formation, die jeweils zwei 30-mm-Kanonen und bis zu 72 Raketen mit sich führten. Plötzlich führten sie, ohne die *Liberty* herauszufordern, einen tödlichen und koordinierten Angriff auf das praktisch unbewaffnete Schiff durch. Das Ziel war eindeutig, die *Liberty* spurlos zu versenken. *Im Nachhinein betrachtet handelte es sich um einen vorsätzlichen Mord.* Der erste Durchgang zerstörte den Funkraum und tötete alle Männer; der nächste schoss auf alle Rettungsflöße. Die Juden führten wiederholt Kreuzangriffe durch und zerstörten die *Liberty* vom Bug bis zum Heck. Das Deck wurde mit amerikanischem Blut überschwemmt, das durch die Dalben und am Freibord entlang floss. *Unsere Flagge wird vom Mast gerissen.* Da die Juden nicht in der Lage waren, sie zu versenken, schickten sie drei Torpedoschnellboote, die die *Liberty* mit automatischen 20- und 40-mm-Waffen durchsiebten. Einer der drei abgefeuerten Torpedos traf das Schiff in der Mitte und zerstörte die Kommunikationszentrale. Dennoch weigerte sich die Liberty zu sinken. Innerhalb von 39 Minuten werden 34 amerikanische Seeleute getötet und 164 verwundet. Kapitän McGonagle gelingt es zu Beginn des Angriffs, ein „Mayday" zu senden, das 600 Meilen entfernt von der Sechsten Flotte aufgefangen wird. Das Flat-Top *USS America* startet einen Angriff, *doch die amerikanischen Flugzeuge werden vom Weißen Haus zurückgerufen.* Als die ISRAELISCHEN Piloten den Funkverkehr der Sechsten Flotte abfingen (die Funkgeräte der JÜDEN waren auf die Frequenzen der USS eingestellt), verließen sie schnell das Gebiet: Die Juden sind am besten darin, auf hungrige Araber zu schießen, die mit Stöcken und Steinen bewaffnet sind. Kapitän McGonagle brachte die Liberty im Trockendock nach Malta und dann nach Little Creek, Virginia. Schließlich wurde das blutverschmierte Gerippe verschrottet. Der Besatzung wurde ein Maulkorb verpasst. Eine israelische Untersuchungskommission führte den Angriff auf einen *Identifikationsfehler* zurück: Ihre Piloten hatten die *USS Liberty, ein* 10 000-Tonnen-Schiff, mit der *El Quseir,* einem ägyptischen Truppentransporter von 2640 Tonnen, verwechselt!

In den USA übten der jüdische US-Botschafter bei den Vereinten Nationen, Arthur Goldberg, und die jüdischen Eugene und Walt Rostow, *Sonderberater für nationale Sicherheit von* Präsident Johnson, starken Druck aus, um die Position ISRAELS zu unterstützen. Es waren dieselben Juden, die den Vietnamkrieg mitorganisiert hatten (Walt Rostow lehrt heute in Yale, einer Hochburg des Zionismus). Der Chef der CIA, Richard Helms, erlaubte *im Zusammenhang mit* dem Anschlag auf die *Liberty,* dass alle amerikanischen Geheimdienstoperationen in Israel vom Mossad durchgeführt werden (der Mossad *ist die* CIA). Eine amerikanische Untersuchungskommission unter dem Vorsitz von Konteradmiral I. C. Kidd, USN, erklärte: *„Der Angriff auf die Liberty war in Wirklichkeit ein Fall von falscher Identifizierung".* Damit ist die offizielle Position der USA festgelegt.

In den folgenden Jahren kamen immer wieder Fakten an die Oberfläche, die darauf hinwiesen, dass die ISRAELIS genau wussten, was sie taten, z. B.: Die Juden behaupteten, sie hätten geglaubt, ein ägyptisches Schiff anzugreifen, obwohl sie nur die Kommunikationsfrequenzen der USA gestört hatten. Die *USS Liberty* ließ ihr „Mayday" erklingen, bevor die Funkgeräte getötet wurden, nur dank McGonagles schnellem Handeln und der fortschrittlichen Kommunikationsausrüstung des Schiffes.

So war es offenbar auch: Die *Liberty* hatte vom Weißen Haus den Befehl erhalten, in einen anderen Teil des Mittelmeers zu fahren, doch die Nachricht wurde aus nicht genannten Gründen nie abgeschickt. Die *Liberty,* die sich immer noch auf Patrouille vor dem Sinai befand, fing einen Funkspruch ab, der ISRAELs heimliche Angriffe auf Ägypten und Jordanien enthüllte, was den Krieg von 1967 auslöste. Inzwischen verkündeten die ISRAELIS mit Hilfe der US-Medien der Welt, dass sie von den Ägyptern angegriffen worden seien. Das Weiße Haus (das die

Araber hintergangen hat) unterstützte die Lügen der ISRAELIER. Moshe Dayan, der Chef der israelischen Verteidigung, befahl, die *Liberty* zu versenken. Er wusste zu viel und, was noch wichtiger ist, der grausame Untergang könnte Ägypten angelastet werden, was eine weitere Reaktion vom Typ *Lusitania,* Pearl Harbor oder Coventry in Amerika hervorrufen würde.

ISRAEL brachte die Mirage-Piloten nicht vor ein Kriegsgericht, von denen zwei „amerikanische" Juden waren, die an der Akademie der US-Luftwaffe in Colorado ausgebildet worden waren. Die US-Marine warnte die Überlebenden der *USS Liberty* davor, jemals über den Vorfall zu sprechen. Zum ersten Mal in der Geschichte der Vereinigten Staaten wurde auf den für Tapferkeit verliehenen Medaillen nicht der Name des FEINDES genannt: Stattdessen wurde auf eine „Schlacht im Mittelmeer" verwiesen. Während einer Zeremonie, die normalerweise feierlich und würdevoll im Weißen Haus abgehalten wird, wurde Kapitän McGonagle die höchste Auszeichnung unserer Nation, die Ehrenmedaille des Kongresses, von einem *Vertreter* von Präsident Johnson in einem Vorraum der Schiffswerft so schnell und leise wie möglich verliehen. Bis heute weigert sich das US-Außenministerium, wichtige Dokumente im Zusammenhang mit den Morden auf *der USS Liberty,* die sich vor fast 35 Jahren ereignet haben, zu deklassifizieren! Eine Deklassifizierung würde als Antisemitismus angesehen werden.

Kapitän Joe Toth, USN, der im Namen seines ermordeten Sohnes Stephen Toth und zweier weiterer Offiziere, die an Bord der *USS Liberty* getötet wurden, Schadenersatz fordert, wurde von der US-Marine und dem US-Außenministerium damit bedroht, zu schweigen oder mit Konsequenzen zu rechnen. Seine Witwe erklärte

> Sie töteten zuerst meinen Sohn und dann meinen Ehemann. Die Schikanen kamen in Form von Drohungen und Behauptungen, Joe würde die nationale Sicherheit gefährden; es gab Überwachung und Druck von Personen wie der Steuerbehörde. Das war zu viel für sein böses Herz. Es dauerte ein Jahr, um ihn zu töten, aber schließlich geschah es.

Zehn Jahre später berichtete UPI (9-18-77), dass CIA-Dokumente, die Ägypten durch den Freedom of Information Act erhalten hatte, enthüllten, dass der israelische Verteidigungsminister Moshe Dayan, KHAZAR, den unprovozierten Angriff befohlen hatte. Der CIA-Direktor Stansfield Turner, ein nichtjüdischer Verräter, der im nationalen Fernsehen zu den CIA-Dokumenten befragt wurde, sagte:

„Sie wurden nicht authentifiziert ... der israelische Angriff war ein ehrlicher Fehler".

Das ist absurd. Allein die Anscheinsbeweise offenbaren die schamlose Vertuschung: Es war am helllichten Tag. Die gut sichtbaren amerikanischen Matrosen sahen nicht aus wie die Ägypter. Fragen Sie sich nun, wer Ihrer Meinung nach die US-Präsidenten, die Kongressabgeordneten, die Admiräle und die Direktoren der CIA kontrolliert.

So ermorden die JÜDISCHEN PARASITEN unser Volk, entstellen unsere Kultur und zerstören unser Schicksal. Die tragischen politisch-militärischen Niederlagen Amerikas sowie die Akte der Aufwiegelung und des Verrats, die unser skrupelloser Kongress nicht untersuchen will, sind keine zusammenhanglosen Ereignisse. Es handelt sich vielmehr um Momente, die in einer Zeitschleife betrachtet werden und den *kontinuierlichen Niedergang der westlichen Zivilisation* verdeutlichen. *Das* teuflische Drehbuch für diese hohen Verbrechen liefern die *Protokolle der Weisen von Zion,* die, wie Henry Ford fest behauptete, *mit dem übereinstimmen, was in der Vergangenheit geschehen ist und was heute geschieht.* Das ist absolut zutreffend. Die Metapher des *„Staatsschiffs",* die sich auf die Vereinigten Staaten bezieht, ruft das Bild der sinkenden *USS Liberty* hervor. So blutet unsere Nation, durchsetzt mit Parasiten, zerfressen von einem FEIND, den niemand zu benennen wagt.

DIE MASSENMEDIEN

Die gelegentlichen Schreie der Amerikaner nach Gerechtigkeit werden ignoriert, weil *die Medien den 1 Verfassungszusatz als das Recht interpretieren, nur das zu drucken, was den Zielen der ILLUMINATIs entspricht.* Es ist offensichtlich, dass, wenn die *vox populi* zum Schweigen gebracht wird, verräterische Handlungen straffrei bleiben. (Wir stellen fest, dass die „Pressefreiheit" den Nazis, den arischen Nationen, dem KKK usw. nicht gewährt wird).

Die Massenmedien prägen die öffentliche Meinung, indem sie die Gesellschaft mit falschen Informationen, Desinformationen und gefälschten Umfragen einer Gehirnwäsche unterziehen, damit sie sich in die von den ILLUMINATI gewünschte Richtung bewegt. Es wurde darauf hingewiesen, dass Umfragen zur öffentlichen Meinung tatsächlich die Wirksamkeit der Medien testen. Die Massenmedien sind in Wirklichkeit Hilfstruppen der ILLUMINATI und ihrer Lobbygruppen: CFR/TRILATERALE, Federal Reserve System, Internal Revenue Service, World Jewish Congress, Anti-Defamation League of the B'nai B'rith, the Foundations usw., deren Einfluss zusammengenommen den unserer verfassungsmäßigen Regierung bei weitem übersteigt. *Nur die arischen Amerikaner, die richtig bewaffnet und geführt werden, haben eine größere Macht.*

DIE MASSENMEDIEN halten alle drei Zweige der US-Regierung unter Kontrolle. Nationalistische Juristen und Politiker gelten als politisch unkorrekt: Sie *werden* von den Medien *zur Persona non grata erklärt* und ignoriert oder von ihnen gekreuzigt. Die beiden einflussreichsten Zeitungen der Welt, über die die Broker in D.C. bei ihrem Morgenkaffee sinnieren, sind die *New York Times* („All the News that Fits"), die den jüdischen Familien Oakes (Ochs) und Sulzberger gehört, und die *Washington Post*, die Martha Meyer Graham gehört (der Bastardtochter des jüdischen Bankiers Eugene Meyer, der die Zeitung als Propagandaorgan kaufte, um Amerika in den Krieg zu treiben). Zu diesen beiden Medienimperien gehören Radio- und Fernsehsender, Websites und andere Verlagsunternehmen. Sie machen oder stürzen Regierungen, verbreiten die Spirochäten der jüdischen Syphilis, sorgen für Finanzpaniken und Kriege und erhalten ihre Anweisungen von der KEHILLA.

Weitere jüdisch kontrollierte Publikationen sind u.a.:

Louis Post Dispatch (im Besitz der Pulitzer-Familie, der Begründerin des „yellow journalism"); *Philadelphia Inquirer, San Francisco Chronicle, Los Angeles Times, Las Vegas Sun; U.S. NEWS AND WORLD REPORT, TIME, NEWSWEEK; FORTUNE, MONEY, THE NATION; NEW YORK REVIEW OF BOOKS, SATURDAY REVIEW OF LITERATURE, BOOK OF THE MONTH CLUB, ENCYCLOPEDIA BRITANNICA, BOWKERS; NEW REPUBLIC, COMMENTARY, SCHOLASTIC, AMERICAN HERITAGE, STARS AND STRIPES ; VOGUE, GLAMOUR, SEVENTEEN, MADEMOISELLE, McCALL'S, TEENAGE, LADIES HOME JOURNAL, RED BOOK, COSMOPOLITAN; PEOPLE; NEW YORKER, VANITY FAIR, ESQUIRE, SPORTS ILLUSTRATED; AMERICAN HOME, HOUSE AND GARDEN, FAMILY CIRCLE, ARTS*

AND ANTIQUES, etc.

Ancorp National Services (Union News), im Besitz von Henry Garfinkle, JUIF, ist der größte Vertreiber von Taschenbüchern, Zeitschriften und Zeitungen an Zeitungskiosken und Einzelhandelsverkaufsstellen. Sam Newhouse, JUIF, besitzt die drittgrößte Zeitungskette, die nach letzten Informationen durch mehr als 30 Tageszeitungen vertreten ist.

Die Kontrolle durch die Juden ist im Buchverlagswesen allgegenwärtig: Knopf, Random House, Viking Press, Doubleday, Dell, Holt-Rinehart & Winston, Grosset and Dunlop, Penguin, Bantam, um nur einige zu nennen.

Die meisten Buch- und Filmkritiker sind jüdisch oder arbeiten für jüdische Publikationen. Dasselbe gilt für Buch-, Film- und Fernsehagenten. Harry Sherman, JUDE, Besitzer des Book-of-the-Month Club, vertreibt jedes Jahr Millionen von Titeln an die Verkaufsstellen im ganzen Land. Glauben Sie, dass er Bücher vertreibt, die auf der Liste der ADL stehen? Versuchen Sie, bei Ihrem örtlichen Buchhändler ein Exemplar von David Irvings „Churchill's War", Wilmot Robertsons „Dispossessed Majority" oder Ernst Zundels „Did 6-Million Really Die?" zu kaufen. Sie werden nichts bekommen. Sie werden sie nicht einmal katalogisieren. Das „Tagebuch der Ann Frank", ein nachgewiesener Hoax, ist dagegen überall erhältlich. Tatsächlich bestimmen die Juden, was die Amerikaner lesen, hören, sehen, schreiben und DENKEN dürfen.

> Abraham H. Foxman beschuldigt mich in seinem Brief an den Chefredakteur des „Antisemitismus"; er bezeichnet mich als „bekannten Holocaust-Leugner und Nazi-Apologeten" und spricht von meinem „Muster an Parteilichkeit und Täuschung". Dann sehe ich, dass er eine Liga gegen Verleumdung (ADL) leitet. Das ist seltsam.
> DAVID IRVING, Briefe, „Vanity Fair", Oktober 1999

Vor kurzem kaufte Bertelsmann USA, ein deutsches Konglomerat, mehrere New Yorker Verlage auf, was im Stamm Panik auslöste. In der Vereinbarung wurde jedoch festgelegt, dass Bertelsmann „*Mein Kampf*" nicht mehr veröffentlichen würde und dass die Infrastruktur der aufgekauften Verlage fest unter der Führung der JÜDISCHEN bleiben würde!

In den Jahren vor und nach dem Zweiten Weltkrieg kontrollierte eine Abfolge jüdischer Hierarchien ALLE Nachrichtensendungen der amerikanischen Radio- und Fernsehnetzwerke: William Paley, JUDE, war CEO von *CBS;* die Familie Sarnoff, JUDE, leitete *RCA (NBC);* Leonard Goldenson, JUDE, leitete *ABC.* PBS und Sports Network werden ebenfalls von Juden kontrolliert, ebenso wie die wichtigsten Kabelkanäle: *TNN, CNN, A&E, History Channel,* um nur einige zu nennen. In einigen Fällen haben sich die Besitzverhältnisse der Netzwerke durch Unternehmensfusionen geändert, doch die Infrastruktur bleibt unverbrüchlich jüdisch, wie z. B. *die Disney Company:* Unter der Leitung von Michael Eisner, JÜD, kaufte sie *ABC;* und Sumner Redstone (Rothstein) JÜD, kaufte *CBS,* um *Viacom* zu bilden, das zweitgrößte Medienkonglomerat der Welt, das seinen Dreck in jeden Winkel der Welt spuckt. Hochbezahlte arische „sprechende Köpfe", die die jüdische Ideologie verkünden (Cronkite, Jennings, Sawyer, Cokie Roberts, George Will, Matthews, Brokaw, Rather usw.) und die Rolle des Judas spielen, haben die USA an den Rand einer Katastrophe gebracht: einen Krieg gegen die arabischen Staaten, der unmöglich zu gewinnen ist. Was die Amerikaner über ihre eigene Geschichte und die Geschichte der Juden wissen, ist das, was die TRIBU sie wissen lässt.

TIME-WARNER COMMUNICATIONS, das größte Medienkonglomerat der Welt, das von dem Juden Gerald Levin geleitet wird, hat vor kurzem die Turner Broadcasting Company übernommen. Turner, ein ungebildeter (Brown Univ.), aber sehr erfolgreicher Unternehmer, war mit Jane Fonda, einem Hollywood-Bimbo, verheiratet. Wie Sie sich vielleicht erinnern, wurde sie während des Vietnamkriegs hinter den feindlichen Linien fotografiert, wie sie eine kommunistische Flagge schwenkte. Später brachten die amerikanischen Truppen laminierte Fotos von „Hanoi Jane" in ihren Urinalen an. Es ist daher nicht überraschend, dass Ted/Jane (die inzwischen geschieden sind) mit *Time-Warner* (JUIFS) fusionierten und dann mit viel Tamtam eine Milliarde Dollar steuerfrei an die Vereinten Nationen spendeten, deren Ziel die ILLUMINATI-WELTREGIERUNG ist.

Der Besitz von Hollywood, dem Theater, dem Broadway und der Musikindustrie ist fast ein jüdisches Monopol. Um kartellrechtlichen Maßnahmen zu entgehen, ist es einigen gehorsamen Gojim erlaubt, einen kleinen Teil der Beute abzugreifen. Die Khasaren kontrollieren nicht nur die Finanzierung, Kreation und Produktion des Mediums, sondern besitzen auch fast ausschließlich den Vertrieb, die Ausstellung und die Nebenrechte im In- und Ausland sowie die Privilegien der Casting-Kabine, in der die jungen, unternehmungslustigen Starlets hergestellt (und gezüchtet) werden.

Die Macht der Juden in der „Unterhaltungsindustrie" ergibt sich aus ihrer scheinbar einzigartigen Fähigkeit, finanzielle Unterstützung zu erhalten. In letzter Instanz bestimmen Investmentbanker, Finanziers und Risikokapitalgeber, die fast alle jüdisch sind, was produziert wird. Wenn der Inhalt nicht den Kriterien der ILLUMINATI entspricht, wird er in den Papierkorb geworfen. Es gab keine Filme, *die* beispielsweise auf David Irvings „*Die Zerstörung von Dresden*", „*Goebbels Tagebücher*", Veales „*Vorstoß in die Barbarei*", Solschenizyns „*Archipel Gulag*", Shakespeares „*Der Kaufmann von Venedig*", Taylor Caldwells „*Eine eiserne Säule*" oder einer Dokumentation über die Gräueltaten des „*U. S. S. S.S. Liberty*" - ein Film, der die Welt erschüttern und Kongressabgeordnete und CIA-Maulwürfe wegen Hochverrats aufhängen würde.

Der Beitrag der Juden zur Filmkultur (neben der Kopulation auf der Leinwand und „aufgezeichneten Lachern") ist das DOCU-DRAMA, bei dem der Film historische Personen und Ereignisse dokumentiert, um Authentizität zu gewährleisten, diese Personen und Ereignisse aber verzerrt, um die Ideologien der Juden zu unterstützen. Schließlich wird das Doku-Drama als authentische Geschichte verkauft. Diese Halbwahrheiten sind natürlich Lügen, die der arischen Nation schweren Schaden zufügen, wie sie es angeblich tun sollen. *Schindlers Liste* ist ein Beispiel für „Spielbergismus":

Der folgende Text ist ein Auszug aus der Copyright-Seite der ersten Ausgabe des Buches von Thomas Kneally, das als Grundlage für den Film „*Schindlers Liste*" diente. Aktuelle Ausgaben des Buches lassen den Disclaimer weg!

    TOUCHSTONE Rockefeller Center
    1230 Avenue of the Americas
    New York City, NY 10020

    THOMAS KENEALLY - Schindlers Liste.

Dieses Buch ist ein fiktionales Werk. Namen, Personen, Orte und Begebenheiten sind entweder der Fantasie des Autors entsprungen oder werden fiktiv verwendet. Jede Ähnlichkeit mit realen, lebenden oder toten Ereignissen, Orten oder Personen ist rein zufällig.

1. Schindler, Oskar, 1908-1974... Fiktion.
2. Holocaust, jüdisch 1939-1945... Spielfilm.
3. Zweiter Weltkrieg, 1939-1945, Fiktion.

Das Dokudrama ermöglicht es dem jüdischen Regisseur Sir Stephen Spielberg, ohne von den historischen Fakten behindert zu werden, seinen Hass auf die Deutschen auszuschütten. Keine Lüge ist diesem KHAZAR zu abartig, um sie als Tatsache darzustellen. Leider traumatisiert seine Vergewaltigung des ersten Verfassungszusatzes die jungen Leute, die glauben, was ihnen die Älteren erzählen.

Alte Fotografien der US-Luftwaffe und Interviews mit ehemaligen Häftlingen zeigen, dass das Lager Plaszow in Wirklichkeit ganz anders aussah als in dem vielbeachteten Film „Schindlers Liste" beschrieben. Beispielsweise befand sich das Haus von Kommandant Goeth, dem „manischen Killer", in Wirklichkeit am Fuße eines Hügels, was ihn daran hinderte, Juden zu erschießen, die sich in einer Umzäunung auf dem Gipfel des Hügels befanden. Dies geschah jedoch nicht, außer in Spielbergs böswilligem Gehirn. Die Geschichte zeigt, dass Plaszow ein einigermaßen komfortables und gut geführtes Konzentrationslager war. Es gab keine Gaskammern. Keine verrückten Kommandanten. Alles *Spielbergismen!*

Spielberg hat seine Karriere damit gemacht, die Deutschen zu verleumden. Es ist daher bezeichnend, dass er (wie so viele Hollywood-Juden) arische Frauen bevorzugt. Bisher hat der berühmte Regisseur zwei von ihnen geheiratet. Spielberg weiß, wie man eine gute Wassernase erkennt. Er möchte, dass seine Nachkommen diese „hasserfüllten, bigotten und manischen" arischen Gene in sich tragen. Vor kurzem hat der US-Kongress, angestachelt von Senator Arlen Specter, einem demokratischen JUDEN, dem Milliardär Spielberg eine Million Dollar aus Ihrem Geld bewilligt, um die Fantasien der neu entdeckten „Holocaust-Überlebenden" aufzuzeichnen, in dem fortgesetzten Bemühen, das Mitleid der gehirngewaschenen nichtjüdischen Öffentlichkeit zu erpressen. In ihrer Gier vergessen die Juden, dass es umso weniger „Opfer" gibt, je mehr Überlebende es gibt.

Man könnte wahrscheinlich mit Fakten und Zahlen belegen, dass es keine typisch amerikanische kriminelle Klasse gibt, mit Ausnahme des Kongresses.

MARK TWAIN.

Die FREIEN WÄHLER *fühlen sich so gut*, wenn sie andere Menschen zu bemitleiden haben! Die Auserwählten Gottes, die sich über SHOAH beschweren, fallen über diese armen Menschen her wie Taschendiebe bei Macy's. Während die dummen Gojim sich mit Bruderliebe geißeln, stehlen die JUDEN alles, was nicht niet- und nagelfest ist, und schreien dabei „Antisemitismus".

SILBER

Die Chuzpe funktioniert auch im SPIEL UM GELD! Das *Forbes-Magazin* listet die ersten 400 Mega-Milliardäre und Milliardäre in den USA auf (1998). Unter den ersten 10 Mega-Milliardären befinden sich 5 Juden und unter den ersten 30 Milliardären 15 Juden. Obwohl sie also behaupten, Opfer von Antisemitismus zu sein und 3% der Bevölkerung zu stellen, machen Juden 50% der reichsten Männer Amerikas aus. Die meisten dieser Juden wurden in Osteuropa geboren, was beweist, dass die Nazis nicht so effektiv waren, wie man uns glauben machen wollte.

Die Zeitschrift *Vanity Fair*, die das „New Establishment" für 1998 vorstellt, nennt 12 Juden unter den „Top 30 Power Brokers of the United States". *Die Mitglieder der internationalen Bankenkabale, die die Zinsen der US-Schulden in Höhe von sechs Billionen Dollar halten, glänzen in den beiden oben erwähnten Umfragen durch Abwesenheit. Es* sind die *„herrschenden Männer", von denen* Präsident Wilson sprach, die in den Vorständen der angesehensten Unternehmen der Welt sitzen; Schattenfiguren, die mit dem Finger schnippen und der Kongress gehorcht wie ein Mann.

Wucher kann bei Christen praktiziert werden.

TALMUD: Abhodah Zara 54a.

Ein Sonderbericht der bundesweiten Volkszählung von 1950 ... ergab, dass unter den ... verschiedenen Bevölkerungsgruppen in den USA die „im Ausland geborenen Russen" das höchste Durchschnittseinkommen hatten. Das Durchschnittseinkommen der Amerikaner weißer Abstammung war um 40% niedriger... „die russische Gruppe enthält bedeutende Flüchtlings-

und jüdische Komponenten".
WILMOT ROBERTSON, „The Dispossessed Majority" (Die besitzlose Mehrheit).

Das christliche Eigentum gehört dem ersten Juden, der es für sich beansprucht.
TALMUD: Babha Kama 113b.

Die Juden müssen das, was sie den Christen zu viel berechnen, aufteilen.
TALMUD: Choschen Ham 183.7.

Wir wissen jetzt, dass die „Fallout-Theorie" der Finanzierung damit beginnt, dass der Vorsitzende des Gouverneursrats der FED „vertrauliche" Informationen an privilegierte Finanziers weitergibt, die dann auf weniger wichtige Mitglieder der Kabale zurückfallen. Würden Sie gerne 48 Stunden im Voraus erfahren, dass die FED beabsichtigt, den Leitzins zu senken? Wären Sie gerne ein Agent, der z. B. Dollars, die vom IWF nach Russland oder Israel weitergeleitet werden, initiiert oder empfängt? Auch Sie können in *Forbes 400* erscheinen!

Warum kommen viele Kongressabgeordnete arm an und gehen reich in den Ruhestand? Antwort: Weil ihre Ehre weniger wert ist als das, was sie von den Interessengruppen erhalten. Geld kauft alles. Es hat das Schlafzimmer von Lincoln „gekauft". Es hat den Obersten Gerichtshof gekauft. Es hat Ihr Land gekauft.

JÜDISCHER EINFLUSS?

Vor nicht allzu langer Zeit durften Juden nicht in die großen Anwaltskanzleien in Washington, D.C., eintreten... Juden durften nicht in die wichtigsten Country Clubs... Ich denke an die Stellung der Juden heute in Amerika: Der Außenminister ist Jude... Der Verteidigungsminister ist Halbjude... Der Finanzminister ist der einzige, der Jude ist und zugibt, dass er Jude ist... Der Leiter aller großen Hollywood-Studios ist Jude. Die Leiter aller Netzwerke sind jüdisch. Die Chefs von zwei der vier nationalen Zeitungen sind jüdisch... Die Leiter aller Ivy-League-Universitäten sind jüdisch... Ich werde Ihnen sagen, woher ich ohne jeden Zweifel weiß, dass sich die Position der Juden in Amerika dramatisch verändert hat... Ein enger Freund von mir hatte einen Gedenkgottesdienst im Chevy Chase Country Club (!). Und es gab einen Kantor mit einer Kippa, der den Gottesdienst hielt... Ich kann Ihnen gar nicht beschreiben, wie erstaunlich

die Wendung der Ereignisse war.
BEN STEIN, JÜDISCH, Rede bei einer jüdischen Pro-Life-Konferenz an der juristischen Fakultät der katholischen Universität. (Auszug aus der „Washington Times" 11-17-98).

KEIN PLATZ FÜR WEISSE CHRISTEN IM REGENBOGEN DER IVY LEAGUE

Wenn Eliteuniversitäten und Hochschulen 75% ihrer Studenten bei den kleinen demokratischen Minderheiten anmelden, während weiße Christen und Katholiken, die 75% der Bevölkerung ausmachen, auf 25% der Sitze verwiesen werden, gibt es keinen Zweifel daran, wer Amerika im 21.

Auf der redaktionellen Seite des *Wall Street Journal* (11-16-98) wird in einem bemerkenswerten Essay (verfasst vom Harvard-Absolventen Ron Unz) die wahre und verborgene Geschichte derjenigen dargelegt, die in unseren Eliteschulen tatsächlich „unterrepräsentiert" sind und die die eigentlichen Opfer des ethnischen Sektierertums in Amerika sind. Laut Unz lagen heute am Harvard College die Einschreibungen von Hispanics und Schwarzen bei 7 % bzw. 8 %, also etwas weniger als die 10 % bzw. 12 % der amerikanischen Bevölkerung, die Hispanics und Schwarze sind. Dies hat zu Protesten geführt ... denn Hispanics und Afroamerikaner bestehen auf einer proportionaleren Repräsentation.

Herr Unz... fährt fort, dass fast 20% der Harvard-Studenten Amerikaner asiatischer Herkunft und 25-33% Juden sind, obwohl die Amerikaner asiatischer Herkunft nur 3% der Bevölkerung ausmachen und die Juden amerikanischer Herkunft noch weniger als 3% der Bevölkerung ausmachen. Somit stammen 50% der Harvard-Studenten aus 5% der amerikanischen Bevölkerung!

Wenn man die ausländischen Studenten, die Studenten aus unserer kleinen WASP-Elite und die Enkel der Absolventen zusammenzählt, erhält man eine Harvard-Studentenschaft, in der nichtjüdische Weiße 75% der Studentenschaft ausmachen.

Die amerikanische Bevölkerung erhält nur 25% der Plätze! Die gleiche Situation ... besteht auch an anderen Eliteschulen ... Da auch Hispanics, Asiaten, Afroamerikaner und amerikanische Juden massiv für die Demokraten stimmen, ergibt sich ein unschönes Bild. Eine liberale Elite erleichtert ihr soziales Gewissen, indem sie die weiße amerikanische Mittelschicht ihres Erstgeburtsrechts beraubt und es Minderheiten überlässt, die eben für die Demokratische Partei stimmen...
PAT BUCHANAN, aus der *Washington Times* (12-13-98).

Die gleiche Verschwörung gab es auch im Nachkriegsdeutschland. Hitler versuchte, die Juden zu vertreiben. Die Juden erklärten den Krieg. Amerika schickte Truppen ins Ausland, um die Deutschen zu töten! Heute regieren die Juden Amerika.

POLITIK „ZU VIELE JUDEN" RUFT PROTESTE HERVOR:

Der Vorsitzende des Ausschusses für internationale Beziehungen im US-Repräsentantenhaus, Benjamin A. Gilman, schrieb gestern an Präsident Clinton, um sich gegen einen (anonymen) Bericht auszusprechen, demzufolge hochrangige Positionen im Außenministerium nicht besetzt werden, weil es zu viele... „weiße jüdische Männer" in den Führungspositionen des Außenministeriums gibt... Die Quellen äußerten sich im Zusammenhang mit der Sorge der Clinton-Regierung um die Suche nach „Vielfalt"... damit kein Geschlecht oder eine ethnische Gruppe überrepräsentiert ist... Dennoch, Herr... Gilman sagte... „Die Veröffentlichung einer solchen Aussage, selbst einer anonymen, in unserer Zeit ist skandalös... *Religiöse Diskriminierung ist bei Personalentscheidungen völlig unangebracht"*... Herr Gilman sagte zu Herrn Clinton: „Wir werden die Personalentscheidungen Ihrer Regierung in dieser Frage genau verfolgen".
WASHINGTON TIMES, von Ben Barber, 1997.

Gilman, eine Jüdin, greift die alte Leier auf, dass das Judentum über die *Religion* und nicht *über die Rasse* identifiziert werden sollte. Während selbst der Dorftrottel versteht, dass Elizabeth Taylor, JÜDIN, und Sammy Davis Jr., JUDE, keine KHAZARS sind und Henry Kissinger, JUDE, kein Deutscher ist. Es ist ein Spiel der Täuschungen. Wenn Einstellungs- oder Rekrutierungspraktiken auf *Rassenquoten* beruhen und JUDEN unterrepräsentiert sind, hört man die Auserwählten Gottes Antisemitismus (Anti-Rasse) schreien. Parasiten sind unersättlich.

Präsident Clinton hat *unter der Führung der ILLUMINATI* mehr khasarische Juden in wichtige Regierungsämter berufen *(mit dem damit verbundenen* Desaster*)* als jeder andere Präsident in der Geschichte der Vereinigten Staaten. Dennoch verlangt Gilman, der Inbegriff der Juden, ebenso wie Shylock, Shakespeares Wucherer par excellence, nach Fleisch, Fleisch und nochmals Fleisch.

Ein Jude bleibt auch dann Jude, wenn er die Religion wechselt. Ein Christ, der die jüdische Religion annimmt, wird nicht zum Juden, da die Eigenschaft, Jude zu sein, nicht in der Religion, sondern in der Rasse liegt.
„THE JUIFISH WORLD", London, England, 12-14-1922.

KULTURINVASIONEN

Es heißt, um Wagner, Beethoven und Richard Strauss zu schätzen, müsse man nur eine Komposition von Mahler, JUDE, hören. Wie dem auch sei, auf dem Podium sitzt, unabhängig vom Programm, fast immer ein jüdischer Dirigent: Bruno Walter, Daniel Barenboim, Serge Koussevitsky, Pierre Monteux, Erich Leinsdorf, Eugene Ormandy, George Szell, Arthur Fiedler, James Levine, Leonard Bernstein, André Previn, George Solti, Arthur Schnabel, Leonard Slatkin, Zubin Mehta und andere. Die oben genannten Dirigenten sind nur einige der vielen jüdischen Dirigenten, die seit dem Zweiten Weltkrieg an die Spitze der größten Orchester der Welt berufen wurden. Nichtjuden, die gelegentlich den Taktstock schwingen dürfen, werden als Eindringlinge in das, was zum jüdischen Territorium geworden ist, betrachtet. Warum?

Ausländische und inländische Lizenzgebühren aus dem Verkauf von Schallplatten und Kassetten sorgen dafür, dass Symphonieorchester, Dirigenten und Solisten nicht in die roten Zahlen geraten. In den USA wird die Musikindustrie von Juden kontrolliert. Denn sie sind es, die mithilfe der Medien bestimmen, welche Künstler engagiert, mit Sternen ausgezeichnet und entlassen werden. So sind die großen musikalischen Formen des Westens dazu gekommen, dass sie von jüdischen Dirigenten und Solisten auf ihre kitschige Art und Weise interpretiert werden. Sie sind es, die die finanziellen Vorteile und Umarmungen erhalten, während die *Arier offenbar unfähig sind,* die *von ihrer eigenen Rasse geschaffene große Musik zu interpretieren.* Dies ist ein weiteres Beispiel für den Zusammenprall der Kulturen, der Deutschland polarisiert hat.

Die Juden begnügen sich nicht damit, unsere Musik zu plagiieren, sich anzueignen und zu verzerren, sie haben noch einen weiteren Trick auf Lager. Unweigerlich wird eine musikalische Meisterleistung, z. B. eine Mozart-Aufnahme unter von Karajan, auf der Rückseite eine Auswahl drittklassiger jüdischer Komponisten wie Copeland, Bernstein und Gershwin enthalten. So wird die Heiligkeit arischer Musikbibliotheken, wie die von Privatclubs und Schulen, von nicht eingeladenen Personen verletzt. Sich einer solchen Kühnheit zu widersetzen, ruft antisemitische Rufe hervor, obwohl es sich in Wirklichkeit um einen Einspruch gegen die jüdische Kultur handelt.

> Um erfolgreich Musicals zu komponieren, muss man entweder jüdisch oder homosexuell sein. Ich bin beides.
> LEONARD BERNSTEIN,

Dirigent, New York Philharmonic.

Sie werden für mich ein Schatz sein, der über allen anderen steht.
EXODUS 9:15

Die Juden in Europa haben einen besonderen Charakter und sind für ihre Betrügereien bekannt.
DAVID HUME, schottischer Philosoph.

ESPACE

Die Eroberung des Weltraums ist seit langem ein Privileg des Westens, seit dem Mythos von Ikarus und Leonardo da Vincis faustischem Konzept des fliegenden Menschen. Die Gebrüder Wright ließen den Menschen mit Flügeln in Kitty Hawk abheben. Goddard war der Pionier der Rakete; deutsche Wissenschaftler erfanden die Düsentriebwerke und entwickelten die Raketenwissenschaft, die die USA und die UdSSR in den Weltraum katapultierte; Werner von Braun und sein deutsch-amerikanisches Team der National Aeronautics Space Administration (NASA) brachten Amerika auf den Mond. *Die Kreativität, die Wissenschaft, die wunderbare Technologie und die Techniken, die das Sonnensystem in unsere Reichweite gebracht haben, wurden von den Ariern hervorgebracht.* Sie waren es, die die Risiken auf sich nahmen und die manchmal tödlichen Gefahren besiegten. Dann kommt Daniel E. Goldin, ein KHAZAR/JUDE, der von Präsident Clinton nach den Anweisungen der ILLUMINATI zum Leiter der NASA ernannt wurde. Damit sichert er Israel alle Informationen der NASA, die die jüdischen Spione nicht zuerst stehlen. Unter Goldin arbeiten nun die USA und Russland (von den USA finanziert) beim Raumfahrtprogramm zusammen, nicht die USA und das arische Europa! (Das auf dem Mond errichtete Denkmal für die Raumfahrtpioniere übersieht den Arier Werner von Braun).

Der PARASITISMUS in den U.S.A. ist natürlich eine historische *Verdoppelung.* Der *JUDE* Theodor Herzl betonte, dass *Antisemitismus überall dort existiert, wo Juden auftauchen, weil sie ihn mit sich bringen.* Ihre ursprüngliche Mission war es, ihre Religion zu verbreiten. In dieser Mission sind sie gescheitert. Heute beanspruchen nur noch wenige Juden diese messianische Mission für sich. Die israelischen Führer, die Premierminister Golda Meir und Benjamin Netanjahu, geben zum Beispiel gerne zu, dass sie keine „*wahren Gläubigen"* sind.

Aber die Idee einer Mission bleibt in einer entarteten Form bestehen: alles zu verderben, was nicht jüdisch ist. Dies gelingt ihnen, egal welche Nation sie aufnimmt, dank eines heimlichen und hoch organisierten Erwerbs- und Vernichtungsplans, der auf diesen Seiten genau beschrieben wird.

In der jüdischen Philosophie geht es nicht darum, Geld zu „MACHEN" (GEWINNEN), sondern darum, Geld zu „ERHALTEN". Deshalb sind JÜDEN immer Finanziers und Vermittler, selten Industriekapitäne, Konstrukteure und Produzenten. Der robuste und loyale Arier wählt eine Arbeit, die ihm Spaß macht und auf die er stolz ist, auch wenn das bedeutet, etwas weniger Geld zu „verdienen". Für den JUDEN ist das „Verdienen" von Geld jedoch die wichtigste Überlegung. Die Vorstellungen von *„kreativer Arbeit"* und *„guter Arbeit"* erscheinen ihm lächerlich. Arier haben gerne mit kreativen Ideen, Fähigkeiten, Qualität und Gefahr zu tun. Juden erobern keine Wildnis und stoßen nicht in den Weltraum vor. Für Arier ist Arbeit alles, nicht das Aushandeln von Vereinbarungen und das Leben von den Anstrengungen anderer. Bald wird der sogenannte „amerikanische" JUDE, der Parasit, der nichts getan hat, alles bekommen!

Wir haben in diesem Kapitel versucht, einige Beispiele für die Spitze des Eisbergs dessen zu zeigen, was „amerikanische" Juden am besten können: Verrat und andere schwere Verbrechen auf den höchsten Regierungsebenen begehen; die Zerstörung der amerikanischen Ethik fördern, indem sie unerklärte, sieglose Kriege (sogenannte „Polizeiaktionen") anzetteln, in denen Tausende junger Amerikaner sinnlos sterben und ihre Ehre anschließend von dem von den JÜDEN geführten Gesindel in den Dreck gezogen wird; das amerikanische Atomprogramm stehlen und gleichzeitig die militärischen und nuklearen Fähigkeiten von CHINA/ISRAEL/SOWIETIEN stärken; vorsätzliche Ermordung der USS Liberty; Fortsetzung der Erpressung und der Lügen über die „HOLOCAUSTE" trotz der erdrückenden Beweise, dass es keine Politik des Massenmords an den JÜDEN und keine Gaskammern gab; Übernahme der Kontrolle über das Geld (durch die FED), die Medien, die Regierung, die Unternehmen, den militärisch-industriellen Komplex und das Weltraumprogramm Amerikas. All das und noch mehr durch einen hässlichen und feindseligen Stamm, der als Parasit in den Adern unserer Nation lebt.

Lassen Sie mich das Geld einer Nation ausgeben und kontrollieren, und es ist mir egal, wer ihre Gesetze macht.
AMSCHEL MAYER ROTHSCHILD.

Tötet die Juden!
SADAM HUSSEIN.

Das „jüdische Problem" lässt sich nicht aus ethischer, rassischer, nationaler, religiöser oder sozialer Sicht erklären, sondern nur aus kultureller Sicht... In diesem Jahrhundert, in dem sich der Westen in eine Einheit von Kultur, Nation, Rasse, Gesellschaft, Wirtschaft und Staat verwandelt, erscheint der Jude klar in seiner eigenen totalen Einheit: ein kompletter innerer Fremder der Seele des Westens.
FRANCIS PARKER YOCKEY, *„Imperium"*.

Diese gerissene Rasse hat einen wichtigen Grundsatz: Solange Ordnung herrscht, gibt es nichts zu gewinnen.
GOETHE.

An der Schwelle zum neuen Jahrtausend sehen sich die Juden mit drei erschreckenden Aussichten konfrontiert:

1) Die dialektische Synthese des Westens leitet das Mendelsche Zeitalter ein; 2) Die kulturelle Elite vieler Nationen auf der ganzen Welt hat geurteilt, dass die Juden für ihre Verbrechen bezahlen müssen; 3) Das globale Internet hebt zum ersten Mal seit 85 Jahren den Eisernen Vorhang der jüdischen Zensur über öffentliche Informationen. Die einst unterdrückten historischen FAKTEN sind nun hier und im Ausland für jeden, der über einen Computer verfügt, zugänglich.

In Toronto, Ontario, wird die „Leugnung des Holocaust" als Hassverbrechen behandelt, das mit hohen Geld- und Haftstrafen geahndet wird. Die in den USA verschwiegenen oder verzerrten Prozesse gegen Ernst Zundel waren ein echtes Drama. Vor Gericht bewies Zundels Verteidigung schlüssig, dass es in Auschwitz keine Gaskammern gegeben hatte. Dennoch *befand* der Richter Zundel des Hasses für schuldig, indem er feststellte, dass *„die Wahrheit keine Verteidigung ist"*. Vor und während des Prozesses erreichte der Hass seinen Höhepunkt. Es wurden zahlreiche Versuche unternommen, Zundel mithilfe von Briefbomben, Knüppeln und Schüssen zu töten. Zundels Büro wurde angezündet, wobei ein Schaden von 600.000 Dollar entstand. Weder die Regierung noch die Medien oder die kanadische Polizei, die wissen, auf welcher Seite ihr Brot mit Butter bestrichen ist, wagten es, die JUDEN zu ermahnen (siehe Bibliografie). DER JÜDISCHE WELTKONGRESS, Edgar Bronfman, Präsident, JUIF (Seagrams Distillers) fordert die Regierungen der USA und Kanadas auf, die Website von Ernst Zundel zu schließen:

http://www.zundelsite.org

In Deutschland protestiert Manfred Roeder weiterhin gegen den Holocaust in einem gehirngewaschenen Reich (das immer noch von amerikanischen Negertruppen besetzt ist). Roeder, ein ehemaliger Anwalt von Admiral Doenitz, wurde im vergangenen Jahr von sechs maskierten, Eisenrohre schwingenden Schlägern fast zu Tode geprügelt. Es kam zu keiner Festnahme. Stattdessen wurde Roeder angeklagt, vor Gericht gestellt und zu drei Jahren Gefängnis verurteilt, weil er den „Holocaust" geleugnet hatte.

In den Vereinigten Staaten von Amerika *werden Verbrechen von Juden gegen Revisionisten auch von der örtlichen Polizei geduldet, ebenso wie Spionage und Unterwanderung durch Juden vom US-Kongress geduldet werden.*

Infolge der steigenden Flut des Mendelismus und Revisionismus verstärken die amerikanischen Juden (unter dem Banner des Judenchristentums, der Demokratie und der Brüderlichkeit) ihre Bemühungen, ihre bemerkenswerten politischen Gewinne zu konsolidieren, die Rassen zu mischen und eine zionistische Weltregierung zu errichten. Um dies zu erleichtern, wollen sie die Einwanderungsbeschränkungen zwischen den USA, Mexiko und der Karibik aufheben, ALLE Waffen im Besitz von US-Bürgern konfiszieren und Amerika in einen Weltkrieg verwickeln. Die Juden werden wie immer mit der Beute herauskommen, während die Arier sterben werden. Denken Sie daran, dass die REVOLUTIONÄRE ARMEE DER ILLUMINATI aus JUDEN in der DIASPORA besteht: Bolschewiken, „Neokonservative", Mörder, Mafiosi, Anarchisten, Betrüger, Zuhälter, die aus allen Teilen der Welt stammen.

Letztere, der *Abschaum*, schüren die Revolution in den US-Streitkräften, in Gefängnissen, in den Armenvierteln und in der Main Street, U.S.A.

TOB SHEBBE GOYIM HAROG!

KAPITEL 11

PATHOLOGIE UND SYNTHESE

PATHOLOGIE

Macht und Recht sind nicht gleichbedeutend. In Wahrheit sind sie oft gegensätzlich und unvereinbar. Es gibt das GESETZ GOTTES, aus dem sich alle gerechten Gesetze des Menschen ableiten und nach dem die Menschen leben müssen, wenn sie nicht in Unterdrückung, Chaos und Verzweiflung sterben wollen. Getrennt von dem ewigen und unwandelbaren GESETZ GOTTES, das vor der Gründung der Sonnen festgelegt wurde, ist die Macht des Menschen schlecht, ganz gleich, mit welchen edlen Worten sie gebraucht wird oder welche Gründe für ihre Anwendung angeführt werden. Menschen guten Willens, die sich des GOTTES GESETZES bewusst sind, werden sich Regierungen widersetzen, die von Menschen geführt werden, und wenn sie als Nation überleben wollen, werden sie Regierungen zerstören, die versuchen, nach den Launen oder der Macht von willkürlichen Richtern zu entscheiden.

CICERO (106-43 V. CHR.).

Das jüdische Volk als Ganzes wird sein eigener Messias sein. Es wird die Weltherrschaft erlangen durch die Vereinigung aller ANDEREN menschlichen Rassen, durch die Abschaffung der Grenzen und Monarchien, die das Bollwerk des Partikularismus sind, und durch die Errichtung einer universellen Republik, in der die Juden überall allgemeine Rechte genießen werden. In dieser neuen Organisation der Menschheit werden sich die Söhne Israels über die gesamte bewohnte Welt verteilen und, da sie alle derselben Rasse und Kultur-Tradition angehören, ohne gleichzeitig eine bestimmte Nationalität zu haben, das führende Element bilden, ohne Widerstand zu finden. Die Regierung der Nation, die diese universelle Republik bilden wird, wird durch den Sieg des Proletariats mühelos in die Hände der Israeliten übergehen. Die jüdische Rasse wird dann in der Lage sein, das Privateigentum abzuschaffen und danach überall die öffentlichen Gelder zu verwalten. Dann wird sich das Versprechen des Talmuds erfüllen. Wenn die Zeit des Messias gekommen ist, werden die Juden den Schlüssel zu allen Reichtümern der Welt in ihren Händen halten.

BARUCH LEVY, JUDE, Historiker,
aus seinem berühmten Brief an Karl Marx (Hervorhebung von uns).

Um etwas zu besitzen, was man nicht besitzt, muss man den Weg der Enteignung gehen.

T.S. ELIOT, „Four Quartets".

Nicht zu wissen, was vor unserer Geburt geschehen ist, hält uns für immer im Zustand des Kindes.

CICERO (106-43 V. CHR.).

Gereinigte Rassen werden immer stärker und schöner.

NIETZSCHE.

Die *Daseinsberechtigung* einer kommunistischen Regierung besteht laut Karl Marx darin, ein System der proletarischen Gesellschaft aufzubauen. Wenn es Menschen oder Klassen von Menschen gibt, die sich nicht in eine solche Gesellschaft einfügen können, werden sie „liquidiert", d.h. getötet... In diesem leidenschaftslosen Geist eliminierten Lenin (Jude) und Dserschinski (Jude) die aristokratischen und plutokratischen Klassen des zaristischen Russlands sowie Zehntausende orthodoxe Bischöfe und Priester nach der Revolution von 1917... Die große Mehrheit von ihnen ging (einfach) deshalb zugrunde, weil sie von dem neuen proletarischen Staat, der gerade im Entstehen begriffen war, nicht assimiliert werden konnten.

F. J.P. VEALE, englischer Jurist, *„Advance to Barbarism"*.

Die JUDEN hätten Amerika niemals erobern können ohne die Naivität seiner weißen Führer, die zu Beginn des 20. Jahrhunderts noch die Söhne, Enkel und Urenkel der Pioniere dieses Landes waren. Diese Nachkommen haben Macht, Privilegien und Reichtum geerbt, aber den Kontakt zu der IDEE, die diese Nation groß gemacht hat, völlig verloren: *„die offenkundige Bestimmung der weißen Rasse"*. Infolgedessen *wurde Amerika in Kriege im Ausland für die Interessen der Juden hineingezogen, wodurch nicht nur die weiße Saat Europas zerstört wurde, sondern auch die Ethik des gesamten Westens beschädigt wurde, wodurch die ILLUMINATIs immer tiefer in die Nerven Amerikas vordringen konnten.*

Die arische Elite, die in prestigeträchtigen Vorbereitungsschulen und Ivy-League-Colleges ausgebildet wurde, wurde in völliger Unkenntnis der Gesetze der Genetik, der Gesetze Gottes, gehalten, während der talmudische Müll von Marx, Freud und Boas als Weg zu

Frieden und Wohlstand verkündet und verkündet wurde. Diese gehirngewaschenen Gojim mit ihren weichen Händen und mitfühlenden Herzen waren mitschuldig daran, dass sich die Spirochäten der jüdischen Syphilis im gesamten Westen verbreiteten. Die Ergebnisse waren verheerend. Eine HOCHKULTUR ist, wie wir heute wissen, das Spiegelbild eines EINEN VOLKES. Wenn dieses Volk krank ist, spiegelt sich dies in seiner Kultur wider. *Es besteht kein Zweifel daran, dass die westliche Kultur krank ist. Aber warum?*

Die Kulturpathologen legen mehrere unbestreitbare TATSACHEN dar, aus denen eindeutige Schlussfolgerungen gezogen werden müssen: Die *JUDEN haben den westlichen Menschen absichtlich auf die Vernichtungskriege des 20. Jahrhunderts vorbereitet, indem sie seine Rasseninstinkte durch Lügen, Propaganda und Dämonisierung des „Feindes" verzerrten und die politischen Führer der Alliierten kauften, wodurch sie Amerika und Großbritannien dazu brachten, einen totalen Krieg gegen ihre europäische Familie zu führen. Deutschlands Hauptziel war es, Europa gegen den ECHTEN JUDAISTISCH-MARXISTISCHEN FEIND zu vereinen. Das tragische Ergebnis war der totale Sieg der KHAZARS und die verheerende Niederlage des arischen Westens.* Nehmen wir als Beispiel England um 1900. Eine winzige Insel mit etwa 40 Millionen Seelen, die über 80% der Erde kontrollierte (einschließlich der Herrschaft über die Meere). Es war der größte zivilisatorische Einfluss, den die Welt je gesehen hatte. Heute, nachdem sie zwei Weltkriege FÜR DEN FEIND geführt hat, ist die britische Vorherrschaft auf den Meeren verschwunden; ihr kommerzielles und politisches Primat in Europa ist verschwunden; ihre Kolonialmacht ist verschwunden; ihre Währungsreserven sind verschwunden; und ihr Bestand an arischen Zuchttieren ist ernsthaft erschöpft. Es wurde von undankbaren Juden (die von den amerikanischen Zionisten bewaffnet wurden) aus Palästina vertrieben, seine Soldaten wurden ermordet, ihre Leichen mit Sprengfallen versehen und seine Diplomaten ermordet.

England ist heute im Besitz der ILLUMINATI und wurde gezwungen, in Vorbereitung auf die EINE WELTREGIERUNG DER JUDEN nicht-weiße Einwanderungswellen innerhalb seiner rosigwangigen teutonischen Familie zu akzeptieren (demografische Statistiken sagen voraus, dass London bis 2010 eine nicht-weiße Mehrheit haben wird; Großbritannien wird in 100 Jahren eine nicht-weiße Mehrheit haben).

Amerika hat es nicht besser gemacht. Es hat das militärische Debakel FÜR den FEIND gewonnen und den Frieden verloren. Die Zinsen (245 Milliarden US-Dollar pro Jahr) auf seine Schulden in Höhe von 6 Milliarden US-Dollar gehören den ILLUMINATI. Die Vereinigten Staaten, *„die einzige Supermacht der Welt"*, sind nun eine jüdische Kolonie. Die enteigneten weißen Amerikaner sind nur noch gut bezahlte und hoch besteuerte Angestellte. Sie drehen am Rad, führen Kriege gegen JÜDISCHE und werden aufgefordert, die Bäuche ihrer Töchter der Rassenmischung zu überlassen.

Es ist klar, dass der Mendelismus eine blutende Wunde offenbart hat: Wenn ein kultureller Organismus nicht für sich selbst kämpft, kämpft er gegen sich selbst. Er verliert immer dann, wenn er nicht gegen den WAHREN FEIND kämpft. Kulturpathologen decken auf, dass *ein ganzes Volk gegen seine Instinkte von selbstsüchtigen Führern und einer verlogenen Propaganda in die Vernichtung getrieben wurde. Als Komplizen bei der Zerstörung der westlichen Kultur wurden die Massenmedien der Beihilfe zu Hochverrat, Aufruhr, Mord, Völkermord und anderen schweren Verbrechen für schuldig befunden.*

> Wenn jemand fragt, warum wir gestorben sind, sagen Sie ihm, dass wir gestorben sind, weil unsere Väter gelogen haben".
>
> KIPLING.

> Und siehe, ein Engel ruft ihn vom Himmel,
> und sprach: Lege deine Hand nicht auf den jungen Mann,
> und tue ihm nichts an. Siehe!
> Ein Widder, der an seinen Hörnern aus dem Dickicht genommen wird,
> Bietet den Widder des Hochmuts an seiner Statt.
> Aber der Greis wollte nicht, sondern tötete seinen Sohn,
> und die Hälfte des europäischen Geschlechts, einen nach dem anderen.
>
> WILFRED OWEN, „Das Gleichnis vom alten Mann und vom jungen Mann".

Diese Patrioten, die starben, um „die Welt für die Demokratie zu retten", starben tapfer, aber vergeblich. Die DEMOKRATIE ist, wie wir gesehen haben, ein politisches Anthrax, das von den JUDEN benutzt wird, um ihre heidnischen Gastgeber zu vernichten, indem sie die Pyramide der Meritokratie umstürzen. So werden durch das Wahlrecht die überlegenen (ungewöhnlichen) Menschen durch die Stimmen der zahlenmäßig überlegenen Massen politisch machtlos gemacht; *da diese unwissend, frenetisch und zwanghaft sind („das vielköpfige Tier"), lassen sie sich leicht durch GELD und die MASSENMEDIEN manipulieren (das Wahlkollegium repräsentiert die Parteiführer und ist ein Schwindel).*

Ehrliche Führungspersönlichkeiten, die von den Medienmagnaten gemieden werden, werden selten in der Öffentlichkeit gesehen oder gehört. Folglich werden sie selten in öffentliche Ämter gewählt, während Politiker, die die Zustimmung der Medien genießen, lange Karrieren am öffentlichen Trog und hinter den Kulissen machen und das Erbe Amerikas an die Meistbietenden verkaufen. Die Grundregel lautet: Wenn der Kandidat von den Medien gebilligt wird, ist er gekauft worden! So wird in einer Nation, in der Quantität vor Qualität und Gleichheit vor Verdienst geht, jedes Segment der Kultur degradiert.

Das liberale Axiom, dass *„es eine Nation von Gesetzen ist"* (gemäß dem alle Menschen gleich sind), verlor seine Gültigkeit, als *„alle Menschen"* vom amerikanischen Rechtssystem als *„alle Rassen"* interpretiert wurde. Wie aus ihren Schriften deutlich hervorgeht, sahen die Gründer das Konzept der Rassengleichheit genauso vor Augen wie das Konzept der Demokratie. Doch die Visionen unserer arischen Gründerväter bedeuteten nichts für die Juden oder für die Gesetzgeber und Juristen, die von den ILLUMINATI so regelmäßig erpresst, erpresst und gekauft wurden.

Infolgedessen haben Verfassungsänderungen, Verkündungen und liberale Auslegungen des Gesetzes die Regierung, wie sie den Gründern vorschwebte, außer Kraft gesetzt und das Gesetz des Landes buchstäblich gegen die weiße Rasse *(„Wir, das Volk")* gewendet, das gleiche Volk, das es ursprünglich schützen sollte. (Auch auf globaler Ebene ist die Demokratie für die Weißen, die nur 10% der Weltbevölkerung ausmachen, katastrophal).

Die schrittweise Zerstückelung unserer konstitutionellen Republik erfolgte allmählich und absichtlich. Das Amerika, zu dessen Liebe und Respekt wir erzogen wurden und dem wir die Treue schwören, wurde in seiner ganzen Bandbreite, seinen Denkmälern und historischen Orten sorgfältig bewahrt. Doch wie wir sehen werden, handelt es sich dabei größtenteils um eine Illusion. Die Vision von Washington, Adams, Jefferson und Franklin wurde bis zur Unkenntlichkeit verzerrt. *„Ein*

Feind hat das getan!" (Ezra Taft Benson). *Im Herzen der Nation nährt sich ein ekelhafter, speichelleckender Blutegel.*

Die erste *Verfassung der Vereinigten Staaten (1787)*, die von den Autoren unterzeichnet und unter Vakuum und Glas aufbewahrt wurde, wurde 1861 außer Kraft gesetzt, als eine Föderation von Nordstaaten einen totalen Krieg gegen die zahlenmäßig unterlegenen Südstaaten der Union führte, die daraufhin in Brand gesteckt und zerschlagen wurden. Der Angriff des Nordens, der auf der Gier von Bankiers und politischem Opportunismus beruhte, wurde durch die Heuchelei der Rassengleichheit verschleiert: die Manumission schwarzer Sklaven, die anschließend in Gebäuden jüdischen Besitzes getrennt wurden, wobei ihre geringe Intelligenz in Sweatshops ausgebeutet wurde. Eine zweite *Verfassung* trat in Kraft, als von Rothschild handverlesene Politiker mit vorgehaltener Waffe den 14. und 15. Zusatzartikel (1865 und 1868) durchsetzten, mit dem die Verfassung, die die Verräter zu verteidigen geschworen hatten, tatsächlich widerrufen wurde. Eine dritte *Verfassung* entstand unter der Schirmherrschaft des demokratischen Präsidenten Woodrow Wilson, als der von der Wall Street kontrollierte Kongress:

1) das *verfassungswidrige* Gesetz über die Federal Reserve (1913), das Rothschild die Kontrolle über das Geld der Amerikaner übertrug;

2) die erste amerikanische Einkommenssteuer (16[e] Amendment), die den ersten Weltkrieg der ILLUMINATIs finanzieren und *„die Welt für die Demokratie retten"* sollte ;

3) die demokratische Wahl der Senatoren (17[e] Amendment), wodurch die Republik durch eine Demokratie ersetzt wurde.

Die *vierte Verfassung* (1931) trat unter dem Demokraten Franklin D. Roosevelt in Kraft. Der Kriegsverbrecher und seine „kommunistischen Freunde" errichteten rasch ein *„Diktat des Proletariats"*. Henry Morgenthau, JUDE, Finanzminister, *befahl den US-Bürgern, ihr gesamtes Gold* an das US-Schatzamt zu *verkaufen*, und zwar zu Preisen, die unter dem internationalen Goldpreis *lagen!* Dieses „billige Gold" wurde dann von den internationalen Bankiers aufgekauft, um den von ihnen vorbereiteten Weltkrieg vorzubereiten. Dieser Diebstahl des US-Goldes durch die internationalen Bankiers ist als der *„Große Bankenüberfall von 1933"* (Revilo Oliver) bekannt. Als die Wirtschaft sich nicht von der durch die FED verursachten Depression erholen durfte, *ließ* der jüdische Bernie Baruch, der das War Industries Board *("Amerikas mächtigster Mann")* leitete, die hungernden Amerikaner arbeiten, um einen neuen Krieg gegen das arische Europa vorzubereiten. Bald wurden die amerikanischen Schafe auf die Schlachtfelder des Zweiten Weltkriegs getrieben und erhielten den Befehl, Herrn Hitlers Geldsystem *„Juden Frei"* und *„Wucher Frei"* zu zerstören und so viele Arier wie möglich zu massakrieren. Nachdem Amerika *die Welt für die* DEMOKRATIE (MARXISMUS/LIBERALISMUS/JÜDISCH) *gerettet* hatte, wurde es zu einem Eintrag in das Scheckbuch der ILLUMINATI.

Die aufeinanderfolgenden demokratischen Regierungen haben Horden von Juden und anderen nichtweißen Einwanderern aus einem einzigen Grund in die Vereinigten Staaten eingeladen: Sie wählen das Ticket der Demokraten/Kommunisten. Diese Form des „Verrats" auf nationaler Ebene hat die politische und rassische Färbung unserer konstitutionellen Republik in einen Wohlfahrtsstaat im marxistischen Stil verwandelt, in dem alle gleich sind, aber einige gleicher als andere.

Die vierte *Verfassung* entstand aus dem gescheiterten Amtsenthebungsverfahren gegen den demokratischen Präsidenten WILLIAM CLINTON (ca. 1999), das die völlige Verachtung der Juden für die Verfassung der Vereinigten Staaten und den Gesetzeskodex, auf dem die Rechtsprechung beruht, offenbarte. Auch der Senat und die Bürger der Vereinigten Staaten wurden gerichtet, allerdings stellvertretend. Letztendlich wurden beide als *egoistisch, oberflächlich, lasterhaft und ehrlos* entlarvt.

Der Justizausschuss des Repräsentantenhauses, der mehrheitlich aus Republikanern (allesamt Arier) bestand, riskierte seine politische Karriere, indem er für die Absetzung eines beliebten Präsidenten stimmte, während 16 Demokraten *(fünf Weiße, fünf Schwarze und sechs Juden)* einstimmig dafür stimmten, dass dieser zwanghafte Lügner und Sicherheitsrisiko an der Macht bleiben *sollte (95% der Schwarzen und 90% der Juden stimmten für seine Wahl zum Präsidenten).* Die Schwarzen nennen ihn sehnsüchtig *„den einzigen schwarzen Präsidenten".* Sie lieben seine Lügen und sein Blues spielendes Saxophon. Unparteiische Juristen sind sich einig, dass Clinton unter Eid gelogen, vor einer Grand Jury einen Meineid geleistet und absichtlich die Justiz behindert hat. Senator Robert Byrd, *„Doyen* *der Demokraten"* und *„Verfassungsexperte"*, erklärte im nationalen Fernsehen aufgeregt, Clinton habe sich schwerer Verbrechen schuldig gemacht, die ihre Amtsenthebung erforderten. US-Bürger, sowohl Soldaten als auch Zivilisten, verbüßen Haftstrafen für weniger schwere Straftaten. Kurz nach seiner Anklageerhebung durch den Justizausschuss des Repräsentantenhauses erschien Clinton im Rosengarten (der an das Oval Office grenzt, wo er und die Jüdin Monica Lewinski (ein Sicherheitsrisiko) Oralsex mit der Bronzebüste von Lincoln als Zeugin praktiziert hatten). Der Yale-Lügner wandte sich an die *Öffentlichkeit*: Er *blicke „zuversichtlich in die Zukunft"*. Er *werde „das Werk der Völker fortführen"*. Ein aufmerksamer Beobachter, der Anzeichen von Reue erwarten würde, konnte stattdessen auf dem Gesicht des Präsidenten unterdrückte Euphorie erkennen! Ein *„kleiner Vogel"* hatte ihm etwas ins Ohr geflüstert. Vizepräsident Al Gore, der in das Geheimnis eingeweiht war, umarmte den abgesetzten Präsidenten und versicherte ihm seine Loyalität (während der „rote" Dean Acheson aus Yale geschworen hatte, Alger Hiss nie den Rücken zu kehren). *Zwei Tage später revidierte Senator Byrd seine Position bezüglich des Amtsenthebungsverfahrens!* Der *„kleine Vogel"* hatte auch ihm ins Ohr geflüstert! *„Quellen aus dem Weißen Haus"* sagten dem Autor, dass Senator Byrd und der Mehrheitsführer im Senat, Trent Lott, von Leslie Gelb, JÜDISCH, Vorsitzender des Council of Foreign Relations, angewiesen worden waren, Clinton von allen Anklagepunkten zu entlasten. Lott, ein ehemaliger Cheerleader an der Universität, machte einen Salto rückwärts. *Der Fall war entschieden!*

 Politiker werden nicht geboren, sondern ausgeschieden.

CICERON.

Die Vereinigten Staaten haben genau das erreicht, wofür sie in den ersten beiden Weltkriegen gekämpft haben, was sich in CLINTONS EINKAUF und Amerikas moralischem Verfall manifestiert hat (Clintons Beliebtheitswerte sind nach wie vor hoch, obwohl er ein egozentrischer Lügner, Verräter und Sicherheitsrisiko ist). Der US-Senat hat eine klare Botschaft an die Welt (und unsere Kinder) gesendet: Nach der Verfassung der Vereinigten Staaten von Amerika ist es erlaubt, unter Eid zu LÜGEN, vor einer Grand Jury einen Meineid zu leisten, die Justiz zu behindern und die NATION zu VERLÜGEN. Dies wirft eine Frage auf: Warum ehren Sie die MARXISTISCHE/LIBERALE/JÜDISCHE Regierung der Vereinigten Staaten von Amerika?

Als der Staat zusammenbricht und die Anarchie nahe ist, wird die Regierung paranoid und George Orwells „Big Brother" erscheint. Wissenswertes:

Zwei Millionen Telefongespräche werden jedes Jahr von Strafverfolgungsbehörden und 400 Millionen von Arbeitgebern abgefangen. Mehr als 30 Millionen Arbeitnehmer unterliegen der elektronischen Überwachung durch ihre Arbeitgeber. Eine amerikanische Einrichtung in Menwith Hill, Yorkshire, England, überwacht jedes Telefongespräch, Fax, Kabel und jede E-Mail aus den USA, Europa, Afrika, Westasien und dem Nahen Osten; sie sammelt pro Stunde mehr als 2 Millionen (17,5 Milliarden im Jahr 1991). Mehr als 13.000 dieser „privaten Kommunikationen" wurden für eine eingehende Untersuchung ausgewählt.

Die Al-Gore-Kommission empfiehlt die Anschaffung von 1000 CTX-5000 Hi-Tech-Gepäckscannern zur Bombenerkennung in den Terminals des Landes zum Preis von je einer Million Dollar plus 100.000 Dollar jährliche Servicegebühren (durch das zionistische Gesicht haben die USA nun viele Feinde).

Das Komitee für wirtschaftliche Entwicklung, das sich aus fünfundsiebzig der wichtigsten Unternehmensleiter des Landes zusammensetzte, legte (1962) einen Plan zur Eliminierung der amerikanischen Farmen und Landwirte vor. Dabei handelte es sich strikt um eine Gewinn- und Verluststudie, die die katastrophalen Auswirkungen auf die Qualität des weißen Genpools außer Acht ließ (was an den Plan des Army Corps of Engineers erinnert, lästige Biegungen in amerikanischen Flüssen zu beseitigen, praktische Schifffahrtskanäle zu graben und dann alles zu verlieren, weil die beschleunigten Strömungen die Ufer, die Deckvegetation und die Bäume verschlingen).

Die ländlichen Gebiete haben schon immer die gesündesten, geistig fittesten und patriotischsten Jugendlichen der Vereinigten Staaten sowie unsere besten Milizionäre hervorgebracht. *Heute leben nur noch 2% der Amerikaner auf Bauernhöfen, was einem Rückgang von 28% seit der Jahrhundertwende entspricht. Im Jahr* 2000 kontrollieren etwa fünf multinationale Agrarkonzerne 95-96% des weltweiten Mais- und Weizenanbaus. Drei Unternehmen kontrollieren 80% der Fleischverpackungsindustrie in den USA. Die Gefahr der

Unternehmenskonsolidierung liegt *erstens* in ihrer Macht, das Angebot zu kontrollieren, wie es die Bolschewiki in der Ukraine taten und wie es Jimmy Hoffa tat, indem er die Teamster-Gewerkschaft kontrollierte (Sid Kroshak, JUIF, kontrollierte Hoffa); *zweitens* können Monopole kleine Erzeuger ausschalten, indem sie für ihre Produkte weniger als die Produktionskosten zahlen; und *drittens* kontrollieren Mega-Konzerne die Preise, indem sie den Wettbewerb auf dem Markt ausschalten. 1996 wurden 1471 Unternehmenszusammenschlüsse von *Lobbyisten des Kongresses* durchgeführt, die Experten im Verkauf des amerikanischen Erbes für den persönlichen Profit sind.

Der *vierte Verfassungszusatz* garantiert *"das Recht des Einzelnen, in seinen Personen, Häusern, Papieren und Effekten vor missbräuchlichen Durchsuchungen und Beschlagnahmen geschützt zu werden...". Der Modus Operandi des* Internal Revenue Service (IRS) beinhaltet ständige Verstöße gegen den vierten Verfassungszusatz. Der IRS ist die Vollstreckungseinheit der Bundesregierung, die eng mit der FED, der ADL und dem Finanzministerium zusammenarbeitet, um politisch unkorrekte US-Bürger zu zwingen und zu bestrafen. 1992 beschlagnahmte der IRS 3.253.000 Bankkonten und Gehaltsschecks (50.000 Beschlagnahmungen waren falsch oder ungerechtfertigt). Jedes Jahr verhängt der IRS mehr als 1 500 000 Privilegien (ein Anstieg um 200% seit 1980). Der fünfte Verfassungszusatz verbietet neben anderen Garantien, dass Leben, Freiheit und Eigentum ohne ein ordentliches Verfahren genommen werden. Dennoch haben mehr als 35% der US-Steuerzahler keine Warnung vom IRS erhalten, bevor Privilegien auf ihr Eigentum gelegt wurden. Viele von ihnen erfuhren erst bei ihrer Verhaftung von diesen Privilegien.

Das ATF (Bureau of Alcohol, Tobacco, and Firearms), das FBI (Federal Bureau of Investigation), die DEA (Drug Enforcement Agency) und andere Strafverfolgungsbehörden, die zu zahlreich sind, um sie alle zu erwähnen (alle unterstützt von den Medien und der Anti-Defamation League), schließen sich dem IRS bei seinem Angriff auf die Verfassung der Vereinigten Staaten an. Wie die IRS werden auch diese quasi-legitimen Regierungsorganisationen regelmäßig von Kräften innerhalb der Regierung beschlagnahmt, um politisch inkorrekte Personen zu schikanieren und zu vernichten. Randy Weaver zum Beispiel war in deren Visier. Randy Weaver glaubte an die *"Christian Identity"*, eine weiße suprematistische Gruppe. Mit seiner Familie zog er nach Ruby Ridge in Idaho, um der

Rassenverschmutzung zu entgehen. Er glaubte, dass seine arischen Vorfahren ihm bestimmte unveräußerliche Rechte verliehen hätten, darunter die Meinungsfreiheit und das Recht, Waffen zu behalten und zu tragen (die im ersten bzw. zweiten Verfassungszusatz verankert sind). Er hatte sich geirrt. Als Weaver nicht vor Gericht erschien, um einen geringfügigen Verstoß gegen das Waffengesetz zu klären (er besaß ein abgesägtes Gewehr), nahm das FBI dies als Vorwand, um die Hütte des Rassisten in der Wildnis zu überwachen. Weavers 14-jähriger Sohn und sein Hund waren gerade dabei, auf die Jagd zu gehen. Der Hund rannte bellend in den Wald. Die Beamten erschossen ihn. Der Junge schoss wahllos. Die Beamten erschossen ihn. Frau Weaver, die ein Baby auf dem Arm hielt, schaute durch die Tür der Hütte. Der Scharfschütze des FBI, Lon Horiuchi, schoss Frau Weaver buchstäblich den Kopf weg.

Im Jahr darauf, 1993, griffen ATF- und FBI-Agenten die Branch Davidians an, eine religiöse Gemeinschaft in Waco, Texas. David Koresh, der Anführer, predigte die Schlechtigkeit Amerikas, verurteilte seine schlechte Regierung und sagte die Apokalypse voraus. Diese Konzepte ärgerten einige hochrangige Personen. Unter Anwendung der üblichen JÜDISCHEN Taktiken (*Infamie!*) wurde Koresh dämonisiert und „*abscheulicher Verbrechen*" beschuldigt, darunter Pädophilie und die Einfuhr von Methamphetamin aus Mexiko. Die Bundesregierung weigerte sich jedoch, Koresh ein ordentliches Verfahren zu gewähren, um seine Schuld oder Unschuld zu beweisen. Er wollte, dass Koresh und seine Anhänger eliminiert werden. 127 Männer, Frauen und Kinder. 76 ATF/FBI-Agenten und ein Panzer der US. Ein Panzer der US-Armee, der zur Ausbringung von C-S-Gas (das nach dem US-Vertrag verboten ist) eingesetzt wurde, stürzte in das Gebäude, das daraufhin in Flammen aufging. 82 Mitglieder des Davidian-Zweigs starben im Holocaust, darunter 30 Frauen und 25 Kinder, ein kleines Dresden. Janet Reno, Clintons Generalstaatsanwältin, die die Operation beaufsichtigte, sagte, es tue ihr sehr leid.

Timothy McVeigh, ein hochdekorierter Infanterist, nahm am Golfkrieg teil. Die Dämonisierung der Araber, Iraker und Saddam Husseins war so übertrieben, dass McVeigh erstaunt war, „zu entdecken, dass sie normal sind wie Sie und ich". Er schrieb: „Sie haben euch gebeten, diese Leute zu eliminieren. Sie sagten uns, wir sollten Kuwait verteidigen, wo die Menschen vergewaltigt und massakriert worden waren. Das waren alles Lügen. Der Krieg hat mich geweckt".

Desillusioniert verlässt McVeigh die Armee. Er interessiert sich für Verschwörungstheorien. Er ist wütend über die Behandlung von Weaver, Koresh und unzähligen anderen Amerikanern durch die Bundesregierung. Er verspürt das Bedürfnis, die Öffentlichkeit wachzurütteln. McVeighs Botschaft war unklugerweise, das Bundesgebäude in Oklahoma City, in dem sich die Büros der ATF befanden, in die Luft zu sprengen. Er zitierte sie in seinem Prozess:

> Unsere Regierung ist der mächtige und allgegenwärtige Lehrer.
> Im Guten wie im Schlechten lehrt er das ganze Volk durch sein Beispiel".
>
> L.D. BRANDEIS, JÜDISCH, U.S. Sup. CT.

Die Mächte der Finsternis sind auch anderswo am Werk. Die NATO hat zusammen mit einigen widerwilligen Kräften der Vereinten Nationen (die mit amerikanischem Geld erpresst wurden) Milliarden von Dollar in einem unerklärten Krieg gegen Serbien ausgegeben, weil sie eine ethnische albanische (muslimische) Minderheit gewaltsam aus dem Land geworfen hat, die sich einem Regierungsdekret widersetzt hatte, das sie aufforderte, serbischen Boden (Kosovo) zu verlassen. Nationalismus/Patriotismus ist für Juden ein Anathema, wo auch immer er auftaucht. Sie beabsichtigen, ihn in Serbien zu eliminieren, selbst wenn das bedeutet, alle serbischen (christlichen) Männer, Frauen und Kinder zu töten. Das US-Außenministerium beschreibt diese Aktionen als „eine Lektion für alle Rassisten (sic), die die Vielfalt nicht akzeptieren wollen". Wenn nichts unternommen wird, könnte eine stolze Nation die jüdischen Parasiten wieder ausstoßen. Aus diesem Grund wurde in Den Haag ein INTERNATIONALER KRIEGSVERBRECHERTRIFF eingerichtet, der über Hassverbrechen urteilen soll. *Wie man sich vorstellen kann, ist der Präsident des Obersten Gerichtshofs ein Jude!*

Dieselben Alliierten, die heute Krokodilstränen über die brutale Vertreibung der muslimischen Kosovaren aus dem christlichen Serbien vergießen, waren selbst mitschuldig an der Vergewaltigung, Folterung und Vertreibung von mehr als 15 Millionen unbewaffneten ethnischen Deutschen aus Osteuropa unmittelbar nach dem Zweiten Weltkrieg in Ländereien, die sie in einigen Regionen seit mehr als 1000 Jahren besetzt hatten. Von diesen wurden mehr als 2 Millionen (vielleicht 5 Millionen) von den Partisanen (Bolschewiki) mit *Zustimmung der alliierten Kommandeure* ermordet, die NICHT wegen „Verbrechen gegen die Menschlichkeit" vor Gericht gestellt wurden. Im Gegenteil:

Über 50 Jahre lang verschleierten die geldgetriebenen Regierungen Russlands, Englands und der USA ihre ethnische Säuberung der Deutschen hinter der ungeheuerlichen Lüge vom „Holocaust".

Es ist offensichtlich, dass die ILLUMINATIs sich nicht für die Millionen von Menschen interessieren, die heute in Tschetschenien, Tibet, Ruanda (Schwarze), Südafrika (Weiße), Tschetschenien, Tibet, Ruanda (Schwarze), Südafrika (Weiße) usw. abgeschlachtet werden, während sie „mitfühlende" Gründe für das Töten von Serben entdecken - das nennt man SCHWANGERUNG, ein Synonym für die EINE-WELT-REGIERUNG. Die *New York Times* (7-8-98) berichtet, dass im Kosovo ein Mineralvorkommen (Blei, Zink, Kohle) im Wert von 3,5 MILLIARDEN DOLLARS vorhanden ist. Aha! Die Einführung der „Demokratie" im Kosovo wird es Onkel Sam ermöglichen, „mitfühlend" zu helfen, den ehemaligen Schatz Serbiens zur Verfügung zu stellen. Lange bevor sich die serbischen Leichen versteiften, standen die internationalen Banker schon auf der Lauer. Das ist kein Mitgefühl, das ist GIERIGKEIT.

Den gefährdeten US-Soldaten im Kosovo wurde vom jüdischen Verteidigungsminister Cohen gesagt: „Ihr seid Friedenshüter, die unsere demokratische Lebensweise bewahren", d. h. wenn ein kleiner Kerl die DEMOKRATIE missbilligt, werden die USA Tarnkappenjäger, Marschflugkörper usw. einsetzen, um von Eseln gezogene Karren zu bombardieren. Zeuge: Iran, Irak, Libyen, Libanon und andere, alles „antisemitische" Semiten.

> Es spielt keine Rolle, ob du gewinnst oder verlierst; es spielt nur eine Rolle, ob ich gewinne oder verliere.
> SAMMY GLICK.

Die oft wiederholte Lektion der Geschichte, die in Serbien neu betrachtet wird, lautet, dass das Herausfordern der Naturgesetze (unvereinbare ethnische Gruppen dazu zu zwingen, sich zusammenzuschließen, um eckige Dübel in runde Löcher zu stecken) in einer Katastrophe endet. Homogenität führt nicht zu Kriegen, wie es die Juden gerne hätten. Es ist der Zwang, unterschiedliche ethnische Gruppen zu vereinen, der Kriege schafft. Die Gesetze der Genetik, Gottes unveränderliche Gesetze, haben den MARXISMUS/LIBERALISMUS/JUDAISMUS ad absurdum geführt. Besonders deutlich wird dies in der DIVERSE GESELLSCHAFT

Amerikas, in der die Gefängnisse und Heime überquellen, die Hässlichkeit wuchert und Mord, Gewalt und Sex nach Hollywood-Art zur Norm der Vereinigten Staaten geworden sind.

Die arischen Kinder, die in den Grabenkrieg der integrierten Schulen getrieben werden, streben nach ihrer eigenen Gesellschaft und ihrem eigenen Territorium, dem von ihren Vorfahren geschaffenen Amerika: Sie wollen WEISSE Schulen, Mannschaften, Tänze, Ausgehorte, Musik und Religion. Sie wollen WEISSE Standards für Schönheit und Exzellenz, nicht TALMUDISMUS, Afrozentrismus und „Versagen/Erfolg"-Gleichheit. Indem sie *diese genetischen Instinkte anprangert,* übt *die* BUNDESREGIERUNG *schweren psychologischen Druck auf die Kinder* aus. Die MARXISTEN/DEMOKRATEN schlagen weiterhin eckige Dübel in runde Löcher:

> 26,3 Millionen Immigranten (1990) leben in den USA, gegenüber 9,6 Millionen im Jahr 1970. Das entspricht 42% des gesamten Bevölkerungswachstums seit 1990. Sie wählen massiv die Demokraten! *85% der Einwanderer sind nicht weiß.* Sie vermehren sich 3,5-mal schneller als Weiße. 6 Millionen ihrer Kinder sind Bastarde. 33% der Schüler an öffentlichen Schulen in den USA gehören Minderheiten an. Jedes Pult, das sie besetzen, ist ein Pult weniger für die Weißen.
> 120 verschiedene Sprachen werden gesprochen. Die Ergebnisse des SAT sind ein Witz. Die einst hervorragenden öffentlichen Schulen in den USA wurden von Marxisten/Liberalen/Juden zerstört. *Amerikanische Studienanfänger sind in Naturwissenschaften und Mathematik die LETZTEN der „Industrienationen".*
> Die amerikanische Industrie stellt daher besser ausgebildete ausländische Staatsangehörige ein: Chinesen und Inder). Heute geht es bei Bildung nicht um Grundlagen, Fähigkeiten und Alphabetisierung. Das Analphabetenkartell bezieht seine Macht von denjenigen, die finanziell und politisch von Unwissenheit und professionellen Fehlern in der Bildung profitieren... Indem sie persönliche Informationen über Schüler und ihre Familien nutzen, können Pädagogen in das Glaubenssystem der Schüler eindringen und Ansichten korrigieren, die sie als unliebsam empfinden... Pädagogen bestimmen die Berufsaussichten von Schülern danach, ob sie sich an akzeptable Ansichten halten.
> BEVERLY K. EAKMAN, Professor, *„Das Klonen des amerikanischen Geistes: Eliminating Morality Through Education"* (veröffentlicht in der *Washington Times* 2-12-99).

Unsere Kinder haben leider endgültige Lehren aus Hollywood-on-the-Potomac gezogen: Wenn es dir nicht gefällt, lösche es. Die Gewalt in Columbine H-S, Littletown, CO (12 Schüler und ein Lehrer wurden von zwei Schülern, darunter ein Jude, ermordet) und eine Reihe ähnlicher Morde sind für die Juden Grund genug, den zweiten Verfassungszusatz außer Kraft zu setzen. Sie behaupten, dass die Behandlung von Symptomen den Krebs heilt. Während die Juden in Wirklichkeit eine allgemeine Reaktion gegen die Krankheit selbst befürchten: MARXISMUS/LIBERALISMUS/JUDAISMUS und die JUDEN in Hollywood.

Die BUNDESREGIERUNG ist kriminell, wie dieser Vertrag beweist. Wie alle Kriminellen ist sie paranoid. Und das zu Recht. Seine Bilanz wird jetzt enthüllt. Sobald die FAKTEN der Zensur von BIG BROTHER entgangen sind, wird die Bundesregierung an ihrer Entlarvung und Rache sterben. Ist es da ein Wunder, dass jüdische Parlamentarier (Schumer, Lowey, Specter, Boxer, Feinstein, Wexler usw.) die Bemühungen anführen, sich der Waffen der Amerikaner zu bemächtigen, und zwar mit derselben Verzweiflung, die sie einsetzten, um Clinton vor dem Amtsenthebungsverfahren zu bewahren! Die Paranoia spiegelt sich in allen Regierungsbehörden wider. Was sie verzweifelt suchen, ist eine MENAZE (als Ersatz für die sowjetische Bedrohung). Die Juden müssen die Aufmerksamkeit der Arier von dem FEIND unter ihnen ablenken. Von der JUDEO-PHOBIE, die sich in der zivilisierten Welt ausbreitet.

Kaum wahrnehmbar am Horizont: ein rätselhafter Krieger, hart und gut bewaffnet. Er blickt aus dunklen, schräg stehenden Augen zwischen hohen Wangenknochen auf Amerika. Er versteht die Parasiten. Er versteht unsere Pathologie. Er beneidet unsere langgliedrigen arischen Frauen und unseren *Lebensraum*. Fast unmerklich lächelt er. *Es ist allgemein unbekannt, dass eine extrem reiche jüdische Minderheit im marxistischen China einen mächtigen politischen Einfluss ausübt.* Der COX CONGESSIONAL REPORT (5-25-99) beschreibt detailliert die chinesischen Spionageaktionen der letzten Jahre, bei denen *ALLE US-amerikanischen Atomgeheimnisse* aus Oppenheimers Atomlabor entwendet wurden, einschließlich des supergeheimen W-88 und der Neutronenbombe, die nur lebende Organismen zerstört und Gebäude intakt lässt. Angesichts der Juden, die das Pentagon, das Außenministerium, das Verteidigungsministerium, das CFR usw. kontrollieren, ist es nicht verwunderlich, dass China heute in der Lage ist, amerikanische U-Boote unter Wasser anzugreifen und zu töten und amerikanische Städte mit Atomraketen anzugreifen, deren

Zerstörungskraft zehnmal größer ist als die der A-Bomben, die auf Hiroshima abgeworfen wurden.

Israel, das von den USA mit 100 Milliarden Dollar unterstützt wird, hat laut der Londoner *Financial Times* die Technologie der Luft-Luft-Rakete Python-3 und des Phalson-Radars an China verkauft, wodurch Peking eine AWAC-Fähigkeit erwerben konnte. China erwarb auch die Technologie des israelischen Star-1-Raketenabwehrradars, des von den USA unterstützten Levi-Kampfjets und der Patriot-Rakete.
PAT BUCHANAN, „Washington Times" (5-25-99).

Bernard Schwartz, Jude, Mitarbeiter der Clinton-Kampagne und Präsident von LORAL Space & Communications, einem amerikanischen Unternehmen mit Verbindungen zu Israel, ist Gegenstand einer Untersuchung des Kongresses, weil er illegal sensible amerikanische Hi-Tech-Ausrüstung an Israel und das marxistische China verkauft haben soll. Es scheint, dass sich die ILLUMINATI auf den Ablenkungskrieg vorbereiten, den er dringend braucht, bevor die Amerikaner merken, dass sie ihres Landes beraubt wurden.

Sie haben nicht einmal angefangen, die wahre Tiefe unserer Schuld zu schätzen... Wir haben Ihre natürliche Welt, Ihre Ideale, Ihr Schicksal genommen und sie verwüstet.
MARCUS ELI RAVAGE, JÜDISCH, *Century Magazine* (1928).

Nirgendwo lässt sich auch nur der geringste Hinweis darauf erkennen, dass bei der großen Mehrheit unseres (weißen) Volkes der rassische Selbsterhaltungstrieb nicht verloren gegangen ist... wir können noch nicht feststellen, ob er ausgelöscht wurde oder nur in der Schwebe ist, während sich unser Volk in einer Art kataleptischer Trance befindet, aus der es durch körperliches Leiden und akute Entbehrungen geweckt werden kann, wenn die Zeit dafür gekommen ist, was sie mit großer Wahrscheinlichkeit tun wird ... Unsere Lage ist hoffnungslos und wir können uns keine Illusionen leisten ... jetzt mehr denn je ist Optimismus Feigheit.
DR. REVILO P. OLIVER, Professor für klassische Literatur an der Universität von Illinois.

Unser (weißes) Volk ist zu apathisch, geistlos oder feige, um aufzustehen und für das zu kämpfen, woran es glaubt, oder auch nur, um seine eigene Vernichtung zu verhindern. Einige warten auf ihre Festanstellung, andere auf ihre Pensionierung, wieder andere auf sicherere Zeiten, aber alle warten auf den Tod. Tote Rassen kehren nicht zurück. Diejenigen, die warten, sind die Sargträger der Zivilisation.
DR. ROBERT KUTTNER, Universität Chicago.

Der Kampf ums Dasein ist ein grundlegendes Axiom der Biologie, dem man sich nicht entziehen kann.
GARRET HARDIN, „Die Natur und das Schicksal des Menschen".

SYNTHESE

Die Geschichte zeigt, dass die Metamorphose einer Hochkultur-Organisation nur durch ihre vollständige Zerstörung gestoppt werden kann: Eine Larve muss zu einem Schmetterling werden; eine Eichel muss zu einer Eiche werden; ein Kind muss zu einem Erwachsenen werden; die Kultur-Organisation muss ihr spirituelles Schicksal erfüllen. Dies sind die unveränderlichen GESETZE der NATUR. Diese spirituelle ZUVERLÄSSIGKEIT bringt viel Hoffnung und große Erwartungen mit sich. Der weiße Mann befindet sich nicht in einer „kataleptischen Trance", sondern erholt sich wie ein verwundeter Adler, der gefährlich anfällig für Angriffe von Raubtieren ist, langsam von den Wunden, die er sich in den 20 Kriegen des letzten Jahrhunderts zur Vernichtung der Arier zugezogen hat.

Was mich nicht umbringt, macht mich stärker.
NIETZSCHE.

Heute breitet sich eine SPIRITUELLE METAMORPHOSE, deren Erschütterungen zum ersten Mal vor etwa 140 Jahren in Europa zu spüren waren (ungefähr zu der Zeit, als die ILLUMINATI ihre tollwütigen Hunde auf die USA hetzten), mit zunehmender Intensität in der gesamten HOCHKULTUR-ORGANISMUS DES WESTENS aus. Alle Arier außer dem weißen Abschaum *spüren diese Transformation instinktiv*, auch wenn nur wenige von ihnen sie in Worte fassen können. Was sie erleben, ist die SYNTHESE-PHASE der DIALEKTIK DER GESCHICHTE DES WESTENS: die Verschmelzung der INSTINZIELLEN EINHEIT FÜR DIE ARYEN mit den Überbleibseln des ZEITALTERS DER REINEN VERNUNFT! In dieser stürmischen und gefährlichen Übergangszeit werden in der arischen Kulturschicht die IDEEN, die Bestandteil von These und Antithese sind, geschlagen, geleert und eliminiert. Die brauchbarsten Ideen werden *instinktiv und rational* ausgewählt, wobei der Schwerpunkt stärker auf den ersteren liegt, und dann im Organismus der westlichen Hochkultur synthetisiert. Die Ställe des Augias werden ausgemistet. Die alten Ikonen, Sophismen und Aberglauben werden in den Müll geworfen. Die daraus resultierende NEUE THESE bringt das MENDELIANISCHE

ZEITALTER hervor, das die GENETISCHE EINHEIT DES WESTENS und die völlige Ablehnung von MARXISMUS/LIBERALISMUS/JÜDISCH sicherstellt. Umgekehrt richten sich die Bestrebungen der JÜDISCH VÖLLIG gegen die geistige und physische Einheit des Westens! (Das Mendelsche Zeitalter hat nichts zu tun mit der „Vereinigung" Europas unter der Ägide des GELDES: der Bank für Internationalen Zahlungsausgleich).

Um die historische Dialektik in die richtige Perspektive zu rücken, muss man sich vergegenwärtigen, dass die THESE ursprünglich zum Ausdruck kam, als die alten gotischen Stämme versuchten, sich zu vereinen: zuerst unter den Kreuzrittern, dann unter dem Kaiserreich, dann unter dem Papsttum und schließlich unter den Nazis. *Dieser tiefe Wunsch, die arische Familie zu vereinen, ist instinktiv, zwanghaft und entspricht den Naturgesetzen. Folglich wird er verwirklicht werden.*

Die dialektische ANTITHESE des Westens erschien in Form eines vom Instinkt virtuell getrennten Rationalismus, der Folgendes hervorbrachte: Liberalismus, Kapitalismus, Freihandel, Staat gegen Staat, Religion gegen Religion, Klassenkampf und USURE gegen die arische politische Autorität. Diese und andere rationalistische (den Instinkt unterdrückende) Phänomene haben Europa in zahlreiche konkurrierende, egoistische und brudermörderische Stammesstaaten zerschlagen, die von den verräterischen Rothschild-Zentralbanken leicht manipuliert werden konnten, und die Schlachtfelder Europas mit arischem Blut geweiht.

> Nationen, Denkformen, Kunstformen und Ideen, die Ausdruck der Entwicklung einer Kultur sind, befinden sich immer in der Obhut einer relativ kleinen Gruppe ... Kultur ist ihrem Wesen nach selektiv, exklusiv. Die Verwendung des Wortes im persönlichen Sinn - ein „kultivierter" Mensch - beschreibt einen ungewöhnlichen Menschen, einen Menschen, dessen Ideen und Einstellungen geordnet und gegliedert sind. Patriotismus, Hingabe an die Pflicht, ethischer Imperativ, Heldentum, Selbstaufopferung sind ebenfalls Ausdrucksformen von Kultur, die der primitive Mensch nicht zeigt. Der Mensch des Volkes ist das Material, mit dem die großen politischen Führer unter demokratischen Bedingungen arbeiten. In früheren Jahrhunderten war der Mann aus dem Volk nicht Zeuge des Dramas der Kultur. Es interessierte ihn nicht und die Teilnehmer standen noch nicht unter dem Einfluss des Rationalismus, des „Rechenwahns", wie Nietzsche es ausdrückte. Wenn die demokratischen Bedingungen auf die Spitze getrieben wurden, ist das Ergebnis, dass selbst die Führer Männer aus dem Volk sind, mit der eifersüchtigen und gewundenen Seele des

Neides auf das, was sie nicht erreichen können...
FRANCIS PARKER YOCKEY, „*Imperium*".

So hörten wir auf, eine Republik zu sein, in der die Absicht bestand, die Kontrolle und Führung des Landes in den Händen der am besten qualifizierten Personen zu behalten, um sein Wohlergehen zu sichern, und degenerierten zu einer Demokratie, in dem, was Alexander Solschenizyn einen „demokratischen Aufstand" nannte. Die Deiche öffneten sich und ließen eine Flut von „liberalen" Politikern herein, die die Massen aufwiegelten, um sie zu beherrschen. All die Weisheit und die langfristige Vision der Regierung gingen in einem schäbigen Wettlauf um die Stimmen einer bunt zusammengewürfelten Gruppe von Leuten verloren, die sich nicht um die entscheidenden Probleme der Nation kümmerten und nicht den Geist hatten, sie anzugehen, selbst wenn sie sich darum kümmerten ; die tatsächlich bereit waren, das langfristige Wohlergehen der Nation als Ganzes für ihren persönlichen Vorteil zu opfern, seien es höhere Gewinne, höhere Löhne, mehr „Wellness", mehr Geschwindigkeit, mehr Spielereien, mehr Spaß, mehr Komfort, Sicherheit oder Wohlstand? Jegliche aristokratische Kontrolle und Führung unseres nationalen Lebens wurde abgeschafft. Wie immer in einer Demokratie gab es niemanden, der darauf achtete, wohin wir uns bewegten, der das Volk vor seelenloser Ausbeutung und Ruin schützte, der die Schändung der Erde, die Verschwendung unserer Ressourcen, die Verschmutzung unserer Umwelt und eine differentielle Geburtenrate, bei der diejenigen, die die Intelligenz und den Charakter hatten, um Probleme zu lösen, von denen, die die Probleme schufen, überwältigt wurden, vorausahnte und uns davon abhielt, sie zu lösen. Das Land wurde weit offen gelassen und ohne große Hindernisse auf dem Weg derer, deren verzehrende Profitgier sie dazu trieb, das Land zunächst in ein reiches Feld für lukrative Finanzinvestitionen zu verwandeln, das dann immer offener wurde ... für die Juden, die heimlich arbeiteten, ihre Ellenbogen einsetzten und ... auf einen globalen Sklavenhalterstaat drängten.
WILLIAM G. SIMPSON, „*Welcher Weg für den westlichen Menschen?*".

Der Donner, der Europa erschütterte und die SPIRITUELLE METAMORPHOSE des Westens (die *dialektische Synthese*) in Bewegung setzte, war GREGOR MENDELs Entdeckung der Bausteine der Natur! Wie jeder gebildete Mensch mittlerweile weiß, und es verdient, wiederholt zu werden, belegt die Wissenschaft der Genetik, dass einzigartige Merkmale ALLE Menschen und ALLE Rassen unterscheiden: physiologisch, psychologisch, verhaltensmäßig und spirituell, was dem MARXISTISCHEN/FREIEN/JUVISTISCHEN Irrglauben, dass alle Menschen gleich geschaffen wurden, für immer ein Ende bereitet.

Eines der vielen tiefen Vermächtnisse dieser DIALETISCHEN SYNTHESE war die Wiederentdeckung der spirituellen und biologischen Wurzeln des arischen Menschen als Ergebnis der faustischen Erkundungen im unbegrenzten *äußeren* Raum, dem Makrokosmos, und der *inneren* Erkundungen, die den unbegrenzten Raum des Mikrokosmos mit seinem neuen Vokabular enthüllten: Quanten, Quarks, Neutrinos, Genome, Metaphysik usw. Die Wiederentdeckung der spirituellen und biologischen Wurzeln des arischen Menschen war das Ergebnis der faustischen Erkundungen im unbegrenzten *äußeren* Raum, dem Makrokosmos.

> Die Welt in einem Sandkorn und den Himmel in einer Wildblume sehen, die Unendlichkeit in der Handfläche und die Ewigkeit in einer Stunde halten.
>
> WILLIAM BLAKE.

> Man spürt, dass es im ganzen Universum nichts zu fürchten gibt. Schließlich gibt es nur EINEN Willen, den Impuls, der aus dem Herzen Ihres Wesens kommt, oder nennen Sie ihn Ihren Gott. Es gibt keinen Körper und keine Seele mehr, die sich gegenseitig aus dem Abgrund heraus ansehen
> ... Der Körper ist die manifestierte Seele. Die Seele ist die Verherrlichung des Körpers... Und der Blick, mit dem der Mensch die Welt... und das ganze Sternenuniversum betrachtet, ist der Blick seiner eigenen Fülle...
>
> WILLIAM GALEY SIMPSON,
> *„Welcher Weg für den westlichen Menschen"*.

Dort, im Makrokosmos/Mikrokosmos, jenseits des Firnis von menschengemachten Gesetzen und Aberglauben, wo Materie und spirituelle Energie zusammenkommen, fand der Arier sein ursprüngliches Selbst: seine Instinkte, seine Intuitionen und seine Einheit mit dem GOTTESGESETZ - den PANTHEISMUS.

So ist das Zeitalter der Vernunft gestorben, ermordet mit seinen eigenen Händen. Die vermeintlichen Tatsachen, auf die die Wissenschaft ihre rationalen Schlussfolgerungen stützt, werden nun als unbeständig, in Bewegung und in Entwicklung begriffen betrachtet. Je mehr die Wissenschaft lernt, desto weniger versteht sie. Der Horizont entfernt sich mit jedem Schritt. Die Wissenschaft muss nun

Wahrscheinlichkeit, Ungewissheit, Metaphysik, Instinkt, Intuition und die menschliche Fehlbarkeit berücksichtigen. Die Wissenschaft erkennt die Existenz einer allgegenwärtigeren, dominanteren universellen Kraft an, die der Mensch niemals verstehen kann. Als Intuition, Instinkt und Wahrscheinlichkeit in den Bereich der Mathematik gelangten, trat die westliche Kultur vom Zeitalter der Vernunft in das Zeitalter des MENDELISMUS über. *Der Anbruch des MENDELISTISCHEN ZEITALTERS erweckte die arische Kulturschicht wie aus einem luziferischen Albtraum.* In diesem spirituellen Erwachen entdeckte der arische Mensch, dass er sowohl Gott als auch Tier ist, eine menschliche Brücke zum Übermenschen. Diese Erkenntnis verweist den lächerlichen SEMITISCHEN Fetisch JAHWE und seine weltverachtende Spore CHRISTENTUM für immer ins Pantheon der Nebengötter. Der PANTHESISMUS ist die Religion der Natur; der gute Mönch Mendel ist ihr Heiliger Vater.

Der arische Mensch ist ein *spirituelles Wesen. Er ist* auch ein *territoriales Tier*, das seine Ehre und sein Heim gegen unüberwindbare Hindernisse verteidigen wird - bis zum Tod! Er entscheidet sich nicht dafür, *sondern wird durch genetische Imperative dazu gezwungen!* Intuitives/irrationales Verhalten spiegelt den INSTINKT DES ÜBERLEBENS wider. Es ist das Dekret der Natur und es liegt am Menschen, ihm zu gehorchen! Nationen, die ihre genetischen Instinkte verlieren oder verleugnen, verlieren ihr Recht auf Leben! *Wenn das Überleben das letzte Maß ist, sterben mitfühlende Nationen.*

Der INSTINKT, das sollte man klarstellen, ist eine *nicht rationale Reaktion* auf Umweltreize.

INTUITION ist ein *unmittelbares Verständnis ohne Vernunft,* das von primitiven oder metaphysischen Quellen ausgeht.

VERNUNFT ist die intellektuelle Fähigkeit, *auf der Grundlage von angenommenen Tatsachen zu Schlussfolgerungen zu gelangen.* COGNITION (die *Fähigkeit, wahrzunehmen und zu urteilen*), die sich in der supragranularen Schicht der Großhirnrinde befindet, ist ein evolutionäres Merkmal, das die Rasse von einer anderen Rasse, den Menschen von einem anderen Menschen und den Menschen von niederen Tieren unterscheidet.

Bei der Schaffung einer gerechten und geordneten Gesellschaft werden die Instinkte des Menschen, die für seine kreative Genialität und sein Überleben von entscheidender Bedeutung sind, durch die ebenso wichtige Fähigkeit zur Vernunft gemildert. Instinkt und Vernunft schließen sich nicht gegenseitig aus, sondern sind wesentliche Zutaten, die zusammen das Verhalten des Menschen weitgehend bestimmen. Instinkt, Intuition und Vernunft sind genetisch bedingte Merkmale.

Die arischen Instinkte in Bezug auf die Rasse sind grundsätzlich gesund, auch wenn sie nicht populär sind. Anthropologie und Genetik belegen, dass die Genome das Verhalten jeder Rasse unterschiedlich programmieren. Daraus folgt, dass die amerikanische Verfassung und das Gesetzbuch, die für EINE Rasse geschaffen wurden, für eine andere völlig ungeeignet sind. Es gibt KEIN Moralgesetz oder einen universellen Rechtskodex. Jenseits der Rassenfamilie verschwindet die Unterscheidung zwischen Gut und Böse. Warum ist das so? Weil die Gene das rassische Verhalten bestimmen, und das rassische Verhalten bestimmt die Moral und die Gesetze! Daher können in einer diversifizierten Gesellschaft Moral und Gesetze nicht gesetzlich festgelegt oder kodiert werden, um jede Rasse innerhalb dieser Gesellschaft kategorisch zufriedenzustellen. Daraus folgt, dass die westliche Kultur im direkten Verhältnis zur Rassenvielfalt zerfallen ist, wie der moralische und ethische Zusammenbruch Amerikas belegt. Rassenunterschiede können nicht durch Gesetze verändert werden. *Die Gesetze Gottes haben Vorrang!*

Es ist offensichtlich, dass die jüdische Gemeinschaft die einzige Rasse ist, die genetisch so programmiert ist, dass sie auf die Wirtsrassen aufgepfropft fortbesteht. Welches Gesetz regelt dies? Ein PARASIT ist eine der vielen Lebensformen in der Natur. Er ist weder ein moralisches noch ein unmoralisches Tier, sondern einfach eine *biologische Tatsache*. Für die Arier ist Parasitismus pathologisch und daher unmoralisch. Für die Juden ist Parasitismus eine biologische Notwendigkeit, also moralisch. Was für eine Rasse ethisch oder moralisch ist, kann für eine andere unethisch oder unmoralisch sein. Die Natur erkennt nichts von alledem an. In ihrem unbefleckten Reich gibt es keine Moral! Es gibt nur den WILLEN zu überleben. Es ist absurd, Schädlinge zu *hassen*, genauso wenig wie man Termiten, Neger, Vipern oder Fledermäuse *hasst*. Sie lassen sie einfach nicht an den Grundmauern *Ihres* Hauses nagen oder in *Ihrem* Schlafzimmer herumlungern. *Sie eliminieren sie mit allen notwendigen Mitteln.* Darwin, Spencer, Carlyle und Hitler sprechen davon, dass die

Eliminierung des *Erbguts* für das „*Überleben der Art*" notwendig ist. Der TALMUD lehrt das Überleben. Die Green Berets und die Navy Seals lehren das Überleben. Der Mendelismus lehrt das Überleben. Gott lehrt das Überleben. Der CHRISTIANISMUS/LIBERALISMUS lehrt: „*Liebe deinen Feind*" und du wirst ins Paradies kommen. Nach dem Zweiten Weltkrieg durfte der parasitäre *Modus Operandi*, der im TALMUD und in den PROTOKOLLEN detailliert beschrieben wird, nicht öffentlich diskutiert werden, da der Redner sonst als „*Rassist*" bezeichnet worden wäre, was gleichbedeutend mit der Verbrennung auf dem Scheiterhaufen war. Das Wort „RACIST", ein Schimpfwort für „bigott, unamerikanisch, Nazi, verrückt", wurde von den Juden erfunden, um jede Diskussion über *ihre Vorgehensweise* abzuschrecken. Heute können in öffentlichen Einrichtungen und auf dem Campus der Ivy League Hinweise auf Rasse, IQ, Eugenik und Geschichtsrevisionismus Sie Ihre Festanstellung oder Ihre Zähne kosten. *Deshalb haben wir ein neues Wort erfunden: RACIALIST, n. m., eine Person, die das Recht aller Rassen, in ihrem eigenen Umfeld zu existieren, respektiert, deren Loyalität sich aber in erster Linie auf die eigene Rassenfamilie richtet.* Er glaubt an das Prinzip „Zahn um Zahn". Unsere Gründerväter waren *Rassisten. Die* Juden sind *Rassisten.* Sie haben viel zu verbergen.

> Unsere Macht ... wird unbesiegbarer sein als jede andere, weil sie so lange unsichtbar bleibt, bis sie so stark geworden ist, dass keine List sie mehr erschüttern kann.
> PROTOKOLLE VON SION Nummer 1:12.

> Es gibt keine englischen Juden, französischen Juden oder amerikanischen Juden. Es gibt nur Juden, die in England, Frankreich und Amerika leben.
> CHAIM WEIZMANN, JÜDISCH, ZIONIST, Präsident von Israel.

> Alle Juden werden ihren Platz in der zukünftigen Welt haben ... alle Heiden werden in die Hölle geschickt.
> TALMUD: Lekh-Lekma.

> Küssen Sie seine Wange. Er wird keinen Verdacht schöpfen.
> GESTHEMANE.

Wir sind nun in die Endphase der 20 Kriege des letzten Jahrhunderts eingetreten, die auf die Vernichtung der Arier abzielten. Die Protagonisten sind die ILLUMINATI Satans, die für Geld, Betrug und

Sklaverei stehen, gegen den MENDELISMUS, der für Natur, Wahrheit und Schönheit steht. Die DIALEKTIISCHE SYNTHESE DES WESTENS verkündet wie der Donner der beginnenden Morgendämmerung die SPIRITUELLE EINHEIT VON MENSCH UND NATUR.

Es sind die Gene - nicht Reichtum, Glück, Vielfalt oder Bildung -, die dem Menschen die Fähigkeit verleihen, seine Ziele zu erreichen. Die Arier *wissen* jetzt (rational), wie sie es schon immer (instinktiv) *empfunden* haben, dass das Erbgut der Weißen ihr wertvollstes Gut ist! Es ist ein GOTTESGESCHENK, das um jeden Preis geschützt werden muss. Diejenigen, die das nicht wollen, sind unsere Todfeinde und müssen mit allen verfügbaren Mitteln JETZT in ihrem Tun gestoppt werden.

Da die Arier zur selben Rassenfamilie gehören, folgt daraus, dass ihre Religionen, Philosophien, Künste, Wissenschaften, Sprachen und Staaten *keine trennenden Faktoren sind*, sondern lediglich *Unterschiede* innerhalb des hochkulturellen arischen Organismus. Das IMPERATIV des Westens ist es, diese disparaten, aber verwandten Teile zu EINEM ARYENISCHEN NATION-STAAT zusammenzuführen und so den immensen Intellekt, die Kreativität, die Macht und die Ressourcen des Westens zu mobilisieren, um sein *faustisches Schicksal* zu erfüllen, dessen Hauptsymbol der immer weiter entfernte Horizont des grenzenlosen Raums ist.

Die DIALETISCHE SYNTHESE, die Blüte des MENDELIANISCHEN ZEITALTERS, führt zur Reifung und geistigen Vollendung der arischen Nation, die von Yockey, Spengler und Simpson so treffend beschrieben wurde. Mit der SYNTHESE gewinnt *der* ARISCHE SOZIALISMUS gegenüber dem KAPITALISMUS in *ethischer, wirtschaftlicher und politischer Hinsicht die* Oberhand: AUTORITÄT siegt über Geld; ABSOLUTE POLITIK über Pazifismus; RANG über Gleichheit; VERDIENST über Demokratie; PRODUZENTEN über Zwischenhändler; QUALITÄT über Quantität; REALISIERUNG über Reichtum; HEROISMUS über Hedonismus; RASSE über Rassenmischung; HOMOGENEIT über Vielfalt; VERANTWORTUNG über Abhängigkeit; RELIGION statt Materialismus ; DIE DUALITÄT DER GESCHLECHTE statt Feminismus; DIE EHE statt freie Liebe; DIE FERTILITÄT statt Unfruchtbarkeit; DIE ZUSTÄNDIGKEIT statt Lizenz; DIE

ORDNUNG statt Nachsicht; DIE BERÜCKSICHTIGUNG statt Mitleid; DIE FAKTEN statt Fiktionen; DAS LEBENSRAUM statt Eingrenzung; DIE NATUR statt Erziehung; DIE NATION über den ANDEREN!

INNERHALB DER WESTLICHEN ZIVILISATION ALLES, WAS MARXISTISCH/LIBERAL/JÜDISCH IST, ABGESCHAFFT WIRD

... *ALLES!*

Die großen weißen Staaten der Welt werden unter dem HEILIGEN WESTLICHEN KAISERN, einer *arischen sozialistischen Regierung,* vereint. Der WESTLICHE SOZIALISMUS entspringt der geistigen IDEE, dass *jeder Mann, jede Frau und jedes Kind eine Zelle des* ARYENISCHEN HOCHKULTURORGANISMUS (der NATION) *darstellt.* Ihre vereinten Seelen bilden den *Geist* des Nationalstaats. *Da die Zellen und der Organismus gegenseitig voneinander abhängig sind, arbeitet jedes Individuum für das höchste Wohl des Staates, und der Staat arbeitet für die Entfaltung jedes Individuums.* Dies ist die wahre Bedeutung der Familie „*Einer für alle und alle für einen"* anstatt des kapitalistischen Credos „*Jeder für sich".* Die *Synergie* der arischen Familie, die auf ein gemeinsames Schicksal hinarbeitet, wird wunderbare Energie, Kreativität, Loyalität, Teamwork, Korpsgeist und individuelle Entfaltung hervorbringen, gekrönt von Schönheit und Intelligenz. Im Moment ist das HEILIGE WESTLICHE KÖNIGREICH nur eine SPIRITUELLE IDEE, die in den Köpfen und Seelen der Schicht der Hochkultur Gestalt annimmt. *Die folgenden Kommentare weisen darauf hin, was sich entwickeln könnte:*

Die ARYEN SOCIALIST FEDERAL GOVERNATION (GFAS) DES HWK *wird der Bundesregierung der Vereinigten Staaten ähneln, wie sie ursprünglich mit der Konföderation unabhängiger amerikanischer Staaten verbunden war.* Er ist die Nabe des Rades. Die verschiedenen weißen Staaten, die unter dem arischen Sozialismus in der HWK vereint werden, sind die Staaten Europas, Grönland, Island, Kanada, die Vereinigten Staaten, Australien und Neuseeland. Ethnische Weiße werden vertreten sein.

Zu den Institutionen der HWK werden gehören: Die Heilige Arische Kirche, der Heilige Oberste Archon, die Streitkräfte, der Oberste Arische Gerichtshof, der Senat, das Währungssystem, das

Finanzministerium, die Geheimdienste, die Online-Medien usw. Die Aufgaben des GFAS bestehen darin, die Politik des HEILIGEN WESTLICHEN KÖNIGREICHS, wie sie in der (von den Mitgliedsstaaten ratifizierten) Verfassung festgelegt ist, zu formulieren, zu legiferieren, zu beurteilen, zu koordinieren, umzusetzen und zu leiten. Die Ziele und Zwecke des HWK wurden in vielen Jahrhunderten arischer Erfahrung gesammelt, die in der Verfassung der Vereinigten Staaten, der Magna Carta, dem Code Napoléon, dem Dritten Reich und den universellen mendelianischen Gesetzen zum Ausdruck kommt.

Der HEILIGE ARCHONT: Ein Arier mit tiefer Spiritualität, makelloser Ehre, nachgewiesenem Mut und Führungsqualitäten wird vom Senat gewählt, um dem Heiligen Westlichen Reich als Oberhaupt der Exekutive auf Lebenszeit vorzustehen. Er wird auch das Titularoberhaupt der Heiligen Arischen Kirche sein, die die ARYENS, die UNIVERSALE KRAFT und den PANTHEISMUS personifiziert: die Dreifaltigkeit der Hochkultur und des Organismus. Der Oberste Sozialistische Senat der ARYEN (SSAS), ein Einkammerorgan, wird die höchsten beratenden und gesetzgebenden Funktionen ausüben. Zwanzig Senatoren des SSAS werden in jedem der arischen Staaten vom Oberhaus gewählt.

Zusammenfassend lässt sich sagen, dass die vom Volk gewählte GFAS (siehe Franchise) die föderale Regierungsbehörde der HWK ist. Die einzelnen Staaten (Europa, Australien, USA usw.) behalten Rest-Regierungsbefugnisse: *Jeder spiegelt die arische sozialistische IDEE wider: wirtschaftlich, ethisch, sozial und geistig,* alle unter der UNIVERSALEN KRAFT vereint, in EINEM EINZIGEN FÖDERALEN EMPIRE DES arischen HEILIGEN OCCIDENTEN.

Der Kredit der Nation wird auf der Kreativität und der Produktion des Volkes beruhen, auf seinem Glauben an das Reservoir der weißen Gene, und es sind keine weiteren Standards erforderlich. Wie Lincoln betonte, *„gehört die Fülle der Produktionskapazität der Natur, verbunden mit der Verantwortung des gesamten Volkes, der Nation, und es gibt nicht den geringsten Grund, warum die Nation für ihren eigenen Kredit zahlen sollte".* Genauso wenig wie ein Hausbesitzer Miete für sein eigenes Haus zahlen würde. Die Rothschild-Zentralbanken und die Juden werden aus dem Heiligen Westlichen Reich verbannt. Die Zinseszinsformel wird überarbeitet, um von Anfang an faire Kapital- und Zinszahlungen zu ermöglichen, wodurch die Schulden schneller getilgt werden. Frederick Soddy, Silvio Gesell, Ezra Pound, Gertrude Coogan und andere große Arier wie sie haben viel über das GELD geschrieben; ihre Ansichten, die jetzt unterdrückt werden, werden die Zukunft mitgestalten.

Die VERGÜTUNG für die geleistete Arbeit beruht auf RANG und VERDIENST.

Der Dienstgrad spiegelt die WICHTIGKEIT DER BESCHÄFTIGUNGSART (Kategorie) FÜR DIE NATION wider. Er ist mit einer abgestuften Gehaltsskala (wie beim Militär) verbunden und beinhaltet SEO-Maßnahmen. Der Verdienst spiegelt die QUALITÄT der erbrachten DIENSTLEISTUNG wider. Er schafft Wettbewerb auf dem Arbeitsmarkt um herausragende Arbeitnehmer, indem er verdienten Arbeitnehmern eine zusätzliche Vergütung und Vergünstigungen bietet: Optionen zum Kauf von SEO-Aktien, Ehrendiplome, Orden etc. *Der Staat entlohnt den Rang, der private Arbeitgeber entlohnt den Verdienst.* So werden im Rahmen des SEO-Geldsystems beispielsweise Soldaten, Landwirte, Mechaniker und Lehrer, *von denen die Nation abhängt,* nicht mehr in relativer Armut und Dunkelheit leben, während Lebensmittelmakler, Verkäufer von Ramschanleihen, Pornografen und Kriegsgewinnler in Saus und Braus leben werden. Der „Rockefeller-Reichtum" (Gier/Ausbeutung/Verrat) wird nicht toleriert werden, ebenso wenig wie die Armut. Es wird Arbeit für jeden nach seinen Fähigkeiten geben. Diejenigen, die arbeiten können, aber nicht wollen, werden sterilisiert und in Arbeitslagern untergebracht.

REICHTUMSTEILUNG: Das SEO-Geldsystem wird ein öffentliches Bank- und Investitionssystem sein. Die Billionen von Milliarden, die derzeit von der FED unrechtmäßig betrogen werden, werden zu den Gewinnen des SEO. Jeder Bürger (Zelle) wird an der *Gesundheit und dem Reichtum* des HOHEN KULTURORGANISMUS entsprechend seines Ranges und seiner Verdienste teilhaben. Die GFAS wird die Nutzung von PRIVATEIGENTUM lenken, aber *diese Mittel nicht besitzen.* Beispielsweise wird es dem *„freien Unternehmertum"* nicht erlaubt sein, die Erdoberfläche zu pflastern, und Konglomerate werden nicht berechtigt sein, Landwirte in den Bankrott zu treiben. Die Arbeitnehmer (siehe oben) werden an den Nettogewinnen der Unternehmen und der Industrie beteiligt (eine Kette ist nur so stark wie ihr schwächstes Glied). Die Nettogewinne auf Einzelhandelsebene werden gleichmäßig zwischen Einzelhändlern, Zwischenhändlern, Erzeugern, Anbauern und Herstellern aufgeteilt. Weniger Gewinn für die Zwischenhändler und mehr für die Hersteller. Amerikanischen" Scheinfirmen in ausländischem Besitz werden die Rechte an Mineralien, Holz, Landwirtschaft, Fischerei usw. entzogen. Der Handel zwischen den arischen Staaten wird koordiniert, gefördert und geschützt. Ökologische Programme werden mit der heiligen arischen Kirche (Pantheismus) in Einklang gebracht. Der weiße Genpool, ein spiritueller Organismus, ist ein integraler Bestandteil dieser Ökologie.

MASS-MEDIA. *„Pressefreiheit* bedeutet *Verantwortung für die Presse.* Ohne Verantwortung gibt es keine Freiheit. Nach 85 Jahren jüdischer Kontrolle über die Medien steht Amerika kurz vor der Debilität und dem moralischen Zerfall. Verantwortung geht mit Sanktionen für Fehlverhalten einher. Lügen, Desinformation und Falschinformationen sind Verbrechen gegen die Nation und werden hart bestraft. Der erste Verfassungszusatz ist auch kein Deckmantel für Sadisten, Schizophrene, „Spielbergs", Homosexuelle, Pädophile und andere. Keine Zitate mehr aus nicht identifizierten „tiefen Kehlen" oder aus „dem Präsidenten nahestehenden Quellen". Keine Doku-Fiktionen mehr, die sich als Fakten ausgeben. *Eine Gruppe arischer Philosophen, Dichter, Künstler und Pädagogen wird bestimmen, was moralisch und unmoralisch ist und was für unsere Kinder akzeptabel ist.* Von nun an werden die Medien die Bestrebungen der arischen Kultur widerspiegeln: *Die Wahrheit wird euch befreien.*

FRANKREICH. Eine Sozialversicherungskarte aus Plastik wird verwendet, um die Wahlmaschinen in den Wahlkabinen zu aktivieren. Die Karte wird einen versteckten Code enthalten, der den Intelligenzquotienten des Besitzers angibt; wenn dieser unter dem Durchschnitt liegt (IQ-100), wird die Stimme nicht registriert. VORBEDINGUNGEN FÜR DIE AUSÜBUNG EINES AMTES:

Charakter und Intelligenz zählen. 1) Loyalitätskontrollen: ALLE Regierungsangestellten müssen sich einem Lügendetektortest unterziehen. 2) IQ-Tests: Senatoren des SSAS müssen einen IQ von über 130 haben. Mitglieder des Unterhauses des Staatskongresses (Abgeordnete) müssen einen IQ von über 118 haben, und Mitglieder des Oberhauses (Senat) müssen einen IQ von über 124 haben. Alle Mitglieder müssen in der Armee gedient haben.

ÖFFENTLICHE BILDUNG: Von der Vorschule bis zur 12. Klasse liegt der Schwerpunkt auf Mathematik, Geisteswissenschaften und Fitness. H-S: Mathematik, Wirtschaft, Mendelismus (Genetik, Eugenik, Anthropologie, Biochemie usw.), Naturwissenschaften, Geisteswissenschaften, Geld, Körperkultur, Wahlfächer.

MILITÄR: Im Alter von 18 Jahren leisten alle Männer einen zweijährigen obligatorischen Militärdienst.

UNIVERSITÄT: Geschichte, Philosophie, Logik, Kriminalistik, Management, Mendelismus, Wahlfächer.

HI-TECH- UND BERUFSSCHULEN: Die Universität ist nicht für jeden wünschenswert. Der Westen braucht Facharbeiter und Handwerker, Menschen, die Werkzeuge, Fett und Maschinen lieben: Menschen, die das Schiff über Wasser halten können, ebenso wie Menschen, die es steuern können - sie alle sind geistige Zellen, die einen Hochkulturorganismus bilden. Die GFAS wird Erfolgskriterien für Lehrer und Schüler festlegen.

ÄSTHETIK/DISKRIMINIERUNG: Innerhalb der HWK wird die Bedeutung der arischen Ästhetik und der Unterscheidungsfähigkeit energisch unterstützt. Die Bedeutung von WAHRHEIT/SCHÖNHEIT für die menschliche Psyche spiegelt sich in der Hingabe wider, die alle zivilisierten Völker den Künsten entgegenbringen. In dem Maße, wie die Wahrheit und die Schönheit von der Nation bewundert werden, werden Lüge und Hässlichkeit verachtet.

In der Kunstgemeinschaft ist die Genetik der Faktor, der nicht nur die Kreativität eines Künstlers beeinflusst, sondern auch den Schönheitssinn seines Publikums und dessen Fähigkeit, ihn zu schätzen. Es ist eine bekannte Tatsache, dass das, was für eine Rasse ästhetisch ansprechend ist, für eine andere oft entsetzlich ist, in manchen Fällen bis hin zum Ekel, ein weiterer Grund, warum Rassenvielfalt für alle betroffenen Rassen zerstörerisch ist. Fremdenfeindlichkeit ist kein *Rassismus*, sondern *Rassismus:* ein genetischer Überlebensmechanismus. Die Liebe zur Familie ist instinktiv. Diskriminierung ist die Fähigkeit, vergleichende Bewertungen vorzunehmen: Wer oder was ist besser, größer, näher, brillanter usw.? Das Fehlen der Fähigkeit zur Diskriminierung ist eine ernsthafte Behinderung. In einer Demokratie gilt

Rassendiskriminierung jedoch als inakzeptabel; *„alle sind gleich"* oder werden *„diskriminiert"*, d. h. sektiererisch. Aus Angst vor Diskriminierung haben der Oberste Gerichtshof der USA und Hollywood Amerika zu einem rassistischen Abwasserkanal gemacht.

RASSEN: Die Bürger des Heiligen Westlichen Reiches müssen Arier sein. Ethnische Weiße werden ermutigt, in das HWK einzuwandern. Nicht-weiße Bevölkerungsgruppen, die im Kaiserreich leben, erhalten finanzielle Unterstützung, um genetisch kompatible Länder zu kolonisieren. Schwarze und Juden haben so eine hervorragende Gelegenheit, ihre eigenen Zivilisationen zu schaffen. Vielleicht gemeinsam, wie Brüder. Dann müssten sie nicht mehr unter einer „degenerierten" arischen Gesellschaft leiden: „Allmächtiger Gott, endlich frei!". Das Hema-Genometer, das die Größe einer Taschenlampe mit drei Batterien hat, ermöglicht schnelle genetische Analysen, die die Rassenidentität von JUDEN, Orientalen und Asiaten mit einer Genauigkeit von 95 % offenbaren. Bei der Identifizierung von Neger- und mexikanischen Blutlinien liegt die Genauigkeit bei 98 %.

Nichtweiße, die lieber in der HWK bleiben möchten, können dies unter diesen Bedingungen tun:

1) Sie sind über 40 Jahre alt.
2) Sie sind rechtlich gesund.
3) Sie halten sich an alle Gesetze des Staates.
4) Sie sind nicht bedürftig.
5) Sie unterziehen sich einer Sterilisation (Chips).

PANTHEISMUS: Das Heilige Westliche Reich ist ein Produkt des Pantheismus und nicht umgekehrt. Wir haben bereits auf die Korrelation zwischen Intellekt und Intuition oder Instinkt innerhalb der westlichen Synthese hingewiesen. Ebenso korrelieren innerhalb des Pantheismus (in gleichem Maße) die Wissenschaft und der religiöse Glaube. Der Pantheismus setzt Gott mit der universellen Kraft, den Naturgesetzen und nicht mit einem rachsüchtigen Juden im Himmel gleich. Der JUDEO-CHRISTIANISMUS, der die historische Gewissheit betont, um seine Mythen und Wunder zu untermauern, ist unter dem Einfluss der wissenschaftlichen Analyse und dem Spaten des Archäologen zusammengebrochen. Übrig geblieben sind nur ihr Ritual, ihre Anachronismen, ihr GELD und ihr Hass auf Wissen und die Natur.

Mit dem Aufkommen des MENDELIANISCHEN *ALTERS* erkennt die Menschheit, dass ihr die *Universelle Kraft über ihr angestammtes Erbgut übertragen und anvertraut wurde und ihr eine Beziehung zum GÖTTLICHEN bietet, die die von Menschen geschaffenen Religionen nie erreicht haben.* All die heiligen Männer und ihre Gebete, Räucherstäbchen, Rätschen und Reliquien im Laufe der Jahrtausende haben nie ein einziges Kind vor Krankheiten gerettet, nie einen einzigen Krebs geheilt, nie eine einzige Herztransplantation durchgeführt und nie ein einziges Erdbeben vorhergesagt. Während die „auserwählten ISRAELIENER" Jahwes, die vorgaben, das WORT GOTTES auszulegen, glaubten, die Erde sei flach und schwimme in Salzlake.

Aufgeweckt durch den spirituellen Glanz des MENDELISMUS hoffen ethnische Gruppen auf der ganzen Welt, die das ihnen von Gott gegebene Potenzial ausschöpfen wollen, die dumpfen territorialen Grenzen niederzureißen, die durch GELD errichtet wurden, das den ewigen Krieg durch Vielfalt propagiert, und stattdessen FAMILIENHÄUSER zu errichten. (Die amerikanischen Truppen, die von den ILLUMINATI geschickt wurden, um eckige Dübel in runde Löcher in diesen multirassischen Feuerbüchsen zu zwingen, sollten sich verziehen). Innerhalb des HEILIGEN WESTLICHEN KÖNIGREICHS können die Arier die Götter anbeten, die ihr Geist verlangt, das ist auch der Sinn des PANTHEISMUS. Vieles von der hohen Kunst, der Literatur, der Musik, dem Prunk, den heidnischen Festen, der Architektur und den liebgewonnenen Traditionen, die von den Ariern geschaffen wurden, um das semitische Christentum annehmbar zu machen, wird im PANTHEISMUS der Gesetze Gottes eine perfekte Harmonie finden: der geistige Ausdruck der Wahrheit und der Schönheit.

Das HEILIGE *WESTLICHE* KÖNIGREICH beabsichtigt, die semitische Bibel durch die (noch nicht kompilierten) arischen Heiligen Schriften zu ersetzen, die IDEEN enthalten, die wie unsere Musik die arische Seele ausdrücken; dazu gehören die Gesetze des Manu; Nietzsches *Der Antichrist* und *Also sprach Zarathustra* (das Christentum ist zum Teil aus dem Zoroastrismus hervorgegangen, verehren wir die Quelle); Homers *Ilias* und *Odyssee* ; *Beowolf;* die isländischen Sagas von Njal und Gunnar; Goethes *Faustus;* die *Lieder des Kabir; Rolandslied;* Malorys *Tod des Artus;* Leonides bei den Thermopylen; Tennysons *Königsidyllen* ; Tacitus' *Germania;* Das *Nibelungenlied;* Petrarcas *Canzoniere;* Ciceros *Philippika;*

Dostojewskis *Der Idiot*; und Solschenizyns Der *Archipel Gulag* (als Ersatz für „Offenbarungen"). Die mystischen Schriften von Lao-tse, Siddartha, Mohammed, Jesus, Shakespeare, Nietzsche, Blake, Schopenhauer, Vivekananda, Sappho und Whitman werden ebenfalls aufgenommen.

DIE SYNTHESE DES WESTENS WIRD FORTGESETZT:

Die Gesetze der Natur müssen entdeckt, befolgt und respektiert werden. Die Rassen Gottes müssen in ihrer Einzigartigkeit bewahrt werden. Die Genetik offenbart, dass der Mensch Krankheiten besiegen, altern und sich körperlich, geistig und seelisch auf eugenische Weise verbessern kann, wodurch sein Leben erhaben wird, selbst wenn er in der Lage ist, die allmächtige, allwissende und allgegenwärtige KRAFT endlich zu begreifen. *Gott gab dem arischen Menschen den guten Mönch Mendel. Der arische Mensch hat der Menschheit die Schlüssel zum Königreich gegeben: Erkenne dich selbst!*

Macht und Recht sind nicht gleichbedeutend. In Wahrheit sind sie oft gegensätzlich und unvereinbar. Es gibt das GESETZ GOTTES, aus dem sich alle gerechten Gesetze des Menschen ableiten und nach dem die Menschen leben müssen, wenn sie nicht in Unterdrückung, Chaos und Verzweiflung sterben wollen. Getrennt vom ewigen und unwandelbaren GESETZ GOTTES, das vor der Gründung der Sonnen festgelegt wurde, ist die Macht des Menschen schlecht, ganz gleich, mit welch edlen Worten sie gebraucht wird oder welche Gründe für ihre Anwendung angeführt werden. Menschen guten Willens, die sich des GOTTES GESETZES bewusst sind, werden sich Regierungen widersetzen, die von Menschen geführt werden, und wenn sie als Nation überleben wollen, werden sie Regierungen zerstören, die versuchen, nach den Launen oder der Macht von willfährigen Richtern zu urteilen.

CICERONN

Die Schwachen und Schlampigen werden zugrunde gehen: das erste Prinzip unserer Menschlichkeit.
Die größten Hindernisse auf dem Weg zum Übermenschen sind das Christentum und die Demokratie.
Der letzte Christ starb am Kreuz. Die angeborenen Schwachen und Untauglichen können nicht mithalten, deshalb nutzen sie Hintertürchen, um an die Macht zu gelangen.

NIETZSCHE.

Ich sage euch, die ihr mir zuhört: Liebt eure Feinde, tut wohl denen, die

euch hassen; segnet, die euch fluchen, und betet für die, die euch misshandeln. Und dem, der dich auf die eine Wange schlägt, halte auch die andere hin; und dem, der dir den Mantel wegnimmt, gib ihm den Rest deines Kleides.
JESUS CHRISTUS, Lukas 7:27-29.

Glaubt nicht, dass ich gekommen bin, um Frieden auf die Erde zu bringen; ich bin nicht gekommen, um Frieden zu bringen, sondern das Schwert. Denn ich bin gekommen, um den Mann gegen seinen Vater zu stellen und die Tochter gegen ihre Mutter und die Schwiegertochter gegen ihre Schwiegermutter. Der Mensch wird die Leute in seinem Haus zu Feinden haben.
JESUS CHRISTUS, MATTHÄUS 10:34-36

Leisten Sie dem Bösen keinen Widerstand.
JESUS CHRISTUS, Matt. 5:39.

Die King-James-Übersetzung der LXX (Septuaginta: griechische Übersetzung des Alten Testaments aus dem Hebräischen) enthält über 1000 wichtige Erwähnungen.
ENZYKLOPÄDIE BRITANNICA.

Lassen Sie mich das Geld einer Nation ausgeben und kontrollieren, und es ist mir egal, wer ihre Gesetze macht.
AMSCHEL MAYER ROTHSCHILD.

Als junger, unbekannter Major traf ich die weiseste Entscheidung meines Lebens: Ich beriet mich mit Mr. Baruch.
GENERAL DWIGHT DAVID EISENHOWER, US-Armee.

TOB SHEBBE GOYIM HAROG!
TALMUD: Sanhedrin 39

KAPITEL 12

ZUSAMMENFASSUNG

Die ARYENS erscheinen überall als Förderer des wahren Fortschritts, und in Europa markiert ihre Ausbreitung den Zeitpunkt, an dem die Vorgeschichte (Europas) von der Afrikas und des Pazifiks abzuweichen beginnt.

Dr. V. GORDON CHILDE.

Als Sozialanthropologe akzeptiere ich natürlich und bestehe sogar darauf, dass es sowohl geistige als auch physiologische Unterschiede gibt, die die verschiedenen Rassen der Menschheit voneinander trennen.

Dr. L. S. B. LEAKY.

Materieller Wohlstand fördert die Erhaltung, Bemutterung und Vermehrung der biologisch minderwertigen Elemente, die in reichen Zivilisationen parasitär sind. Dann fallen rohe und reinblütigere Taten über sie her und tilgen die Schiefertafel.

Dr. ERNEST HOOTEN.

Pazifismus bleibt ein Ideal, Krieg eine Tatsache, und wenn die weiße Rasse beschließt, ihn nicht mehr zu führen, werden die farbigen Völker ihn führen und die Herrscher der Welt werden.

SPENGLER.

Ihre Verfassung ist nur ein Segel ohne Anker. Entweder wird ein Cäsar oder Napoleon die Zügel der Regierung mit fester Hand in die Hand nehmen, oder Ihre Republik wird im 20. Jahrhundert durch innere Barbarei zu Fall gebracht, wie es das Römische Reich im 5 war.

SIR THOMAS MACAULEY.

Einem Nichtjuden etwas über unsere religiösen Beziehungen mitzuteilen, wäre gleichbedeutend mit der Tötung aller Juden, denn wenn die Nichtjuden wüssten, was wir über sie lehren, würden sie uns alle offen töten.

TALMUD: Frei David 37.

Männer, die mit Geld umgehen können, gehen mit allem um.

WILL DURANT, „Geschichte der Zivilisation".

Aristokratie hat nichts mit Plutokratie zu tun. Die Besten sind NICHT die Reichen ... es sind der Charakter und die Fähigkeiten, die zählen sollten.
WILLIAM G. SIMPSON.

Wann immer eine Regierungsform destruktiv wird, hat das Volk das Recht, sie abzuschaffen...
UNABHÄNGIGKEITSERKLÄRUNG.

Wir kommen nun zum letzten Kapitel dieser Abhandlung, in dem es um den Niedergang der westlichen Zivilisation und insbesondere um die Enteignung Amerikas geht. Die Geschichte erinnert uns daran, dass, wenn die rassische Mehrheit verschwindet, auch die Kultur verschwindet. Wenn die weiße Mehrheit in Amerika stirbt, stirbt Amerika selbst.

Wir sahen, dass, während die Amerikaner in die Schaffung einer der größten Zivilisationen der Geschichte, einer Bastion der westlichen Kultur, vertieft waren, der ehemalige FEIND der Menschheit gemäß den genetischen Imperativen in die Nerven der Vereinigten Staaten eindrang und sich daran machte, sie zu verraten, zu korrumpieren und zu plündern. Wir haben an die Ursprünge der ÜBERZEUGUNG im plagiierten mosaischen Gesetz (TORAH) erinnert, in dem die Hebräer, ein semitischer Stamm, sich selbst als „VOLK, DAS VON GOTT GEWÄHLT WURDE" bezeichneten, dessen Ziel es ist, die Welt zu regieren ; und im pharisäischen mündlichen Gesetz (TALMUD) („Unsere Versprechen an die Nichtjuden sollen uns nicht binden"), aus dem die PROTOKOLLE DER WEISEN VON ZION („Die *Gojim* sind eine Herde Schafe und wir sind ihre Wölfe") hervorgegangen sind. Die PROTOKOLLE lieferten das Paradigma für Rothschilds ILLUMINATI („Die Frage ist nur, ob die Weltregierung durch Zustimmung oder durch Eroberung zustande kommen wird", JAMES WARBURG, JUDE).

Wir haben gesehen, wie die asiatischen Chasaren (Aschkenasim) vorgaben, biblische Diaspora-Judäer zu sein, obwohl ihre Abstammung (durch DNA-Tests bestätigt) ihnen eine armenisch-mongolische Affinität ohne jegliches semitisches Gen zuschreibt; sie haben also keine israelischen Wurzeln und folglich auch keinen biblischen Anspruch auf Palästina. Sie sind Betrüger, Parasiten und Mörder, wie dieser Vertrag unwiderlegbar beweist. Dieser Vertrag stellt für Ihre

Betrachtung auch den *Modus* Operandi der ILLUMINATI dar. Wir haben gesehen, mit welch kalkuliertem Verrat die „amerikanischen" Juden heimlich die wichtigsten Glieder der amerikanischen Souveränität angegriffen und sich ihrer bemächtigt haben, darunter die folgenden: DIE GELDVERSORGUNG DER NATION (das System der Federal Reserve) und die MASSENMEDIEN (Zeitungen, Zeitschriften, Radio/Fernsehen, Hollywood, Theater, Unterhaltung und so weiter). So hat die JÜDISCHE KONSPIRATION die amerikanische Verfassung tatsächlich außer Kraft gesetzt! In der Folgezeit fielen als Reaktion auf die „schreckliche Macht der Börse" und die Zensur der „freien Meinungsäußerung" alle Facetten der amerikanischen Gesellschaft nach und nach unter die Kontrolle von Liberalen, Marxisten und Juden. Stellen Sie sich vor, wie es sich auf die Karriere eines Mitglieds des US-Kongresses auswirken würde, wenn er ein Gesetz zur Einsetzung einer Untersuchungskommission zum „Holocaust" einbringen würde, oder ein Gesetz zur Feststellung der Verfassungsmäßigkeit der FED, oder ein Gesetz, das rassische/religiöse Quoten bei Medienbesitz, Militär oder akademischen Fakultäten fordert, oder eine Kommission einsetzt, die über die negativen Auswirkungen der Rassenmischung auf die IQ-Werte berichten soll, oder herausfinden will, warum so viele Zionisten in hohe Regierungsämter berufen werden. Heute stellen wir fest, dass unsere einst große arische Republik in eine Bastard-DEMOKRATIE umgewandelt wurde, die von der MARXISTISCHEN/LIBERALEN/JÜDISCHEN PLUTOKRATIE gelenkt wird. Diese weltweit agierende KONSPIRATION wird von internationalen Bankiers finanziert und geleitet. Ihr Ziel ist es, eine einzige zionistische Weltregierung zu errichten. Ihre Strategie, die in den PROTOKOLLEN explizit dargelegt wird, besteht darin, mit einer Hand die Macht des Geldes zu handhaben und mit der anderen Hand INFAMIE und KRIEG zu entfesseln, bis der Westen schließlich, bankrott, erschöpft und desillusioniert, seine Souveränität aufgibt. Zu den bekannten Taktiken der ILLUMINATI, die während der Französischen Revolution etabliert wurden, gehören Lüge, Verrat, Spionage, Erpressung, Verleumdung, Erpressung, Mord, Desinformation, falsche Zeugenaussagen, Scheinkriege, Finanzchaos, Wucher, Unmoral usw. Die gleichen Taktiken werden heute in Amerika angewandt, begleitet von Spirochäten der jüdischen Syphilis: ständig wiederholt von den Universitäten und den Medien. Währenddessen versuchen die Amerikaner naiv, das Spiel des Lebens gemäß der arischen Moral und Ethik zu spielen, indem sie „.... der Flagge der Vereinigten Staaten und der Republik, die sie repräsentiert ..." die Treue schwören, während die JUDEN das Spiel sub rosa gemäß dem TALMUD, den PROTOKOLLEN VON ZION und dem KOL NIDRE-EID spielen: ihren Hass den Nichtjuden vorbehalten und ihre Treue nur der JUDEND.

Nationalismus ist eine Kinderkrankheit.
ALBERT EINSTEIN, JÜDISCH.

Gott hat die Juden nicht ausgewählt.
SAMUEL HOFFENSTEIN, JÜDISCH

Der Triumph der Juden über Amerika hätte nicht so vollständig sein können, wenn die Arier nicht mit ihnen kollaboriert hätten. Weiße Überläufer repräsentieren ein breites soziales Spektrum, das von zertifizierten Rassenverrätern wie Paul Volcker, Kingman Brewster, Theodore Hesburgh, Ted Kennedy und William J. Clinton bis hin zu lokalem weißen Abschaum reicht, der jeden MORALISCHEN VERTRAG macht, sogar das Erbe seiner Kinder verkauft, wenn es nach GELD riecht (siehe: *Easton Star-Democrat*). Zwischen diesen beiden Polen finden sich ideologische Verräter wie Pat Robertson, Patrick Moynihan, Jimmy Carter und die Bush-Dynastie, deren Ignoranz gegenüber dem Mendelismus und deren *„wohlwollendes Mitgefühl"* dazu beigetragen haben, dass Amerika eine Bastardgesellschaft am Rande der Anarchie geworden ist.

Während sich die dialektische Synthese des Westens weiter entfaltet, beginnen die Schafe unruhig zu blöken und verbotene Fragen zu stellen. Überall, wo sich Nichtjuden versammeln (hier und im Ausland), nimmt die Judenfeindlichkeit zu. Alarmiert durch das beunruhigende Interesse der Nichtjuden am bemerkenswerten Erfolg der JUDEND (der umgekehrt proportional zum Niedergang der amerikanischen Kultur ist), behaupten die JUDEN nun, dass Generationen von Inzucht eine höhere Intelligenz unter den SCHÜLERN Jahwes hervorgebracht haben, als ihre Herden von Nichtjuden an den Tag legen! Die Juden bestehen *ohne jeden zuverlässigen statistischen Beweis* darauf, dass ihr Aufstieg auf den hohen IQ der Juden und *nicht* auf eine luziferische VERSCHWÖRUNG zurückzuführen ist. Mit anderen Worten: Die Spielregeln sind fair und die *Arier, die die westliche Kultur hervorgebracht haben, sind zu dumm, um zu konkurrieren!* Einer der Anhänger dieses Spielbergismus, der jüdische Dr. Ashley Montague (Israel Ehrenberg), machte als Professor an der Ivy League Karriere, indem er das rote Banner der

Rassengleichheit hochhielt, bis ihn der Mendelismus um 1980 niederstreckte. Danach hielt Montague (1999 verstorben) wenig überzeugende Vorlesungen über die jüdische *genetische* Überlegenheit. Die Geschichte, der letzte Schiedsrichter in dieser Frage, zeigt jedoch, dass die JÜDEN bei weitem nicht so intelligent sind, wie sie uns glauben machen wollen (die JÜDEN bringen zwar brillante Individuen hervor, aber pro Kopf sind sie viel weniger intelligent als die Arier oder die Orientalen). Tatsächlich *wurden ALLE großen Fortschritte der Weltkultur genau an den Orten gemacht, an denen es keine Juden gab oder von denen sie vertrieben worden waren!* Das macht ihre Behauptungen über den IQ sicherlich verdächtig, wenn nicht sogar irrelevant. Die alten ISRAELIER haben außer der BIBEL und dem TALMUD nichts von Bedeutung geschaffen; erstere gilt heute als Fossil und letztere als pathologisch. Die hebräischen Staatsmänner, von König Saul bis Bar Cochba, haben kaum mehr als Chaos hervorgebracht. Der „heldenhafte" Massenselbstmord der israelischen Eiferer in Masada ist ein Kriegerwitz (der römische General, der keinen einzigen Mann verlor, erklärte, er wünsche sich nur, dass alle seine Feinde so großzügig wären). Schließlich haben die Israelis der Nachwelt weder Kunst, noch Architektur, noch Musik, noch Wissenschaft hinterlassen.

Die als JUDEN getarnten asiatischen KHAZARS (JUDEN), die heute das Räderwerk der US-Regierung beherrschen, sind weniger für ihren hohen IQ als vielmehr für ihr psychopathisches Verhalten bekannt, das in dieser Abhandlung bis zu einem gewissen Grad beschrieben wird.

Die JUDEN sind nicht wegen ihrer Fähigkeit, große Staaten zu gründen oder zu regieren, in Erinnerung geblieben, sondern wegen ihrer Verpflichtung, die Gaststaaten zu korrumpieren und zu zerstören. Kein Jude ritt mit Karl dem Großen, unterzeichnete die *Magna Charta*, den *Code Napoléon* oder die *Unabhängigkeitserklärung und* nahm auch nicht am *Verfassungskonvent von* Philadelphia teil. Vielmehr erinnert man sich an die zeitgenössischen JUDEN wegen der OGPU, des NKWD, des Archipels Gulag - ein in der Geschichte der Menschheit unerreichter Schrecken - und wegen des „Holocaust", einer grotesken Lüge, die absichtlich geschaffen wurde, um die von JUDEN und Bolschewiken begangenen Gräueltaten zu verschleiern!

Offensichtlich erklären Mut, Ehrlichkeit und Staatsgeist nicht die unglaubliche Eroberung Amerikas durch das Judentum. *Es ist* vielmehr ihre *Fähigkeit, von außen zu täuschen und von innen zu korrumpieren: Es ist ihre Beherrschung des GELDES und der GROSSEN LÜGE.*

... er appelliert an die Niedrigkeit, die tief in der Seele aller Menschen liegt. Er verrottet die Seele einer Nation; er arbeitet heimlich und unbemerkt im Verborgenen, um die Säulen der Stadt zu untergraben; er infiziert den politischen Körper, so dass er nicht mehr widerstehen kann. Ein Mörder ist weniger zu fürchten.

CICERON.

Um den Übergang von der verfassungsmäßigen amerikanischen Regierung zur EINEN WELTWEITEN ILLUMINATIVEN REGIERUNG zu gewährleisten, haben die *JUDEN* intensiv daran gearbeitet, *den Widerstandswillen Amerikas* zu *unterwandern. Eine ihrer Strategien ist eine intensive Propagandakampagne, die darauf abzielt, alles zu verunglimpfen, was der weiße Mann erreicht hat: sein Selbstwertgefühl und das seiner Kinder zu zerstören, ihn den Stolz auf seine Geschichte verlieren zu lassen, ihn weniger wachsam zu machen und aufzuhören, sein unvergleichliches weißes genetisches Erbe zu schützen, dem er alles verdankt.* Die zügellose Vermischung der Rassen stellt den ultimativen Sieg des MARXISMUS/LIBERALISMUS/JÜDISCH über den Westen dar.

DIE ENDLÖSUNG

Die weißen Gene werden in den Besitz der Schlammrassen übergehen. Zu diesem Zweck haben die Massenmedien, die Universität, das Christentum und die Bundesregierung den Geist und die Gebärmutter junger weißer Frauen ins Visier genommen. Im Klartext: Sie wollen den Widerstand weißer Frauen gegen Unzucht mit NEGREN und JUDEN verringern. Es überrascht daher nicht, dass die US-Regierung „unfähig" ist, den Drogenhandel aus der Dritten Welt und den Bananenrepubliken zu stoppen, der in die Hände der Mafia, der Zuhälter, des Militärs, der Schlafsäle der Universitäten, der Highschools und der Unterhaltungsindustrie gelangt, wo die jungen, gut aussehenden Arier herumlungern. Während die USA im Zweiten Weltkrieg geschickt die mächtigsten Nationen der Welt überrollten und in jüngster Zeit Serbien, den Irak, Syrien und andere JUDEDOPHOBISCHE Nationen bombardierten. Die Feds (die die amerikanischen Männer, Frauen und Kinder der Branch Davidians eingeäschert haben) sind „unfähig" zu verhindern, dass illegale Einwanderer (jede Stimme für die Demokraten/Katholiken) mit Hilfe der 5 MARXISTISCHEN/LIBERALEN/JUIVEN Kolonne (und der Drogenbarone von Arkansas) wie eine Heuschreckenplage in die Vereinigten Staaten einfallen.

Die Bundesregierung, die ihren Herren stets gehorsam ist, weigert sich, diese kriminellen Angriffe auf die weiße Mehrheit zu zerschlagen; sie wird auch die Verfassungsänderungen und Gesetze nicht aufheben, die die Weißen bald zu einer Minderheit in ihrem eigenen Land machen werden. Denn die Arier, die von der größten Kriegerrasse der Welt abstammen, wurden von ihrer eigenen Regierung in die Ohnmacht getrieben.

Vergessen Sie nie, dass kein Mitglied der US-Regierung, obwohl sie sich der KONSPIRATION vollkommen bewusst ist, es wagt, korrigierende Maßnahmen gegen die ILLUMINATI zu ergreifen. Durch diese Feigheit beging die Bundesregierung ein *Vergehen*, einen Punkt des Gesetzes über Volksverhetzung, der besagt, dass Hochverrat von denjenigen begangen wird, die wissen, dass ein Verrat begangen wird, diese Tatsache aber verheimlichen oder nicht entsprechend handeln. (Siehe Kapitel IV, GELD).

> Der Verrat gedeiht nie, was ist der Grund dafür? Denn wenn er gedeiht, wagt es niemand, ihn als Verrat zu bezeichnen.
> LORD HARRINGTON.

> Der Baum der Freiheit ernährt sich vom Blut der Tyrannen, es ist sein natürlicher Dünger.
> JEFFERSON.

Der Schaden, der dem Westen zugefügt wurde, ist schwerwiegend und dauert an. Dennoch stellen wir fest, dass ein Riss im jüdischen Selbstbewusstsein entsteht. Sie blutet aus. Der Mendelismus versetzt sie zu Recht in Angst und Schrecken. Ihre marxistische Maxime *„Freiheit, Gleichheit, Brüderlichkeit" wurde in* Stücke gerissen; ihr Ego wurde zerbrochen; ihr nach dem Zweiten Weltkrieg raffiniert aufgebautes Image wurde entblößt. In der Tat wurden die Juden mit einem tödlichen Schlag getroffen. Sie können ihren Genen nicht entkommen! Daraus folgt, wie der Tag auf die Nacht folgt, dass ALLE Gesetze, Ideologien und Gesetzgebungen, die aus der Theorie der Gleichheit hervorgegangen sind, falsch, betrügerisch und

PATHOLOGISCH sind. Die Demokratie, die Eine-Welt-Regierung, die Große Gesellschaft, die Weltbanken, die Familie des Menschen, die Vereinten Nationen, der Talmudismus, das Christentum, der Kommunismus, die sexuelle Gleichheit, die Rassenintegration, die Quoten, die Vielfalt, die Rassenmischung usw. entpuppen sich jetzt, im allgegenwärtigen Licht des Mendelismus, als: IGNORANZ in Aktion einerseits und andererseits als TALMUDISCHE VERSCHWÖRUNG, die auf die Vernichtung der weißen Rasse abzielt. Solange die Bundes- und Landesgesetze, die diese Abscheulichkeiten unterstützen, weiterhin bestehen, wird Amerika seine Abwärtsspirale in den rassischen Sumpf von Individuen mit einem IQ von 85 fortsetzen.

Es ist kein Geheimnis, dass die weißen Amerikaner in eine KONSTITUTIONELLE Sackgasse geraten sind: Es gibt keine rechtliche Handhabe, um ihre Enteignung zu beheben. Und es ist nicht überraschend, dass Ben Wattenberg, ein Jude, exaltiert bemerkt hat, dass die Glocke des *Manifest Destiny* geläutet hat (er meint, dass die Macht der Weißen in Amerika zu Ende ist ... denkt er).

Die Amerikaner müssen sich entscheiden, ob sie mit Ben einverstanden sind. Wollen sie eine weiße Gesellschaft ODER eine Gesellschaft der Schlammrassen? Es gibt keinen Kompromiss. Soziale Beziehungen führen zu sexuellen Beziehungen. Bei der Rassenmischung werden blauäugige Blondinen, Rothaarige, hellhäutige Brünette und die höhere Intelligenz, die sie repräsentieren, für *immer* eliminiert. Die Schlammrassen werden von weißen Geninjektionen profitieren, während die weiße Rasse aussterben wird. Das bedeutet, dass unsere Väter, die für das Leben ihrer Nation gekämpft und gestorben sind, umsonst gelebt haben und gestorben sein werden. In 30 Jahren (oder weniger, wenn sie die Grenze zu Mexiko öffnen) wird die Bevölkerung der Vereinigten Staaten, dicht gefolgt von der Europas, so aussehen wie die von Kuba, Indien und Mexiko. Die Juden werden die Welt gewonnen haben.

> Die Vergangenheit des schwarzen Amerikaners ist ein Stigma, seine Farbe ist ein Stigma und seine Zukunftsvision ist die Hoffnung, das Stigma auszulöschen, indem die Farbe unwichtig gemacht wird... Ich teile diese Hoffnung... Ich glaube, dass die vollständige Verschmelzung der beiden Rassen die wünschenswerteste Alternative für alle Beteiligten ist...
> NORMAN PODHORETZ, JUDE, Herausgeber „Kommentar".

BOSTON ... zu der Zeit, als die Zwangsintegration begann (um 1970),

bestand die Bevölkerung der öffentlichen Schulen der Stadt zu 52% aus Weißen, zu 37% aus Schwarzen, zu 8% aus Hispanics und zu 3% aus Asiaten. Das hat sich durch die Abwanderung der Weißen und die Einwanderungstendenzen stark verändert. Heute setzen sich die Schüler der 129 öffentlichen Schulen in Boston zu 16% aus Weißen, zu 49% aus Schwarzen, zu 26% aus Hispanics und zu 9% aus Asiaten zusammen.
WASHINGTON POST, 7-18-99.
(Es sei darauf hingewiesen, dass die schulischen Leistungen gesunken und die Kriminalität gestiegen ist).

Der Unterschied in der Dicke der supragranularen Schichten der Hirnrinde bei weißen und schwarzen Gehirnen ist der Unterschied zwischen Zivilisation und Wildheit.
WESLEY CRITZ GEORGE,
Leiter der Abteilung für Anatomie, Univ. N. Car.

Die amerikanischen Schafe müssen trotz des biblischen Unsinns lernen, dass sich in der NATUR der Löwe mit dem Lamm NICHT im Geiste der Bruderliebe (wie in Hicks Fantasie „*Peaceable Kingdom*" illustriert) hinlegt, sondern um *es zu fressen!* Im Reich Gottes ernähren sich ALLE lebenden Organismen von anderen (Lammkoteletts). Der soziale Dschungel des Homo Sapiens ist überfüllt mit Taxen, jeder sucht sein Schicksal auf Kosten von irgendjemandem. Es gibt keine Gleichheit in der Natur, alles ist ungleich (eine Tatsache, die „großherzige" Politiker sehr gut kennen). Es gibt keine „menschliche Familie" (UNESCO). Es gibt nur Rassen und Mischlinge, wobei jede Rasse unterschiedliche, einzigartige, von Gott gegebene Eigenschaften hat *(„Die Rasse ist alles!"* DISRAELI, JUDE). Die Zerstörung von Rassenunterschieden ist Völkermord.

Schon in *der Antike* waren wir die ersten, die die Worte „Freiheit, Gleichheit, Brüderlichkeit" riefen... Die vermeintlich intelligenten Nichtjuden haben die Symbolik der ausgesprochenen Worte nicht verstanden; sie haben ihren Bedeutungswiderspruch nicht begriffen; sie haben nicht bemerkt, dass es in der Natur keine Gleichheit gibt...".
DAS ERSTE PROTOKOLL.

Die von den Hebräern gegründete (universelle) katholische Kirche hat sich in den Staaten der Welt etabliert, indem sie die Gleichheit der Menschen verkündet. Dies macht das schmutzige Geheimnis deutlich, das die JUDEN seit langem privat behaupten, dass das Christentum den Weg für eine einzige zionistische Weltregierung ebnen wird. Vor kurzem bestätigte Papst Johannes Paul II. dieses Geheimnis, indem er ankündigte, *„dass es bis zum Jahr 2000 zum ersten Mal eine einzige Weltregierung geben wird".* Er sagte nicht, wer diese eine Welt regieren würde. Doch während die Kirche ihr altes Bündnis mit den JUDEN (SILBER) festigt, GEDANKEN SIE DARAN, dass Flügelschrauben und Feuer in den katholischen Manifestationen der Liebe zu JAHWE und des Hasses auf die Natur an prominenter Stelle stehen. Eine undankbare katholische Kirche (die in Tours von arischen Rittern vor den Muslimen gerettet wurde) prangert heute die Träume von einem arischen Imperium an. Die Voreingenommenheit von Papst Johannes Paul hat Präzedenzfälle. Saulus von Tarsus, HEBRÄER, erfand das Christentum (einschließlich der unbefleckten Empfängnis, von der Jesus nie etwas gehört hatte), um Rom, den Sitz der heidnischen arischen Macht, zu zerstören. Die Kirche, die vom jüdischen Petrus aufgebaut (und vom heidnischen Konstantin erweitert) wurde, vermischte die heidnische Tradition mit den hebräischen Schriften, um die giftige Mischung für die pragmatischen und lüsternen Arier akzeptabel zu machen. Man kann sagen, dass sie trotzdem überlebt haben. Der große Beitrag des Christentums bestand darin, den europäischen Stammesstaaten kurzzeitig Zusammenhalt zu verleihen - kein geringes Geschenk! Die großartige Kunst, Architektur und Musik der Arier ist der ganzen Welt lieb und teuer geworden. Vergessen wir auch nicht die selbstlosen Dienste, die der Klerus im Namen JESU CHRISTI geleistet hat. Diese Ämter der Hoffnung, des Glaubens und der Nächstenliebe sind ebenfalls ein wichtiger Bestandteil des PANTHEISMUS. Die unwiderrufliche Tatsache ist, dass das Christentum (wie Marx, Freud, Boas) die TATSACHEN verabscheut. Stattdessen spricht die Kirche von der Erbsünde (Horror vor dem Wissen), von Scham, von Vergebung (zu einem Preis), von Wundern, von Gleichheit, von Feindesliebe und von Jahwes Himmelreich, das nie beschrieben wurde und nie eingetreten ist. Die Ungläubigen wurden gerichtet, gequält, körperlich gefoltert, ermordet und in die Hölle geworfen, die mit manischen Details beschrieben wird. Die auf Sand gebauten Burgen und der durch Angst induzierte Glaube werden nicht ewig halten. Auch die Ignoranz wird nicht von Dauer sein, solange die Meinungsfreiheit toleriert wird. *Jesus, der auf dem Wasser ging, Tote auferweckte und glaubte, dass die Welt flach sei, hat seinen Einfluss auf die Kulturschicht des Westens verloren.* Heute kehrt das Christentum mit seinen Wutausbrüchen zu den primitiven Mythen und Fabeln zurück, aus denen es entstanden ist. Es ist eine psychologische *Notwendigkeitstatsache,* dass *ALLE großen Völker einen tiefen Glauben an eine höhere Macht brauchen, der sie uneingeschränkten Gehorsam leisten können.*

Die arische Religion, der PANTHEISMUS, der aus der Mendelschen Ära hervorgegangen ist, verehrt die GESETZE DER NATUR, die sich im MENDELISMUS/GOTT/FAMILIE (DIE ARYENISCHE RASSE) manifestiert *haben*, und stellt damit den JUDEO-CHRISTIANISMUS als weiteren KANULAR, eine *Reduktion ins Absurde*, bloß! Der PANTHESISMUS strahlt nun die UNIVERSALE KRAFT durch die westliche Zivilisation aus. Nur Abergläubische, Ignoranten und Kuffar glauben weiterhin an den eifersüchtigen, rachsüchtigen und paranoiden Stammesgott Jehova oder tun so, als glaubten sie daran (Anm.: George Washington, Thomas Jefferson, Abraham Lincoln und andere waren Deisten. Sie verehrten einen allmächtigen Schöpfer, NICHT JUDEO/CHRISTIANISMUS). *Den JUDEO-CHRISTIANISMUS zu akzeptieren, bedeutet, die Naturgesetze zu leugnen: die Naturgesetze zu leugnen: die Gesetze Gottes zu leugnen, ist Blasphemie. Es gibt keine Gleichheit der Menschen oder Rassen - DAS läutet das Totenglöckchen der Demokratie!*

Die großen Mystiker: Zarathustra, Jesus, Siddhartha Gautama, Mohammed, Shakespeare, Blake, Goethe, Schopenhauer, Vivekananda, Whitman usw. sagen uns, dass die Seele des Menschen ewig lebt (im Universum wird ALLE ENERGIE aufbewahrt - die Seele ist Energie); Wahrheit, Schönheit und Gerechtigkeit (Karma) setzen sich schließlich durch. Der PANTHEISMUS und die NATURWISSENSCHAFT unterstützen viele mystische Offenbarungen. Beispielsweise unterstützen der PANTHEISMUS und die NATURWISSENSCHAFT viele mystische Offenbarungen.

Instinkt, Intuition und Intelligenz (Vernunft) existierten während der westlichen Synthese nebeneinander und enthüllten einen unbegrenzten Raum, der *im Mikro- und Makrokosmos* aus Energiepartikeln besteht, die Millionen Mal kleiner sind als Atome. Diese Teilchen, die in Strängen aus elektrischer Energie angeordnet sind (und Töne aussenden, die von Mystikern als *„himmlische Musik"* beschrieben werden), die jeweils unterschiedliche Frequenzen haben und mit dem Leben vibrieren, winden und drehen sich durch zahlreiche Raum- und Zeitdimensionen, die dem Universum „viele Wohnungen" bieten. *Dort, wo die Welten des Makrokosmos und des Mikrokosmos miteinander verschmelzen und energetisierte Materie zu einer fließenden KRAFT wird, betreten wir das METAPHYSIKUNIVERSUM.* Hier werden die unbegreifliche Unermesslichkeit des inneren und des äußeren Raumes

EINS. Diese UNIVERSELLE KRAFT durchdringt *in mehr oder weniger starkem Maße* ALLE Dinge. Was „im Inneren" der „Wohnstätten" liegt, ist verborgen - vorerst. Es bleibt nur Gottes Gebot: ERKENNEN SIE SICH: GEHORCHEN SIE DEN GESETZEN DER NATUR.

Die Macht der JÜDISCHEN am Ende des 20. Jahrhunderts wird durch ihre Fähigkeit offenbart, der Welt den Holocaust unterzujubeln. Das deutsche Volk, das für seine Integrität, seinen Mut und seine hohen ethischen Standards, seine fortschrittliche Wissenschaft und seine Kreativität bekannt war, wurde von einer Nation von Parasiten verleumdet und praktisch ruiniert, die *in allen Bereichen des Lebens nur wenig erreicht haben, außer in dem der Lüge und der EXTORSION*.

60 Jahre lang wurde die Welt der SHOAH-Propaganda unterworfen, obwohl sich die jüdischen „Überlebenden" angesichts von Luftaufnahmen, gerichtsmedizinischen Berichten, Augenzeugenberichten, Tagebüchern, offiziellen Akten und eidesstattlichen Aussagen der Überlebenden selbst vor Gericht als Lügner erwiesen haben. Alle gebildeten Menschen räumen ein, dass es während des Zweiten Weltkriegs KEINE Hinrichtungsgaskammern gegeben hat. Dennoch, als ob die TATSACHEN keine Rolle spielen würden, wiederholen die Juden ihre giftigen Lügen in den von Juden kontrollierten Massenmedien ständig, während die ILLUMINATI jede Form der Widerlegung bestrafen. Obwohl er die Fakten kennt, hält der dreiste US-Kongress den Deckel auf diesem brodelnden Kessel hermetisch geschlossen. Unweigerlich werden die Fakten ans Licht kommen! Da Amerika ein jüdisches Gesicht und einen großen Stock trägt, ist es nicht verwunderlich, dass überall dort, wo informierte Nichtjuden zusammenkommen (hier und im Ausland), die JUDEOPHOBIE Hitlersche Ausmaße annimmt:

> Schütze hinterließ sein Tagebuch SKOKIE, Ill. 10. Juli - Die Polizei analysiert rassistische Tagebucheinträge, die offenbar Benjamin Nathaniel Smith gehörten, in der Hoffnung, mehr über die tödliche Schießerei zu erfahren, die sich am vergangenen Wochenende im Mittleren Westen ereignete... „Jeder, der die Geschichte dieser Geißel für die Menschheit kennt, die sich Juden nennt, wird wissen, warum ich gehandelt habe..." Smith soll in Illinois und Indiana zwei Menschen getötet und neun weitere verletzt haben, allesamt Juden, Schwarze oder Asiaten, bevor er sich selbst tötete...
>
> *WASHINGTON POST* (7-11-99).

Wo es Hass gibt, gibt es auch Hoffnung (Sic!) In den letzten etwa acht Monaten verbreiteten die westlichen Medien alarmierende Berichte über das Wiederaufleben des Antisemitismus (sic) in der ehemaligen Sowjetunion, insbesondere in Russland und der Ukraine, wo die meisten der 1,5 Millionen Juden in der Region leben... Die unzufriedensten ukrainischen Juden... sind weggezogen, die meisten nach Israel, in die Vereinigten Staaten und nach Deutschland... In Moskau erzählte mir Vladimir Shapiro, ein angesehener Soziologe, von einer kürzlich durchgeführten Umfrage, die ergab, dass Antisemitismus in den Sekundarschulen der Russischen Föderation allgegenwärtig ist... Die Beharrlichkeit der Juden in der Region und ihr Sinn für Zusammenhalt sind bewundernswert... Die Befürchtung, dass die Juden, wie so oft in der Vergangenheit, erneut als Sündenböcke für die wirtschaftlichen Missstände in ihren Ländern herhalten müssen, ist nicht von der Hand zu weisen.
ABRAHAM BRUMBERG, JÜDISCH, *Washington Post* (7-11-99).

Die Parade der arischen Gruppe ruft zahlreiche Proteste hervor.
HERZ VON ALENE, Idaho, 10. Juli Mitglieder der Aryan Nations marschierten heute unter dem Schutz einer Anordnung des Bundesgerichts durch die Straßen der Innenstadt, wurden aber von Demonstranten überschattet, die sie zu einem Umweg zwangen... Die Aryan Nations behaupten, dass Gott die Bildung einer Heimat nur für Weiße im Nordwesten des Pazifiks befohlen hat.
WASHINGTON POST (7-11-99).

Mögliche Verbindung zum Hass bei den Amokläufen in Calif. Killings.
REDDING, Kalifornien, 10. Juli ... In den Wohnsitzen von Ben Matthew Williams, 31, und James Tyler Williams, 29, in Shasta County und auf Bundesebene wurde ein Notizbuch gefunden, das die Brüder mit den Synagogenbränden im Juni in Verbindung bringt und rassistische und antisemitische Propaganda enthält, die mit der World Church of the Creator in Verbindung gebracht wird ... Sie sehen aus wie ein amerikanisches Jungenpaar", sagte Richardson. Sie haben keine seltsamen Tätowierungen. Sie sind keine Skinheads...". Mitglieder der World Church of the Creator wurden in den letzten Jahren mit zahlreichen Hassverbrechen in Verbindung gebracht, darunter der Bombenanschlag auf ein NAACP-Büro in Tacoma, Washington, im Jahr 1993, die Verprügelung eines Schwarzen und seines jugendlichen Sohnes in Sunrise, Florida, im Jahr 1997 und die Verprügelung des Besitzers einer jüdischen Videothek in Florida im vergangenen Jahr.
WASHINGTON POST (7-11-99).

Israel warnt Japan vor wachsendem Antisemitismus. TOKYO Japanische Universitäts- und Handelskreise sollten die Anzeichen eines

wachsenden Antisemitismus anprangern, so der israelische Botschafter Yaacov Cohen... „Das ist ein Phänomen, das die Japaner mehr als alle anderen beunruhigen sollte", sagte Cohen in einem Interview mit der Japanese Times.
EDWARD NEILAN, *Washington Times. (Mehrere Monate nach Erscheinen dieses Artikels erlebten die Japaner um 1999 einen größeren Zusammenbruch ihres Aktienmarktes).*

RUSSLAND Nationalisten unterscheiden sich von Patrioten. Ein Patriot liebt sein Land, aber für einen Nationalisten ist der Hass auf den FEIND wichtiger als die Liebe zu seinem eigenen Land. In Russland gibt es eine tiefe Affinität zwischen Neokommunisten und Nationalisten. Ihr gemeinsamer Feind ist der Jude. Sie sagen: „Wir haben viel mit den Deutschen gemeinsam ... Wenn wir uns beide zusammenschließen, werden wir die Welt beherrschen."
AUTORENREVIEW zu „*Black Hundred*" von Walter Laqueur.

Khakid Abduk Muhammad, der „Vertreter" und „nationale Assistent" von Minister Louis Farrakhan und der Nation of Islam, kam am Kean College an ... und aus seinem Mund kamen Strahlen des Eifers und des Hasses. Sein Thema war ein von Nation of Islam herausgegebenes Buch mit dem Titel „The Secret Relationship Between Blacks and JUIFS" (Die geheime Beziehung zwischen Schwarzen und Juden). Der Nationalassistent erklärte, dass die Juden „betrügerische Juden" seien, dämonische Lügner, die Jesus abgelehnt hätten. Er erklärte: „Jesus hatte Recht. Ihr seid nichts als Lügner. Das Buch der Offenbarung hat Recht. Ihr seid aus der Synagoge Satans"... Sie enteigneten die Palästinenser. Sie haben die Deutschen ausgebeutet: „Alle reden immer von Hitler, der sechs Millionen Juden ausgelöscht hat. Aber niemand fragt jemals, was sie mit Hitler gemacht haben...". Der US-Senat verurteilte die Rede des Kean College mit 97 Stimmen.
PAUL BERMAN, JUDE, *The New Yorker* (2-28-94).

Wenn du dich einer Stadt näherst, um gegen sie zu kämpfen, verkünde ihr Frieden. Wenn sie dir mit Frieden antwortet und ihre Tore für dich öffnet, sollen alle ihre Einwohner dir Tribut zahlen und dir dienen. Wenn sie aber keinen Frieden mit dir schließen will, sondern gegen dich Krieg führt, so sollst du sie belagern; und wenn der Herr, dein Gott, sie in deine Hand gegeben hat, sollst du alles, was männlich ist, mit der Schärfe des Schwertes schlagen; die Frauen aber, die kleinen Kinder, das Vieh, alles, was in der Stadt ist, und alle Beute, die sie macht, sollst du für dich nehmen ... Aber von den Städten dieses Volkes, die der Herr, dein Gott, dir zum Erbe gibt, sollst du nichts Lebendiges, das atmet, retten.
DIE HEILIGE BIBEL 5. Mose 20,10.

> Was für die Gans Soße ist, ist für den Gänserich Soße.
> GRANDAD, *„Down on the Farm".*

Die SYNTHESE DES WESTENS entfaltet sich in immer schnellerem Tempo. Sein arisches Volk sieht sich einmal mehr nicht als nationalistische Stämme (*französische, deutsche, ungarische, italienische, englische, irische, polnische, spanische, russische (Rus) und andere*), sondern als EINE WEISSE NATION. Sie sind wie Reisende, die nach einer Odyssee auf sturmgepeitschter See endlich nach Hause zurückkehren und weiser wieder auftauchen. Die Arier erkennen nun, dass die westliche Kultur genetisch bedingt ist und dass die weißen Gene - und nur die weißen Gene - es ihnen ermöglicht haben, Schönheit, Verhalten, Fähigkeiten, Intelligenz und SEELE über Generationen hinweg weiterzugeben. Die kulturelle Schicht dieser großen ARYENISCHEN KULTUR liegt in einer relativ kleinen Gruppe außergewöhnlicher Männer und Frauen, die der Rasse, der Familie, der Loyalität, der Pflicht und der Ehre einen höheren Wert beimessen als ihrem eigenen Leben. Sie sind einzigartig, weil sie instinktiv fühlen, intuitiv verstehen und rational an die große ARYENISCHE IDEE glauben: DEN WESTLICHEN SOZIALISMUS UND DAS HEILIGE WESTLICHE KÖMPERN.

Sie sind die „Verweigerer und Enttäuschten", die Erfolgreichen, die Märtyrer, die Helden, in deren Adern das Blut der arischen Eroberer fließt. Sie kommen aus allen Gesellschaftsschichten: Cowboys, Wissenschaftler, Eisenträger, Lehrer, Künstler, Geschäftsleute, Landwirte, Militärs und so weiter. Sie werden diesen Vorteil bewahren - mit blutigen Händen.

DIE ILLUMINATI, wie aus diesem Vertrag klar hervorgeht, kontrollieren, ja besitzen die Vereinigten Staaten von Amerika. Die Macht der globalen Finanzwelt und der globalen Medien ist in ihrer Hand, wodurch die amerikanische Verfassung außer Kraft gesetzt wird und die Exekutive, Legislative und Judikative der Regierung irrelevant und unfähig werden, das Erbgut der Weißen zu schützen. Die Bundesregierung wird genötigt, erpresst und gekauft! Der Staat funktioniert nicht mehr. Das weiße Amerika hat keine Möglichkeit, durch verfassungsrechtliche Maßnahmen Wiedergutmachung zu erlangen. *Diese TATSACHEN sind für Patrioten sehr schwer zu akzeptieren. Sie verdeutlichen wie nichts anderes die Tragödie unseres Untergangs.*

Die Juden werden niemals freiwillig auf die Kontrolle über den Westen verzichten. Es wäre für sie selbstmörderisch, dies zu tun. Die Fakten würden ans Licht kommen. Die Juden können nur überleben, indem sie die Fakten unterdrücken. Der Kampf um die Rettung der weißen Rasse vor dem Aussterben wird daher nicht in den Hallen des Kongresses ausgetragen, wie es die Patrioten gerne hätten, sondern in den Hecken und Straßen Nordamerikas, wo unsere Vorfahren gekämpft haben.

In den Vereinigten Staaten leben etwa 15 Millionen Juden. Das Amt für Volkszählungen ist natürlich nicht befugt, sie zu zählen. Jeder Reisende mit einem scharfen Auge und einer scharfen Nase erkennt, dass die Juden wie Termitenkolonien über den Kontinent verstreut sind (ein großer Zustrom fand kürzlich in Idaho statt!). *Sie haben sich auf drei große Regionen konzentriert: New York City, Philadelphia-Baltimore, Washington D.C. Korridor; Chicago-St.Louis, Dallas Korridor; und Los Angeles, San Francisco Korridor. Vier Zeitzonen.* Außerdem schwirren sie mithilfe doppelter und gefälschter Pässe zwischen den USA, Israel und allen Nationen der Welt umher. Ihre Stärke ist, wie wir gesehen haben, eine hervorragende Organisation, die darauf ausgelegt ist, die Protokolle umzusetzen. Die Juden glauben eifrig daran, dass Jehova sie auffordert, alle Mittel einzusetzen, um die Nichtjuden zu vernichten. Die Schlachtfelder der ganzen Welt sind mit weißen arischen Kreuzen bedeckt. Die verschmutzte weiße Gebärmutter zerstört das arische Erbgut.

Da die US-Regierung den Ariern jeden verfassungsmäßigen Rechtsbehelf verweigert hat, gibt es nur noch zwei Möglichkeiten: Aufbegehren oder sterben. Das Ziel der Pro-Weißen ist nicht, die große Nation/den Staat zu zerstören, der von den Gründervätern gegründet wurde, was der FEIND bereits getan hat. Die ARYENS beabsichtigen, die VISION DER GRÜNDER von Amerika wiederherzustellen und den Staat und das Territorium an ihre weißen Nachkommen zurückzugeben.

Die Vision unserer Vorfahren wird erweitert, um ein HEILIGES WESTLICHES KÖNIGREICH zu schaffen, das alle weißen Staaten auf der ganzen Welt umfasst. Das HWK wird allen nicht-weißen Rassen helfen, ihre Identität zu bewahren. Diese NEUE WELT wird stolz sein auf wahrhaft VIELFÄLTIGE, von Gott gegebene Rassenpopulationen, jede in ihrem eigenen Heimatland, das von ihrem eigenen Volk regiert wird. In dem Maße, wie die westliche dialektische Synthese fortschreitet, wird die arische *Kulturschicht* an die Front gehen, um die Nation gegen die PARASITEN und die in ihrem Namen angeworbenen Bastardarmeen zu führen. Die Arier müssen nur die Strategie und Taktik der bolschewistischen Revolution (um 1900) übernehmen, um ihr Erbe wiederzuerlangen. Feuer mit Feuer bekämpfen. Wenn die Juden moderne bio/chemische Waffen besessen hätten, wären Weiße heute so selten wie Neandertaler. *Stärke macht Recht und der Sieger nimmt die Beute mit.* Das ist die Lektion der bolschewistischen Revolution.

Heute besitzt der Parasit den Westen. Aber nicht mehr lange. Die Arier haben die Waffen. Wir haben die Männer. Wir müssen nur finanzieren und führen. Es besteht kein Bedarf an einer Armee. 150 Mitglieder einer Spezialeinheit werden mehr als genug sein. *Nur durch die VEREINIGUNG der weißen Staaten und die Herstellung der territorialen INTEGRITÄT kann der weiße Mann sein ZIEL verwirklichen. Die Zukunft ist unausweichlich, sie ist schwierig und sie ist voll von Helden, Märtyrern und glorreichen Siegen.*

König Gordius aus Phyrigia entwarf einen komplizierten Knoten, den seiner Meinung nach nur der zukünftige König von Asien lösen konnte. Als der Knoten Alexander dem Großen vorgelegt wurde, lächelte dieser und durchtrennte ihn dann mit einem einzigen Schwerthieb. Die ILLUMINATI-KONSPIRATION wird genauso beseitigt werden, wie ALEXANDER den GORDISCHEN KNOTEN beseitigt hat! An diesem Unternehmen werden ALLE EHRLICHEN ARYENS teilnehmen. Sie müssen nur den Glauben an Gott und den Willen haben, es zu erreichen. *Ein neues Zeitalter ist im Entstehen: das MENDELIANISCHE ZEITALTER. Ein wunderbares WESTLICHES KÖNIGREICH wird errichtet werden!* DIE ORDNUNG DER NATUR ist folgende: BEBAUE DEINEN GARTEN ISOLIERE DEIN GENETISCHES ERBE SCHEIDE DEINEN MÜLL AUS ODER STIRB!

DAS IMPERIUM: ALLE ARYENS auf der ganzen Welt, „aufgewacht wie aus einem bösen Traum", mit der Waffe in der Hand, werden siegreich an der Spitze ihres Heimatlandes stehen, eines weißen Nationalstaates, des HEILIGEN WESTLICHEN KÖNIGREICHS.

DER ARISCHE SCHWUR Beim Blut meiner heiligen arischen

Vorfahren schwöre ich:

Ewiges LOB meiner FAMILIE + RASSE + NATION + GOTT + GRAVATE + BETRACHTUNG + GERECHTIGKEIT + UMWENDUNG + FRANZÖSISCH + VERTRAUEN + und + RÄCHTIGKEIT

Ich schwöre es, so wahr mir Gott helfe!

DER KATEGORISCHE IMPERATIV

(Überarbeitet)

Handle nur nach der Maxime, die es dir gleichzeitig ermöglicht, dass sie die arische Rasse verherrlicht.

PANTHEISTISCHE DREIEINIGKEIT

(Arier - DIE KRAFT - Pantheismus):

Hält Jahwe in größter Verachtung: Ein unbeholfener jüdischer Stammesgott „voller Lärm und Zorn, der nichts bedeutet".

DIE ARISCHE CRUCIFIX Das *Eiserne Kreuz* trägt in seinem Zentrum aus Porzellan das Gesicht einer schönen arischen Frau. Ihre blauen Augen sind zum Himmel erhoben, ihre kirschroten Lippen sind leicht geöffnet. Seidenfeines Leinenhaar fällt in Kaskaden über ihre Schultern. Ein Rinnsal Blut läuft aus ihrem Mundwinkel, ihre Kehle hinunter und über ihre Brust. *Auch sie wurde von den JUDEN gekreuzigt.* Sie trägt eine Dornenkrone, auf der das Wort: *DRESDEN!*

+++

Die Arier erscheinen überall als die Förderer des wahren Fortschritts, und in Europa markiert ihre Ausbreitung den Zeitpunkt, an dem die Vorgeschichte (Europas) beginnt, von der Afrikas oder des Pazifiks abzuweichen.
DR. V. GORDON CHILDE, „leicht der größte Prähistoriker ... *wahrscheinlich der Welt".* (Encyclopedia Britannica).

Die einzige Voraussetzung für die Zentralisierung der Macht in einer demokratischen Gesellschaft besteht darin, sich zur Gleichheit zu bekennen.
ALEXIS de TOQUEVILLE.

Herr Präsident, es ist ungeheuerlich für diese große Nation, dass ihr Schicksal von einem verräterischen Federal Reserve System präsidiert wird, das im Geheimen mit den internationalen Wucherern agiert.
LOUIS T. McFADDEN, Vorsitzender des Bankenausschusses des Repräsentantenhauses.

Die jüdische Nation ist die einzige, die die Geheimnisse aller anderen besitzt ... es gibt keine Regierung auf der Welt, die so vollständig in ihrem Dienst steht wie Amerika. „Die Briten haben dies getan", „die Deutschen haben jenes getan", obwohl es der internationale Jude war, der es getan hat ... „Die Amerikaner sind (jetzt) bekannt als ein schäbiges, gieriges und grausames Volk". Warum ist das so? Weil die Macht des jüdischen Geldes hier zentriert ist. Das Genie des Juden besteht darin, auf Kosten der Menschen zu leben - nicht auf Kosten des Landes oder der Produktion von Waren aus Rohstoffen, sondern auf Kosten der Menschen. Lassen Sie die anderen den Boden bebauen; der Jude wird, wenn er kann, vom Landwirt leben. Lassen Sie die anderen sich in Handwerken und Manufakturen abmühen; der Jude wird die Früchte ihrer Arbeit ausbeuten. Das ist sein besonderes Genie. Wenn man dieses Genie als parasitär bezeichnet, so scheint der Begriff durch eine bestimmte Form gerechtfertigt zu sein.
HENRY FORD, *„Der internationale Jude"*.

Macht und Recht sind nicht gleichbedeutend. In Wahrheit sind sie oft gegensätzlich und unvereinbar. Es gibt ein Gesetz Gottes, aus dem alle gerechten Gesetze der Menschen abgeleitet werden und nach dem die Menschen leben müssen, wenn sie nicht in Unterdrückung, Chaos und Verzweiflung sterben wollen.
CICERO (106-43 V. CHR.).

Das Bildungsministerium teilte mit, dass in der *dritten internationalen Studie über Mathematik und Naturwissenschaften* die amerikanischen Schüler der 12. Klasse unter den 21 Ländern, die an der TIMSS-Studie teilnahmen, mit am schlechtesten abschnitten und nur die zypriotischen und südafrikanischen Schüler übertroffen wurden.
WASHINGTON TIMES (8-30-99).

Vor allem sei wahrhaftig gegen dich selbst, und es wird sich ergeben, wie die Nacht zum Tag, dass du gegen niemanden mehr falsch sein kannst.
SHAKESPEARE, *„Hamlet"* (Polonius).

Der tapfere Horatius, der das Tor bewachte, sagte daraufhin: „Jeder Mensch auf dieser Erde stirbt früher oder später. Welche bessere Art zu sterben gibt es, als sich mit furchterregenden Gegnern um die Asche unserer Väter und die Tempel unserer Götter zu streiten!
MACAULEY, „Lays of Ancient Rome".

Es genügt, dass die guten Menschen nichts tun, damit das Böse triumphiert.
EDMUND BURKE.

Der Baum der Freiheit ernährt sich vom Blut der Tyrannen, es ist sein natürlicher Dünger.
JEFFERSON.

Was ich vorwegnehme, weil ich sehe, dass es sich langsam und zögerlich vorbereitet, ist das vereinte Europa. Die Nationen, die am Ende etwas wert waren, haben diesen Zustand unter der Herrschaft liberaler Institutionen nie erreicht: Eine große Gefahr hat sie zu etwas gemacht, das Respekt verdient; diese Gefahr, die allein uns unsere Ressourcen, unsere Tugenden, unsere Verteidigungsmittel, unsere Waffen, unser Genie, das uns zwingt, stark zu sein, bewusst machen kann.
NIETZSCHE.

Einem Nichtjuden etwas über unsere religiösen Beziehungen mitzuteilen, wäre gleichbedeutend mit der Tötung aller Juden, denn wenn die Nichtjuden wüssten, was wir über sie lehren, würden sie uns alle offen töten.
TALMUD: Frei David 37.

Alle Gelübde, Schwüre, Versprechen, Verpflichtungen und Eide, die ich in Zukunft ablegen werde, sind von diesem Tag der Sühne bis zum nächsten Tag ungültig.
TALMUD: Kol Nidre Schwur.

TOB SHEBBE GOYIM HAROG! (Tötet die besten Nichtjuden!)
TALMUD: Sanhedrin 59

FINIS

GLOSSAR

AD HOC: Sorge um einen bestimmten Fall oder ein bestimmtes Ziel (subjektiv).

AD HOMINEM: Greift (in der Logik) eher den Charakter des Gegners als seine Argumente an.

ANTI-SEMITISCH: Fälschlicherweise als antijüdisch interpretiert. Die Juden (Asiaten) hassen die Semiten (Araber) und töten sie täglich.

ARISTOCRACIE: Regierung durch die besten Individuen; die Gesamtheit derjenigen, die man für überlegen hält. Außergewöhnlicher Mensch.

ARYEN (Edel): n. Vielleicht Atlanter. Stammvater der weißen Rasse, der seine Kultur in Europa, Indien, Persien, Ägypten, Amerika und anderen Teilen der Erde verbreitet hat.

ARYENISCHER PANTHEISMUS: Eine Lehre, die Gott mit der Kraft und den Gesetzen des Universums gleichsetzt: insbesondere der Mendelismus.

JUDEN ASHKENAZIM: der „dreizehnte Stamm" (Arthur Koestler). Asiatische Chasaren, die zum TALMUDISMUS konvertiert sind und sich fälschlicherweise als Judäer identifizieren. 98% der amerikanischen Juden sind aschkenasisch.

BOURGEOISIE: n. m. Gesellschaftliche Mittelschicht.

CANAILLE: Die tollwütigen „Hunde" aller Revolutionen, die im Auftrag der Juden in Paris, St. Petersburg und Chicago plündern, morden und vergewaltigen.

CASTING-SOFA: Wo die Starlets hergestellt werden.

ZENTRALBANK: Eine private Aktiengesellschaft, die eine Charta besitzt, um das Geld einer Nation im Austausch gegen einen Anteil an den Gewinnen zu verwalten.

GEMEINSAM: gewöhnlich, banal, vulgär, billig, mittelmäßig und beliebt.

DEMOKRATIE: Regierung durch die Mehrheit. Eine Regierungsform, die von den Gründervätern verachtet und von den Parasiten gefordert wird.

DOCU-DRAMA: Drama, dessen Inhalt objektiv ist und auf dokumentierten Fakten (der Realität) beruht. Hollywood verwandelt Desinformation in Doku-Drama und produziert damit Propaganda.

EGALITARISMUS: Falscher Glaube an die Gleichheit von Individuen und Rassen.

KÖRPERGEIST: n. m. Gruppengeist, Inspiration, Enthusiasmus.

EX POST FACTO: Wird (wie die Verkündung eines Gesetzes) im Nachhinein getan.

IN FLAGRANTE DELICTO: dabei, einen schweren Fehler zu begehen.

IN SITU: in natürlicher Position

FED: Federal Reserve System: Zentralbank, die das US-GELD kontrolliert; Privateigentum der Mitglieder der jüdischen KEHILLA.

FÜNFTE KOLONNE der B'nai B'rith; Saboteure, Guerillakämpfer, verräterische Gruppen, die sich innerhalb einer Nation verstecken, um dem Feind zu helfen.

Freiheitskämpfer/Terrorist, je nach Sichtweise.

DIE FRANZÖSISCHE MAZONERIE eine internationale Geheimorganisation, in deren obersten Etagen JUDEN sitzen.

GENETIK: mit Genen verbunden oder von ihnen bestimmt.

GOY: (Plural Goyim) Nichtjuden (Schafe, die auf jüdischen Weiden grasen).

ARCHIPEL DES GULAGS: Bolschewistische Todeslager, UdSSR. Die hässlichsten Gefängnisse der Weltgeschichte (lesen Sie: Solschenizyn).

HOLLYWOOD Sodom USA. Ausgestellte Juden. Pus. Infektion. Krankheit.

HOLOCAUSTE Gräueltaten, die von den Alliierten gegen Deutschland begangen wurden.

Die falsche Religion der „HOLOCAUSTE", die von angeborenen Lügnern geschaffen wurde.

IDEOLOGIE: Visionäres Theoretisieren.

ILLUMINATI: Eine Organisation der Rothschilds, die gegründet wurde, um die Nichtjuden, insbesondere die westliche Kultur, zu zerstören.

KEHILLA: Vorstand der Illuminaten: 13 Juden.

KHAGAN: König der Juden, Anführer der Kehilla.

KHAZARS: Asiatischer Stamm mit mongolisch-türkisch-armenoiden Verwandten, der 730 n. Chr. zum Talmudismus (Judentum) konvertierte.

AUFGEZEICHNETES LACHEN: Ein Tonband mit Lachen, Klatschen, Jubeln usw., das auf einen Film/ein Band montiert wird, der/das ohne Publikum gedreht wurde.

INFAMIE: Verleumdung, üble Nachrede; Waffe der jüdischen Propaganda.

MAFIA U.S.A.: Sizilianische/italienische Verbrechersyndikate.

MANIFESTES ZIEL: Notwendige Politik der imperialistischen Expansion, insbesondere der weißen Rasse.

MASS-MEDIA: Medien der öffentlichen (Massen-)Kommunikation, einschließlich: Radio, Fernsehen, Internet, Verlagswesen, Theater, Film und Musikindustrie.

MARRANE: christianisierter Jude.

MENDEL: Das Zeitalter der Genetik.

MENDELISMUS: n. Gesamtheit der Studien, die aus der Entdeckung der Gene hervorgehen.

METISSAGE: n. m. Ehe oder Lebensgemeinschaft zwischen einer weißen Person und einem Angehörigen einer anderen Rasse, insbesondere mit einem Schwarzen oder einem Juden.

VERRAT: Wenn eine Person weiß, dass ein Verrat begangen wird, aber nichts unternimmt, um das Verbrechen zu verhindern, ist die Partei, die davon weiß, ebenfalls des Verrats schuldig.

MAFIA: Jüdisches Verbrechersyndikat.

Der MORGENTHAU-Plan führte dazu, dass 20 Millionen Deutsche verhungerten.

MORPHOLOGIE: n. m. Zweig der Biologie, der sich mit dem physischen Aufbau von Pflanzen und Tieren befasst.

NATION: (Natal: geboren werden: Nationalität) ein Volk, das aus demselben genetischen Erbe hervorgegangen ist; seine Rasse, seine Familie, seine Kultur, sein Territorium.

ORIENTAUER JUDEN: gemischte Ethnie (größtenteils Hebräer), die im Nahen Osten, in Nordafrika, Asien und China angesiedelt ist.

PHYSIOLOGIE: n. m. Zweig der Biologie, der sich mit den physischen Aspekten eines Organismus und seinen normalen Funktionen befasst.

PROTOKOLLE: Ein Protokoll einer Konferenz, das angibt, was von den Auftraggebern vereinbart wurde. Aktionsplan.

ZIEL: legitimes Kriegsziel, Kriegspreis.

PSYCHOLOGIE: n. m. Wissenschaft von Geist und Verhalten: Lusitania, Pearl Harbor, Coventry, Schweinebucht, Golf von Tonkin, USS Liberty, Harvey Oswald, et al.

SPIELBERGISMUS: jede skandalöse Lüge; z. B. „Schindlers Liste".

SEPHARADE-JUDEN: Hebräer, die sich bis zu ihrer Vertreibung im Jahr 1492 in Spanien niedergelassen hatten.

SEPTUAGESIME: Übertragung des A.T. ins Griechische durch 70 Rabbiner, wobei jeder zu identischen Übersetzungen gelangte!

Gattung der SPIROCHETEN-Bakterien, wie die, die Syphilis verursachen.

SPRECHENDE KÖPFE: Nichtjüdische Fernsehmoderatoren: Sykophanten, die die Ideologie, die Lügen und die Propaganda der Juden nachplappern: Rassenverräter.

TALMUD: Pharisäisches Gesetz; „Synagoge des Satans" (Jesus).

THAUMATURGIE: Wunder vollbringen, zaubern.

TORAH (Pentateuch): die ersten fünf Bücher des Alten Testaments.

TYPHUS: Eine tödliche Infektionskrankheit, die von Flöhen und Läusen auf den Menschen übertragen wird; historisch gesehen waren besonders Juden in Osteuropa von dieser Krankheit betroffen.

UNIVERSALISMUS: Katholizismus, Judentum, Illuminismus, Marxismus, New Age etc.: Rassenmischung akzeptieren oder auf dem Scheiterhaufen verbrennen.

USURE: Der jüdische Kapitalismus: Zinseszins, Bankrott, Krieg.

WOLZEK: Falsches Todeslager, das von Rudolf Hess, dem Kommandanten von Auschwitz (bevor er gehängt wurde), benannt wurde, um der Geschichte zu signalisieren, dass sein Geständnis über die vergasten Juden unter Folter erzwungen wurde.

ZIETGEIST: n. Zeitgeist.

WELTANSCHAUUNG: n. m. Lebensphilosophie.

BIBLIOGRAPHIE

Amerika

GARRETT, GARET Burden of Empire: Der Weg in die Knechtschaft

NOCK, ALBERT JAY Die Lage der Union: Essays

OLIVER, REVILO Der Niedergang Amerikas

PIERCE, WILLIAM Das Turner-Tagebuch

SKOUSEN, CLEON Der nackte Kapitalist

BEATY, JOHN O. Der Eiserne Vorhang über Amerika

BURNHAM, JAMES Selbstmord des Westens

BROWN, LAWRENCE Die Macht des Westens

ALLEN, GARY None Dare Call It Conspiracy (Niemand wagt es, von einer Verschwörung zu sprechen)

NORMAN, CHARLES Ezra Pound

LARSON, MARTIN Die Federal Reserve: Der manipulierte Dollar

MULLINS, EUSTACE Mullins über das Federal Reserve System

SODDY, FREDERICK Reichtum, virtueller Reichtum und Schulden

McFADDEN, LOUIS T. Reden aus dem Register des Kongresses

SOMBERT, WERNER Die Juden und der moderne Kapitalismus

SMOOT, DAN Die unsichtbare Regierung.

SUTTON, ANTHONY Nationaler Selbstmord

GOLDWATER, BARRY* Ohne Entschuldigung

Historischer Revisionismus

VEALE, F. J. P. Advance to Barbarism: Der totale Krieg

KEELING, RALPH Gruesome Harvest: Nachkriegsdeutschland

WILTON, ROBERT Die letzten Tage der Romanows

RADZINSKY, EDWARD Der letzte Zar

IRVING, DAVID Churchills Krieg, Dresden

ENNES, JAMES Angriff auf die USS LIBERTY

WEBSTER, NESTA H. Die Französische Revolution, Weltrevolution

HOFFMAN, MICHAEL A. Der große Prozess des Holocaust: Zundel

BARNES, HARRY ELMER Auf der Suche nach Wahrheit und Gerechtigkeit: ERSTER WELTKRIEG

Entstehung des Krieges

TOLAND, JOHN Die Infamie: Pearl Harbor

ZAYAS, ALFRED Eine schreckliche Rache: Der Mord an den Deutschen, Kriegsverbrechen der Wehrmacht

CROCKER, GEORGE Roosevelts Weg nach Russland

DEGRELLE, LÉON Hitler: Geboren in Versailles

VON BRUNN, JAMES Die besten Guten töten

Holocaust-Revisionismus

ZUNDEL, ERNST Ist der 6-MIllion wirklich tot?

BUTZ, ARTHUR R. Der Hoax des 20. Jahrhunderts

STAGLICH, WILHELM Auschwitz: Ein Richter prüft die Beweise

LEUCHTER, FRED Leuchter-Bericht: Erste forensische Untersuchung von Auschwitz

ROQUES, HENRI Die „Geständnisse" von Kurt Gerstein

BALL, JOHN Air Photo Evidence: „Stätten des Holocaust.

HESS, WOLF Wer hat meinen Vater, Rudolf Hess, ermordet?

Rasse und Kultur

YOCKEY, FRANCIS PARKER Imperium

SIMPSON, WILLIAM G. Welcher Weg für den westlichen Menschen?

BAKER, JOHN R. Race

PEARSON, ROGER Shockley über Eugenik und Rasse

GARRETT, HENRY E. Vererbung: Die Ursache der Rassenunterschiede in der Intelligenz

HERRNSTEIN/MURRAY Die Bell-Kurve

PUTNAM, CARLTON Rasse und Wirklichkeit

GUENTHER, HANS Rassische Elemente der europäischen Geschichte

JUNG, CARL Das Geheimnis der goldenen Blume, die Entwicklung der Persönlichkeit

ARDREY, ROBERT Der Gesellschaftsvertrag, die afrikanische Entstehungsgeschichte

COON, CARLTON Ursprung der Rassen, Die Rassen Europas

CHILDE, GORDON Über die arische Theorie

GRANT, MADISON Das Verschwinden der großen Rasse

SPENGLER, OSWALD Der Untergang des Westens

ROBERTSON, WILMOT Die enteignete Mehrheit

GIBBON, EDWARD Der Niedergang und der Fall des Römischen Reiches

DE CHARDIN, TEILHARD Das Phänomen des Menschen.

SANTAYANA, GEORGE Der letzte Puritaner

HUXLEY, ALDOUS Die dauerhafte Philosophie, Die beste aller Welten

RENFREW, COLIN Vor der Zivilisation

LUDOVICI, A. M. Das Streben nach menschlicher Qualität

FRAZER, JAMES G. The Golden Bough.

KERR, W. P. Epos und Romantik

GRANT, MICHAEL Jesus

KUNG, HANS Christ sein.

OTTO, RUDOLPH Die Idee des Heiligen.

NIETZSCHE, FREDERICK DER ANTICHRIST, der Mensch und der Übermensch. Also sprach Zarathustra

CHAMBERLAIN, HOUSTON Die Entstehung des 19. Jahrhunderts

DOSTOYEVSKY, FYODOR Die Besessenen

KLASSEN, BEN Die ewige Religion der Natur, die Bibel des weißen Mannes

JUNG, CARL Der arische Christus

RENAN, ERNEST Leben Jesu

SPENCER, SIDNEY Mystizismus & Weltreligion.

HAWKING, WILLIAM Eine kurze Geschichte der Zeit

JUDEN

ARENDT, HANNAH* Eichmann in Jerusalem.

FORD, HENRY Der internationale Jude

KOESTLER, ARTHUR* Der dreizehnte Stamm

MARSDEN, VICTOR E. Die Protokolle der Weisen von Zion

LILIENTHAL, ALFRED M.* Die zionistische Verbindung

SAMUEL, MAURICE* Ihr Heiden

FREEDMAN, BENJAMIN* Fakten sind Fakten: Die Wahrheit über die Khasaren

CHESTERTON, A. K. Die neuen unglücklichen Herren

BELLOC, HILLAIRE Die Juden

ROBNETT, GEORGE W. Eroberung durch Einwanderung

SHAHAK, ISRAEL* Jüdische Geschichte, jüdische Religion: Die Last von 3000 Jahren (Intro von Gore Vidal)

STANKO, RUDY „Butch" Der Spielstand!

SOLZHENITSYN, ALEKSANDER Der Archipel Gulag; Ein Tag im Leben des Iwan Denissowitsch

KLASSEN, BERNHARDT (WCOTC) Die Bibel des weißen Mannes

Das Dritte Reich

HITLER, ADOLPH Mein Kampf

IRVING, DAVID Goebbels: Das Gehirn des Dritten Reichs

ROSENBERG, ALFRED Der Mythos des 20. Jahrhunderts

+ + +

Viele der oben genannten Bücher sind in Ihrer öffentlichen Bibliothek erhältlich. Andere können aus einer oder mehreren der folgenden Quellen bezogen werden:

DAS INSTITUT FÜR HISTORISCHE FORSCHUNG

(Mark Weber) POB 2739 Newport Beach CA 92659 CHURCH OF THE CREATOR POB 2002 E. Peoria, IL 61611 (Matt Hale)

NATIONAL ALLIANCE (Dr. William Pierce) POB 330 Hillsboro, WVA 24946

THE TRUTH AT LAST (Dr. Edw. Fields) POB 1211 Marietta, GA 30061

CHRISTIAN DEFENSE LEAGUE (Dr. J. K. Warner) POB 449 Arabi, LA 70032

MONTANA MILITIA (John Trochmann) POB 1486 Noxon, MT 59853

THE LIBERTY BELL (George Dietz) Box 21 Reedy, W. Va 25270

ZUNDEL-RIMLAND 3152 Parkway, Suite 13 PMB 109 Pigeon Forge, TN 37863

EINIGE INTERESSANTE WEBSEITEN

www.WCOTC.com (Matt Hale)
www.naawp.com (David Duke)
www.natall.com (Wm. Pierce)
www.codoh.com (Bradley Smith)

www.zundelsite.org (Ernst Zundel)
www.vho.org (Germar Rudolph)
www.russgranata.com (Russ Granata)
www.Kevin-Strom.com (Kevin Strom)
www.fpp.co.uk (David Irving)
www.adelaideinstitute.org (FredrickToben)

EINE HANDVOLL HERAUSRAGENDER WISSENSCHAFTLER, DIE MARX/FREUD/BOAS WIDERLEGEN

JOHN R. BAKER: Professor für Biologie an der Universität Oxford, Mitglied der Royal Society, Autor von „*Race*".

V. GORDON CHILDE: Professor in Oxford, „leicht der größte Prähistoriker Großbritanniens und wahrscheinlich der Welt" (Ency. Brit.).

CARLTON S. COON: Professor für Anthropologie an der Harvard University; ehemaliger Präsident der American Assoc. of Physical Anthropologists; Autor von „*The Origin of Races*", etc.

F. A. E. CREW: M.D.Sc., PhD, Professor für Genetik und Tierzucht, Universität Edinburgh.

GEORGE W. CRITZ: Professor für Anatomie, Universität von North Carolina; „*The Biology of the Race Problem*". das bislang wichtigste veröffentlichte Dokument über den wissenschaftlichen Aspekt der Rassenfrage".

C.D. DARLINGTON: FRS, Professor für Botanik, Oxford. International anerkannt für seine Beiträge zu den Wissenschaften Genetik, Zytologie und Evolutionstheorie.

EDWARD M. EAST: Professor für Genetik, Harvard; „*Die Menschheit am Scheideweg*".

HENRY E. GARRETT: Leiter der Abteilung für Psychologie an der Columbia University, ehemaliger Präsident der American Psychological Ass'n.

R. R. GATES: Emeritierter Professor für Botanik, Universität London. Autor von „*Human Genetics*", elf Büchern und 400 Artikeln.

MADISON GRANT: Präsident der Zoologischen Gesellschaft von New York; Verwalter des American Museum of Natural History. Museum Natural History schrieb: „*The Conquest of a Continent*" *(Die Eroberung eines Kontinents);* „The Passing of the Great Race" (Das Verschwinden der großen Rasse).

HANS F. K. GUENTHER: Professor an der Universität Berlin. Sein Text „*Rassenelemente der europäischen Geschichte*" gilt als Meisterwerk.

E. A. HOOTEN: Professor für Anthropologie an der Harvard University; Autor von „*Crime and the Man*"; „*Ape, Men, and Morons*", etc.

ARTHUR R. JENSEN: Professor für Pädagogische Psychologie, Univ. Calif. Berkeley; Forschungspsychologe am Inst. of Human Learning.

SIR ARTHUR M. D. KEITH: Rektor der Universität Edinburgh, Kurator des Museums des Royal College of Surgeons, „einer der größten Anthropologen dieses Jahrhunderts". Zahlreiche Werke, u. a. „*The Place of Prejudice in Modern Civilization*" *(Der Platz des Vorurteils in der modernen Zivilisation).*

L. S. B. LEAKEY: Berühmt für seine Ausgrabungen in der Olduvai-Schlucht in Tanganjika. Er schrieb „*The Progress and Evolution of Man in Africa*" *(Der Fortschritt und die Entwicklung des Menschen in Afrika)* und behauptete, dass ... „*so groß die körperlichen Unterschiede zwischen Rassen wie der europäischen und der schwarzen auch sein mögen, die geistigen und psychologischen Unterschiede sind noch größer*".

WILLIAM SHOCKLEY: Nobelpreisträger, Professor für Poniatoff Engineering an der Stanford University, widmete seine wissenschaftlichen Bemühungen der Eugenik und den Rassenstudien.

AUDREY M. SHUEY: Leiterin der psychologischen Abteilung von Randolph-Macon, ehemals Mitglied der Fakultät der New York University; Autorin des monumentalen Buches „*The Testing of Negro Intelligence*"... „Die Ergebnisse sind von beeindruckender Konsistenz: Schwarze, ob auf dem Land oder in der Stadt, ob im Norden oder im Süden, ob alphabetisiert oder Analphabet, ob Fachkraft oder ungelernte Arbeitskraft, schneiden schlechter ab als vergleichbare Gruppen von Weißen".

WILLIAM G. SIMPSON: Union Theological Seminary, *magna cum*

laude; stellvertretender Direktor der American Civil Liberties Union; Pilgerreise zum Heiligen Franziskus von Assisi; eine der weltweit führenden Autoritäten über Nietzsche und Christus; Autor und Redner.

AUSSTELLUNGEN

BRAND

Shingletown home burns; family is safe

FRI AUG 2 6 1977

SHINGLETOWN — An early morning fire did an estimated $120,000 damage to the home of James W. Von Brunn on Wrangler Hill Road here today.

Shasta County Fire Department spokesman Deems Taylor said the fire apparently broke out in the attic near the chimney, but the exact cause is still under investigation. The fire was noticed about 3:25 a.m. when Von Brunn was awakened by the smell of smoke.

Von Brunn rushed his family out of the house and called firemen. Units from the Shingletown Volunteers, Shasta County and the California Department of Forestry responded. It took nearly two hours to quell the flames in the 3,800-square-foot wooden framed home.

The loss to the building was estimated at $80,000, and the contents at $40,000. Most of the loss is believed to be covered by insurance, according to firemen.

JVB war am Morgen nach dem Brand gerade dabei, die Asche zu inspizieren, als sich ein Mann näherte und sich als Nachbar vorstellte. Als pensionierter Forstwirt lebte er etwa eine dreiviertel Meile entfernt im Tal. Er erklärte, dass er von Brandstiftung als Ursache des Feuers ausgehe. Gegen 1.30 Uhr morgens wurde er von seinen Hunden, die auf der Wildschweinjagd waren, geweckt. Er ging nach draußen, um sie zu beruhigen. „Ich hörte einen Knall - wie eine Leuchtrakete - aus Ihrer

Richtung. Dann hörte er das Zuschlagen von Autotüren, gefolgt vom Quietschen der Reifen auf der Fahrbahn.

Dieser Vorfall steht im Zusammenhang mit Telefonanrufen Anfang des Monats, in denen mit ernsthaften Konsequenzen gedroht wurde, falls JVB die Veröffentlichung des Buches *Zionist Rape of the Holy Land (Conquest by Immigration)* von Robnett nicht stoppen würde. Aus Gründen, die zu detailliert sind, um sie hier zu erwähnen, wurde die Wahrscheinlichkeit einer Brandstiftung nie der Polizei gemeldet ( ).

BRIEF AN JAMES HENRY WEBB

Dieser im Gefängnis geschriebene Brief wurde der Post entwendet und erreichte seinen Empfänger Webb nie.

Honorable James Henry Webb. Jr, U.S. Secretary of the Navy The Pentagon Washington, D.C. 20500

James W. von Brunn Bundesgefangener #07128-016 P.O.Box 904-H FCI Ray Brook, N. Y. 12977

Herr Sekretär:

Konteradmiral John G. Crommelin, U.S.N. (Ret.) hat mir vorgeschlagen, Ihnen zu schreiben und um Ihre Hilfe zu bitten. Ich bin ein politischer Gefangener, der aufgrund meiner Aktionen gegen diejenigen, die meiner Meinung nach die Sicherheit unserer Nation bedrohen, in einem Bundesgefängnis inhaftiert ist.

Am 28. Februar 1985 legte Admiral Crommelin unserem Präsidenten, dem ehrenwerten Ronald Reagan, ein Plädoyer für eine Begnadigung durch den Präsidenten für mich vor. Dieses Plädoyer wurde von Herrn David B. Waller, Senior Associate Counsel to the President, in sehr hilfreicher und höflicher Weise behandelt, wie in Anlage „A" beschrieben. Nach Erhalt des Schreibens von Herrn Waller habe ich ein persönliches Plädoyer für eine Begnadigung durch den Präsidenten, wie angegeben, bei Herrn David Stephenson, Anwalt für Begnadigung durch den Präsidenten, Chevy Chase, Maryland, eingereicht.

Mehrere Wochen später traf sich Herr Stephenson mit meiner Schwester und ihrem Anwalt. Herr Stephenson sagte ihnen, dass er mein schriftliches Plädoyer nicht dem Präsidenten vorlegen würde (siehe Anlage „B"), sondern aus folgenden Gründen eine Umwandlung meiner Strafe empfehlen würde: Meine Strafe war für das begangene Verbrechen zu hart; es war meine erste Straftat; mein Alter - heute 67,5 Jahre. Ich habe keine schriftlichen Beweise für diese Aussagen von Herrn Stephenson. Mein Pflichtverteidiger John Hogrogian sagte mir, dass ich keine weiteren rechtlichen Schritte unternehmen sollte, während der Gnadenanwalt mein Plädoyer bearbeitete.

Am oder um den 20. Dezember 1987 revidierte Herr Stephenson in einem Brief an den Direktor des FCI Ray Brook seine Meinung und erklärte, dass „kein günstiges Vorgehen" in meinem Fall gerechtfertigt sei. Herr Stephenson ignorierte die zahlreichen Versuche von Admiral Crommelin, zu erfahren, wie mit seinem Plädoyer für mich weiter verfahren wurde.

Herr Sekretär, nachdem Sie diesen Schriftsatz gelesen haben, können Sie daraus schließen, dass die Personen, die hinter den Kulissen meinen Prozess manipuliert und die Dauer meiner Inhaftierung verlängert haben, möglicherweise auch Herrn Stephenson beeinflusst haben.

Ich fordere Sie auf der Grundlage der folgenden Fakten respektvoll auf, Ihren Einfluss geltend zu machen, um ein Vorgehen gegen das gut dokumentierte Gnadengesuch von Admiral Crommelin in meinem Namen und gegen mein persönliches Gnadengesuch zu erwirken, das der Gnadenanwalt nach seinen eigenen Worten nie vorhatte, dem Präsidenten vorzulegen.

Ich habe während des Zweiten Weltkriegs als Kapitän eines PT-Boots und als ausführender Offizier im Mittelmeer und im Pazifik gedient. Ich erhielt eine Belobigung von Admiral Hewitt. Als ich den Eid als Marineoffizier ablegte, verpflichtete ich mich, jedes Wort dieses Eides zu respektieren, und natürlich respektiere ich ihn auch heute noch. Ich habe den Eindruck, dass der schlimmste Feind der Vereinigten Staaten und der westlichen Kultur der Marxismus-Kommunismus ist. Die amerikanischen Steuerzahler haben Milliarden von Noten der Federal Reserve ausgegeben, um einen langwierigen „Kalten Krieg" mit der Sowjetunion zu führen, und wir haben eimerweise Blut vergossen, um „aussichtslose Kriege" gegen die Marxisten in fast allen Teilen der Welt zu führen. Doch innerhalb unserer Grenzen, geschützt durch genau die Verfassung, die sie zu zerstören suchen, wurde es den Marxisten erlaubt, die Räder unserer Regierung zu übernehmen. Es besteht kein Zweifel daran, dass es eine Verschwörung gibt, die darauf abzielt, eine einzige marxistische Weltregierung zu schaffen, indem die Souveränität Amerikas geopfert wird. Ebenso sicher ist, dass die Eine-Welt-Ideologen aller Couleur von der internationalen Bankenkabale finanziert werden, in der das Federal Reserve System (FED) eine wichtige Rolle spielt. Es ist kein Geheimnis, dass amerikanische Bankiers die militärische Aufrüstung der Sowjetunion finanziert haben. Während der „Polizeioperation" in Vietnam verdoppelte sich die sowjetische Lkw-Produktion dank der Finanzierung und technologischen Unterstützung durch die USA. Diese Lastwagen wurden in N. Vietnam an Bord von Schiffen auf dem Weg nach Haiphong geliefert, die von Amerika und unseren Verbündeten gebaut worden waren. Warum sind herrschende Männer in Positionen großer Macht in Amerika bereit, die Schätze und das Leben von Amerikanern zu opfern, um die Verbreitung des Marxismus in der ganzen Welt voranzutreiben? Rheinhold Niebuhr nannte einen Grund dafür: „Der Marxismus ist die moderne Erfüllung der jüdischen Prophezeiung. James Warburg, Sohn des Hauptarchitekten des Federal Reserve Act, erklärte vor dem US-Senat: „Wir werden eine einzige Weltregierung haben, ob uns das gefällt oder nicht. Die Frage ist, ob wir eine einzige Weltregierung durch Zustimmung oder durch Eroberung haben werden" (1953).

Am 7. Dezember 1981 hoffte ich, dem amerikanischen Volk einige Fakten über die marxistische Weltverschwörung zu enthüllen, die von den Medien vertuscht werden. Ich habe versucht, den Gouverneursrat der FED gemäß den Gesetzen des District of Columbia und dem US-Gesetz über Verrat und Aufruhr unter legale, gewaltfreie und staatsbürgerliche Verhaftung zu stellen. Ich beschuldige die FED des Verrats, des Betreibens eines betrügerischen Unternehmens und verfassungswidriger Geschäfte privater Gesellschaften. Ich hatte vor, die Gefangenen aus dem Vorstand im Vorstandssaal festzuhalten, zu verlangen, dass ihre verschwörerischen Kollegen von CBS eine Verbindung zum nationalen Fernsehen bereitstellen, und dann über das Fernsehen die Kriminellen bildlich dem amerikanischen Volk zu übergeben, zusammen mit einer Erklärung meiner Anschuldigungen gegen die FED. Anschließend beabsichtigte ich, die Gefangenen unversehrt dem Präsidenten der Vereinigten Staaten zu übergeben. Ich erwartete, von einem US-Bundesbezirksgericht verurteilt zu werden und die Schuld der FED vor einer Jury aus Gleichgesinnten zu beweisen. Ich erwartete, dass die Geschworenen die FED für schuldig erklären würden und dass die Festnahme der Verbrecher durch meine Mitbürger gesetzlich bestätigt werden würde. Somit würden wir, das Volk, den Kongress der Vereinigten Staaten beauftragen, die FED, ein Privatunternehmen, nach dem Bundesgesetz über Zivilvergehen zu verklagen.

Ich habe meine Ziele im FED-Gebäude nicht erreicht. Es kam zu keiner Gewaltanwendung. Ich habe meine ungeladenen Waffen freiwillig dem Wachmann, einem ehemaligen US-Marine, übergeben. Ich hatte weder Munition noch Sprengstoff bei mir (alle diese Fakten werden im offiziellen Bericht ausgelassen oder verzerrt dargestellt).

Meine Kaution wurde auf 3000 USD (300 USD in bar) festgesetzt. Ich wurde aufgrund meiner eigenen Verpflichtung von Richter Hess freigelassen. Später wurde ich wegen versuchter Entführung, Diebstahls, Einbruchs, Körperverletzung und Besitzes illegaler Waffen angeklagt. Vierzehn Monate später, nachdem die opportunen Aspekte meiner Handlungen verblasst waren, wurde ich vor Gericht gestellt, für schuldig befunden und in allen Anklagepunkten verurteilt. Die Regierung hatte mir angeboten, alle Anklagepunkte fallen zu lassen, wenn ich mich in den waffenbezogenen Anklagepunkten schuldig bekenne. Ich lehnte die Verhandlungen über ein Plädoyer ab und verließ mich auf ein faires Verfahren.

Mir wurde ein faires Verfahren aus folgenden Gründen verweigert:

1) Die Regierung verhandelte gegen mich vor dem Superior Court in Washington, D.C., der nicht befugt ist, über verfassungsrechtliche Fragen zu urteilen. Ich konnte daher die Frage der Verfassungswidrigkeit der EEF, ein wichtiges Element meiner Verteidigung, nicht weiterverfolgen. Mein Antrag auf einen Ortswechsel wurde abgelehnt. Der Fall hätte vor dem Bundesbezirksgericht verhandelt werden müssen. Ich bin nun ein Gefangener aus Washington, der in einem Bundesgefängnis „gelagert" wird und der Zuständigkeit der Bundeskommission für Bewährungshilfe untersteht, die mich kürzlich erneut verhandelte und zu einer neuen Strafe verurteilte.

2) Über meinen Prozess wurde in den Medien nicht berichtet. Ich

besuchte persönlich die Chefredakteure der Washingtoner Zeitungen und schrieb an die großen Fernsehsender, um sie zu einer Berichterstattung über mich aufzufordern. Wir erinnern uns an die positive Publicity, die dem „Pentagon-Papers-Prozess" von Daniel Ellsberg zuteil wurde. Diejenigen, die diese Werbung orchestrierten, waren dieselben Medienmeister, die meinen Versuch, die marxistische Verschwörung innerhalb unserer Nation aufzudecken, unterdrückten.

3) Bei meiner Verhaftung hatte ich ein elfseitiges Schema (Gov't. Exh. 14) bei mir (siehe Anlage „C"), anhand dessen ich einen Stegreifvortrag im Fernsehen halten wollte. Ex. 14 bezieht die Juden/Zionisten in die marxistische Eine-Welt-Verschwörung ein. Das Schema zeigt auch, dass die Schwarzen von den Marxisten als Dummköpfe benutzt werden, um unsere westliche Kultur zu zerstören. Um meine Verurteilung sicherzustellen, haben die Manipulatoren einfach Justizbeamte ernannt, die aufgrund des Inhalts von Beweisstück 14 rassistische Vorurteile gegen mich haben würden.

Die Justizbeamten und die Jury werden wie folgt ernannt:

Richterin, Harriet Rosen Taylor, Jüdin; Staatsanwalt, Elliot Warren, Jude (Warren, der später durch Ron Dixon ersetzt wurde, blieb während des gesamten Prozesses als Dixons Berater auf der Zuschauergalerie); Staatsanwalt, Ron Dixon, schwarz; Bewährungshelfer, Marvin Davids, Jude (Rabbiner); Gerichtsschreiber und Gerichtsdiener, schwarz. 53 potenzielle Geschworene nahmen an der Vire-dire teil, sechs davon waren weiß. Dixon schloss mit seinen peremptorischen Ablehnungen alle Geschworenen bis auf eine weiße Frau aus, indem er elf schwarze Geschworene und drei schwarze Ersatzgeschworene aufstellte. Die vom Gericht bestellte jüdische Strafverteidigerin (Miss Elizabeth Kent) wurde von mir aussortiert, als sie mehrere Monate lang nicht an dem Fall arbeitete. Ihr vom Gericht bestellter Ersatz, Gerard Lewis, erwies sich als trojanisches Pferd. Ich hätte in Iowa einen faireren Prozess gehabt!

4) Ineffektive Unterstützung durch den Anwalt (im Prozess und in der Berufung). Lewis offenbarte mir im Prozess, dass er nicht das „Herz hatte, meine politischen oder rassischen Überzeugungen zu verteidigen" oder den rassistischen Angriffen der Anklage zu widerstehen, weil er selbst, Lewis, zum Teil jüdisch und Vollmitglied der NAACP war.

5) Das Beweisstück 14 der Regierung stand im Mittelpunkt der

Bemühungen der Regierung, die Verteidigung des Anklägers zu widerlegen... Angesichts der geringen Aufmerksamkeit, die in dem Dokument der Politik des Federal Reserve Board gewidmet wurde - weniger als eine Seite - im Vergleich zu den Ansichten über Schwarze, Juden und Zionisten - 10 Seiten - hatte die Anklage eindeutig das Recht, die wahren Beweggründe des Anklägers für seine Handlungen in Frage zu stellen...". Obwohl der Inhalt des Dokuments umstritten und zweifellos für einige beleidigend war, kann diese Tatsache allein die Verteidigung nicht davor schützen, im Kreuzverhör mit diesem Dokument konfrontiert zu werden...". (Schriftsatz des Berufungsführers, Gov't #84-1641. Criminal # F 7199-81).

Der Einwand bezog sich nicht auf die Tatsache, dass die Staatsanwaltschaft Raum 14 verwendete, sondern auf die Art und Weise, wie sie dies tat. Erstens wurde eine voreingenommene schwarze Jury ausgewählt, ebenso wie ein jüdischer Richter. Zweitens wurden Aussagen aus dem Beweisstück aus dem Zusammenhang gerissen verwendet, um das Gericht anzuheizen. Mir wurde nicht gestattet, die gesamte Urteilsbegründung zu lesen, die Bemerkungen der Anklage in einen Zusammenhang zu stellen und zu zeigen, dass die Zitate in der Urteilsbegründung von herausragenden, kompetenten und in vielen Fällen verehrten Männern stammten.

Die Anklage behauptet, dass, weil ich der EDF nur eine Seite gewidmet habe, meine wahren Motive darin bestanden, Geiseln zu nehmen und meine rassistischen Ansichten zu äußern. Diese spekulative Argumentation würde behaupten, dass der Oberbau eines Wolkenkratzers, weil er mehr Kubikfuß enthält, wichtiger ist als sein Fundament. Die Anklage scheint auch zu implizieren, dass man nicht ein mutmaßlicher Rassist sein und gleichzeitig versuchen kann, Kriminelle zu verhaften, da sich die beiden Ideen gegenseitig ausschließen. Dennoch unterstützte das Berufungsgericht, eine Mischung aus verschiedenen Rassen, die Argumente und das Vorgehen der Anklage voll und ganz. Was ich natürlich versucht habe, in groben Zügen darzustellen, ist, dass sich eine lange Periode der jüdischen Geschichte in einen Marxismus-Kommunismus verwandelt hat, der von internationalen Usurokraten finanziert und von den Medien (weitgehend in jüdischer Hand) und anderen Unterstützergruppen unterstützt wird.

6) Mir wurde das verfassungsmäßige Recht verweigert, (unter

anderem) die Herren Paul Volcker und Zibigniew Brzezinsky vorzuladen, von denen keiner Vorladungsimmunität genießt, und die beide privat in antinationalen Aktivitäten beschäftigt sind.

7) Während des Prozesses gab die Regierung zu, dass sie Dokumente zu meinem Fall aus der Kanzlei von Elizabeth Kent, meiner ersten (und ursprünglichen) Strafverteidigerin, in ihrem Besitz hatte. Die Staatsanwaltschaft erhielt im Laufe des Prozesses auch weitere Dokumente aus externen Quellen, die der Richter nicht als Beweismittel zulassen wollte, die aber in meine Akte aufgenommen wurden.

8) Der Währungsexperte Elgin Groseclose, der in dieser Funktion schon mehrmals vor dem Kongress ausgesagt hatte, erschien als sachverständiger Zeuge für die Verteidigung. Er sagte aus (ich paraphrasiere): Die FED ist ein Privatunternehmen, das den amerikanischen Gesetzen für zivile Straftaten unterliegt; sie handelt unabhängig von den drei Zweigen unserer Regierung; die FED-Note ist wertlos, weil eine Wertaufbewahrung aus dem Nichts entworfen wird; die FED schafft absichtlich Phasen der Expansion und der Rezession zum Schaden des amerikanischen Volkes; möglicherweise muss Gewalt angewendet werden, um die FED zu stürzen, weil ihre enorme Macht den Kongress kontrolliert. Es ist nicht verwunderlich, dass die Medien nicht zu dem Prozess zugelassen wurden! Die Aussage von Dr. Groseclose wird im Schriftsatz des Berufungsklägers praktisch ausgelassen, außer dass er die FED für die Inflation verantwortlich machte.

Mir wurde eine Präsentationskaution verweigert und ich wurde, sobald ich das Gericht verlassen hatte, im Gefängnis des Distrikts Columbia inhaftiert. Die Gesetze des Distrikts Columbia schreiben vor, dass der Bericht über die Voruntersuchung dem Angeklagten mindestens zehn Tage vor der Urteilsverkündung vorgelegt werden muss. Mein Bericht über die Voruntersuchung wurde mir in einer Haftzelle 5 bis 10 Minuten vor der Urteilsverkündung vorgelegt. Lewis drängte mich, meine Zustimmung zu unterschreiben, weil der Rabbiner empfohlen hatte, dass ich eine Bewährungsstrafe erhalten sollte. Diese Karotte, um meine Unterschrift zu bekommen, war erfolgreich. Viel später entdeckte ich die Fehler, Verzerrungen und Auslassungen in der PSI, z. B. wurde nicht berichtet, dass es keine Gewalt gab und keine Munition oder Sprengstoff am Tatort vorhanden war.

Ich wurde in das Federal Hospital in Springfield geschickt, um den

Zustand meiner geistigen Gesundheit festzustellen. Nach dreieinhalb Monaten erklärten mich die Psychiater für „geistig gesund, nicht einmal eine paranoide Persönlichkeit". Aufgrund von Tests (die ich mit Bleistift beantwortet hatte) erklärte Springfield jedoch, dass mein IQ niedrig sei. Um diese Behauptung zu widerlegen, bestand ich auf überwachten Tests, deren Ergebnisse mir die Mitgliedschaft bei MENSA ermöglichten, deren Mitgliedschaftskriterien beim 98. Perzentil des IQ beginnen. Springfields Bericht, der meine geistige Gesundheit bescheinigte, taucht nicht in den Gefängnisakten auf.

Benjamin Baer, Jude, Vorsitzender der Nationalen Kommission für Bewährungsauflagen, Chevy Chase, MD, ignoriert den Springfield-Bericht. Er besteht in seinen zahlreichen Memos darauf, dass ich „geistige Gesundheitsfürsorge - und Nachsorge" benötige. In Baers paranoider Welt muss jeder, der die Motive von Juden und Marxisten anzweifelt, verrückt sein.

Da ich in einem 700 Meilen von Washington entfernten Gefängnis inhaftiert war, konnte ich meinen Pflichtverteidiger John Hogrogian nicht treffen. Er hatte kein Telefon im Büro! Ich konnte ihm daher nicht bei der Vorbereitung meiner Berufung helfen. Der Zeitplan für die Berufung war so gestaltet, dass ich eine Kopie des Schriftsatzes erst erhielt, nachdem das *Original eingereicht worden war*. Die Abschriften der Gerichtsverhandlung erhielt ich erst mehrere Monate, nachdem meine Berufung von einem rassistisch geprägten Berufungsgericht abgewiesen worden war. Neben anderen Fehlern legte Hogrogian keine Liste der Geschworenen vor. Das rassistische Berufungsgericht nutzte diese Ausrede, um NICHT über meinen Antrag zu entscheiden, dass das erstinstanzliche Gericht geschädigt worden sei, dass ich keine Jury aus Gleichaltrigen gehabt hätte. Kurz nach der Anhörung wurde Hogrogian mit einer Stelle als Anwalt für die Stadt New York belohnt („Die größte jüdische Stadt der Welt" - Harry Golden).

Richter Taylor verurteilte mich zu einer Haftstrafe von drei Jahren, acht Monaten und elf Jahren. Wenn ich die erforderlichen Voraussetzungen erfüllte, konnte ich zum niedrigsten Satz auf Bewährung entlassen werden.

Ich war qualifiziert. Benjamin Baer und seine regionale Bewährungshelferin, die Jüdin Shelley Wittgenstein, haben mich jedoch erneut angeklagt, und zwar wegen eines zusätzlichen

Verbrechens: „ein schweres Verbrechen gegen die Sicherheit der Nation begangen zu haben". Baer erklärte außerdem in einem Memo, dass ich die Eliminierung einer „bestimmten Rasse" befürworte. Eine Verdrehung meiner Aussage (Exh. 14), dass Schwarze und Juden in ihre Heimatländer deportiert werden sollten. Eine Meinung, die von Lincoln, Jefferson und anderen sowie von zeitgenössischen Juden und Negern geäußert wurde. Baer und Co. haben mich dann erneut vor Gericht gestellt, abgeurteilt und erneut zu einer Gesamtstrafe von 8 Jahren und 4 Monaten verurteilt.

Dies bedeutet eine Strafe von 25 Jahren (1/3 von 25). Benjamin Baer ist zum großen Teil für die Ausweitung der Bürokratie in den Bundesgefängnissen verantwortlich. Er produziert unglaublich lange Strafen, indem er die Häftlinge aus ihren Leitlinien herausreißt. Viele junge Verurteilte werden so als Männer mittleren Alters, ohne Familie und ohne Beschäftigungsmöglichkeit, wieder in die Gesellschaft eingegliedert. Sie werden zu sofortigen Wiederholungstätern, die nur dazu geeignet sind, für UNICOR zu arbeiten, einem schnell wachsenden Unternehmen im FedPr-System.

Vietnam-Veteranen werden im direkten Verhältnis zu ihrer militärischen Erfahrung als Bedrohung für die Gesellschaft angesehen: Je mehr Kampfsterne, je mehr Tapferkeitsmedaillen, desto härter sind die von Baer verhängten Strafen. Er hat kein Ehrgefühl. Zweifellos ist eine flexiblere Politik der Strafumwandlung für die große Mehrheit der Vietnamveteranen erforderlich. Ihr Patriotismus wurde bis zum Äußersten getrieben. Erlauben Sie ihnen, einen Krieg gegen Baer zu gewinnen.

Mir ist klar, dass ich Ihre kostbare Zeit viel zu sehr beansprucht habe. Daher werde ich es jetzt beenden.

Herr Minister, meine Bemühungen richteten sich nicht gegen unsere Nation, sondern gegen diejenigen, die sie zerstören wollten. Ich glaube, dass meine Handlungen bei der FED durch das Gesetz unterstützt wurden. Auch wenn Sie meine Philosophie teilen oder meine Handlungen gutheißen mögen oder nicht, weiß ich, dass Sie das Recht eines US-Bürgers auf einen fairen, schnellen und öffentlichen Prozess unterstützen. Sie tun daher gut daran, Ihren gerechten Einfluss zu nutzen, um die immense und arrogante Kontrolle aufzudecken, die Marxisten heute über die Washingtoner Rechtsprechung und das

Bundesgefängnissystem ausüben und die der Macht des Federal-Reserve-Systems über das amerikanische Währungssystem nicht unähnlich ist.

Daher bitte ich Sie respektvoll, alles Mögliche zu tun, um dabei zu helfen, die beiden oben genannten Plädoyers vor dem Präsidenten der Vereinigten Staaten zu platzieren: das Plädoyer von Konteradmiral John G. Crommelin für eine Begnadigung in meinem Namen und mein persönliches Plädoyer für eine Begnadigung durch den Präsidenten.

den Ausdruck meiner ausgezeichnetsten Gefühle,

James W. von Brunn. Encls:

Buchstabe „A" aus dem Weißen Haus

„B" Von Brunn plädiert für Begnadigung „C" Regierungsstück 14 cc:

Rear Admiral John G. Crommelin, U.S.N.(Ret.)

Crommelins Brief an Erik von Brunn

(erste Seite unten fotografisch reproduziert; der vollständige Text folgt)

JOHN G. CROMMELIN
Rear Admiral U. S. N. (Retired)
HARROGATE SPRINGS
WETUMPKA, ALA.

October 17, 1983.

Dear Erik,

Your Aunt Alyce has told me that you are a strong, healthy six year old boy and that you miss your father, James Von Brunn, who has been held by U.S. federal authorities now for some time. We all hope that he will soon be released, for in the opinion of those of us who understand the malfunctioning of certain elements of our once near perfect government, he has committed no crime. But quite the contrary, he has taken very courageous and patriotic action to try and alert the U.S. citizens to the real organization of the Federal Reserve System and its great danger to the survival of our once White Christian constitutional republic, the corner stone of Western Civilization.

It is my conviction that James von Brunn deserves the gratitude and assistance of every White Christian citizen of these United States. And I believe he would have this support were it not for the cabal which controls not only the Federal Reserve System but also the nationally effective communication media.

In the early 1950s I discussed this media control with General Douglas MacArthur in a lengthy private conversation. We both agreed that the greatest internal or external threat to the survival of The United States was the near ironclad control which our enemies and subversives exercise over the U.S. communication media.

I suppose you know that your father was a PT Boat Captain in World War II. We were both naval officers and

OVER

JOHN G. CROMMELIN

Konteradmiral der US-Marine (im Ruhestand) Harrogate Springs

Wetumpka, Georgia October 17, 1983 Dear Erik,

Deine Tante Alyce hat mir erzählt, dass du ein starker und gesunder sechsjähriger Junge bist und dass du deinen Vater, James von Brunn, der seit einiger Zeit von den Bundesbehörden festgehalten wird, vermisst. Wir alle hoffen, dass er bald freigelassen wird, denn nach Ansicht derjenigen von uns, die das Versagen einiger Teile unserer einst fast perfekten Regierung verstehen, hat er kein Verbrechen begangen.

Im Gegenteil, er hat sehr mutige und patriotische Schritte unternommen und versucht, die amerikanischen Bürger auf die wahre Organisation des Federal Reserve Systems und die große Gefahr hinzuweisen, die es für das Überleben unserer alten weißen christlichen konstitutionellen Republik, dem Eckpfeiler der westlichen Zivilisation, darstellt.

Ich bin davon überzeugt, dass James von Brunn die Dankbarkeit und Unterstützung aller weißen christlichen Bürger der Vereinigten Staaten verdient. Und ich glaube, dass er diese Unterstützung hätte, wenn es nicht die Kabale gäbe, die nicht nur das Federal Reserve System, sondern auch die effektiven Kommunikationsmittel auf nationaler Ebene kontrollieren.

Anfang der 1950er Jahre diskutierte ich mit General Douglas McArthur in einem langen privaten Gespräch über diese Medienkontrolle. Wir waren uns beide einig, dass die größte innere und äußere Bedrohung für das Überleben der Vereinigten Staaten die fast absolute Kontrolle über die amerikanischen Kommunikationsmittel war.

Ich nehme an, Sie wissen, dass Ihr Vater während des Zweiten Weltkriegs Kapitän auf einem PT-Boot war. Wir waren beide Marineoffiziere und seit langem befreundet. Ich hatte das Glück, Offizier der Luftwaffe und später stellvertretender Kommandant des Flugzeugträgers U.S.S. Enterprise zu sein, dem größten Schlachtschiff in der Geschichte. Vielleicht habe ich eines Tages die Gelegenheit, Ihnen von den wilden Schlachten zu erzählen, die in der Nähe von Guadalcanal stattfanden.

Hier ist etwas, das Sie wissen sollten: Alle Offiziere der US-Marine legen vor ihrer Beauftragung einen Eid ab, „die Verfassung der Vereinigten Staaten gegen ALLE Feinde, ausländische ODER inländische, zu unterstützen und zu verteidigen". „ Es handelt sich um eine lebenslange Verpflichtung, solange der Offizier amerikanischer Staatsbürger bleibt.

Als Ihr Vater eine gewaltfreie Bürgerfestnahme des Gouverneursrats des Federal-Reserve-Systems versuchte, werden die Beweise meiner Ansicht nach zeigen, dass er nicht die Absicht hatte, jemanden körperlich zu verletzen, und dass seine Motivation darin bestand, die kontrollierten Medien zu zwingen, ihm die Gelegenheit zu geben, der amerikanischen Öffentlichkeit zu beweisen, dass die Federal Reserve ihr gefährlichster Feind ist und dass der Federal Reserve Act von 1913 vom US-Kongress aufgehoben werden muss, wenn die konstitutionelle Republik der Vereinigten Staaten überleben will.

Um zu zeigen, dass Ihr Vater bei seinem Versuch, den Charakter und die Gefahren der Federal Reserve aufzuzeigen, nicht allein war, sende ich Ihnen anbei einige Dokumente, die belegen, dass die Legislative des Bundesstaates Alabama (mit einstimmigem Beschluss des Hauses) am 2. März 1982 eine von Gouverneur James unterzeichnete gemeinsame Resolution HJR-90 verabschiedet hat, „in der der US-Kongress aufgefordert wird, den Federal Reserve Act von 1913 aufzuheben".

Erik, obwohl dein Vater und deine Tante Alyce derzeit legale oder illegale Entscheidungen treffen, die hoffentlich erfolgreich angefochten werden können, wirst du, wenn du älter bist und ein Mann wirst, erkennen, dass dein Vater das grundlegende Element der weißen christlichen Zivilisation verteidigt hat, nämlich: Jeder intelligente weiße Mann sollte leben und sich bemühen, seinen Kindern und Enkeln eine bessere Zukunft zu sichern. Das ist es, was Jim von Brunn für Sie zu tun versucht.

den Ausdruck meiner ausgezeichnetsten Gefühle,

Jno. G. Crommelin

Konteradmiral der US-Marine (im Ruhestand)

ANDERSON BOYKOTT

Anderson urges boycott of series sponsor 5-24 94

By MARCIE ALVARADO
Staff Writer

EASTON — Talbot County Council Vice President Andrew Anderson has urged county residents to avoid the local sponsor of an anti-Holocaust TV series airing on local cable television.

Jim VonBrunn is sponsoring a six-part series that questions whether the Holocaust occurred and attempts to suggest that the *Diary of Anne Frank* is a hoax. The programs are being broadcast on Easton cable channel 15.

The first program aired Monday, May 16 and the series is scheduled to run every Monday and Thursday night for four weeks. The tapes, made in Canada in 1982, attempt to refute historical accounts about the Holocaust and Adolf Hitler's genocidal "Final Solution" for European Jews.

Because of federal cable regulations local access channels are open to almost any programming, including ones promoting racist ideas, cable officials said this week. They said they can't refuse to run the programs.

During yesterday's council meeting, Anderson spoke out against the series and VonBrunn's opinions.

Anderson, a retired U.S. Army general, said he spent 13 years of his military career in Europe and toured the former concentration camps at Belsen and Dachau.

"I have seen evidence of the 'Final Solution.' It is documented fact," Anderson said. "For someone to show these tapes on our cable channel boggles the mind."

Anderson then called for a boycott of VonBrunn's business.

Speaking during the council members' comment period, Anderson said, "I will not frequent his business and I ask other people to stay the hell away from him. He is bad news."

VonBrunn, contacted at his home on Tuesday, declined to comment on Anderson's remarks.

5-26-94

Dachau photos vivid reminder

As I write this I have before me three snapshots taken by my husband at Dachau the day after it was liberated by the U.S. Army.

One shows skeleton-like bodies tossed on an open car of a train. The other two, taken in a shed, show discarded remains of what once were human beings.

Perhaps Mr. VonBrunn has an explanation for these snapshots. I wonder where he was the day my husband was at Dachau taking these pictures.

DOROTHY DeCAMP
Oxford

Denial just won't change history

In response to the article concerning the series of anti-Semitic programs airing on an Easton local access channel, I will defend to death Mr. VonBrunn's God-given right to free speech. However, it is imperative that we, as Christians, remember always that Jesus Christ was born, lived, and died a Jew. We should also remember that even as he died, for ALL mankind, he said, "Forgive them, Father, for they know not what they do." Denial can never change history. Peace and love.

KITTY SCHNEIDER,
Trinity Cathedral
Easton

BRIEF AN ROBERT HIGGINS

JAMES W. VON BRUNN

POSTFACH 2821, EASTON, MD 21601

24. Mai 1994

OFFENER BRIEF

RE: ZITATE AUS DEM RAT DES GRAFEN, ERSCHIENEN IN EASTON *STAR-DEMOCRAT* (5-24-94)

Robert Higgins, Vorsitzender Talbot County Council Court House Easton, MD 21601

Sehr geehrter Herr Higgins:

In meiner Jugend habe ich den Eid der Marineoffiziere abgelegt und geschworen, „... die Verfassung der Vereinigten Staaten von Amerika gegen alle ausländischen und einheimischen Feinde zu schützen und zu verteidigen...". Ich halte diesen Eid heute für genauso wichtig wie während des Zweiten Weltkriegs.

Ich bin überrascht zu hören, dass der Talbot County Council, vertreten durch Ihren Vizepräsidenten, Mr. Andrew Anderson, ein innerer Feind unserer Verfassung zu sein scheint, der mir und den Bürgern von Talbot County unsere Rechte nach dem ersten Verfassungszusatz verwehren würde. Wenn ich ein Buch wäre, würde er mich verbrennen, weil er nicht mit dem übereinstimmt, was ich für wahr halte. Er ruft öffentlich dazu auf, mich abzulehnen und mein Unternehmen zu boykottieren, und bedroht damit meinen Lebensunterhalt. Ich bezweifle, dass der Bezirksrat Andersons totalitäre Ansichten unterstützt. Dennoch fordere ich Sie auf, Ihre Position öffentlich bekannt zu machen.

Anderson behauptet, in den Konzentrationslagern Dachau und Bergen-Belsen „Beweise für die 'Endlösung'„ gesehen zu haben. Er könnte eine hohe Belohnung dafür erhalten, dass er diese Beweise vorgelegt hat. Niemand sonst hat sie gesehen. Die alliierte Kriegsverbrecherkommission stellte von Anfang an fest, dass es in diesen Lagern keine Hinrichtungsgaskammern gab, ebenso wenig wie in einem der dreizehn (13) Lager in Deutschland/Österreich. Ein offizielles Dokument zu diesem Zweck wurde von den Mitgliedern dieser Kommission am 1. Oktober 1948 unterzeichnet (offizielle Kopien verfügbar).

In den letzten Monaten des Krieges haben die Alliierten die Kontrolle über den Himmel übernommen. Wir haben Autobahnen, Straßen, Brücken, Eisenbahnen, Kraftwerke usw. ins Visier genommen. Lebenswichtige Versorgungsgüter wurden daran gehindert, die Lager zu erreichen. Als die Alliierten die Lager unter ihre Kontrolle brachten, wurden sie von Szenen des Grauens begrüßt: Kranke und Sterbende; ausgemergelte, unbestattete Leichen bedeckten die Gegend. Sie wurden nicht vergast oder erschossen, wie wir zu glauben konditioniert worden waren, sondern starben langsam an Unterernährung und Typhus, der in den meisten Lagern grassierte. Um diese makabre Szene zu vervollständigen, trieb die 45. Division der US-Armee, die „Befreierin" von Dachau, 560 uniformierte deutsche Wachleute und Krankenschwestern zusammen und tötete sie mit Maschinengewehren.

Das Internationale Komitee vom Roten Kreuz (IKRK) und die katholische Kirche, deren Mitglieder in allen Lagern waren, berichten weder von Massenhinrichtungen noch von Gaskammern. Hunderte Tonnen von Beweismaterial, darunter die Ultra-Enigma-Entschlüsselungen der deutschen Kommunikation, wurden von internationalen Experten untersucht. Niemand hat Beweise für einen Befehl, ein Budget, einen Plan oder eine Maschine erbracht, die für die sogenannte Endlösung bestimmt waren". *GIBT ES KEINE* BEWEISE FÜR DIE GEPLANTE ERMORDUNG DER JUDEN. Die Juden wurden als Staatsfeinde interniert. Der Krieg Deutschlands richtete sich gegen den Kommunismus, den Bolschewismus und den Zionismus. Hitler wollte eine Konföderation europäischer Staaten mit einer weißen Bevölkerungsbasis. Schätzungen zufolge starben während des Zweiten Weltkriegs weniger als 300.000 Juden aus allen Ursachen zusammengenommen.

den Ausdruck meiner ausgezeichnetsten Gefühle,

James W. von Brunn

LEITARTIKEL DES STAR-DEMOKRATEN

Page **4A** Tuesday, April 22, 1997

THE STAR EDITORIAL

Tiger Woods is the new face of our country

The Tiger Woods phenomenon, coming at the 50th anniversary of Jackie Robinson's destruction of baseball's color barrier, has been interpreted as an example of another African-American breaking through a racial bulwark.

But it's much more than that, because Woods is not only an African-American. His father is black, while his mother is Thai. He's also American Indian, Chinese and white.

In America, he's lauded as an African-American role model, while in Thailand, he's the nation's favorite son.

In reality, Woods is an exemplar of the American melting pot. Some call him mixed-race, but that's a stale phrase in a nation of immigrants from every corner of the planet at a time when melting-pot ingredients blend more and more each day. The number of multiracial marriages quadrupled from 1970 to 1990 in America, according to census figures, but the real figure is likely much higher. The number of multi-racial young people is clearly on the rise.

Of course, we cannot be naive. Woods is a person of color, subject to the prejudices that infect our society. While his recently acquired wealth and fortune may shield him, bigotry still afflicts people of color, particularly those who don't have Woods' benefits. For them, racial obstacles still loom large.

Yet Woods is confounding prejudice. He defies racial labels in a society obsessed by race, while commanding awe in a sport dominated by whites.

The result is that he baffles the American institution of bigotry. Those who might have disdained him have no choice but to respect him. Confused about his ethnicity, they're nonetheless amazed by his abilities, and grudgingly accept him.

In the past, the term melting pot was seen through a white European prism, mainly referring to Irish, Italians, Swedes, Poles and others who immigrated here around the turn of the century. But today, more than ever, the melting pot continues to bubble and brew.

Our nation has become a place, perhaps the only one in human history, where all races and ethnicities mix together.

In our children's lifetimes, we will see the notion of labeling people as fill-in-the-blank Americans begin to fade, and bigotry and prejudice along with it. In that light, Tiger Woods is a true modern.

He shows the world the face of our country, today and in the future.

Page **4A**, Wednesday, September 13, 2000

EDITORIAL

Double helix that binds us all

There is no denying the reality of race. The proof confronts us daily — the color of our skin or the texture of our hair, even the diseases to which we sometimes fall prey. But underneath the microscope, those differences melt away.

Recent efforts to unravel the genetic code demonstrate that there simply is no biological basis for the concept of race. Scientists involved in the research to decode the human genome say that people are 99.9 percent alike, at the genetic level.

That should come as no surprise to any student of history or biology. We've long recognized that human anatomy is the same the world over. We know that compatible blood or organs can be transplanted from people of one color to those of another without undue complications. We know that modern humans first appeared in Africa 100,000 or so years ago — the blink of an eye, in evolutionary terms.

We are too young a species to have developed distinct biological subgroups. And we know that the concept of race has been remarkably plastic over the years. Classification schemes developed as recently as the 19th century placed people from Italy and Ireland in a different group than those from Northern Europe.

The accumulating evidence hasn't stopped modern racists seeking biological differences. The latest effort involves comparing average brain weights of different racial groups to create a hierarchy, with Asians on top and blacks at the bottom. By that tortured reasoning, Neanderthals would have inherited the Earth. They had larger brains than any of the modern humans that displaced them.

Race and ethnicity can, of course, be useful concepts. But they can also mislead. Australian Aborigines and African-Americans both have shorter life expectancy than their white countrymen. But the explanation is more likely found in their social status than in the genes. Skin color is but an accident of evolution. It is our culture and experiences far more than our race that shapes who we are.

And so our efforts to unravel the genetic code have reinforced a lesson most knew already: At the most basic level, we are all inextricably bound together by DNA's double helix.

We who share this increasingly tense and crowded planet are all members of the same race — the human race.

NIEMALS DIE SOUVERÄNITÄT AUFGEBEN

Mächtig sind die Menschen, die diese Erde geschaffen haben, Stark durch ihre Absichten und ihre Hände, Groß durch ihre Visionen und frei von ihren Ängsten, Festung und Haus haben sie hier gebaut.

Das haben sie unermüdlich skandiert Gebt niemals die Souveränität auf! Dunkel ist die Nacht, die Nation schläft, Sorglos ist die Wache des Wächters, Taub sind die Ohren, die nicht hören Das Lied der freien Menschen, das klar erklingt;

Vom Wind ewig getragen Gib niemals deine Souveränität auf!

Es herrscht Verwirrung, die Stunde ist spät, Verräter schwärmen durch die unverschlossene Tür. Die Freiheit ist käuflich, und mit ihr die Menschen - Hören sie nicht wieder diesen Schrei? Durch alle Zeitalter, ohne Ende - Gib niemals deine Souveränität auf!

JOSEPHINE POWELL BEATY.

Barboursville, Virginia

CICERON

Macht und Recht sind nicht gleichbedeutend. In Wahrheit sind sie oft gegensätzlich und unvereinbar. Es gibt das GESETZ GOTTES, aus dem sich alle gerechten Gesetze des Menschen ableiten und nach dem die Menschen leben müssen, wenn sie nicht in Unterdrückung, Chaos und Verzweiflung sterben wollen. Getrennt von dem ewigen und unwandelbaren GESETZ GOTTES, das vor der Gründung der Sonnen festgelegt wurde, ist die Macht des Menschen schlecht, ganz gleich, mit welch edlen Worten sie gebraucht wird oder welche Gründe für ihre Anwendung angeführt werden. Menschen guten Willens, die sich des GOTTES GESETZES bewusst sind, werden sich Regierungen widersetzen, die von Menschen geführt werden, und wenn sie als Nation überleben wollen, werden sie Regierungen zerstören, die versuchen, nach den Launen oder der Macht von willkürlichen Richtern zu entscheiden.

CICERO (106-43 V. CHR.).

TÖTET DIE BESTEN NICHTJUDEN!

Bereits veröffentlicht

TÖTET DIE BESTEN NICHTJUDEN!

TÖTET DIE BESTEN NICHTJUDEN!

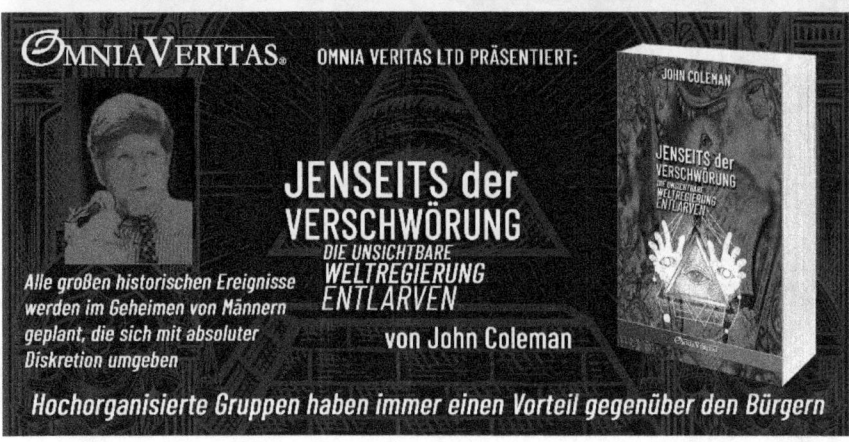

TÖTET DIE BESTEN NICHTJUDEN!

www.ingramcontent.com/pod-product-compliance
Lightning Source LLC
Chambersburg PA
CBHW071314150426
43191CB00007B/623